GW01157450

Diane P. Koenker

·

Club Red

Vacation Travel
and the Soviet Dream

Cornell University Press

2013

Дайан Коенкер

SPAсибо партии

Отдых, путешествия
и советская мечта

Academic Studies Press
Библиороссика
Бостон / Санкт-Петербург
2022

УДК 316.7
ББК 60.56
К57

Перевод с английского В. А. Петрова

Серийное оформление и оформление обложки Ивана Граве

Коенкер Д.
К57   SPAсибо партии. Отдых, путешествия и советская мечта / Дайан Коенкер ; [пер. с англ. В. Петрова]. — Санкт-Петербург : Academic Studies Press / Библиороссика, 2022. — 455 с. : ил. — (Серия «Современная западная русистика» = «Contemporary Western Rusistika»).

ISBN 978-1-6446977-1-9 (Academic Studies Press)
ISBN 978-5-907532-00-7 (Библиороссика)

Исследовательница Дайан Коенкер в своей работе не только описывает эволюцию представлений о допустимом и желаемом отдыхе в СССР, но и делает на этом материале далеко идущие выводы о советских моделях потребления и их изменениях на протяжении нескольких десятков лет. Как государство и граждане взаимодействовали между собой в попытке выработать идеологически приемлемые формы досуга — и почему советский отдых из формы поощрения лояльных подданных превратился в инструмент для развития личного благополучия?

УДК 316.7
ББК 60.56

© Diane P. Koenker, текст, 2013
© Cornell University Press, 2013
© В. А. Петров, перевод
    с английского, 2021
© Academic Studies Press, 2021
© Оформление и макет.
    ООО «Библиороссика», 2022

ISBN 978-1-6446977-1-9
ISBN 978-5-907532-00-7

Ханне, Джошуа и Элеанор

Слова благодарности

Я очень рада, что могу по достоинству оценить помощь и поддержку, которые получала во время создания этого труда. Университет Иллинойса всесторонне поддерживал меня, в том числе финансово, предоставив исследовательский грант и стипендию Факультета Меллона. Сотрудники Славянской библиотеки и Справочной службы университета, особенно Хелен Салливен, нашли и добыли крайне важные материалы; я ценю их на всем протяжении этого проекта. Я также благодарна Фонду Джона Саймона Гуггенхайма, Отделу зарубежных исследований и связей, Национальному совету по евразийским и восточноевропейским исследованиям, руководителям Программы VIII Государственного департамента США, в рамках которой финансируются многие эти организации и учреждения: они организовывали мои исследовательские поездки и позволили мне выделить время для работы над книгой.

Большая честь для меня выразить благодарность сотрудникам следующих архивов и библиотек: Государственный архив Российской Федерации, Центральный государственный архив Московской области, Российский государственный архив кинофотодокументов, Российский государственный архив социально-политической истории, Центральный архив города Москвы, Центральный государственный архив Санкт-Петербурга, Сочинский городской архив, Российская государственная библиотека (Москва), Российская национальная библиотека (Санкт-Петербург), Британская библиотека, библиотека Школы славянских и восточноевропейских исследований, Лондонский университетский колледж. Спасибо Обществу сравнительных общественных и исторических исследований за возможность поместить часть материалов, впервые опубликованных в статье Whose Right to Rest? Contesting the Family Vacation in the Postwar Soviet Union // Comparative Studies in Society and History. 2009. Vol. 51. № 2. P. 401–425.

Мне оказывали поддержку, высказывая профессиональные суждения, такие специалисты, как Кристин Варга-Харрис, Рэндалл Диллс, Эрика Фрэзер, Мария Кристина Гальмарини, Людмила Кузнецова. Большую пользу принесли дискуссии, состоявшиеся в Лондоне, Шеффилде, Билефельде, Берлине и Санкт-Петербурге. Мне хочется выразить особую признательность тем, кто участвовал в занятиях Русского кружка и Исторического семинара при Университете Иллинойса, прежде всего следующим коллегам: Марку Стайнбергу, Джону Рэндольфу, Валерии Соболь, Лилии Кагановски, Харриет Мьюрев. Своими соображениями и источниками щедро делились Кристан Ноак, Эва Маурер, Джулиан Греффи. Льюис Сигелбаум, мой компаньон по путешествию через советскую историю, проявил себя как понимающий читатель и собеседник. Но главное, я хочу подчеркнуть то, какую большую роль сыграла в осуществлении этого проекта Энн Горсач. В последние десять лет мы совместно исследовали советский туризм, иногда работая в архивах буквально бок о бок, делясь идеями, источниками, вместе обедая. Более того, она стала моим первым читателем, бескорыстно давала советы, всегда безошибочные, и поощряла все мои занятия. Роджер Кенкер со своим неизменным добрым юмором наблюдал за тем, как я работаю над этой книгой, задавал наводящие вопросы и неизменно поддерживал меня.

Введение
Отпуск, туризм и парадоксы советской культуры

В ноябре 1966 года видные советские деятели рассказали корреспондентам одной из центральных газет, как им видится идеальный отпуск. Для экономиста А. Г. Аганбегяна, впоследствии ставшего одним из «архитекторов перестройки», это был сплав по сибирским рекам — связанная с трудностями, но укрепляющая организм встреча с дикой природой. Поэтесса Р. Ф. Казакова сожалела о том, что люди ее поколения (хотя она родилась в 1932 году, как и Аганбегян) не знают, что такое настоящий отпуск, и писала, что его проведению нужно учиться — и лежа на пляже, и скользя на лыжах между деревьев зимним днем. С. Антонов, слесарь, Герой Социалистического Труда, радовался тому, что ему полагается отпуск. «Отпуск предоставляется раз в год, и я стараюсь, чтобы не было во время отдыха ни одного "потерянного", бесцельно проведенного дня. Конечно, важно, чтобы, кроме зарядки бодрости, на целый год оставались приятные воспоминания». С большим удовольствием он вспоминал о туристической поездке на Кавказ, совершенной два года назад, об увиденных им горах, долинах, городах. Антонов возил с собой мандолину, чтобы везде звучала музыка, и путешествовал с друзьями, чтобы всегда быть в хорошей компании[1].

Материал вышел в конце года. Чуть раньше газета провела опрос читателей, чтобы узнать, как они предпочитают проводить

---

[1] Комсомольская правда. 1966. 23 ноября.

летний отпуск — в санатории, дома или в туристической поездке, наслаждаясь видами и приключениями. Эта озабоченность ежегодным отпуском была одним из проявлений повышенного внимания, которое социологи, экономисты и политики начали уделять «проблеме досуга»: знак того, что время жертв прошло, что работа — не самоцель, а средство, позволяющее вести лучшую, более гармоничную жизнь, что свободное время не меньше, чем работа, влияет на формирование личности советского человека и что коммунизм станет реальностью, когда будут полностью удовлетворены желания советских людей, связанные с досугом и потреблением [Гордон, Клопов 1972; Грушин 1967]. В 1970–1975 годах инвестиции государства в транспортную и гостиничную инфраструктуру, предназначенную для проведения досуга, должны были увеличиться в четыре раза: число тех, кто проводил свой ежегодный отпуск вне дома, будь то внутри страны или за границей, как предполагалось, будет постоянно расти. Судя по высказываниям известных деятелей, приведенным выше, граждане СССР могли проводить отпуск по-разному, нагружая его разнообразными смыслами и ценностями.

Эта книга посвящена тому, как выглядел отпуск — включая туризм — в Советском Союзе с 1920-х до середины 1980-х годов, то есть на протяжении 60-летнего периода. Те, кто занимается советской историей, склонны в первую очередь делать акцент — что совершенно справедливо — на драматических эпизодах, связанных с насилием, репрессиями, страхом и раскрывающих весь масштаб бедствий, вызванных войной, политическими чистками и существованием системы лагерей. Советский режим, как известно, ограничивал передвижения граждан через паспортную систему и лишение свободы и, кроме того, насильственно переселял сотни тысяч людей под предлогом развития экономики. Но есть и другая сторона советской истории, о которой необходимо рассказать: это позволит лучше понять характер взаимоотношений между народом и государством, а также объяснить устойчивость коммунистического режима и его ценностей. История туризма и отпуска в СССР — это история о том, какого рода систему и общество коммунисты намеревались построить изначально, каким они представляли и как создавали это общество, и, наконец, о том, как выглядела жизнь людей при социализме.

В центре внимания находятся три основных аспекта советского опыта. Во-первых, это смещение акцента с производства на потребление, вызывавшее много критики: как режим и граждане решали проблему перехода к «хорошей жизни» и сотрудничали, чтобы обеспечить этот переход. Во-вторых, это особое соотношение целесообразности и удовольствия, которое учитывалось при разработке советской политики в сфере отдыха и ее практической реализации. И в-третьих, это фундаментальный парадокс советской идеи: как и почему авторитарное государство поощряло автономию и самодостаточность граждан посредством таких инструментов, как отпуск и туризм.

Работы, посвященные истории туризма и отпуска на Западе, касаются роли потребления в современном капиталистическом обществе; соответственно, мы исследуем становление потребительской культуры в Советском Союзе. Само по себе потребление — это и индивидуализация, и экономическая деятельность, ведущая к росту национальной экономики. Известное высказывание А. Смита гласит: «Потребление — единственный конец и единственная цель всякого производства» [Smith 1937: 625]. Уже в первые годы существования СССР представлялось, что истинный коммунизм принесет с собой изобильную, благополучную жизнь и это оправдывает временные жертвы и низкий уровень жизни — положение, наблюдавшееся в СССР до 1950-х годов. Теоретики потребления говорят о «потребительной стоимости» и «знаковой стоимости» товаров: они тесно взаимосвязаны и оказывают влияние на выбор потребителя [Douglas, Isherwood 1979; Веблен 1984; De Vries 2008; Бодрийяр 2019]. Политика в области потребления, поначалу проводимая советскими властями, была нацелена в первую очередь на полезность: пропагандируя исключительно «полезное» потребление, они рассчитывали устранить «показное», что должно было привести к росту благосостояния советских граждан. Однако с самого начала существования СССР доступ к предметам потребления стал неотъемлемой частью системы стимулирования, призванной поощрять выбор, который шел на пользу одновременно и гражданам, и государству. Лучшие рабочие, а также известные люди приобретали недоступные для других товары и услуги; это касалось и досуга. Предметы потребления, включая досуговые поездки, использовались государством также для того, чтобы сформировать образцового советского человека, культурного потребителя и культурного гражданина.

К концу 1950-х годов, после смерти Сталина, когда потребление признали одной из главных целей экономического развития, экономика уже была диверсифицирована до такой степени, что советские потребители могли позволить себе роскошь выбора товаров и услуг. Как отмечает С. Рид, этот выбор отражал их представления о самих себе, позволял выделиться достойным образом, позиционируя себя в качестве современных активных граждан [Reid 2006: 227–268; Осокина 1998; Gronow 2003; Hessler 2004; Siegelbaum 1988; Hilton 2011]. Данная книга наглядно показывает, как превращение человека в туриста, осваивающего правила социалистического отпуска, стало одним из путей, ведущих к «хорошей жизни» в ее советском понимании.

Одновременно такой подход к советскому туризму, рассматриваемому на всем протяжении существования страны, демонстрирует, каким образом централизованная плановая экономика чинила препятствия устремлениям и повседневным практикам людей, а также формировала их. Механизмы социалистической экономики хотя и обеспечили невиданный ранее рост производства и повышение качества жизни, особенно в послевоенный период, все же не могли удовлетворить постоянно растущий спрос населения. Экономика дефицита влияла на потребление досуговых услуг так же, как и товаров. Неспособность режима удовлетворить нужды людей в сфере потребления привела к реформам 1980-х годов, известным как «перестройка», которые парадоксальным образом приблизили конец утопических ожиданий, связанных с социализмом и централизованным планированием.

То, что в нынешнем капиталистическом мире называется «туризмом» или «отпуском», в СССР существовало в виде двух различных явлений. «Отдых», как предполагалось, проводился в санатории на «курорте» или в доме отдыха на природе, предпочтительно рядом с водой. «Туризм» изначально подразумевал активный досуг, включая осмотр природных и рукотворных достопримечательностей при передвижении пешком, на велосипеде, байдарке или гребной лодке. С 1920-х по 1950-е годы нормой был отпуск, проведенный на курорте. До 1917 года состоятельные люди ездили на воды в Кисловодск или на море в Ялту, и одной из задач революции было обеспечение доступа трудящимся к этим благам. При создании новой системы ежегодного отпуска учитывался существующий опыт, и советским курортам пытались придать былую «аристократическую» ауру.

Однако советский туризм и отдых на советских курортах заметно отличались от того, что было прежде, своей высокой содержательностью. Отпуск должен был, в первую очередь, не приносить удовольствие, а позволить отдыхающим восстановить свои силы и здоровье, чтобы по возвращении еще энергичнее взяться за работу. Продуктивный, медицинский аспект отпуска, даже когда речь шла о туристах, оказался прочно укоренен в советской культуре путешествий; чаша весов обычно склонялась в сторону содержательности, а не удовольствия. Принятие солнечных ванн, например, было медицинской процедурой, которая осуществлялась под строгим наблюдением медицинского персонала. Участнику пешего тура требовалась медицинская справка, подтверждавшая, что он способен выдержать нагрузку. Качество отпуска, проведенного в доме отдыха, определялось количеством килограммов, набранных на здоровой диете. Предполагалось, что отпускники повышают свой культурный уровень, приобретают новые знания; в этом отношении они напоминали современных западных туристов, старающихся узнать побольше о местах, куда они направляются, и о культуре страны. «Недостаточно *просто* видеть, — указывает социолог Жан-Дидье Урбен. — Надо видеть *как следует*» [Urbain 1991: 65]. Только активное передвижение дает возможность туристу ощутить местные особенности и развить чувство прекрасного. Внутренний туризм, как при капитализме, так и при социализме, содействует воспитанию патриотизма, когда человек посещает природные достопримечательности (Большой каньон или горы Дагестана) или места, связанные с национальной исторической памятью (поля боев во Фландрии или партизанские тропы Крыма). Советские туристические базы и здравницы предлагали культурные программы, которым отдавалось предпочтение перед «бездумными» развлечениями. Здесь они следовали в общем русле развития современного туризма, нацеленного на самосовершенствование человека.

Стремление «нагрузить смыслом» досуговые поездки и отдых было важным элементом советской отпускной политики, которая характеризовалась поиском содержательности. Культивирование советских ценностей и норм, как считалось, привело бы к искоренению «вульгарных», «буржуазных» потребительских практик. Активисты туристического движения и руководство здравниц должны были разработать соответствующие нормы и правила поведения, а также следить за их исполнением. Далее будет рассказано, как одним из эпизодов в истории советского туризма стало затяжное противостояние между активистами, пропагандировавшими активные, нелегкие и содержательные путешествия, для которых не было «ни одного "потерянного", бесцельно проведенного дня», и чиновниками, полагавшими, что спокойный отдых — лучшее средство для восстановления сил после года работы. Однако к концу 1960-х годов последние предоставили сделать выбор потребителям, вероятно, в уверенности, что новый советский человек уже полностью сформировался и будет самостоятельно применять принятые в советском обществе нормы.

Исследователи туризма подчеркивают роль досуговых поездок в сплочении нации как при демократическом, так и при авторитарном правлении. Даже в странах с либеральным, демократическим режимом туризм и отдых имеют важное значение для государственного строительства. М. Шаффер отмечает, что в период с 1880 по 1940-е годы власти США активно пропагандировали туризм как ключевой элемент американского образа жизни; поездки представителей среднего класса положили начало национальной культуре туризма [Shaffer 2001: 2–6; Aron 1999: 130;

Brown 1995; Sears 1989]. Во многих местах государственные органы принимали деятельное участие в пропаганде туризма, видя в нем фактор экономического роста и средство распространения влияния страны за рубежом [Beckerson 2002: 133–157; Steward 2001: 108–134]. К. Энди, изучавший американскую программу отправки туристов во Францию в послевоенные годы, показывает, как простая заграничная поездка может содействовать достижению целей правительства внутри страны и за ее пределами. Отправка американцев в Париж была частью плана Маршалла, призванного возродить экономику Европы и сдержать распространение коммунизма. Но парадоксальным образом и, может быть, это предусматривалось планом, зарубежные поездки «далеко не всегда приводили к созданию новой транснациональной идентичности, чаще всего они укрепляли существующую национальную идентичность» [Endy 2004: 6, 49].

В XX веке агрессивные националистические режимы активно пропагандировали туризм и досуговые поездки, рассчитывая с их помощью сплотить общество, разделенное на различные слои. Государственные организации, образованные в фашистской Италии (*Dopolavoro*, дословно «после работы») и нацистской Германии (*Kraft durch Freude* (KdF), дословно «сила через радость»), разрабатывали и координировали многочисленные досуговые программы и мероприятия. Как пишет Ш. Барановски, в 1930-е годы *KdF* занималась организацией коллективных туристических поездок для среднего класса и рабочих Германии [Baranowski 2004; De Grazia 1981; Semmens 2005; Purs 2006: 97–115]. При их планировании отвергался принцип личного удовольствия и поощрялся коллективизм:

> следовало наслаждаться возвышенным, культурным товарищеским общением с остальными участниками поездки, заниматься самообразованием, изучая искусство и архитектуру Античности, достигать внутреннего равновесия, готовясь возвратиться к работе, совершенствовать знание истории, расширять свои горизонты, отправляясь из родной деревни или региона в новые, необычные места [Baranowski 2004: 143].

В Советском Союзе "туризм" изначально вызывал подозрения именно из-за того, что он ассоциировался с игрой и удовольствием. Поэтому первые активисты туристического движения настаивали на том, что настоящий социалистический туризм должен быть суровым, аскетичным, связанным с физическими испытаниями. Буржуазный туризм — пакетные туры, фривольные отели — отвергался вместе со многими другими буржуазными практиками и клеймился как «мещанский». Отели, символизировавшие этот буржуазный подход, попросту не строились. Наподобие западных аристократов и Г. Джеймса, ранние адепты советского туризма отвергали обычный туризм как донельзя вульгарный [Buzard 1988; Urbain 1991]. Подлинный социалистический туризм должен был опираться на турбазы, состоявшие из недорогих палаток для проживания и нескольких центральных зданий, где размещалась столовая и проводились культурные мероприятия. В 1960-е годы такие турбазы больше напоминали скаутские лагеря, нежели обычные для капиталистических стран отели и пансионы.

Однако было бы ошибкой делать вывод, что содержательный советский досуг исключал удовольствия или что они рассматривались как нечто чужеродное. Д. Кроули и С. Рид пишут: «Удовольствие было неотъемлемой частью коммунистической утопии, основанной на таких понятиях, как изобилие и удовлетворение всех потребностей» [Pleasures in Socialism 2010: 3]. Иными словами, потребление и удовольствие, тесно связанные друг с другом, были двумя составляющими советской мечты. Отличие от капитализма заключалось в том, что доступ к удовольствиям имели все граждане, а не только элита: в этом состоял один из основополагающих принципов нового общества. «Право на отдых» было прямо закреплено в Конституции СССР 1936 года. Отдых, проведенный вне дома, был не только способом восстановить физическую форму, но и возможностью получить новые знания и опыт, а также ощутить себя частью большого народа. Поездка на отдых порождала, кроме того, ожидание и волнение, а последующие воспоминания доставляли удовольствие в течение целого года (о чем с энтузиазмом говорил слесарь Антонов). Поразительные виды, современные городские пейзажи, обильное питание, купание в теплом море под лучами солнца, захватывающие поездки в горы или катание на моторной лодке вдоль берега, ночные танцы и киносеансы и даже возможность испытать любовное приключение — все это резко контрастировало с повседневностью. Советские отпускники и туристы рассыпались в похвалах своему отдыху.

В данной истории отдыха и туризма рассматривается парадокс: как осуществлялось потребление в социалистическом обществе, целью которого были индустриальные свершения? Демонстрируется, что потребление всегда являлось одной из важнейших составляющих советской мечты. Советские отпускные практики представляли собой парадоксальное сочетание удовольствия и содержательности. Но главный парадокс, который находится в центре внимания, выглядит так: каким образом политика и практики в сфере отпуска и туризма открыто поощряли личную автономию в государстве, основанном на принципах коллективизма? В данной книге изучается процесс становления «нового советского человека», Homo Sovieticus, который обычно виделся образованным, инициативным, готовым прийти на помощь, примерным членом коллектива: первоочередной целью советского туризма и было создание такого человека. Все это вело к появлению лояльных граждан, признававших и ценивших существующий режим, который поощрял стремление к приобретению нового опыта и саморазвитию.

Исследователи туризма на Западе подчеркивают его важность для формирования независимого, уверенного в себе среднего класса [Mackaman 1998; Koshar 2000; Being Elsewhere 2001; Palmowski 2002: 105–130; Young 2002: 169–189]. Туризм создавал, пользуясь определением Дж. Урри, «эстетических космополитов», считающих, что они имеют право совершать поездки куда угодно, проявляющих любопытство и открытость, когда речь шла о путешествиях, способных поместить свою страну в более широкий историко-географический контекст [Urry 1995: 167]. Эти путешественники, принадлежавшие к среднему классу, отличались от своих аристократических предшественников времен Гран-тура тем, что придавали большое значение приложению усилий и содержательности. Р. Кошар напоминает, что английское слово *travel* происходит от *travail* — «страдание» или «тяжелый труд». «Туризм обретает смысл там, где есть усилия, контакты и взаимодействие» [Koshar 2000: 8]. Для Кошара и социолога О. Лёфгрена туризм — это прежде всего «практика, выделяющая человека из ряда ему подобных»: перемещения и опыт пребывания в различных местах способствуют формированию новых свойств характера, часто связанных с большей открытостью. Лёфгрен так пишет об отпуске, проводимом вдали от дома:

> Я считаю отпуск культурной лабораторией, в которой человек экспериментирует с новыми чертами своей личности, своих отношений с другими членами общества и природой, а также применяет важные культурные навыки — фантазирование и путешествие в мыслях... Отпуск — одна из немногих утопий, которые мы еще можем воплотить в жизнь [Koshar 2000: 204; Löfgren 1999: 7].

В советском туризме действовали иные правила, нежели прописанные Лёфгреном нормы для среднего класса: поощрялись групповые поездки, на первый план выдвигалась роль коллектива. Это относилось даже к пребыванию на курортах, куда (согласно торжествующим пропагандистским заявлениям) съезжались люди со всех концов Советского Союза, знакомясь друг с другом и вместе восстанавливая силы в процессе культурного отдыха. Туристические поездки неизменно были групповыми — это могли быть небольшие самоорганизованные компании бывалых туристов или же группы из двадцати пяти, ста, двухсот человек — стандартные числа для коллективной поездки. Выбор этих чисел отчасти объяснялся логистикой: руководители туристической отрасли полагали, что легче распланировать все для коллектива из двадцати пяти человек, чем принимать во внимание множество индивидуальных предпочтений. Групповой туризм облегчал наблюдение, особенно за границей. Это было и вопросом идеологии: туристы и отдыхающие учились не только ставить палатки и разжигать костер, но также объединяться в коллектив и успешно трудиться в суровых условиях вместе с новыми знакомыми. Акцент на коллективное времяпровождение может означать, что туризм и досуг рассматривались прежде всего как средства доминирования. Действительно, составители сборника статей о культуре удовольствия в нацистской Германии утверждают, что развлечения, народные праздники и т. п. могут служить интересам государства, создавая стабильное и лояльное этнонациональное сообщество [Pleasure and Power in Nazi Germany 2011: 1–9].

И тем не менее приобретение навыков коллективного существования вело, как ни парадоксально, к осознанию своей индивидуальности и повышению уверенности в себе; задача создания советского человека с неповторимыми личными особенностями играла ведущую роль в установлении норм и ценностей, относящихся к отпуску[2]. Советский туризм иллюстрирует «парадокс Лефора», который А. В. Юрчак определил следующим образом:

> Советского гражданина призывали полностью подчиниться партийному руководству, культивировать коллективистскую мораль, подавлять индивидуализм, но в то же время становиться просвещенным, независимо мыслящим индивидом, стремящимся к знаниям, пытливым и творческим человеком [Yurchak 2006: 11][3].

Следуя строгим правилам, установленным партией для туриста (выразившимся, например, в условиях получения значка «Турист СССР») или отпускника (отраженным в стандартном режиме курортного заведения), советский турист мог прийти к подлинной самореализации. Данная книга показывает, как возникло противоречие между намерениями государства, видевшего

---

[2] Об особенностях советского коллективизма см. [Kharkhordin 1999].

[3] Юрчак опирается здесь на труды французского философа К. Лефора, исследовавшего парадокс, присущий современной идеологии в целом: разрыв между просвещенческими идеалами и реальными нуждами современной государственной власти, а также необходимость принятия всеми «объективной истины», якобы не имеющей отношения к власти. См. [Lefort 1986: 10–11].

в досуговых поездках средство воспитания лояльных подданных, и усилиями граждан, которые стремились с помощью этих поездок укрепить свое личное благосостояние.

История отпуска и туризма в СССР в целом является частью истории современного туризма в широком смысле, включая такие его аспекты, как потребление, национальное сплочение и самореализация человека. Философ и культуролог Д. Маккеннелл отмечает: "«Турист» — одна из лучших моделей, доступных современному человеку в целом" [MacCannell 1999: 1]. При этом у «советской модернизации» — поиска социалистического, коммунитарного пути, ведущего в современность, — имелись собственные отличительные черты и предметы особого внимания. Стремление наполнить смыслом туристические поездки привело к созданию в 1927 году Общества пролетарского туризма, призванного пропагандировать туризм среди широких масс трудящихся, а также разработать особую, социалистическую разновидность сознательной досуговой поездки. «Пролетарский туризм» понимался как массовое движение, в которое с пользой для себя мог влиться каждый. Дома отдыха и курорты стали доступны в первую очередь пролетариям, новому правящему классу: то были осязаемые плоды победы пролетариата над дворянством и буржуазией. Отличительные черты советского туризма и отдыха — упор на медицинское обслуживание, привилегии для промышленных рабочих, преимущественно групповые поездки, содержательность — свидетельствовали о попытке создать социалистическую разновидность досуговой поездки, уникальную и притом передовую.

Изучая историю туризма с момента создания первой массовой организации в 1927 году и до середины 1980-х годов, можно наблюдать, как потребление услуг, связанных с досуговыми поездками, способствовало возникновению и закреплению новых социальных различий и даже расслоению внутри советского общества. Однако — вот еще один парадокс — к 1960-м годам идеальным объектом советской политики стал не промышленный рабочий, а потребитель, принадлежавший к среднему классу. Туризм и отдых в СССР сделались массовым явлением, но к этому времени оказалось, что «массы» — это советский средний класс, то есть интеллигенция. Доступ к досуговым поездкам — шла ли речь о турпоходах или курортном времяпровождении — получали и активно стремились получить в первую очередь обладатели значительного культурного багажа, представители образованного среднего класса, ряды которого стали заметно пополняться во второй половине XX века, особенно в 1960-е годы. Термин «буржуазия» оставался под запретом, обозначая классового врага, но позднесоветские отпускники и туристы относились именно к буржуазии, принадлежа к городской культуре с ее ценностями: преуспеванием в пределах допустимого, умеренным потреблением, культурностью, тягой к знаниям, осознанием своего права на комфорт, известным набором услуг и маленькими удовольствиями. Эта «среднеклассовая» реальность на протяжении большей части 1960-х годов сосуществовала наряду с идеалом аристократического отдыха на курорте. Затем организаторы туристических и отпускных поездок стали отказываться от громадных «дворцов наслаждений» в пользу более утилитарных типовых гостиниц.

Институциональные структуры, обеспечивавшие туризм и отдых в СССР, также отличались от того, что имелось на Западе и в царской России. Соответствующие услуги с самого начала оказывались либо Народным комиссариатом здравоохранения, либо Обществом пролетарского туризма (формально — добровольной организацией). Туризм в СССР, в отличие от других стран, был не отраслью экономики, а общественным движением. Позже туризм и курортный отдых перешли в ведение Всесоюзного центрального совета профессиональных союзов (ВЦСПС), который должен был заботиться о благосостоянии народа в широком смысле слова. На протяжении всего советского периода способность государства обеспечивать досуговые поездки намного уступала спросу со стороны граждан, и все громче звучали голоса тех, кто предлагал улучшить организацию дела, переведя его на коммерческую основу. До самого крушения социализма, несмотря на постоянно крепнущие призывы создать «туристическую отрасль», отдых в СССР организовывался, финансировался и предоставлялся местными профсоюзами, формально не являвшимися частью государства, но в то же время действовавшими вне рынка.

В книге прослеживается история отдыха и туризма в СССР начиная с 1920-х годов, когда начала создаваться курортная инфраструктура и было образовано Общество пролетарского туризма. В главе первой рассматриваются принципы, изначально положенные в основу советского курортного отдыха (восстановление сил под присмотром врачей в интересах производства). Однако на протяжении 1930-х годов задачи такого «медицинского» отдыха начинают меняться, все больше внимания уделяется получению удовольствия. В главах второй и третьей рассказывается о начальном периоде существования советского туризма (1920-е и 1930-е годы) и его превращении из добровольного движения в услугу, оказываемую профсоюзными организациями. В главе второй подробно описываются идеологические функции советского туризма — попытки придать значение досуговым поездкам пролетариев — и его институциональная история, отражавшая соперничество между различными ведомствами в сталинскую эпоху. Глава третья посвящена в первую очередь практической стороне советского туризма, тому, какие именно поездки совершались и кто был их участником. По моему мнению, к концу 1930-х годов в стране начали появляться современные виды проведения досуга, которых жадно искали новая советская элита и формирующийся средний класс: «медицинские» задачи были подчинены получению удовольствия. Как указывают другие исследователи, понятие «хорошей жизни» получает распространение именно в 1930-е годы [Gronow 2003; Фицпатрик 2001; Pleasures in Socialism 2010]. Великая Отечественная война затормозила этот процесс, но не изменила его сути. Глава четвертая касается отдыха и туризма в послевоенные годы. Главной задачей в этой сфере было восстановление разрушенного во время боев; общее направление развития было задано еще до войны, и об изменении структуры, содержания и смысла отдыха почти не заботились.

Три последние главы посвящены периоду с середины 1950-х годов до перестройки, когда происходило сближение двух принципиально разных видов проведения досуга — курортного отдыха и активного туризма. В главе пятой показано, как пребывание на курорте превратилось из лечения в объект желания потребителей. Несмотря на развитие туризма и появление новых маршрутов, курортный отдых оставался золотым стандартом для многих советских граждан, особенно промышленных рабочих.

В главе шестой говорится о расширении географии советского туризма, которое стало особенно заметным в 1960-е годы, и о первых зарубежных туристических поездках. С 1955 года стали организовываться групповые туры в социалистические, а иногда и в капиталистические страны. По своим масштабам зарубежный туризм был не сравним с внутренним, но, как я полагаю, выезды советских туристов за границу решительным образом, хотя и не сразу, изменили культуру отдыха в СССР. Туристическая индустрия в Восточной Европе опиралась на солидную довоенную базу: отели и связанные с ними службы, рестораны, хорошо подготовленные гиды были обычными атрибутами «буржуазного» туризма. Советские туристы и чиновники, ведавшие отраслью, усваивали эти «буржуазные» практики, и отношение к запросам потребителей в отношении разнообразия, комфорта, качества услуг и семейного отдыха становилось все более позитивным[4].

В главе седьмой рассматривается процесс создания в СССР полноценной туристической отрасли, под влиянием зарубежных образцов и растущего уровня жизни. В начале 1980-х годов он

---

[4] В том, что касается освещения туризма в послесталинскую эпоху, я многим обязана Э. Горсач, проанализировавшей в своей работе [Gorsuch 2011] попытки узнать и понять Запад, предпринимавшиеся в СССР после войны. Горсач начинает с внутреннего туризма, затем переходит к поездкам в «почти европейские» республики — Эстонию, Латвию, Литву — и, наконец, к вояжам в Восточную и Западную Европу. На примере туризма она пытается понять суть хрущевской политики, подразумевавшей бо́льшую открытость по отношению к миру, и анализирует реакцию советских туристов на встречу с «другими» — представителями Запада. Горсач сосредотачивается исключительно на туризме, тогда как в моей работе рассматриваются досуговые поездки в целом, включавшие в себя и пассивный отдых, и активный, то есть туризм. Для Homo Sovieticus было чрезвычайно важно получить свой ежегодный отпуск, будь то отдых на море или туристическая поездка.

был далек от завершения. Суть его состояла в том, чтобы строить гостиницы вместо санаториев и следовать вкусам потребителей, а не пытаться формировать их. Следует отметить еще два обстоятельства: во-первых, сближение пассивного отдыха с туристическим, во-вторых, постепенное расхождение между ценностями, которые связывало с туризмом государство, и теми, которые закладывали в него сами туристы и отдыхающие.

Повествование заканчивается на середине 1980-х годов. Реформы, начатые в 1986 году в рамках перестройки, привели к изменению экономической структуры, обеспечивавшей досуговые поездки. Первой из них стало разрешение на создание кооперативов, призванных предоставлять разнообразные потребительские услуги. Затем последовало образование совместных предприятий с компаниями из капиталистических стран в области туризма и транспорта, а также в других сферах: это еще больше изменило привычную инфраструктуру советских досуговых поездок. Однако реформы потерпели неудачу, что внесло свой вклад в падение уровня жизни и стало одной из причин отказа государства субсидировать отдых граждан. Перестройка, на которую так надеялись экономисты вроде А. Г. Аганбегяна, лишила советских людей возможности путешествовать — той, которую будущий «архитектор перестройки» воспевал в 1966 году. К концу существования СССР досуговые поездки стали не по карману большинству жителей страны, притом что каждый теперь имел право свободно выезжать за границу. Этот новый парадокс еще ждет своих исследователей.

Глава первая
Починка человеческого мотора

В СССР, где была официально принята марксистская теория трудовой стоимости, труд прославлялся как основа личного достоинства и средство создания общества, где царит изобилие. Труд, умственный либо физический, был обязанностью каждого гражданина. Считалось, что он облагораживает и является высшим призванием человека. Однако труд изнашивает организм — и поэтому неотъемлемой частью социалистической экономики, наряду с созданием условий для продуктивной работы, являлся продуктивный отдых. Восьмичасовой рабочий день, один-два выходных в неделю, ежегодный отпуск — такими были три основания зарождавшейся советской системы восстановительного и оздоровительного отдыха.

Ежегодный отпуск был самым оригинальным из советских изобретений, нацеленных на повышение благополучия трудящихся. Трудовой кодекс 1922 года провозглашал — впервые в мире — право на ежегодный двухнедельный отпуск для всех, кто трудился по найму и проработал непрерывно не менее одиннадцати месяцев. Еще в 1919 году власти приступили к созданию отпускной инфраструктуры, призванной принести трудящимся максимальную пользу во время ежегодного восстановления[1]. Курорты, по словам наркома здравоохранения Н. А. Семашко, должны были стать «ремонтными мастерскими для восстанов-

---

[1] Декрет от 4 апреля 1919 года предусматривал национализацию всех курортов и прочих учреждений здравоохранения [Гольдфайль, Яхнин 1928: 10].

ления здоровья трудящихся», предлагающими отдых и медицинский уход для обретения сил и энергии перед очередным рабочим годом. У французских рабочих, подчеркивал Семашко, есть только один дом отдыха — кладбище [Семашко 1923: 8]. Советские же рабочие пользовались безусловным правом на отдых, закрепленным позднее в Конституции СССР 1936 года.

В данной главе рассматривается практика пребывания советских граждан в домах отдыха и на «курортах» в 1920–30-е годы, а также эволюция воззрений на отдых при социализме. Вопрос о том, чем именно является отдых — необходимостью, связанной с восстановлением здоровья, или завоеванием социализма, — находился в центре дискуссий, влиявших на планы по строительству отпускной инфраструктуры и предоставление доступа к ней. Независимо от этих дискуссий, отдыхающие выказывали собственные предпочтения относительно развлечений, медицинского ухода и оздоровительных процедур. К концу 1930-х годов курортный отдых в СССР уже подразумевал не только лечебные процедуры, но и получение удовольствия, и притягивал в большей мере советскую элиту, нежели трудящихся, нуждавшихся в восстановлении сил.

Социалистический отдых

Во время дискуссий относительно производства, досуга, потребления и здоровья, которые велись в СССР, первоначально подчеркивался утилитарный характер досуга при социализме. Новые формы отдыха были призваны способствовать восстановлению сил после напряженной работы на производстве, отмеченной ударным трудом и социалистическим соревнованием. Научная организация труда требовала научной организации отдыха [Данишевский 1933: 68; Бергман 1927а: 7]. Пролетарский отдых не имел ничего общего с «кино, кеглями, пивом и танцами», как заявлялось официально [Бергман 1927а: 15, 18], он имел отношение к серьезным вещам: производству и здравоохранению. По этой причине медицинское обслуживание являлось неотъемлемой частью ежегодного отдыха советского человека. Рационально устроенный отдых подразумевал предварительное посещение врача, и те, кто пропагандировал его, советовали отдыхающим следить за состоянием своего здоровья, чтобы выполнить стоявшие перед ними обязанности по рациональному восстановлению сил[2]. Человек, как и машина, нуждался в ремонте и восстановлении; социалистический отдых восстанавливал тело пролетария, уподоблявшееся машине[3].

Как указывал известный курортолог и климатолог Г. М. Данишевский, при социализме отрицается понимание «отдыха» как «покоя, бездействия, праздного времяпровождения».

> ...система правильно организованного отдыха должна активизировать рабочего, колхозника, укреплять их волю к труду и правильно сочетать развлечения, игры, увлекательные занятия с расширением их политического производственно-технического и общекультурного кругозора [Данишевский 1933: 69].

Ежегодный отпуск был своего рода пустой оболочкой, которую предстояло заполнить деятельностью, значимой в социальном, культурном и экономическом планах — отдыхом. Во время практических дискуссий слово «отдых» часто заменялось другим — «оздоровление», что еще больше подчеркивало физиологическое значение отпуска[4]. В СССР ежегодный отпуск должен был быть содержательным: государство и отдыхающий совместно вкладывались в него, чтобы восстановить общественно полезную рабочую единицу и добиться личностного роста.

---

[2] См., напр., указания по получению медицинской справки в [Архангельская 1935: 20; Путешествия по СССР 1938: 202–205; Лифшиц 1923; Белобородов 1923].

[3] ГАРФ. Ф. 5528. Оп. 4. Д. 132. Л. 152 (материалы конференции, посвященной отдыху рабочих (май 1932)). О соответствующем образе «машины» в литературе см. [Hellebust 2003].

[4] ГАРФ. Ф. 5528. Оп. 4. Д. 132. Л. 110. «Оздоровление» было базовым принципом советской общественной системы здравоохранения, но, как указывает Д. Бир, это понятие возникло в ответ на «вырождение», будто бы наблюдавшееся в позднеимперской России [Beer 2008]. См. также [Hutchinson 1990].

Некоторые эксперты полагали, что в социалистическом государстве потребность в отпуске вообще исчезнет — «нормальный» труд при социализме не приводит к переутомлению рабочего, и кроме того, сама жизнь в избытке предоставляет разнообразные впечатления и опыт. «Когда мы придем к полной нормализации условий труда, тогда мы будем говорить о том, что стимул для декретных отпусков исчез», — утверждал один специалист по социальному страхованию. Другие заявляли, что, поскольку труд в СССР есть «дело чести, …дело славы, …дело доблести и геройства», сама идея отпуска обесценивает понятие социалистического труда. Как указывали в 1932 году специалисты по здравоохранению, считать труд вредным — это меньшевистская точка зрения[5].

Большинство советских экспертов сходились на том, что идеальная социалистическая система отдыха должна иметь основой науку, с целью оптимального распределения отпускного времени. В этом отношении СССР прямо продолжал традиции европейского Просвещения, исповедовавшего научный подход к проблемам здоровья и в целом к человеческому организму. Культура французских оздоровительных курортов XIX века породила научный подход к терапевтическим процедурам, применявшийся с 1830-х годов: он включал в себя строго определенное использование времени, отмерявшегося по звонку, в точности как на капиталистических фабриках. Те, кто принадлежал к элите российского общества — примером может служить толстовский Алексей Каренин, — издавна привыкли лечиться на французских, немецких, швейцарских курортах, и такие практики были для них обыденным делом: «Как и в прежние года, он с открытием весны поехал на воды за границу поправлять свое расстраиваемое ежегодно усиленным зимним трудом здоровье и, как обыкновенно, вернулся в июле и тотчас же с увеличенною энергией взялся за свою обычную работу» [Толстой 1970: 172].

---

[5] ГАРФ. Ф. 5528. Оп. 4. Д. 132. Л. 11, 81–82, 93–95, 151. Специалист по страхованию приписывал эту точку зрения — с которой не был согласен — сотрудникам Госплана, считавшим, что дома отдыха следует «ликвидировать как класс» (Л. 95).

Под конец существования Российской империи появление новых профессий и стремление представителей среднего класса беречь свое здоровье вызвали бурный рост предложений разнообразных медицинских услуг, которые учитывали последние достижения науки и были доступны рядовому потребителю; в число их входило и пребывание на курортах [Mackaman 1998: 96–98; Morrissey 2010: 645–675]. Советская медицина основывалась на этих традициях, но к ним прибавилось три чисто социалистических принципа: централизованное оказание медицинских услуг, бесплатная медицинская помощь, особое внимание, уделяемое профилактике заболеваний, гигиене и общественному здравоохранению [Weissman 1990: 97; Solomon 1990].

Советские чиновники от здравоохранения, собравшиеся в 1933 году, чтобы обсудить проблемы «рабочего отдыха», прекрасно владели научной терминологией того времени, и медицина легла в основу советских отпускных практик [Данишевский 1933: 77]. Климатотерапия (солнце, море, свежий воздух), занятия физкультурой (утренняя зарядка, волейбол, оздоровительные прогулки), здоровое питание являлись залогом того, что ежегодный отпуск будет научно спланированным и содержательным. Физическое состояние человека, указанное в медицинской справке, определяло выбор наилучшего вида отдыха: шестинедельное лечение в туберкулезном санатории, месячное пребывание в здравнице на лоне природы или длительный туристический поход — для физически здорового, но эмоционально истощенного горожанина. Врачи подписывали справки, позволявшие отдыхающим получать путевки на курорты и в дома отдыха; врачи осматривали пациентов по прибытии и отправляли их домой, выдав подробное заключение о состоянии здоровья. Грань между лечением и обычным отдыхом оказывалась зыбкой, и обычно термины «больной» и «отдыхающий» были взаимозаменяемыми. На заре советской власти предполагалось, что немногочисленные места на курортах и в домах отдыха будут предоставляться тем, кто больше всего нуждается в медицинской помощи — прежде всего больным туберкулезом, но также страдавшим от неврастении. Вскоре, однако, эти ограничения исчезли — в обществе возник массовый запрос на предоставление всем трудящимся возможности восстановить свои силы. Свеженационализированные курорты оказались слишком притягательными, чтобы закрепить их за одними лишь тяжелобольными. Отпуск в «здравнице» стал рассматриваться как средство поощрения за примерную работу. Далее будет показано, что распределение немногочисленных мест для отдыха стало производиться не на основе медицинских показаний, а в соответствии с социальным статусом.

Места для проведения досуга и восстановления сил: курорты и дома отдыха

Настоящий социалистический отдых в СССР базировался на достижениях науки XIX и XX веков — и его успех зависел от действий специалистов. Кроме того, задействовалась инфраструктура, унаследованная от старого режима. До начала строительства новых здравниц в этом качестве использовались здания, принадлежавшие дворянам и купцам и национализированные новой властью, в том числе санатории и «пансионаты», которые располагались на курортах и в сельской местности: теперь они стали домами отдыха.

Существовавшая в России курортная инфраструктура использовалась империей в собственных целях. В города Кавказских Минеральных Вод с начала XIX века стали приезжать выздоравливающие офицеры. За ними последовали члены царской семьи, устраивавшие там поместья, что, в свою очередь, привлекло в эти края представителей среднего класса — потребителей досуговых услуг. В Крыму отдыхающие начали появляться со второй половины XIX века, и к концу столетия курортная жизнь уже кипела не только в Ялте, но и по всему побережью, а также на Северном Кавказе. И врачи, и коммерсанты старались привлекать в эти места интересующихся оздоровительным отдыхом — одним из средств, которые предлагались для борьбы с усиливающимися стрессами, атрибутом городской жизни [McReynolds 2003: 171–177;

Курорты СССР 1936: 6–8; Morrissey 2010]. Развитие коммерческой стороны дела можно проследить на примере курортов Абхазии. На Всемирном съезде врачей, состоявшемся в Москве (1898), было определено, что прибрежный город Сухум с населением в 3000 человек обладает идеальными климатическими условиями для лечения легочных болезней, особенно туберкулеза. К этому времени натуралисты уже открыли для себя впечатляющее ботаническое разнообразие региона, и в 1895 году фабрикант и филантроп Н. Н. Смецкой купил там участок, чтобы разбить ботанический сад. В самом начале XX века на участке появилось несколько санаториев, устроенных по образцам немецких водолечебниц, известных владельцу. Растущий спрос — пациентов сопровождали родственники, кроме того, санатории стали популярны и у совершенно здоровых людей — привел к сооружению новых гостиниц и пансионатов, куда поставлялись продукты и вина, произведенные в поместьях Смецкого. Севернее Сухума, в приморском городке Сочи, московский предприниматель А. В. Тарнопольский основал обширный курорт, позже ставший известным под названием «Кавказская Ривьера» [Курорты Абхазии 1925; Сочи 1959].

До революции Черноморское побережье Кавказа по своей популярности уступало четырем городам Кавказских Минеральных Вод — Ессентукам, Пятигорску, Кисловодску и Железногорску. В начале XIX века в них приезжали на отдых и лечение русские офицеры, включая М. Ю. Лермонтова. После открытия в 1875 году железнодорожной ветки Ростов — Минеральные Воды туда хлынул поток пациентов и отдыхающих. Помимо водолечебниц, питьевых бюветов и медицинских учреждений, в городах стали появляться парки, театры, мюзик-холлы, посетителями которых были клиенты из числа аристократов, коммерсантов и состоятельных специалистов [Гольдфайль, Яхнин 1928: 54–58][6]. Но

---

[6] В 1907 году, который можно считать типичным, более 40 % приехавших в Минеральные Воды были крупными землевладельцами и торговцами, 24 % — средними землевладельцами, 10 % — офицерами, чиновниками, учителями, врачами и т. п. [Курорты СССР 1936: 8].

большинство жителей России предпочитало лечиться за границей. В 1912 году немецкие курорты посетили более миллиона человек, русские — лишь 110 тысяч. Самый посещаемый из них, Ессентуки, привлек лишь 13 000 гостей, в то время как Карлсбад в Богемии — 70 000, в том числе 20 000 русских. В рекламных публикациях утверждалось, что русские курорты почти ничем не уступают европейским — но им не хватало устойчивой репутации, которой пользовались знаменитые западные лечебницы [Гольдфайль, Яхнин 1928: 10].

Начавшаяся в 1914 году Первая мировая война сделала лечение в Европе недоступным для граждан России. Медики покинули лечебницы и присоединились к действующей армии, многие здания на курортах были заняты Красным Крестом и другими общественными организациями: в них устроили госпитали для раненых [Гольдфайль, Яхнин 1928: 58]. После революции для южных здравниц настали тяжелые дни: во время Гражданской войны Крым и другие курортные районы стали тыловыми базами и театрами военных действий. В 1918 году недавно образованное советское правительство располагало всего тремя действующими курортами в центральных областях России[7]. Вся отрасль пришла в упадок — и клиенты, и владельцы бежали за границу, желая оказаться в безопасности. После завершения Гражданской войны в конце 1920 года власти приступили к восстановлению экономики и ликвидации демографических потерь. Бывшие места отдыха и развлечения для аристократии следовало восстановить и превратить в центры восстановления сил для ветеранов гражданской войны и членов правительства, а в теории — для всех, кто выиграл от смены власти, то есть рабочих и крестьян.

В декабре 1920 года (даже в рядах большевиков тогда наблюдалось смятение, появилась оппозиция руководству) Совет народных комиссаров издал декрет об использовании Крыма для лечения

---

[7] Это были: город Старая Русса в Новгородской области (основан в 1828 г.), Липецк на Дону в одноименной области (основан в 1803 г.) и Сергиевские Минеральные Воды в уральских степях (основан в 1833 г.) [Курорты СССР 1923; Курорты. Энциклопедический словарь 1983: 326, 221, 306].

трудящихся, предполагавший национализацию частных владений: «Прекрасные дачи и особняки, которыми пользовались раньше крупные помещики и капиталисты, дворцы бывших царей и великих князей должны быть использованы под санатории и здравницы рабочих и крестьян»[8]. Народный комиссариат здравоохранения (Наркомздрав) получил указание: подготовить 25 000 коек для лечения тех, кто мог считать революцию своей победой. Восстановление экономики произошло намного позже издания Декрета, но в главных курортных областях — в Крыму и в районе Кавказских Минеральных Вод — постепенно начала образовываться сеть социалистических курортов, хотя процесс шел довольно бессистемно. Официально путевки на курорт должны были предоставляться в первую очередь промышленным рабочим, но высшие руководители партии и государства постоянно отдыхали и лечились на черноморском побережье, следуя — на свой коммунистический лад — тем же образцам поведения, которые некогда установили члены императорской семьи и их приближенные. В июле 1923 года из Кремля поступило распоряжение: в течение двух недель подготовить для приема посетителей Дом отдыха имени Карла Маркса в крымском Суук-Су. (Эта авральная работа увенчалась успехом: Розалия Землячка, оставившая запись в книге отзывов Дома отдыха, отметила, что ей понравились питание и условия проживания.) В декабре того же 1923 года врачи отправили Л. Д. Троцкого поправлять здоровье в Сухум, славившийся своим климатом: таким образом, он оказался вдалеке от Москвы в момент смерти В. И. Ленина, и это ослабило его позиции в последовавшей затем жаркой борьбе за власть[9].

Мировая война и революционные события нанесли стране громадный ущерб, и средств на реконструкцию свеженационализированных курортов было немного. Местные органы власти часто брали дело в свои руки, реквизируя частные больницы и курорты для использования в общественных целях. Нарком-

---

[8] Декрет от 21 декабря 1920 г. См. [Гольдфайль, Яхнин 1928: 202].
[9] ГАРФ. Ф. 3263 (дом отдыха № 2 ВЦИК (1923–1924)). Оп. 1. Д. 5 (доклады) Л. 1–1 об.; Д. 9. Л. 2; [Троцкий 1991. Т. II: 482–485].

здрав управлял большинством учреждений здравоохранения, но не мог обеспечить им достаточного финансирования. В конце концов возникла иерархическая система, продержавшаяся до распада СССР. Лучшие курорты получили статус «общегосударственных»: предполагалось, что их деятельность в основном будет финансироваться за счет поступлений от пациентов или страховых взносов, но они также получали от государства субсидии на научную работу и новое строительство. Курорты регионального и местного значения должны были содержаться за счет местных бюджетов [Гольдфайль, Яхнин 1928: 11]. Кроме того, Центральный совет профсоюзов, коммунистическая партия, Красная армия, государственные ведомства и предприятия содержали и финансировали собственные курорты, число которых постоянно росло. Эти здравницы не подпадали под общегосударственные правила финансирования и приема пациентов и к началу 1930-х годов считались привилегированными. Зарплата сотрудников в них была выше, чем в других местах, и им доставались лучшие пляжи[10].

Таблица 1.1. Число коек и пациентов в советских санаториях, 1920–1927

Год	Число коек	Проживающие пациенты	Приходящие пациенты	Всего пациентов
1918	—	8200	—	—
1919	—	4992	—	—
1920	—	38 883	6569	45 402
1921	29 096	57 687	17 838	75 525
1922	13 721	32 731	9002	41 733
1923	22 714	56 252	37 762	94 104
1924	23 045	72 446	59 374	131 820
1925	26 460	91 338	70 481	161 819
1926	28 809	93 341	79 832	173 173
1927	23 370	93 600	96 019	189 619

Источник: [Гольдфайль, Яхнин 1928: 14]

[10] ГАРФ. Ф. 9493. Оп. 1. Д. 8 (доклад о состоянии курортов Кавказских Минеральных Вод). Л. 50–51, 117–118, 190.

Рис. 1.1. Дом отдыха Центрального исполнительного комитета СССР, 1935, Сухум. РГАКФД г. Красногорска, № 2102339. Публикуется с разрешения архива

Эта особенность также сохранилась: внутри централизованной командной экономики существовало множество учреждений, самостоятельно управлявших своими здравницами.

Настоящий расцвет курортов, как основанных в имперскую эпоху, так и новосозданных, наступил лишь в середине 1930-х годов, конкретнее — с началом второй пятилетки (1933). В 1920-е годы Наркомздрав стремился преимущественно восстанавливать курортную инфраструктуру и готовить санатории к приему необходимого количества пациентов. Число коек в санаториях оставалось в то время неизменным, тогда как число пациентов во второй половине десятилетия начало расти (см. табл. 1.1): это означало, что имевшиеся места использовались все интенсивнее. Становилось все больше так называемых «амбулаторных пациентов» — в 1927 году они составляли половину от общего числа пациентов, что отражало рост популярности курортов как мест отдыха. Такие приходящие пациенты не жили в санаториях и не получали там питания: сняв койку в гостинице, пансионате или частном доме, они приходили за медицинскими процедурами (включая солнечные ванны и сеансы плавания) в санатории или поликлиники. В первой пятилетке (1928–1932) рост числа санаторных коек был достаточно скромным: в 1932 году их насчитывалось 66 400. Однако на протяжении второй пятилетки (1933–1937) количество их выросло почти вдвое, достигнув 113 000 санаторных коек в 1937 году [Рудаков 1937][11].

К концу 1930-х годов массированные инвестиции позволили выстроить роскошные здания, ставшие витриной советского здравоохранения. Хотя система курортного отдыха была демократической в своей основе, источником вдохновения для нее служили дореволюционные образцы, созданные аристократией. Советские курорты должны были иметь признаки «большого стиля» и требовали значительного штата обслуги (такого же, какой некогда полагался аристократии); кроме того, предполагалось, что пациенты или отдыхающие будут проникаться высокой культурой и утонченностью. Везде, и в дворцах пионеров, и в местах, предназначенных для летнего отдыха, мир досуга, сотворенный для советского пролетариата, оказывался роскошно аристократичным, предлагая отдых, врачебный уход и развлечения. В то же время — это освещалось не так широко — по всему Советскому Союзу на новых местах возводились более скромные курорты для рабочих и служащих[12].

Помимо системы курортов, создавалась и другая — сеть домов отдыха, расположенных вблизи больших городов: в них можно было провести отпуск и одновременно поправить здоровье. Как правило, они подчинялись Наркомздраву, отличаясь при этом большим разнообразием. Первые дома отдыха появились в Петрограде весной 1920 года по инициативе Городского отдела труда. Спустя четыре месяца этому примеру последовала Москва — здесь дома отдыха открывал и содержал Мосздравотдел. Первоначально многие из них устраивались в национализированных дворянских особняках и дачах представителей среднего класса, среди девственных лесов или пригородных садовых массивов. Были и такие, которые помещались в новопостроенных

---

[11] См. также: ГАРФ. Ф. 9228. Оп. 1. Д. 24 (совещание директоров курортов, март 1938). Л. 44.

[12] ГАРФ. Ф. 5528. Оп. 4. Д. 132. Л. 178–182.

деревянных домах, причем столовая могла располагаться в отдельной постройке. Рабочие получали там питание и медицинский уход, предавались умеренно активному культурному времяпровождению и приобретали прочную привычку к ведению здорового образа жизни. Домами отдыха заведовали врачи, окруженные помощниками по культурной и спортивной части. В начале 1920-х годов многие профсоюзы, советы профсоюзов и даже отдельные предприятия «лихорадочно» открывали свои дома отдыха, ставшие символами достижений революции [Рыкова 1923: 11–15].

Эта деятельность порождала проблемы, связанные с контролем и подчинением: чем являлся дом отдыха — продолжением предприятия (предоставлявшего основную часть средств) или частью общегосударственной системы здравоохранения? Медики опасались, что без бдительного контроля со стороны комиссариатов здравоохранения дома отдыха постепенно перестанут быть оздоровительными центрами. По этой причине Мосздравотдел издал сборник подробных инструкций по организации домов отдыха, учитывавших лучшие медицинские практики. В них указывалось, как необходимо проводить уборку, заполнять регистрационные карточки, давались образцы списка ежедневных мероприятий и меню для четырех приемов пищи [Рыкова 1923: 18–19; Дома отдыха 1924–1925]. В следующем десятилетии руководство домами отдыха перешло от отделов здравоохранения к профсоюзам, но медицинский компонент по-прежнему играл главную роль.

К 1927 году в СССР насчитывалось около 300 домов отдыха с 46 000 мест — примерно вдвое меньше, чем имелось в санаториях. Из них 50 (на которые приходилось 33 % всех мест) располагались в Москве и Ленинграде. Согласно закону, дома отдыха должны были напоминать небольшие санатории: спальни, столовая, комнаты для тихого отдыха (чтение, шахматы), спортплощадки, плавательный бассейн или речной пляж, ванны, душевые. Как предполагалось, отдыхающие проводили время, бродя по лесам, загорая у реки, играя в шахматы или шашки; по вечерам устраивались кинопоказы или самодеятельные представления,

Рис. 1.2. Спальня в Мальбинском доме отдыха иркутской окружной страхкассы, 1924. РГАКФД г. Красногорска, № 421898. Публикуется с разрешения архива

дававшиеся местными фольклорными коллективами [Гольдфайль, Яхнин 1928: 405–448].

Описание дома отдыха профсоюза печатников (1928), однако, дает иную картину. Чтобы добраться до места назначения, отдыхающим приходилось проделывать четырехкилометровый путь от станции с багажом в руках. В библиотеке не хватало книг и газет, еда была скверной, многие предавались стародавним, привычным занятиям — ухаживанию за женщинами и пьянству. Неудивительно, писал рабочий корреспондент, что они покидали дом отдыха раньше срока. Замужние работницы редко отправлялись в дома отдыха, когда подходило время ежегодного отпуска, — им не с кем было оставить детей[13].

К началу 1930-х годов чиновники от здравоохранения начали беспокоиться — система не оправдывала себя. Дома отдыха заполнялись лишь на 85 %. Национализированные здания, в которых они помещались, срочно требовали капитального ремонта, а продовольственный кризис в стране не давал возможности обеспечить здоровое питание. Рабочие отправлялись в дома от-

---

[13] Печатник. 1924. 12 июля; 1928. 1 сентября; ГАРФ. Ф. 5528. Оп. 4. Д. 132. Л. 88, 239.

дыха с такой неохотой, что кое-кто предлагал демонтировать систему целиком. Другие, однако, возражали: для «здоровых, но уставших» рабочих дома отдыха имели преимущества по сравнению с курортами; следовало умножать, а не сокращать их число и делать отдых более разнообразным. Многие специалисты полагали, что дома отдыха, связанные с конкретной отраслью или даже с отдельным предприятием, обладали большей привлекательностью, чем неспециализированные: отдыхающих с одинаковыми привычками и культурными запросами было легче обслуживать, а режим отдыха мог быть приспособлен к нуждам того или иного производства[14]. По этой причине некоторые государственные дома отдыха передали предприятиям — например, московскому Электрозаводу: это было поощрением со стороны Мосздравотдела, за то, что завод выполнил пятилетку в два с половиной года. Существовали специальные дома отдыха для молодежи, хотя некоторые люди постарше порой ворчали, что молодые нуждаются в более активном времяпровождении. После введения так называемой непрерывной рабочей недели — четыре дня для работы, один для отдыха — появились «дома отдыха пятого дня», где работники могли в свой выходной отдохнуть, получить улучшенное питание и поучаствовать в культурных мероприятиях. Поскольку выходные у всех приходились на разные дни, такие дома отдыха могли быть загружены постоянно. Однако непрерывная рабочая неделя так и не прижилась, и «дома отдыха пятого дня» полноценно использовались только по выходным[15].

Некоторые специалисты считали, что во второй пятилетке необходимо вливать средства не в традиционные дома отдыха, срок пребывания в которых составлял две недели, а в однодневные дома отдыха, детские колонии и парки культуры и отдыха. Тем не менее традиционный дом отдыха являлся в 1930-е годы

---

[14] ГАРФ. Ф. 5528. Оп. 4. Д. 132. Л. 21, 12, 14, 35; Д. 131. Л. 9; Ф. 9493. Оп. 1. Д. 2 (отчет центрального комитета профсоюза угольщиков, сентябрь 1933). Л. 1–2.

[15] ГАРФ. Ф. 5528. Оп. 4. Д. 132. Л. 48, 76, 218, 228. См. также [Журавлев, Мухин 2004: 193]; Печатник. 1927. 15 июня; ГАРФ. Ф. 5528. Оп. 4. Д. 131. Л. 15–17.

обычным местом проведения отпуска. Большой московский завод «Серп и Молот» открыл в 1934 году собственный дом отдыха на берегах Москва-реки, в бывшем княжеском дворце. Отдыхающие размещались с комфортом (у каждой кровати стоял ночной столик), к их услугам были клуб, электрическое освещение, библиотека, спортплощадки. Новые хозяева дома отдыха не отказывались от аристократического наследия. Пятидесятилетний рабочий-ударник Королев писал в заводской газете: «Я сейчас живу не хуже бывших князей, которые обитали в этом имении. <…> Они проводили свое свободное время в угаре пьянки и в безделье. Но я живу иначе. Я отдыхаю культурно. Цель моя — лучше отдохнуть, чтобы после этого дать больше продукции для страны социализма». Электрозавод в 1931–1933 годах приобрел три дома отдыха, два последние предназначались для однодневного или двухдневного (в выходные) пребывания. В 1933 году 4700 рабочих завода получили двухнедельные путевки в дома отдыха (а на курорты — только 860 человек), еще 2600 побывали в однодневном доме отдыха. Питание в подобных учреждениях нередко было отвратительным, но в «электрозаводском» доме отдыха, рассчитанном на двухнедельное пребывание, его качество к 1934 году улучшилось настолько, что рабочие буквально сражались за путевки туда. Московская Трехгорная мануфактура — текстильное предприятие — открыло свой дом отдыха (1936) в реконструированной даче на реке Клязьма, но строительство к моменту открытия еще не было завершено, так что первые отдыхающие приняли участие в отделке собственных спален и прокладке водопровода. Спать приходилось в палатках рядом с двухэтажным главным зданием — деревянной постройкой. Пищу принимали тоже на воздухе, за столиками в окружении великолепной природы. По вечерам отдыхающие смотрели кино, пели, танцевали и «веселились»[16].

Удовольствие и содержательность еще теснее сочетались в домах отдыха нового типа, возникших с ростом популярности

---

[16] Мартеновка. 1935. 6 июня, 10 июля; [Журавлев, Мухин 2004: 193–195]; Знамя Трехгорки. 1936. 16 июля, 9 августа. 1938. 4 июня, 4 июля, 10 августа.

оздоровительного отдыха в 1930-е годы. То были плавучие заведения, устраивавшиеся на речных судах и баржах: они предлагали такой же полезный для здоровья режим, как и стационарные дома отдыха, но к нему прибавлялся терапевтический эффект от смены обстановки. Речные путешествия успокаивают нервную систему, повышают аппетит и способствуют здоровому сну, указывал один специалист в области здравоохранения. Плывя по реке, отдыхающие обслуживались по полной программе: обильное питание, книги, игры, солнечные ванны, вечерние развлечения — все как на суше. Но кроме того, они получали возможность знакомиться с жизнью страны и достижениями социалистического строительства. В 1938 году насчитывалось 15 плавучих домов отдыха. Рейсы совершались по Волге и Каме — из Горького в Пермь, Саратов, Астрахань и обратно; за сезон суда могли принять 13 500 пассажиров. Такие круизы — одна из первых в СССР попыток объединить туристическую поездку с отдыхом — пользовались большим спросом. В 1937 году ежедневная газета «Вечерняя Москва» писала, что речные прогулки стали одной из самых популярных форм отдыха. Отходившие от Горького пароходы заполнялись до отказа[17].

Направления

Безграничность Советского Союза, его огромные пространства занимали особое место в нарождавшейся идеологии недавно образованной страны [Widdis 2003]. Большая территория позволяла создать необходимые условия для здорового отдыха на природе. Было все: леса, озера, реки, минеральные источники, чистый воздух. Специалисты по планированию ратовали за сооружение курортов и домов отдыха по всей стране, поблизости от каждого центра индустриального и жилищного строительства. Однако бóльшая часть средств вкладывалась в три региона, где

---

[17] ГАРФ. Ф. 5528. Оп. 4. Д. 131. Л. 53; [Хрисандров 1938: 82–85]; Вечерняя Москва. 1937. 19 августа.

советские граждане предпочитали проводить летний отпуск: Крым, Кавказские Минеральные Воды — оба имели богатое курортное прошлое — и, наконец, Черноморское побережье Кавказа, где здравницы начали возникать недавно. В 1936 году на них приходилось 60 000 коек — две трети от общего числа в масштабах страны[18].

Кавказские Минеральные Воды — старейший курортный регион России, еще в 1803 году его значение было подтверждено императорским рескриптом. Однако в начале XX века самым желанным направлением уже считался Крым, прозванный в СССР «всесоюзной здравницей». Еще в XVIII веке Екатерина II решила сделать из него цветущий сад, который отражал бы все растительное разнообразие империи, недавно увеличившейся в размерах. В 1930-е годы энтузиасты отдыха в Крыму расхваливали изобилие его флоры и фауны, местные пейзажи, богатую историю и этническое разнообразие. До революции доступ в крымский Эдем был открыт лишь богатым, влиятельным и родовитым людям. Теперь же, благодаря революции — это подчеркивалось в советских путеводителях, — Крым стал доступен всем советским гражданам: тем, кто страдает серьезными заболеваниями и нуждается в длительном лечении, отдыхающим, желающим восстановить силы, туристам, планирующим пешие путешествия от одной крымской достопримечательности к другой. «Пребывание, хотя бы и короткое время в Крыму, создает особый подъем жизнедеятельности, возрождает силы и укрепляет и психическую и физическую упругость организма», — говорилось в одной книге 1924 года [Schönle 2001; Курорты Крыма 1924: 8–15; Крым. Путеводитель: 7–31].

Крым, часто сравниваемый с французской и итальянской Ривьерами, мог принимать пациентов и отдыхающих круглый год, но лучшим временем для поездки туда была золотая осень. Полуостров считался климатическим курортом; основу лечения

---

[18] ГАРФ. Ф. 5528. Оп. 6. Д. 108 (материалы по социальному составу пациентов курортов, 1930). Л. 8; Оп. 4. Д. 132. Л. 179–182; подсчеты сделаны на основе материалов из [Курорты СССР 1936] и ГАРФ. Ф. 9228. Оп. 1. Д. 24 (1938).

составляло физическое пребывание в краю, славящемся чистым воздухом, солнечным светом и свежей водой. Для климатотерапии в особенности подходил живописный южный берег Крыма, протянувшийся от Ялты на западе до Алушты на востоке: эффектные выступы, вдающиеся в воду, прекрасные виды на Черное море, дикая природа, задник в виде гор... Здесь имелись дворцы, парки, заповедники и рядом санатории, дома отдыха, гостиницы, частные дачи, где за плату принимали отдыхающих. Помимо природной климатотерапии, пациенты могли подвергаться бальнеологическим процедурам (ванны, питье минеральной воды). Только в Крыму они могли получить ампелотерапию — лечение виноградом. Сезон сбора винограда продолжался от середины августа до начала ноября; по назначению врача пациенты могли потреблять примерно от трех до трех с половиной килограммов винограда в день. Как полагали медики на курортах, по эффективности лечения многих заболеваний виноград был сравним с минеральной водой [Курорты СССР 1923: 15–17; Курорты Крыма 1924: 61–63]. На западе полуострова располагалась Евпатория, не такая притягательная, как курорты южного берега, но зато предлагавшая широкие песчаные пляжи, которых не было на скалистом юге.

В 1921 году Наркомздрав постановил, что Крым должен стать первым по значению курортом страны, и определил перспективную цель: довести число коек в местных здравницах до 25 000. Но это оказалось невозможным из-за финансовых трудностей, к тому же в сентябре 1927 года на полуострове произошло сильное землетрясение — с южного берега пришлось эвакуировать всех пациентов, — а подземные толчки продолжались еще в ноябре. Правительство выделило миллион рублей на реконструкцию курортной инфраструктуры южного берега, и к 1928 году, согласно одному источнику, число коек в крымских санаториях достигло прежнего значения — 7359. В это время «всесоюзная здравница» еще служила витриной успехов нэпа, в рамках которого сосуществовали государственные и частные предприятия. Государственные тресты управляли курортами южного и западного побережья; некоторые гостиницы и санатории принадлежали государственным учреждениям и предприятиям, а некоторые находились в руках частников — например, гостиница «Драгониго» в Севастополе и 55 пансионатов в Ялте. Основные достопримечательности были сосредоточены в Севастополе и Ялте, сделавшихся центрами экскурсионного обслуживания. Из этих городов можно было попасть на места сражений Крымской войны (такие, как Балаклава) или в Бахчисарай с его ханским дворцом. Во время первой пятилетки (1928–1932) все частные заведения были национализированы и присоединены к существующим санаториям или превращены в государственные пансионаты и дома отдыха. К 1936 году ставший полностью социалистическим Крым располагал 30 000 коек в 168 здравницах [Гольдфайль, Яхнин 1928: 197, 202, 210, 221; Курорты. Энциклопедический словарь 1983: 196][19].

Кавказские Минеральные Воды включали четыре курортных города, притаившихся в окруженных горами долинах, на северных склонах Кавказского хребта. В их окрестностях насчитывалось более 60 минеральных источников. Как и на европейских курортах этой разновидности, жизнь каждого города вращалась вокруг минеральной воды: там имелись изысканные ванные заведения, питьевые бюветы, ухоженные парки. Пациентам были обеспечены уход и спокойствие, необходимые во время лечения. Советские чиновники от медицины гордо сравнивали этот регион с лучшими европейскими спа-курортами, находившимися в горной местности, — Давосом и Монтрё. Административным центром его являлся живописный Пятигорск, расположенный в 500 метрах над уровнем моря. Здесь в 1841 году состоялась роковая дуэль М. Ю. Лермонтова, и к памятнику на месте его гибели тянулся непрерывный поток туристов. Как и полагается, вероятно, курорту, изначально предназначенному для военных, Пятигорск был популярным местом для лечения сифилиса, но

---

[19] В одной из публикаций 1934 года упоминалось о 45 562 койках на июнь 1934 года [Курорты СССР 1936: 164]. Мои подсчеты, основанные на данных для каждого из названных в книге лечебных учреждений, дают 29 855 коек. Однако чиновники признавались, что не имеют всех данных об объектах, находящихся под их контролем: ГАРФ. Ф. 9228. Оп. 1. Д. 24. Л. 44.

предлагал и обычную бальнеологическую терапию всех видов [Курорты СССР 1936][20]. Ессентуки и Железноводск (высота над уровнем моря — 600 метров) стали развиваться как курорты позднее Пятигорска, но к середине XIX века также обрели притягательность для состоятельных клиентов. Кисловодск (850 метров над уровнем моря), расположенный в 37 километрах от Пятигорска, в раннесоветский период сделался крупнейшим курортом региона. Как и в других городах, центром общественной жизни служил хорошо ухоженный парк, где стоял впечатляющий «Гранд-отель», построенный еще до революции. Аллеи, обсаженные деревьями, вели к питьевым бюветам. На протяжении курортного сезона в парке дважды в день играл оркестр. Центр города в 1929 году закрыли для автомобилей и грузовых телег — ввиду его небольших размеров, — теперь пациенты могли неторопливо прогуливаться, направляясь по своим делам. Разнообразные экскурсии — к близлежащим водопадам, гротам и обзорным площадкам с видом на Эльбрус — придавали лечебному отдыху туристический оттенок.

Социалистическое преображение Кисловодска началось в середине 1920-х годов: частные виллы и отели постепенно превращались в санатории и дома отдыха различных ведомств. Первый пятилетний план включал в себя и строительство новых сооружений, которые были спроектированы ведущими архитекторами страны в стиле конструктивизма. В 1928–1936 годах число мест в здравницах четырех городов более чем удвоилось. К 1936 году в них имелось 93 санатория и дома отдыха (в том числе 43 в Кисловодске) с 15 000 коек [Курорты СССР 1936: 100–103; Гольдфайль, Яхнин 1928].

Такой курорт, как Сочи, прочно связан с именем И. В. Сталина, избравшего его своей летней резиденцией: во многом по его инициативе город решили превратить в курорт всесоюзного значения (президенты В. В. Путин и Д. А. Медведев также отправлялись на отдых в Сочи, летом и зимой; первый сыграл ведущую роль в том, что Сочи стал кандидатом на проведение зимних

---

[20] См. также: ГАРФ. Ф. 9493. Оп. 1. Д. 8. Л. 32, 107.

Олимпийских игр 2014 года — и, как известно, победил)[21]. До революции на этой узкой полосе земли, зажатой между морем и Кавказским хребтом, существовало несколько небольших городков, и Сочи был одним из них, ничем не выделяясь. Добирались туда преимущественно по морю — железную дорогу провели лишь в 1925 году. Считалось, что Сочи — «захолустный, пыльный и грязный городишко», но в близлежащих поселках активно строились дачи, владельцами которых были царские чиновники, титулованные аристократы, генералы, известные ученые и деятели искусства [История Сочи 2006]. К началу XX века, благодаря частным застройщикам, здесь появились отели, пансионы, ухоженные парки, в которых произрастали экзотические растения со всего мира. Субтропический климат предоставлял большие возможности для экспериментов с посадками, но он же и благоприятствовал размножению комаров — распространителей малярии. Хотя минеральные источники встречались здесь не в таком изобилии, как на Северном Кавказе, край все же обзавелся в 1910 году собственным бальнеологическим курортом в виде Мацесты, расположенной в некотором отдалении от побережья — и от комаров (20 метров над уровнем моря).

Климат и ландшафт способствовали росту популярности этих мест в начале XX века. Ветер с Черного моря, смягчавший погодные условия, делал пребывание на побережье приятным девять месяцев в году, а близлежащая климатическая станция Красная Поляна отличалась разнообразными пейзажами и интенсивным движением воздушных масс, будучи легкодоступной для отдыхающих из Сочи. Субтропическая растительность и экзотические местные народности создавали ощущение сказочного мира, и сюда все чаще приезжали представители среднего класса — как в отель «Кавказская Ривьера» с его прекрасным парком, так и в небольшие пансионы вроде «Светланы» (названного в честь героини баллады В. А. Жуковского). С установлением на черноморском побережье советской власти частные гостиницы и дачи оказались в распоря-

---

[21] Как заявил один сочинский таксист 8 октября 2006 года: «Если Путин захочет, все это построят».

жении новых властей и были превращены в санатории и дома отдыха. В 1920-е году курорт Мацеста расширился за счет новых ванных корпусов и санатория [Гольдфайль, Яхнин 1928: 121–123][22].

В 1933 году ЦИК и СНК СССР приняли План реконструкции курорта Сочи-Мацеста: последний должен был стать новой витриной советской досуговой культуры. Планы предусматривали расширение существующих санаториев и строительство новых. Что еще важнее, в инфраструктуру Сочи влили значительные средства: появились новые канализационные коллекторы, электростанции, котельные. Административные и торговые кварталы были отодвинуты от береговой линии. Вместо узкой, извилистой дороги, тянувшейся вдоль морского побережья, проложили широкий, прямой, обсаженный деревьями бульвар — проспект Сталина. Через мелкие речушки, текущие с гор и впадающие в море, перебросили гранитные мосты, украшенные статуями. Над узкими галечными пляжами теперь нависла живописная террасированная набережная с кипарисами, пальмами, магнолиями и другими цветущими деревьями. Лучшие архитекторы страны приложили свою руку к новым санаториям и общественным зданиям, включая Зимний театр на 900 мест. Сочинский военный санаторий Рабоче-крестьянской Красной Армии имени Ворошилова — частый объект фотографий — с его конструктивистским обликом и фуникулером, соединяющим санаторный пляж с основной территорией, стал символом современного советского курорта. «Не жизнь, а рай», — с восхищением писала о нем в письме домой одна из работниц [Курорты СССР 1936: 145, 158][23]. В 1936 году в районе Сочи насчитывалось 15 000 коек для отдыхающих и пациентов.

За пределами этих трех крупных центров для советских граждан были доступны около 30 000 санаториев и домов отдыха, многие из которых получали недостаточно средств и посещались в основном местными жителями. Под Ленинградом, всего в 22 километрах от города, располагался Сестрорецк, климатический курорт с пляжем, парком, поликлиникой и концертным залом.

---

[22] См. также: ГАРФ. Ф. 9493. Оп. 1. Д. 8. Л. 52–54.

[23] См. также: Мартеновка. 1936. 30 мая.

В Казахстане на 1938 год насчитывалось семь курортов, плохо финансируемых — типичная картина для того времени [Гольдфайль, Яхнин 1928: 308–310; Курорты СССР 1936: 238–241][24]. Средства доставлялись здравницам в хорошо известных курортных регионах, которые пользовались популярностью — на Черноморском побережье и Кавказе.

В 1930-е годы выросла посещаемость высокогорных курортов. Одним из них была Теберда в Карачаево-Черкесской АССР, на Военно-Сухумской дороге, куда еще до революции направляли страдающих туберкулезом. Несмотря на примитивный водопровод и недостаточные электрические мощности, горный курорт привлекал пациентов и отдыхающих благодаря климату (прохладное лето, теплая зима), потрясающей красоте окрестностей и видам, открывавшимся с Военно-Сухумской дороги. В Теберду потянулись туристы и альпинисты, а также те, кому требовалось лечение. К 1936 году здесь было построено три санатория (один принадлежал Комиссии содействия ученым), пять домов отдыха и несколько турбаз. Кроме обладателей путевок в эти учреждения, были и пациенты, приезжавшие в Теберду самостоятельно. Гостиниц и пансионатов не хватало, не существовало и центральной больницы, так что эти люди селились в частных домах и сами устанавливали для себя режим лечения, не имея возможности проконсультироваться с врачом[25].

Путевка и как ее достать

Путевка давала ее обладателю право на лечение, питание и проживание в определенном учреждении на протяжении установленного периода времени. Этот листок цветной бумаги обладал стоимостью, измеряемой в денежном выражении: она равнялась суммарной стоимости питания и услуг, которые пред-

---

[24] См. также: ГАРФ. Ф. 9228. Оп. 1. Д. 24. Л. 14.
[25] ГАРФ. Ф. А-483. Оп. 2. Д. 41 (Стенограмма конференции Главного курортного управления 19, 20 ноября 1939 г.).

стояло получить. Но путевки распределялись по критериям, к которым цена не имела отношения. Мест в санаториях, пансионатах и домах отдыха не хватало, и они доставались в первую очередь тем, кто сильнее всего в них нуждался. Формально это были те, на чье здоровье пребывание в данном медицинском учреждении могло подействовать наилучшим образом. Кроме того, при распределении путевок предпочтение официально отдавалось промышленным рабочим — за них платил государственный фонд медицинского страхования или предприятие. Однако работе системы распланированного, рационального распределения препятствовала другая система, в которой деньги и связи значили так же много, как трудовые успехи и состояние здоровья. Эти трения сохранялись до конца советской эпохи.

В 1920-е и 1930-е годы курорты принимали посетителей почти что на коммерческой основе: путевки имели цену, зависевшую от стоимости, но распределялись — а не «продавались» — через сеть курортных бюро либо по договоренности с предприятиями и учреждениями [Курорты Абхазии 1925: 146–147][26]. Процесс начинался с посещения врача, рекомендовавшего соответствующее место исходя из состояния пациента. Получив справку, будущий пациент обращался в профком предприятия, и если тот соглашался выделить нужную сумму, представал перед отборочной санаторно-курортной комиссией для получения окончательного одобрения. Если комиссия решала, что курс лечения необходим, пациент получал бесплатную путевку и бесплатные билеты на транспорт; заработную плату за время отсутствия на работе ему выплачивали за счет государственной системы страхования. Даже в тех случаях, когда пациент выражал желание заплатить за путевку из собственных средств, медицинская справка и разрешение отборочной комиссии все же были необходимы [Гольдфайль, Яхнин 1928: 452–453][27].

---

[26] См. также: ГАРФ. Ф. А-483. Оп. 1. Д. 31 (совещание директоров курортов, декабрь 1923). Л. 32.
[27] См. также: ГАРФ. Ф. 9493. Оп. 1. Д. 30 (материалы о предоставлении путевок). Л. 11–13.

Путевки в дома отдыха выдавались профсоюзами, получавшими места в зависимости от того, насколько тяжелые последствия для здоровья вызывала работа в данной отрасли, и от количества членов профсоюза. Рабочие, желавшие провести ежегодный отпуск в доме отдыха, могли через профком предприятия обратиться с просьбой о предоставлении одного из выделенных профсоюзу мест. Комиссия по охране труда предприятия и медицинские работники подавали документы на рассмотрение местной (городской, областной, краевой) комиссии по распределению путевок на санаторно-курортное лечение, и те, на кого падал выбор, получали путевку — полностью оплаченный отпуск в конкретном доме отдыха (если во время рассмотрения обнаруживались серьезные медицинские проблемы, претендента теоретически должны были направить в санаторий) [Белобородов 1923: 49–51].

Распределение путевок только по медицинским показателям вело к неоптимальной загрузке системы здравоохранения. Возможно, жители СССР обладали более крепким здоровьем, чем считали чиновники; так или иначе, руководители курортов постоянно сообщали, что туберкулезные санатории не могут быть заполнены одними только пациентами с туберкулезом, что порой лишь половине «пациентов» реально требовалось лечение. Многие прибывали с путевками, но без медицинских справок. В 1934 году выяснилось, что в кисловодских санаториях менее 50 % пациентов нуждались в лечении. Пациенты приезжали в туберкулезные санатории на 45 дней, зная, что совершенно здоровы, а стоявшим на учете больным туберкулезом отказывали в путевках. В Евпатории (Крым) 10 % пациентов не имели никаких медицинских показаний: «Многие получают путевки как премию, вместо того, чтобы их направить в дом отдыха, они направляются к нам <в санаторий>»[28]. Таким образом, пациентам, действительно нуждавшимся в лечении, не доставалось мест.

---

[28] ГАРФ. Ф. 9493. Оп. 1. Д. 8. Л. 34, 74–75, 96, 160 (цитата); Д. 24. Л. 9; Ф. 9228. Оп. 1. Д. 24. Л. 54; Ф. 5528. Оп. 4. Д. 132. Л. 237–238.

С точки зрения профсоюзов и работников государственных отделов труда, лечебные курорты, как «ремонтные мастерские для восстановления здоровья трудящихся», должны были организовывать лечение и режим отдыха так, чтобы то и другое благоприятствовало в первую очередь рабочим, особенно промышленным. Это вызвало возражения со стороны работников здравоохранения, которые предпочитали, чтобы доступ на курорты давался в соответствии с медицинскими показаниями, а не занятием человека [Ewing 1990: 69–96]. Формально победа осталась за профсоюзами. В 1923 году Всесоюзный центральный совет профессиональных союзов (ВЦСПС) постановил, что 80 % мест в санаториях должны отводиться рабочим — произвольно завышенная цифра, отражавшая статус рабочих при новом режиме, но связанная также с их расстроенным здоровьем. «Рабочие» в 1926 году составляли 6,5 % экономически активного населения СССР, «промышленные рабочие» — 2,5 %. Даже в конце 1930-х годов рабочие составляли менее трети экономически активного населения [Всесоюзная перепись 1926. Т. 34. Табл. 1, 2, 3; Всесоюзная перепись 1937: 116, 121; Всесоюзная перепись 1939]. Путевки для рабочих отличались особыми цветами и могли стоить существенно дешевле путевок, доступных для советского населения в целом (цена снижалась порой на 50 %). Но и оставшаяся стоимость выплачивалась, большей частью или целиком, государственными органами страхования; кроме того, рабочие получали скидки на железнодорожные билеты до места назначения [Гольдфайль, Яхнин 1928: 477–479][29].

Учреждениям здравоохранения и профсоюзам не удавалось в полной мере выбрать эти крайне высокие квоты. Как докладывал в 1923 году Наркомздрав, рабочие составляли не 80 %, а лишь 36 % от общего числа пациентов курортов, тогда как служащие (менее 5 % трудоспособного населения в 1926 году) — 46 %. Местные профсоюзы игнорировали указания из центра, и «на курорты шли те, которые стояли ближе к руковод‹ящим› орга-

---

[29] Право на оплату путевок по самой низкой из трех категорий имели рабочие, крестьяне, солдаты, инвалиды, медицинские работники, члены партии, платившие за себя: ГАРФ. Ф. 9493. Оп. 1. Д. 30. Л. 22.

нам профсоюза»[30]. Уже в раннесоветский период связи значили больше медицинских показаний и общественного положения.

В октябре 1929 года ВЦСПС повторил требование относительно 80 % мест для промышленных рабочих, но расследование, проведенное партийными органами, показало, что чиновники продолжали уклоняться от его выполнения. В 1930 году рабочие составляли всего 37 % пациентов на лучших всесоюзных курортах и 65 %, если брать все курорты. Слишком много путевок продавалось за деньги или отходило к партийным функционерам, а не к рабочим. Профсоюзы разрешали служащим приобретать путевки, предназначенные для рабочих. Госстрах сообщал, что рабочие, получившие в 1930 году бесплатные путевки на курорты Кавказских Минеральных Вод, составляли 78 % всех пациентов — но многие из них на самом деле были служащими. Дома отдыха, расположенные в лучших курортных местностях, заполнялись одними лишь служащими. С 1930 года инженеры и технические специалисты считались рабочими, но все же доля последних среди отдыхавших во всесоюзных санаториях (1930) — 46 % на бальнеологических курортах, 26 % на приморских курортах, 27 % в общей сложности — оставалась намного ниже установленных квот. В отчете о злоупотреблениях при выдаче путевок от 1931 года сообщалось, что среди шести пациентов, приехавших от местного профсоюза горняков, оказались один инвалид, жена прораба, жена председателя профкома, служащий с женой и ребенком — и ни одного настоящего пролетария. Доступ к климатическим курортам для рабочих был затруднен, им приходилось соглашаться на поездки в межсезонье. Число служащих, отдыхавших в здравницах, достигало максимума в высокий сезон (с июля по начало октября); инженеры чаще рабочих получали путевки на всесоюзные курорты в июле[31].

---

[30] ГАРФ. Ф. А-483. Оп. 1. Д. 52 (переписка о распределении мест на оздоровительных курортах, 1923). Л. 8.

[31] ГАРФ. Ф. 5528. Оп. 6. Д. 108. Л. 1–3, 6–8, 18; Оп. 4. Д. 118 (социальный состав отдыхающих на курортах Кавказских Минеральных Вод, 1931). Л. 35–39; прочие отчеты: Ф. 5528. Оп. 6. Д. 220 (материалы по распределению мест на курортах, 1933). Л. 25; Ф. А-8042. Оп. 1. Д. 5 (обзор работы курортов за 1932 год). Л. 36.

Наркомздрав, постоянно получавший сообщения о том, что «в целом процент рабочей группы не достиг установок», в январе 1933 года разработал новые правила. Отныне категория «рабочие» включала промышленных рабочих, инженерно-технический персонал, научных работников, учителей, старших бухгалтеров и должна была обеспечивать не менее 76 % посетителей домов отдыха и санаториев, а также от 60 % пациентов на курортах (из числа тех, кто получал бесплатные путевки). Предусматривались различные наказания для тех, кто незаконно пользовался «рабочими» путевками, — от отправки домой до шельмования в печати и даже уголовного преследования. На бумаге рабочие получили больше шансов попасть на всесоюзные курорты. С Кавказских Минеральных Вод сообщали, что доля рабочих выросла с 53 % в 1933 году до 64 % в 1935 году, а если считать вместе с «приравненными к рабочим», то процент оказывался еще более приемлемым: 79 % в 1933-м, 82,6 % в 1935-м. Но несмотря на эти успехи, махинации с «рабочими» путевками продолжались, как докладывал в 1935 году директор одного из санаториев. В одном случае такой путевкой воспользовался начальник отдела предприятия, а когда ему отказали в приеме, предприятие послало телеграмму с просьбой принять его, ссылаясь на нехватку рабочих. Санаторий буквально заваливали телеграммами подобного рода[32].

Постоянное нарушение правил выдачи путевок заставляет предполагать, что в 1930-е годы курорты превратились из лечебниц в объект потребления, к их потребительной стоимости (ценности в медицинском отношении) прибавлялась символическая стоимость (престижность пребывания на всесоюзном курорте). К середине 1930-х годов обозначились статусные различия между местами отдыха. Доля путевок, получаемых промышленными рабочими, превосходила долю последних среди трудящихся, но не достигала целевых показателей, установленных властями, о чем с сожалением говорилось во время дискуссий, имевших

---

[32] ГАРФ. Ф. А-8042. Оп. 1. Д. 5. Л. 35; Ф. 5528. Оп. 4. Д. 48 (подготовительные материалы по социальному составу, 1933). Л. 1; Ф. 9493. Оп. 1. Д. 24. Л. 5, 115; Д. 8. Л. 8, 166.

место в профсоюзах и Наркомздраве. Главными проигравшими оказались крестьяне, составлявшие в 1939 году 48 % всех трудящихся, но лишенные прав и привилегий обычного советского человека: только малая часть их отправлялась в учреждения здравоохранения [Всесоюзная перепись 1939: 93]. При этом те, кто не относился к промышленным рабочим и знал, как использовать систему с выгодой для себя, получал путевки в самые желанные места и в лучшее время года. Отчет Наркомздрава за 1933 год позволяет нам узнать о социальном составе посетителей всесоюзных курортов: промышленные рабочие — в среднем 17 %, служащие и управленцы низшего звена — 11 % (см. табл. 1.2). В целом доля рабочих была ниже средней по стране в Сочи, Кисловодске и на южном берегу Крыма, зато они составляли бóльшую часть пациентов таких старых курортов, как Старая Русса (Новгородская область) и Сергиевские Минеральные Воды (Куйбышевская область), а также туберкулезных санаториев на севере Центральной Азии, где лечение заключалось в питье кумыса. Доля технического персонала была наиболее высока в Кисловодске (27 %) и Сочи (26 %). Непропорционально высокий процент служащих наблюдался в Кисловодске и Сочи, на Южном берегу Крыма. Если брать крымские пансионаты, этот процент оказывался еще более высоким: 27,2 % — служащие, 25,2 % — рабочие. Санатории являлись «ремонтными мастерскими для восстановления здоровья трудящихся», пансионаты же предлагали не столь интенсивное лечение и были скорее местами отдыха как такового. Неудивительно, что росту представительства привилегированных групп населения соответствовало увеличение доли членов ВКП(б), которые составляли большую часть пациентов в Кисловодске (43,3 %) и Сочи (42,9 %). На Кавказских Минеральных Водах рабочих было больше всего в Пятигорске (40,8 %), и там же процент коммунистов был самым низким (36,3 %)[33].

---

[33] Статус Пятигорска, похоже, снизился, так как он стал считаться местом лечения сифилитиков. До сих пор существует еще старая упрощенная формула: сифилис — Пятигорск, Пятигорск — сифилис. См.: ГАРФ. Ф. 9493. Оп. 1. Д. 8. Л. 107.

Таблица 1.2. Социальный состав пациентов всесоюзных курортов в процентном отношении, 1933

Социальная группа	Пациенты в санаториях (%)	Пациенты в пансионатах (%)
Промышленные рабочие	33,8	23,9
Непромышленные рабочие	6,3	5,3
Рабочие кооперативов	0,6	1,0
Инвалиды (бывшие рабочие)	1,0	0,8
Прочие рабочие	0,7	
Доля ударников среди рабочих	55,8	31,7
Инженерно-технический персонал	17,4	9,6
Учителя	1,9	1,4
Научные работники	0,9	0,9
Бухгалтера	1,6	1,9
Крестьяне	2,6	1,4
Из них колхозников	93,2	88,7
Студенты вузов рабочего происхождения	4,6	5,8
Медицинский персонал	0,7	0,5
Прочие, приравненные к рабочим	10,7	10,0
Служащие	11,4	22,4
Супруги пациентов	3,1	8,6
Прочие, не относящиеся к рабочим	0,3	1,2
Дети до 16 лет	2,0	5,2
Подростки 16–18 лет	0,3	0,3
Доля членов партии среди пациентов	36,8	31,6

Источник: ГАРФ, Ф. А-8042. Оп. 1. Д. 10.

В 1933 году на «лучших курортах» доля членов партии, служащих и инженеров была самой высокой, а доля рабочих и детей — самой низкой. (Доля учителей была невелика, но обычно их учитывали вместе с рабочими, а не служащими.) Статус курорта можно было примерно определить по проценту рабочих: чем выше статус, тем выше была доля других групп. Кроме того, самыми желанными были путевки на всесоюзные курорты в высокий сезон. Наркомздрав также признавал привлекательность этих курортов — обязательный процент рабочих для них был установлен в размере 60 % (по сравнению с 80 % для всех курортов). Рабочим приходилось довольствоваться путевками на всесоюзные бальнеологические курорты, такие как Старая Русса, местные санатории, находившиеся в ведении областных и городских властей, и близлежащие дома отдыха.

В 1930-е годы сложилась ситуация, когда обычный промышленный рабочий уже не мог получить путевку в дом отдыха или санаторий; чем дальше, тем тяжелее было ее достать. Несмотря на начавшийся в это время строительный бум, мест на всех, кто их заслуживал, не хватало. Доступ к оздоровительным учреждениям зависел от результатов труда, а также социального положения. В путеводителе по курортам СССР 1936 года объяснялось, что предпочтение следует отдавать известным ударникам и квалифицированным рабочим, не нарушавшим рабочую дисциплину. При прочих равных обстоятельствах путевки должны были в первую очередь доставаться рабочим на вредных производствах, занятым в ведущих отраслях промышленности. На московском заводе «Серп и Молот» действовал следующий принцип: «Как правило, в первую очередь на курорты и в дома отдыха будут отсылаться лучшие стахановцы — производственники, хорошо проявившие себя в цехе» [Курорты СССР 1936: 30–31][34]. Лучшие места и лучшее обслуживание на курортах следовало предоставлять стахановцам.

Конституция СССР 1936 года предусматривала безусловное право на отдых для советских трудящихся. Об этом постоянно упоминалось в пропагандистских фильмах, посвященных курортам, об этом говорили и сами трудящиеся, выражая благодарность

---

[34] См. также: Мартеновка. 1936. 15 мая; ГАРФ. Ф. 9493. Оп. 1. Д. 24. Л. 14.

за возможность пользоваться этим правом[35]. Чем же оправдывал режим неодинаковый доступ к оздоровительным учреждениям, особенно к лучшим из них? Здесь полезно провести разграничение между мобилизующим неравенством, являвшимся одним из средств поощрений за труд, и тем неравенством, которое являлось одним из наиболее нездоровых аспектов так называемой «иерархии потребления» [Осокина 1998].

Советские специалисты по планированию не сомневались, что для заинтересованности рабочих в результатах производства необходимы материальные стимулы, и уделяли много внимания разработке эффективных систем стимулирования, включавших сдельные ставки, поощрения за ударный труд и соревнование [Koenker 2005: chaps. 4, 7; Siegelbaum 1988; Маркевич, Соколов 2005]. Важную роль играли и нематериальные средства поощрения, распределявшиеся таким образом, чтобы вознаграждать работников за высокую производительность и образцовое поведение. Так, на московском Электрозаводе рабочие получали в качестве заработной платы лишь одну девятую того, что «зарабатывали», остальное доходило до них через систему социального обеспечения: жилье, культурный досуг, образование, медицина, страхование, отпуск [Журавлев, Мухин 2004: 62–63]. Новая материальная культура 1930-х годов создавала «островки изобилия», извещая всех советских граждан о скором приходе царства социалистического изобилия. Не все могли рассчитывать на то, что получат эти блага немедленно, но рабочие уже привыкли к логике распределения и с благодарностью встречали редкие, случайные поощрения материального характера. В этой «экономике дара» любое вознаграждение увеличивало зависимость получателя от государства и его признательность все тому же государству [Brooks 2000: 83–84; Gronow 2003: 148]. Однако по-

---

[35] Подарок Родины. Звуковой фильм (1935), РГАКФД, № 3889; Санатории и дома отдыха. Немой фильм с французскими субтитрами (1938), РГАКФД, № 3764; Право на отдых. Звуковой фильм на английском языке (1939), РГАКФД, № 3875; Здоровье народа. Немой фильм (1940), РГАКФД, № 4074; Мартеновка. 1938. 5, 17 июня; Знамя Трехгорки. 1938. 22, 23 мая, 4 июня, 10 августа; 1940. 21 июня.

лучатели считали необходимым отвечать на эти дары взаимностью (ситуация, сходная с переговорами о размере заработной платы). Советские рабочие, по примеру Алексея Каренина, обещали в ответ на предоставление им отпуска трудиться по возвращении еще энергичнее, по-стахановски[36].

Советское государство вводило иерархию потребления, чтобы упорядочить рационирование дефицитных товаров и услуг и вознаградить тех, кто активнее всего способствовал реализации государственных планов. Такое официальное неравенство существовало на всех уровнях экономической деятельности, и в целом его понимали, хотя и не всегда принимали. Для недостаточного представительства рабочих на курортах были и другие причины, в том числе большие затраты времени и денег на поездку к месту назначения. К примеру, московский рабочий, получивший путевку в Сочи, провел в дороге шесть дней (входивших в те две недели, на которые выдавалась путевка): «Только приедешь, а уже надо уезжать», — писал он. Рабочие на предприятиях получали двухнедельный отпуск, что препятствовало стандартному сорокапятидневному пребыванию в здравнице — разве что страховой фонд оплачивал дополнительный отпуск по болезни. Менее приемлемыми для властей были случаи манипуляции системой изнутри, со стороны тех, кто имел доступ к благам. Служащие, ездившие на южные курорты по «красной» или «зеленой» рабочей путевке, не только получали вожделенное место, но и платили за эту привилегию по рабочей ставке. Неудивительно, что люди пользовались своим служебным положением и отправлялись на юг вместе с родственниками, а потом утверждали об отсутствии рабочих, которых можно было бы послать. Матвеева, сотрудница московской Первой образцовой типографии, писала в местную газету, что ждала путевки три года: в 1930-м она заболела, а в 1932-м местная отборочная комиссия решила отправить ее на Кавказские Минеральные Воды для лечения. Но профком предприятия не мог найти для нее путевки целых три года. «Меня "лечат" обещанием. Средняков [председатель профкома] сказал:

---

[36] Мартеновка. 1940. 30 июня. Есть и множество других примеров.

"Пусть дадут 500 рублей — я куплю тебе путевку"»[37]. В случае приобретения путевок по обычным каналам преимущество имели обладатели связей или денег.

Чиновники от здравоохранения прикладывали немало усилий, чтобы следить за классовым составом групп пациентов, хотя в результате этого выявлялись массовые злоупотребления внутри системы распределения путевок. Что же касается полового и возрастного составов, они интересовали их намного меньше. Национальность тех, кто прибывал на курорты, редко удостаивалась упоминания[38]. Чиновники признавали, что женщинам нелегко доставать путевки в дома отдыха, так как им не с кем оставить детей; в качестве решения проблемы предлагалось создать специальные дома, где женщины могли бы отдыхать вместе с детьми. В 1935 году чиновники заявили, что профсоюзы должны взять на себя «политическое обязательство» увеличить процент женщин на курортах. Главный врач Кавказских Минеральных Вод сообщал о прогрессе в этом отношении: доля женщин выросла с 17,4 % в 1934 году до 20,4 % в 1935-м (притом что в 1937-м они составляли 39,5 % всей рабочей силы). Наиболее высокой (25 % в 1935 году) она была в Кисловодске, самом большом и самом престижном из четырех курортных городов региона[39]. «Нормальная» жизнь на курорте требовала адекватного соотношения мужчин и женщин.

Остается загадкой то, какую роль играли семьи в системе распределения финансируемых государством оздоровительных поездок. Если целью пребывания в доме отдыха либо на курорте было лечение, «починка» тела трудящегося, значит, путевки следовало давать только тем, кто нуждался в этом. Избавление занемогшего рабочего от стрессов, приносимых семейной жиз-

---

[37] ГАРФ. Ф. 5528. Оп. 4. Д. 132. Л. 80; ГАРФ. Ф. 9493. Оп. 1. Д. 2. Л. 86; Правда полиграфиста. 1935. 4 июня.

[38] Исключением стало краткое упоминание о проблеме обслуживания представителей национальных меньшинств учреждениями здравоохранения со стороны главы страхового фонда [Здравоохранение и рабочий отдых 1933: 87].

[39] ГАРФ. Ф. 5528. Оп. 4. Д. 132. Л. 88, 239; Ф. 9493. Оп. 1. Д. 24. Л. 6–7, 117.

нью, могло даже ускорить выздоровление. Как утверждалось в путеводителе по курортам (1936), преимущество социалистической системы отдыха состоит в научном процессе отбора пациентов: лечение получают те, чей организм требует этого в наибольшей степени, а не те, у кого есть средства оплатить отпуск. В этот процесс вполне могли вмешаться члены семьи. Создание домов отдыха для матерей с детьми не дало ожидаемых результатов: женщины не получали должного отдыха. Врачи полагали, что присутствие маленьких детей могло «совершенно испортить матери весь курс лечения; больная мать имеет право отдохнуть от детей». Смысл пребывания в санатории заключался в том, что человек получал покой, отдых, смену обстановки: таким образом, члены семьи должны были оставаться дома, если только пациент, по своей крайней слабости, не нуждался в постоянном уходе. Как указывал директор Кисловодского курорта в 1935 году, приезд тех, кого направили туда по медицинским показаниям, одновременно с теми, кому нужен был лишь отдых, порождал беспорядок и неудовлетворенность [Курорты СССР 1923: 52 (цитата); Курорты СССР 1936][40].

«Семья» часто означала супруга или супругу: советский курорт мало подходил для женатых пар. Что же касается семей с детьми, то санатории в СССР были не слишком готовы принимать детей, не имея нужной инфраструктуры. Для детей, страдавших серьезными болезнями, существовали особые санатории, где лечили с учетом возрастной специфики. Для остальных были пионерские лагеря, которые обеспечивали здоровый летний отдых и избавляли родителей от необходимости приглядывать за детьми в летнее время. Дом отдыха, созданный одним из потребительских кооперативов, планировал принять в 1936 году 1300 взрослых и 140 детей, но в итоге туда отправились только 32 ребенка в сопровождении родителей — всем прочим пришлось остаться в городе, посещая детские сады и ясли[41]. Лишь очень немногие

---

[40] См. также: ГАРФ. Ф. 9493. Оп. 1. Д. 8. Л. 37.

[41] ГАРФ. Ф. 9493. Оп. 3. Д. 1478 (ежегодные отчеты, посвященные домам отдыха, 1935–1946). Л. 58–59.

взрослые рабочие Трехгорной мануфактуры в 1930-е годы получали путевки на южные курорты, судя по материалам заводской газеты, но при этом 88 детей работников смогли провести три летних месяца в Геленджике, где ранее отдыхали «только буржуйские сынки и дочки». Отправка этих детей на черноморское побережье, получение от них писем и возвращение были важными событиями лета[42].

Некоторые женатые отдыхающие предпочитали путешествовать в одиночку, когда речь шла о лечении, чтобы не только отдохнуть, но и сменить на время сексуального партнера. В разгар Большого террора (1937) студентка университета Мэри Ледер покинула Москву с ее угнетающей политической атмосферой, получив шестинедельную путевку в крымский санаторий Красной Армии. «Обстановка была рассчитана на флирт. За всей территорией следили, каждого новичка оценивали. Мои соседки по комнате, молодые замужние женщины, открыто искали мужчин, с которыми можно вступить в связь». Мэри была незамужней, что создавало сложности для случайных романов: это могло закончиться свадьбой. Один женатый офицер увлекся ею, но узнав, что Мэри одинока, предпочел более безопасные отношения. Среди рабочих флирт в домах отдыха и санаториях также был обычным делом, судя по фельетонам в «Московском печатнике». В одном из них женщина поддразнивала супруга, мужчину средних лет, вернувшегося из Крыма, — мол, все говорят, что женатые мужчины ведут себя там, как холостяки, и бегают за женщинами. Муж признал, что его сосед по комнате демонстрировал «аморальное поведение», но уверял, что сам он вел себя благопристойно и лишь раз поболтал с одной «Марусей» до одиннадцати вечера. В фильме М. Е. Вернера «Девушка спешит на свидание» (1936) служащий одного из учреждений, подкаблучник, поехавший в отпуск без жены, наслаждается вниманием хорошенькой девушки на Кавказских Минеральных Водах. Но прежде чем роман получает продолжение, приезжает заподозрив-

---

[42] Знамя Трехгорки. 1936. 9 мая (цитата); 7 июня; 17 августа; 1938. 4 июня; 11, 18 июля; 1 августа; Мартеновка. 1940. 6 июля.

Рис. 1.3. Семья на отдыхе в Анапе, берег Черного моря, лето 1929

шая неладное жена, чтобы увезти его домой. Жалобы на взяточничество внутри профсоюзов часто включали обвинения против молодых женщин, часто «классово чуждых», которые получали путевки раньше заслуженных мужчин-работников, которые были старше их по возрасту. Отправляясь в отпуск, чиновники хотели проводить время с привлекательными спутницами [Leder 2001: 132][43].

Были ли эти случайные связи курортников результатом сознательного стремления разнообразить сексуальную жизнь или последствием невозможности путешествовать с женами и детьми? Чиновники утверждали (1932), что рабочие хотят отдыхать с семьями и даже отказываются от путевок в дома отдыха, так как «не хотят проводить отпуск вдали от своих семей». Глава фонда социального страхования предложил резервировать определенный процент мест в домах отдыха за семьями. Руководство московского Электрозавода сознавало, что предоставление путевок рабочим и членам их семей повышает мотивацию к труду и укрепляет преданность предприятию. «Вопрос о необ-

---

[43] См. также: Московский печатник. 1926. № 22 (июнь). С. 9, 5; Печатник. 1929. 13 июля; Девушка спешит на свидание. Реж. Михаил Вернер. Белгоскино, 1936; ЦГА СПб. Ф. 4804. Оп. 10. Ед. хр. 4. Л. 449–450 (съезд профсоюза печатников); ЦГА СПб. Ф. 435. Оп. 1. Д. 59. Л. 205 об. (переписка членов партийной ячейки, 1925).

ходимости выделения семейных льготных путевок лучшим производственникам рабочие ставили неоднократно, особенно активно — с начала 1930-х годов в связи с отправкой лучших ударников на черноморские курорты, куда они мечтали поехать вместе с семьями». В 1935 году было решено отвести семьям одно крыло заводского дома отдыха, и во второй половине 1930-х годов семейный отдых стал на предприятии общераспространенным. В том же 1935 году чиновники отметили новое явление на Кавказских Минеральных Водах: пациенты прибывали с семьями и требовали для всех отдельное помещение (вместо того, чтобы делить номер с незнакомцами того же пола) [Петров 1933: 85; Журавлев, Мухин 2004: 195–196][44]. Итак, запрос на отдых с семьей был очевидным, но курорты и дома отдыха лишь в малой степени старались удовлетворять его. Преобладающей оставалась концепция индивидуального отдыха, отодвигавшая идеал семейного отдыха на второй план.

Режим дня на курортах

Несмотря на то что беззаботный отдых ради удовольствия и пребывание с лечебными целями все чаще вступали в противоречие, если говорить о курортном отдыхе в СССР 1930-х годов, режим дня на курортах отражал чисто утилитарную его сторону. Как только пациент-отдыхающий прибывал на курорт или в дом отдыха, его повседневный распорядок определялся с помощью медицинской науки. «Починка человеческого мотора» требовала сложно организованной, упорядоченной «медицинской мастерской» — только так достигались оптимальные результаты.

Новоприбывший подвергался предварительному врачебному осмотру и помывке. На курортах пациенты получали специальное белье и туалетные принадлежности: личное белье дезинфицировалось и возвращалось им под конец пребывания. После несколь-

---

[44] См. также: ГАРФ. Ф. 5528. Оп. 4. Д. 132. Л. 120; Д. 131. Л. 40; ГАРФ. Ф. 9493. Оп. 1. Д. 24. Л. 14.

ких более тщательных осмотров пациенту выдавалась медицинская книжка с перечнем необходимых процедур: каждый получал индивидуальное лечение, зависевшее от состояния здоровья. Медицинский язык пронизывал отпускную культуру. «Целебные силы природы — это сильнодействующие лекарства: при неумелом пользовании они могут причинить большой вред» [Гольдфайль, Яхнин 1928: 458]. Поэтому «всякий отдыхающий обязан был подчиняться основным требованиям определенного порядка дня дома отдыха, согласно установленному режиму; *последний… требовал неукоснительного соблюдения*» [Лифшиц 1923: 31–32][45]. Высшим должностным лицом в каждом санатории и доме отдыха был главный врач, ведавший не только медицинскими процедурами, но, кроме того, и культурно-политической программой учреждения, и хозяйственно-бытовыми вопросами. В домах отдыха лечебный режим был менее строгим: предполагалось, что их обитатели страдают просто от усталости, а не от серьезных заболеваний. Дом отдыха служил «школой санитарного просвещения».

Рациональная организация отдыха и лечения требовала жесткого распорядка. Наподобие фабрик и спа-курортов во Франции XIX века, советские дома отдыха и санатории управлялись по звонку. Сам распорядок был одним из важнейших терапевтических средств медицинского учреждения. Путеводители по курортам подчеркивали важность соблюдения предписанного режима; правила менялись с годами, но базовая структура лечебно-восстановительного отдыха оставалась прежней. Пациенты вставали по звонку, заправляли кровати, убирались в комнате. Температура измерялась дважды в день, пища подавалась четыре раза в день. Пациенты не могли принимать в своих комнатах посетителей и даже пребывать там в течение дня, а также принимать пищу. В каждом учреждении строго обязательным был двухчасовой дневной отдых — «мертвый час». Карточные игры, упо-

---

[45] См. также: ГАРФ. Ф. 9493. Оп. 1. Д. 8. Л. 149; [Гольдфайль, Яхнин 1928: 458] (цитата; выделение в оригинале); ГАРФ. Ф. 9493. Оп. 1. Д. 24. Л. 11–12; Д. 8. Л. 39–41.

требление алкоголя, слишком шумное времяпровождение находились под запретом. Танцы устраивались только с разрешения врача. «Санаторий — не дом для увеселения, а ремонтная мастерская трудящегося» [Курорты Абхазии 1925: 80–87; Гольдфайль, Яхнин 1928: 471–472].

Строгий режим дня на курортах был призван создать оптимальные условия для лечения, но также дисциплинировал и сдерживал то, что рассматривалось как трудноискореняемые пережитки, присущие культуре рабочих. Иванов, глава Крымской группы санаториев, требовал дополнительных полномочий для наказания нарушителей курортного режима, подчеркивая, что «даже рабочие» стали настаивать на его соблюдении всеми отдыхающими:

> Чтобы, например, во время мертвого часа не ходили пьяные с криками, с песнями, с гамом, не ходили, как это приятно сейчас, полураздетые в одних трусах или женщины в бюстгальтерах, потому что это не только в смысле моральном имеет какое-то значение, но это на Южном берегу Крыма даже вредно для здоровья, потому что от излишней инсоляции у нас наблюдается такое явление, как бессонница.

Избыток солнечного света вызывал бессонницу, в результате люди шли в рестораны, чтобы послушать музыку, или на поздние киносеансы, откуда возвращались, громко горланя песни[46].

Отдельные специалисты в области здравоохранения предлагали альтернативу «фабричной» модели с ее звонками и суровой дисциплиной — антимастерскую вместо мастерской. Смена обстановки, которую предполагало приобретение путевки на курорт, должна была быть полной. Созерцание гор и моря вместо заводских труб и унылых городских пейзажей само по себе приносило пользу, но режим дня на курортах предусматривал, кроме того, отказ от любой деятельности, вызывавшей дополнительный стресс, включая обсуждение политики, выпивку, игру

---

[46] ГАРФ. Ф. 9493. Оп. 1. Д. 8. Л. 69–70.

в карты, слушание неподходящей музыки. Общественную жизнь за пределами санатория также следовало регулировать, чтобы свести к минимуму шум и отвлекающие факторы. Медицинские исследования начала 1930-х годов окончательно подтвердили вредное воздействие шума на нервную систему: чиновники предлагали, чтобы по громкоговорителям передавали музыку только в определенные часы, а потоки транспорта перенаправлялись в обход курортов. Как могли пациенты отдыхать во время тихого часа, если повсюду слышались пароходные гудки, шум от проезжающих грузовиков, лай собак — с четырех часов утра и до полуночи? Слишком сильная регламентация курортного режима, как отмечали некоторые чиновники, сводила на нет терапевтический эффект от смены обстановки и спокойного отдыха. Пребывание на курорте должно было исключать всякое принуждение. Нужно покончить со звонками, заявлял директор санатория в Московской области: для пациентов, закончивших с едой, было оскорбительно ждать разрешения доктора, чтобы покинуть столовую. К концу 1930-х годов на многих курортах отменили звонки, и пациенты теперь получали пищу, даже если опаздывали к завтраку или обеду [Курорты СССР 1923: 50–51][47].

Такой, менее суровый, режим к тому времени уже стал реальностью в домах отдыха. Поначалу многие их пациенты следовали распорядку дня, схожему с курортным: в спальне можно было находиться только в часы, отведенные для сна, а пациент, опаздывавший в столовую, пропускал прием пищи. В памятке для отдыхающих указывалось: «После обеда до вечернего чая все лежат; ни игр, ни чтения книг и газет, ни разговоров в это время не допускается». Как утверждали специалисты, рабочие, занятые тяжелым физическим трудом на производстве и активно участвовавшие в политической жизни, попадая в дома отдыха, нуждались в прямо противоположных условиях. «Рабочий — попадая в дом отдыха, он становится машиной, нуждающейся в ремонте, и он не должен проявлять никакой активности, которая могла бы

---

[47] См. также: ГАРФ. Ф. 9493. Оп. 1. Д. 8. Л. 166, 37, 207; [Михелес 1939; Данишевский 1933: 77]; ГАРФ. Ф. А-483. Оп. 2. Д. 41. Л. 226–227.

увеличить затрату его жизненных сил» [Дома отдыха 1924–1925: 64–65][48]. Однако в 1932 году чиновники, рассматривавшие задачи домов отдыха, подсчитали, что лишь 25 % их посетителей нуждались в принудительной тишине, которая была частью курортного режима. Остальным такой режим быстро приедался — один иностранный гость даже сравнивал дом отдыха с тюрьмой, — и многие прерывали оплаченный отпуск раньше времени, не желая соблюдать обязательный для всех тихий час. Как правило, в домах отдыха отпускники имели больше свободного времени, и, кроме того, выбор занятий был разнообразнее. Предполагалось, что таким образом поощряется социалистический «индивидуализм»: «Не тот [буржуазный] индивидуализм, который мы единодушно осуждаем, а та индивидуальность, которая предполагает наиболее гармоническое развитие человеческой личности в коммунистическом строе»[49]. Это подразумевало лекции по науке и технике, изучение иностранных языков, а также прием пищи в любое время, когда человек был голоден, — не по звонку.

После того как пациент обосновался на курорте и ознакомился с режимом, он получал уход, включавший три составляющие: медицинские процедуры, диету и культурную программу. Процедуры назначались на утренние часы, между завтраком и полдником, согласно предписаниям врача, которые содержались в медицинской книжке пациента (самое удобное время отводилось для стахановцев)[50]. На бальнеологических курортах (например, на Кавказских Минеральных Водах) лечение могло включать, помимо прочего, прием минеральной воды или принятие грязевых ванн. Отличительной чертой курортов Центральной Азии и Казахстана было то, что пациентам давали кумыс. Кроме того, могли применяться такие методы лечения, как электротерапия,

---

[48] См. также: ГАРФ. Ф. 5528. Оп. 4. Д. 132. Л. 78 (теорию влияния двигательной активности на расход жизненных сил приписали «буржуазным» украинским физиологам).

[49] ГАРФ. Ф. 5528. Оп. 4. Д. 131. Л. 75–76; Д. 132. Л. 1–2, 21, 247–251 (цитата: Л. 247–248).

[50] ГАРФ. Ф. 9493. Оп. 1. Д. 24. Л. 14.

световая терапия, массаж. Самой распространенной, разумеется, была так называемая климатотерапия: солнечные ванны, купание в море, отдых на природе вдали от прямого солнечного света, вдыхание свежего морского воздуха и запахов растений. Медицинский персонал строго следил за продолжительностью этих процедур, указывая пациентам, когда нужно переворачиваться или выходить из воды. Войти в воду или прилечь на пляже можно было только по назначению врача.

К концу 1920-х годов поборники здорового образа жизни рекомендовали применять в здравницах методы лечения, связанные с физической активностью. В 1930-е годы стала постепенно получать признание «медицинская физкультура» — гимнастика и занятие такими видами спорта, как волейбол. Прием минеральной воды и солнечные ванны — строго контролировавшиеся медиками — дополнялись прогулками и экскурсиями к местным достопримечательностям, которые также совершались под наблюдением. Наконец, последний компонент лечения — «трудотерапия» — был призван обеспечить возвращение пациента в обычный рабочий ритм. В 1930-е годы некоторым пациентам разрешалось заниматься легкими садовыми работами в течение 10–15 минут. Предполагалось, что врачи надзирают за всеми аспектами ухода: каждый день совершался обход, каждые пять дней проводился тщательный осмотр, чтобы следить за ходом лечения [Гольдфайль, Яхнин 1928: 92–96, 185–188, 264–265; Шиммшелевич 1937: 112–115][51].

В советских учреждениях здравоохранения гастрономические удовольствия становились еще одним средством терапии. «Следует смотреть на прием пищи как на "процедуру", от которой зависит успех лечения, сосредоточивая на ней свое внимание, не отвлекаясь излишними разговорами, чтением, спорами и не находясь в слишком утомленном состоянии». И в домах отдыха, и в санаториях качество отдыха оценивалось по количеству набранного пациентом веса. Это было следствием бедности, царившей при старом режиме, и ограниченного доступа рядового со-

---

[51] См. также: ГАРФ. Ф. 9493. Оп. 1. Д. 2. Л. 69, 79; Д. 24. Л. 71–72, 13; Д. 8. Л. 46.

ветского гражданина к пищевым продуктам, которые обычно выдавались путем нормирования [Гольдфайль, Яхнин 1928: 470 (цитата); Лифшиц 1923: 39–40][52].

Помимо медицинской книжки, пациент санатория получал место за столом и индивидуальную диету, назначенную по состоянию здоровья. Столы обычно были рассчитаны на четверых, покрыты скатертями и украшены букетами цветов. Как в домах отдыха, так и в санаториях столовая и кухня с прилегающими помещениями были самыми важными элементами комплекса (притом что летом в домах отдыха пищу нередко принимали на воздухе, в легких павильонах). Блюда подавали официантки в форме. С 1935 года сочинские курорты стали вводить полуресторанную систему с предварительным (за два дня) заказом блюд из меню, что разнообразило выбор и дало возможность работникам кухни заблаговременно доставать нужные продукты. В отдельных случаях пациенты могли заказать прямо на месте, по своему выбору, от двух до восьми различных блюд для каждого приема пищи. Систему вскоре ввели и на других курортах[53].

Пациенты и отдыхающие получали ежедневное четырехразовое питание; основной прием пищи обычно приходился на час дня. В восемь утра подавали завтрак, в четыре часа дня, после «мертвого часа» — легкую закуску, в семь вечера — ужин. Кое-где в девять вечера давали еще стакан молока и выпечку. В 1924 году Наркомздрав опубликовал список двухнедельных меню, рекомендованных для домов отдыха. Во второй понедельник, к примеру, завтрак состоял из какао с молоком, белого хлеба с маслом и овсяной каши на молоке. Обед включал три блюда: грибной суп с вермишелью, телячью котлету по-венски с картофелем и огурцами и яблочное пюре. На полдник давали чай и белый хлеб с маслом, на ужин — мясной рулет с рисом, стакан молока и чай. Список был составлен так, чтобы обеспечить разнообразие блюд в пределах двухнедельного срока; в меню входили мясо, рыба,

---

[52] См. также: ГАРФ. Ф. 9493. Оп. 1. Д. 24. Л. 63; Оп. 3. Д. 1478. Л. 16.

[53] Сочинская правда. 1935. 6 июня; ГАРФ. Ф. 9493. Оп. 1. Д. 24. Л. 62; Ф. А-483. Оп. 2. Д. 41. Л. 218; Ф. 9493. Оп. 1. Д. 2. Л. 60.

Рис. 1.4. Заводские рабочие обедают в однодневном доме отдыха под Москвой, 1932. РГАКФД г. Красногорска, № 243650. Публикуется с разрешения архива

овощи, молочные продукты, иногда — яйца; куриного мяса не было вообще. Следует отметить, что реальность не соответствовала этим рекомендациям. Московские печатники положительно отзывались о «вкусном и сытном» питании в одном из домов отдыха (1927), но одновременно авторы открытого письма в заводскую газету жаловались на скудные порции в другой здравнице; все остались живы-здоровы, однако благодарности к поварам не испытывали. Пропагандистские фильмы того времени давали картину изобилия: грузовик с хлебом, разгружаемый в ленинградском доме отдыха (1924); подсобное хозяйство санатория со свиньями, коровами, курами и еда крупным планом — яйца, колбаса, сыр, суп, апельсины, масло (1927)[54].

Голод начала 1930-х годов, вызванный коллективизацией, привел к существенным изменениям в режиме питания учреждений здравоохранения. Централизованных поставок больше не

---

[54] ГАРФ. Ф. 9493. Оп. 1. Д. 24. Л. 63; [Дома отдыха 1924–1925: 59–61]; Печатник. 1927. 15 июня; 1928. 15 августа; Дом отдыха на Крестовском острове в Ленинграде. Немой фильм (1924–1940), РГАКФД, № 1221; Здравница ЦК Всероссийского профсоюза сахарников. Немой фильм (1925–1927), РГАКФД, № 248.

хватало; санаториям, курортам, домам отдыха пришлось добывать продовольствие на рынке или заводить свои подсобные хозяйства. В 1933 году посетители одного из домов отдыха жаловались на то, что им дают всего 600 граммов хлеба, хотя дома они ежедневно потребляли по килограмму; еще в одном доме отдыха блюда были такими небольшими, что пациенты докупали еду за свой счет в других местах. Даже когда калорийность была достаточной (4000–4500 калорий в день), пациенты жаловались на низкое качество пищи и ее недостаточное разнообразие. Меню сочинского санатория «Красная Москва» в августе 1933 года (приобщенное в качестве вещественного доказательства к делу о пищевом отравлении) свидетельствует о заметном сокращении количества мяса: на завтрак — рыбная котлета, помидоры, масло, кофе с молоком; на обед — суп-пюре из моркови, мясной паштет с маслом и фруктовый кисель; на полдник — чай с ватрушкой; на ужин — салат из помидоров и огурцов, чай и булочка[55]. К середине 1930-х годов многие здравницы обзавелись подсобными хозяйствами, отдыхающие во всеуслышание хвалили «вкусную и разнообразную» еду в домах отдыха, но жалобы продолжались. Правда, объектом их теперь стала нехватка опытных поваров, а не питание. Проводя собеседование с кандидатом на должность шеф-повара, главный врач санатория в Нальчике спросил, знает ли тот, что такое протеины, жиры и калории; претендент, заявивший о своем десятилетнем опыте работы, ответил, что «никогда не использовал таких продуктов для готовки». Большинство амбулаторных пациентов не могли соблюдать правильный с медицинской точки зрения режим питания: они приносили еду с собой либо питались в месте размещения или же в местных ресторанах и кафе, что уменьшало пользу от пребывания на курорте[56].

Чтобы заполнить время между медицинскими процедурами, приемами пищи и отдыхом, а также дополнить лечение культур-

---

[55] ГАРФ. Ф. 5528. Оп. 4. Д. 131; Д. 132; Оп. 6. Д. 220. Л. 7–7 об.; Ф. 9493. Оп. 1. Д. 2. Л. 81, 30–31.

[56] Знамя Трехгорки. 1936. 29 июля; 1938. 8, 23 июля, 10 августа; Мартеновка. 1935. 16 июня; 1938. 6 июля; ГАРФ. Ф. А-483. Оп. 2. Д. 41. Л. 218 (цитата), 172.

ной терапией, чиновники от здравоохранения призывали пациентов и отдыхающих участвовать в культурных и развлекательных мероприятиях. Как и прочее курортное времяпровождение, они были проникнуты идеей целесообразности. В социалистических учреждениях здравоохранения не могло быть казино, оказывающих возбуждающее действие, и заведений, которые предлагали бы выпивку, сводя на нет благотворное воздействие продуманных методов лечения. Культурные же мероприятия стимулировали интеллект и давали новый, свежий и интересный материал для мозга, способствующий восстановлению психики. Так же как строго дозированные солнечный свет и морская вода, культура предлагалась в отмеренном количестве согласно конкретным потребностям. По словам специалистов того времени, низкий культурный уровень рабочих, приезжавших в дома отдыха в начале 1920-х годов, требовал давать образовательную информацию в небольших, легко усваиваемых дозах [Федынская 1923: 65–66]. Однако позднее, в 1930-е годы, «растущие культурные запросы» рабочих и других отдыхающих потребовали новых, более сложных и разнообразных мероприятий.

В 1920-е годы основатели домов отдыха разрабатывали обширные и подробные образовательные программы для посетителей. В санаториях пациенты получали лечение; в домах отдыха отдыхающие посещали библиотеку, где читали книги или слушали лекции либо отправлялись на научно спланированные прогулки по лесам и полям. Перед ужином можно было еще раз зайти в библиотеку, поиграть на музыкальном инструменте либо в компании еще нескольких человек заняться подготовкой стенгазеты. Вечером устраивались лекции, концерты, политические мероприятия (живые газеты, агитационные суды): «серьезные» развлечения чередовались с менее серьезными, чтобы охватить также малокультурных или плохо разбиравшихся в политике отдыхающих. «Вечера самодеятельности» обладали самостоятельной ценностью: их программы, включавшие народные танцы, игру на балалайке, выступления духовых оркестров и любительские пародии, стали основой отдыха по-советски. Таким образом, отдыхающие и пациенты принимали активное участие в восста-

Рис. 1.5. Образование на свежем воздухе: рабочие фабрики «Красный Октябрь» слушают (и не слушают) выступающего «на лоне природы», в низовьях Волги, 1932. РГАКФД г. Красногорска, № 244848. Публикуется с разрешения архива

новлении своих сил, учились ценить творческую работу, приобретали навыки публичных высказываний и групповых выступлений — все, что можно было потом применять в повседневной жизни. На практике же выполнению этих планов мешал дефицит. Один пациент писал в 1927 году из Кисловодска, что в читальном зале нет газет, а записаться в городскую библиотеку ему не по средствам. Вечера самодеятельности устраивались всего раз в неделю; «время проходит очень долго», — заключал он [Дома отдыха 1924–1925: 69–70, 115][57].

На протяжении 1930-х годов попытки разработать культурные мероприятия, сочетающиеся с курортной жизнью, терпели неудачу — главным образом из-за недостатка подходящих организаторов. Образованных и опытных сотрудников не привлекала

---

[57] См. также: ГАРФ. Ф. 9493. Оп. 3. Д. 1478; Д. 1495 (профсоюзное совещание, посвященное домам отдыха и санаториям, февраль 1941). Л. 48; Ф. 5528. Оп. 3. Д. 131; Оп. 6. Д. 164 (переписка об уходе на курортах); Л. 109 об. — 110 (цитата); ЦГАМО. Ф. 4179. Оп. 1. Д. 436 (переписка по вопросам отдыха рабочих). Л. 13–16. Посетители дома отдыха завода «Серп и Молот» также жаловались на недостаток мероприятий: Мартеновка. 1935. 28 мая, 10, 15 июля.

низкая зарплата в основных курортных регионах; и даже если они приезжали, бытовые условия оказывались настолько плохими, что удержать их было сложно. Многим культурным работникам пребывание в такой должности виделось попросту как оплаченный отдых на курорте; получив нужный уход, они увольнялись и возвращались на постоянную работу. В результате директора курортов постоянно сообщали, что культурные мероприятия выглядят шаблонными и неинтересными[58].

На крупных курортах, однако, руководство использовало часть средств, входивших в стоимость путевки, чтобы предлагать пациентам культурную программу, выполненную на профессиональном уровне. Это, в свою очередь, повышало престиж и привлекательность таких курортов. Благодаря соглашениям с Госконцертом «лучшие оркестры страны» выступали в Кисловодске и Сочи. На местах имелись и собственные оркестры, нанимавшие музыкантов на летний сезон. Артисты регулярно посещали основные курорты (так что за четырех- или пятинедельное пребывание там можно было сходить на два-три концерта). Пациенты-москвичи требовали «лучших солистов», ленинградцы — «лучших певцов». Ведущие театральные коллективы Москвы и Ленинграда регулярно выступали перед отдыхающими на Юге, а на Южном берегу Крыма существовала собственная театральная труппа. Киносеансы, очень популярные — к примеру, на Кавказских Минеральных Водах в 1935 году они составляли треть всех культурных мероприятий (см. табл. 1.3 ниже), но в то же время порождали недовольство: звуковых проекторов не хватало, и на большинстве курортов демонстрировали одни лишь немые фильмы. В 1935 году кино со звуком можно было увидеть только в Пятигорске, Ялте и Сочи. Пациенты курортов требовали свежих картин вместо старых фильмов на поврежденной пленке, которые показывали по всей стране и лишь после этого —

---

[58] ГАРФ. Ф. 5527. Оп. 4. Д. 131. 33, 44–45, 69; Ф. 9493. Оп. 1. Д. 2. Л. 73; Ф. А-483. Оп. 2. Д. 41. Л. 215, 230; Ф. 9493. Оп. 1. Д. 8. Л. 28; Оп. 3. Д. 1495. Л. 62; Оп. 1. Д. 27 (совещание, посвященное культурной работе на курортах, вместе с редакцией газеты «Труд», апрель 1935). Л. 8; Оп. 3. Д. 1495. Л. 13, 48.

Рис. 1.6. Мероприятия на свежем воздухе в доме отдыха поселка Дарасун, 1936. Фотограф: Зельма. РГАКФД г. Красногорска, № 0266198. Публикуется с разрешения архива

на Юге[59]. Курортные развлечения понемногу получали коммерческую окраску: администрация вводила входную плату на киносеансы и концерты и тратила эти деньги на то, что предпочитали отдыхающие.

Дома отдыха в 1930-е годы предлагали более простые удовольствия. В большинстве из них были бильярды и столы для игры в шахматы и шашки. Любители спорта могли поиграть в волейбол и городки, остальные наблюдали за состязаниями. Вечера отводились под фильмы, концерты и повсеместную самодеятельность. Наряду с настольными играми, руководство домов отдыха начинало приобретать музыкальные инструменты. В доме отдыха, принадлежавшем Московскому областному союзу рабочих «Военно-Машинной промышленности», с 11 утра до 9 вечера действовала танцплощадка, где работали массовик (на платной должности) и баянист. Каждый день там устраивались «массовые танцы, игры, конкурсы на лучшее исполнение национальных, западных и бальных танцев». В промежутках между танцами массовик-затейник объявлял игры — политические викторины,

---

[59] ГАРФ. Ф. 9493. Оп. 1. Д. 27. Л. 28, 5, 14; Ф. А-483. Оп. 2. Д. 41. Л. 219.

головоломки и т. д. В других же местах массовики-затейники организовывали только танцы. Так, в доме отдыха завода «Серп и Молот» наблюдались такие недостатки: отдыхающие не разучивали новых песен, предпочитая старые, а культработник потакал им, подпевая и не стараясь ничего предложить. Кроме того, обе имевшиеся гармоники были негодными[60].

Таблица 1.3. Культурные мероприятия на курортах Кавказских Минеральных Вод, 1935

Вид мероприятия	Количество	Процент от общего числа
Киносеансы	1157	36,3
Экскурсии	598	18,8
Концерты	577	18,1
Лекции	472	14,8
Вечера самодеятельности	382	12,0
Всего	3186	100,0

Источник: ГАРФ. Ф. 9493. Оп. 1. Д. 24. Л. 135

Удовольствие или содержательность?

Пропагандистские фильмы второй половины 1930-х годов, посвященные советским курортам, создавали картину изобилия, заботы, равенства с капиталистическим миром, еле выбирающимся из тяжелого кризиса и рассматривающим социализм в качестве альтернативы. Для англоязычной аудитории делался упор на социальное равенство — пациенты советских курортов представляли все слои общества: рабочий-авиастроитель, шахтер из Донбасса, колхозник, лейтенант вместе сидят за шахматными досками; компания игроков в домино состоит из хирурга, инженера-железнодорожника, директора завода и мастера цеха. Фильм на французском языке включал сцены принятия солнечных ванн

---

[60] ЦГАМО. Ф. 4179. Оп. 1. Д. 436. Л. 15 (цитата); ГАРФ. Ф. 9493. Оп. 1. Д. 1495. Л. 48, 74; Мартеновка. 1935. 10 июля; 1938. 15 июля.

нагишом. Но кроме того, эти картины — как и фильмы, предназначенные для советских зрителей, — восхваляли уникальное для СССР сочетание медицины, роскоши, современности и развлечений. Медицинские процедуры, выполняемые в современных кабинетах заботливыми медсестрами и врачами, облаченными в снежно-белые халаты, чередовались с пляжными сценами, где счастливые купальщики кидались в прибой. Повсюду, даже в сочинском санатории РККА, молодые пары прогуливались по аллеям, изящно танцевали на красивых террасах или плыли на байдарках, работая веслами. Автомобили, новые ровные шоссе, сверкающие белизной конструктивистские здания санаториев сообщали ощущение новизны. Оздоровительное воздействие отпуска на курорте подкреплялось соответствующими кадрами: медсестра, контролирующая жизненные показатели пациента, люди, насыщающиеся фруктами и пьющие минеральную воду, электрическое «солнце», целебный душ с использованием минеральной воды[61]. В общем же эти картины оставляли ощущение счастья, изобилия и радости: отдых на советском курорте, который больше не сводился к «починке человеческого мотора».

Сцены изобилия в кино опровергались признаниями чиновников, которые в 1938 году были озабочены уменьшением возможностей здравниц: финансовые трудности, в частности, привели к их неспособности привлекать и удерживать опытных медицинских работников. Один чиновник с большим стажем указывал на нехватку базовых вещей, вроде постельного белья, и на израсходование средств, отпущенных на строительство. Другие же указывали на неверные решения в области планирования и неправильную расстановку приоритетов (внимание к роскоши, а не к медицине). В соответствии с планом третьей пятилетки, предусматривавшим улучшение культурно-бытовых условий, центральные здравницы, видимо, должны были суще-

---

[61] Подарок Родины. Звуковой фильм (1935), РГАКФД, № 3889; Санатории и дома отдыха. Немой фильм с французскими субтитрами (1938), РГАКФД, № 3764; Право на отдых. Звуковой фильм на английском языке (1939), РГАКФД, № 3875; Здоровье народа. Немой фильм (1940), РГАКФД, № 4074.

ствовать по принципу «меньше, да лучше». Постельным бельем пожертвовали, чтобы закупить скульптуры, картины и дорогие ковры. Пациенты — такие, как рабочие завода «Серп и Молот», — высоко ценили удобства: «Разместили нас в уютных, комфортабельных комнатах с прекрасной мебелью. <...> Питание прекрасное. Вечером в курзале устраиваются концерты и кино». Но было сложно доказать, что эти удобства лучше влияют на здоровье пациентов, чем наем необходимого числа докторов и медсестер[62].

В действительности было много признаков того, что содержательную цель — создать рациональную советскую систему отдыха на курортах — затмила тяга к комфорту и развлечениям. К концу 1930-х годов курортный режим сошел на нет: пациенты приходили в столовую и покидали ее, когда заблагорассудится, брали вторую порцию по собственному желанию, а не по медицинским показателям. Чиновники Наркомздрава протестовали против такой утраты медицинской целесообразности. Один из них жаловался: «Самый профиль курортов превращался в увеселительные учреждения, но не в лечебные. Курорты имели пивные, рестораны». Первенствующая роль перешла от главного врача к директору. В санаториях предприятий и учреждений, не контролируемых профсоюзными медработниками, перестали соблюдаться какие бы то ни было нормы. Лечение сделалось факультативным, вечерние развлечения стали еще более важным компонентом отдыха, привлекая не только пациентов, но и окрестных жителей. Медицину игнорировали в пользу танцев[63].

Процесс превращения советского санатория из центра отдыха и восстановления в чисто досуговый курорт, похоже, шел полным ходом во второй половине 1930-х годов — задолго до известного

---

[62] ГАРФ. Ф. 9228. Оп. 1. Д. 24. Л. 7, 10, 14, 36–37, 51, 72; Ф. А-483. Оп. 2. Д. 41. Л. 107, 174, 215; Быстро и решительно ликвидировать последствия вредительства на курортах // Вопросы курортологии. 1938. № 1–2. С. 3–7; [Русаков 1937: 84]; ГАРФ. Ф. 9493. Оп. 3. Д. 1478. Л. 15, 58; Мартеновка. 1938. 28 июня (цитата), 4 июля.

[63] ГАРФ. Ф. А-483. Оп. 2. Д. 41. Л. 227–229, 231; Ф. 9228. Оп. 1. Д. 24. Л. 37 (цитата), 39, 42; Ф. 9493. Оп. 3. Д. 1495. Л. 48.

Рис. 1.7. Фотография на память из отпуска в Ялте. 24 сентября 1938

хрущевского поворота к потребителю в 1950-е и 1960-е годы. Фильм «Девушка спешит на свидание» хорошо иллюстрирует возникшее в эти годы пренебрежение медицинскими целями. Герою-служащему, оставшемуся без документов и денег, нужно заплатить за путевку, и он предлагает свои услуги пациентам санатория, которых могут выселить за легкомысленное отношение к лечению. За пять рублей он ходит на процедуры вместо каждого из них. Мы видим, как представительного работника обливают водой из шланга, как он занимается на гребном и велосипедном тренажерах. По окончании процедуры делается соответствующая запись в медицинской книжке, которую герой фильма возвращает законному владельцу. На полученные деньги он покупает продукты, чтобы пригласить девушку на свидание в свою крохотную съемную комнатку. Отдых на советском курорте стал объектом вожделения, но это не касалось его медицинской составляющей.

Появление элементов роскошной жизни — статуй, изысканных ковров, вторых порций в столовой — вызвало уменьшение количества коек на курортах, а доставать путевки становилось все труднее даже при наличии связей. Но в то время как государственные учреждения здравоохранения, вынужденные экономить, принимали все меньше пациентов с путевками, число отдыхающих, не имевших путевок, росло бурными темпами. На курорты к северу от Сочи приезжало множество «неорганизованных пациентов», некоторые были с семьями в полном составе. В Анапе таких курортников насчитывалось 63 000, из них 17 500 детей (1938). Лишь от 10 до 25 % таких отдыхающих получали лечение как приходящие пациенты. На кавказском высокогорном курорте Теберда даже амбулаторные пациенты ускользали от бдительного взгляда органов здравоохранения: достав путевку для лечения в качестве приходящих пациентов, они жили в гостиницах и частных домах, затрудняя контроль над оказанием медицинских услуг. В 1939 году живописная Теберда приняла почти столько же туристов, сколько медицинских пациентов, и почти ничем уже не напоминала оздоровительный курорт[64]. Этот наплыв народа, как и феномен «неорганизованных» отдыхающих в целом, заставляют предполагать удивительно высокую степень мобильности советских граждан в 1930-е годы.

Отдых в советских здравницах изначально был призван служить медицинским целям. Отпускные поездки на курорты и в дома отдыха служили интересам государства, содействуя поправлению здоровья населения, и усиливали стремление властей упрочить систему здравоохранения, включая профилактическую медицину. Для тех, кто отправлялся в такие поездки «с лечебной окраской», потребность в отпуске перевешивала соображения, связанные с медициной и охраной здоровья: отпускное времяпровождение было связано скорее с удовольствием, чем с лечением, и медицинские основания курортного отдыха оказались вторичными по отношению к удовольствиям и развлечениям — как в визуальной пропаганде, так и в реальности. К середине 1930-х годов курортный отдых стал желанным предметом потребления. Причинами, вероятно, были как его медицинская составляющая, так и возможность путешествовать, а также статус, сообщаемый такой поездкой. Как и многим другим отраслям советской экономики, курортной сфере катастрофически не хватало средств, и спрос на эти услуги неизменно превышал

---

[64] ГАРФ. Ф. А-483. Оп. 2. Д. 41. Л. 232, 251, 163–174.

способности государства по их предоставлению. Дефицит делал перспективу провести отпуск в одной из советских здравниц еще более привлекательной.

Этот вид отдыха пропагандировался как уникальное достижение социализма, на которое имеют право все советские граждане. В действительности же, ввиду дефицита мест, различные ведомства по-разному определяли желаемый контингент отдыхающих. Профсоюзы стремились обеспечить преимущество промышленным рабочим, но, как мы видели, потерпели в этом неудачу. Наркомздрав стремился обеспечить преимущество тем, кто нуждался в отдыхе по состоянию здоровья, независимо от социального положения. Но и он потерпел неудачу — идея поправить здоровье граждан через отдых на курортах провалилась. Победителями в гонке за путевки стали чиновники, артисты, профессора, военная элита — те, кто в 1930-е годы сделался советским «высшим обществом»: они имели возможность отдыхать на лучших курортах в самое желанное время года. Но все же понятие о рациональном и рационированном отдыхе оставалось глубоко укоренено в советской системе, и, как будет показано ниже, содержательная, медицинская сторона отпуска в СССР вновь вышла на первый план после опустошительной войны, когда многие нуждались в медицинской помощи. В послевоенное время возобновились настойчивые поиски баланса между содержательностью и удовольствием. Кроме того, в послевоенный период чиновникам пришлось определять характер взаимоотношений между системой курортов и туристическим движением. Туризм как феномен возник в 1920-е годы как альтернативная форма проведения отпуска для тех, кто не стремился на курорты и в дома отдыха. В следующей главе рассматривается этот второй элемент советской системы досуговых поездок, способствовавших укреплению здоровья.

Глава вторая
Пролетарский туризм

Лучший вид отдыха

Классический советский отпуск, в той форме, какую он принял к концу 1930-х годов, сочетал в себе отдых, восстановление сил и медицинский уход. Созданные по образцу западных водолечебниц XIX века, служивших также местами проведения досуга, советские курорты демонстрировали преимущество социализма, давая бесправным прежде пролетариям возможность получать каждый год отдых и лечение — по крайней мере, в теории. Запад предоставил и другой образец — фигуру современного туриста — стремящегося к самореализации интеллектуала, который находит удовольствие в знакомстве с новыми местами, пейзажами и людьми, в поиске приключений. В Советском Союзе туризм был особой разновидностью отпуска, возникшей независимо от курортного отдыха — но, как и все досуговые поездки, он должен был приносить пользу и быть содержательным. Сторонники советского туризма считали его лучшим видом отдыха, поскольку отпускник активно взаимодействовал с природой и людьми, а также приобретал новые знания. В 1920–30-х годах они активно боролись за популяризацию и всемерное распространение подлинной формы отпуска советского человека — «пролетарского туризма».

В русском языке слово «турист» имеет два значения. Турист — это любой, кто путешествует с целью осмотра достопримечательностей, в соответствии с досуговой программой, предусматривающей визуальное, культурное и материальное потребление. Но пропагандисты советского туризма 1920–30-х годов настаивали, что истинный турист — лишь тот, кто совершает содержательное путешествие, «тур», и передвигается, используя собственные мускулы. Содержательность и преодоление трудностей — вот что, по идее, отличало «пролетарский» туризм от буржуазного, направленного на получение удовольствия. Но многие советские отпускники предпочитали более спокойные и расслабляющие поездки, полагая, что они одинаковым образом могут расширить свой кругозор и набраться сил на год, для работы или учебы, как передвигаясь пешком, так и путешествуя на автобусе [Бергман 1927б: 11][1].

Эти два подхода к советскому туризму — «суровый» и «спокойный» — выражались в двух различных наборах задач. «Пролетарский туризм» как общественное движение должен был охватить широкие массы рабочих, крестьян, студентов и интеллигентов, которым предстояло стать целеустремленными, активными туристами, развивать полезные для туризма навыки, преодолевать трудности по пути к месту ежегодного отпуска. Однако, чтобы создать широкие возможности для туризма, требовалось найти средства, построить соответствующие объекты и транспортную инфраструктуру для обслуживания тех, кто хотел провести отпуск, путешествуя и занимаясь саморазвитием.

В данной главе основное внимание уделяется зарождавшейся в те годы туристической индустрии, исследуются так и не завершившиеся успехом поиски баланса между двумя аспектами туризма, рассматриваемого как общественное движение и как экономическое предприятие. В течение 1930-х годов в сфере туризма наблюдался тот же переход, что и в сфере курортного отдыха: от содержательной деятельности, строго утилитарной и идеологически нагруженной — к полезному и вместе с тем приятному времяпровождению. Чем более весомым был элемент удовольствия в отпускном туризме, тем более привлекательным

---

[1] См. также: РГАСПИ. Ф. М-1. Оп. 4 (Секретариат комсомола). Д. 29 («О туризме» 25 мая 1927). Л. 113–117.

туризм становился для формирующегося советского среднего класса, располагавшего необходимым социальным, политическим и экономическим капиталом. Но советский туризм 1930-х годов — как «суровый» пролетарский, так и «комфортабельный» квазибуржуазный — так и не приобрел подлинно массового характера, на что надеялись основатели движения. Скудость инфраструктуры ограничивала предельный уровень комфорта, на который могли надеяться участники туристических поездок внутри СССР. В этот ранний период наблюдалось соперничество различных ведомств за представительство интересов «внутренних» туристов: экономический плюрализм, не соответствовавший образу однопартийного государства с централизованным планированием. За фасадом монолитной советской системы скрывалась беспорядочная смесь добрых намерений, недостаточных ресурсов, бюрократических распрей, экономического соперничества и искреннего непонимания того, как следует строить социалистическую утопию.

Истоки «пролетарского туризма»

Накануне революции туризм в России приобрел немало горячих сторонников из числа представителей среднего класса. Возникшее в конце XIX века Российское общество туристов объединяло группы любителей пеших походов, альпинистов, велосипедистов — сторонников активного отдыха. Общество не прекратило свою деятельность после революции, но теперь оно встретило конкуренцию со стороны множества ведомств, намеренных развивать туризм и соперничавших также между собой. На местах создавались городские экскурсионные бюро, предлагавшие дальние и загородные поездки. Народный комиссариат просвещения (Наркомпрос) РСФСР разрабатывал программы подготовки экскурсоводов и сооружал объекты туристической инфраструктуры для тех, кто посещал Петроград и Москву. Созданное в 1924 году Бюро дальних экскурсий организовывало туристические поездки в Крым и на Кавказ, по Волге, на Крайний

Север, на Урал и в Зауралье [McReynolds 2003: chap. 5; Тарский 1929: 23; Долженко 1988: 68–72][2].

В конце 1926 года в пропаганду туризма активно включился комсомол. С мест поступали тревожные сообщения о бесцельном и даже предосудительном времяпровождении молодежи. Одним из ярких примеров стало групповое изнасилование в Чубаровом переулке (Петроград), совершенное несколькими десятками молодых рабочих: судебный процесс прогремел на всю страну[3]. Газета «Комсомольская правда» призвала развивать советский массовый туризм — новый вид досуговых поездок:

> Что такое — туризм? Это — путешествие… Видишь то, что не видел никогда, и от этого широко раскрываются глаза, человек учится, растет… А потом — потянет обратно, в город, к работе, к борьбе, но время не пропало даром: ты стал сильнее и богаче. Это — туризм[4].

Центральный комитет комсомола уделял этому делу мало внимания, но небольшая группа энтузиастов стала популяризировать идею пролетарского туризма в статьях и справочниках, издаваемых газетой. Профсоюзные же организации медлили. Один профсоюзный деятель полагал, что массовый туризм — удел лишь буржуазии и интеллигенции. Доказательством, по его мнению, служило то, что в 1926 году даже среди членов профсоюза, путешествовавших по путевкам Наркомпроса, насчитывалось лишь 17 % рабочих[5].

Отдельные группы молодых туристов уже начали путешествовать самостоятельно, но рассчитывали на помощь государства, и комсомол предложил создать для них специальное бюро туриз-

---

[2] См. также: ГАРФ. Ф. А-2306. Оп. 69. Д. 2068 (переписка, июль 1929). Л. 18.

[3] Судебный процесс над «чубаровцами» начался 16 декабря 1926 года.

[4] Комсомольская правда. 1926. 16 декабря. См. также [Gorsuch 2000: 170–176].

[5] РГАСПИ. Ф. М-1. Оп. 4. Д. 29 (Секретариат комсомола, 1927). Л. 97, 113–118, 126–132; [Бергман 1927б] (это руководство было выпущено издательством ЦК ВЛКСМ «Молодая гвардия»). См. также [Koenker 2005] об упоминаниях движения в профсоюзной прессе.

ма и экскурсий. Несмотря на опасения по поводу того, что движение может быть использовано «реакционными группами старой интеллигенции» в их собственных целях, Центральный комитет комсомола в июне 1927 года решил, что оно пока еще слишком слабо и нет смысла создавать отдельную организацию, занимающуюся массовым туризмом. Местные энтузиасты взяли дело в свои руки. На протяжении 1927 года «Комсомольская правда» помещала материалы, посвященные туризму. С учетом этой тенденции в Москве образовалась группа комсомольцев, вознамерившаяся установить контроль над дореволюционным Российским обществом туристов, наводнив его новыми членами, прогрессивными по убеждениям. На собрании Общества в декабре 1927 года новых членов было уже достаточно, чтобы дать отставку прежнему руководству. После этого комсомольские функционеры решили не создавать отдельное общество туристов-добровольцев, а вместо этого сделать Российское общество туристов базой для массового туризма в СССР[6].

Ядро обновленного Общества состояло из студентов и рабочей молодежи. Появились ячейки в образовательных учреждениях и на промышленных предприятиях, что определило основное направление деятельности — путешествия по горам и рекам, совершаемые небольшими группами туристов. Большинство членов Общества (по одной из оценок, около 12 000 человек) проживали в Москве. В январе 1929 года было решено сменить название на Общество пролетарского туризма РСФСР. Употребление названия «Российская Федерация» вместо «Россия» больше соответствовало заявленной в уставе цели — содействовать «живому общению между народами СССР», объясняли его руководители, и хотя в общество мог вступить каждый, основным его принципом являлось продвижение пролетарской культуры. Вскоре отделения общества возникли на Дальнем Востоке, в Азербайджане, на Северном Кавказе. В Москве особенно ак-

---

[6] РГАСПИ. Ф. М-1. Оп. 4. Д. 29. Л. 97, 115–118, 126; Комсомольская правда. 1927. 10 декабря; Турист-активист. 1932. № 4. С. 8–9; РГАСПИ. Ф. М-1. Оп. 3. Д. 44 (Komsomol bureau, 1928). Л. 3; Ф. М-1. Оп. 4. Д. 34 (Секретариат комсомола, 1928). Л. 203, 207.

тивной была ячейка Бауманского района (1660 членов в 1929 году). В 1929 году началось издание научно-популярного журнала «На суше и на море», посвященного следующим темам: «Путешествия, приключения, краеведение, туризм, научная фантастика, изобретения, открытия». Вскоре Общество пролетарского туризма, не ограничиваясь агитацией за массовый туризм, открыло собственный магазин в Москве и начало создавать туристические базы вдоль наиболее популярных маршрутов — в Крыму, на Кавказе и в других местах [Долженко 1988: 73–77][7].

В начале первой пятилетки (1928–1931) происходил «классовый» натиск на институты и ценности, считавшиеся буржуазными, — устаревшие, ассоциирующиеся с вялостью и неактивностью (вегетарианство) и потенциально контрреволюционные. Литературные и музыкальные группировки называли себя «пролетарскими», чтобы захватить идеологические бастионы и получить для себя больше государственных ресурсов. Критики и ученые спорили об особенностях, отличающих пролетарскую музыку или литературу от других форм искусства — современных, европейских или буржуазных. Таким же двусмысленным было и понятие «пролетарский туризм» [Brown 1953; Cultural Revolution in Russia 1978; Stites 1988; Nelson 2004; Gorham 2003]. Активисты, делавшие упор на содержательной стороне туризма, утверждали, что желание путешествовать, знакомиться с новыми людьми и местами естественно для человека: такие путешествия позволяли совместить патриотизм и участие в национальном строительстве с самосовершенствованием человека как личности. В публикациях и программных заявлениях конца 1920-х — начала 1930-х годов подчеркивалась специфика пролетарского туриз-

---

[7] См. также: На суше и на море. 1929. № 3. С. 10; [Пролетарский туризм 1929: 6]; На суше и на море. 1929. № 3. С. 1. В августе 1929 года появилось более специализированное ежемесячное издание — «Бюллетень Центрального совета Общества пролетарского туризма», позже переименованное в «Турист-активист»; Комсомольская правда. 1928. 15 сентября (магазин «Турист» располагался на углу Петровки и Кузнецкого моста, в самом центре квартала модных магазинов); Комсомольская правда. 1929. 1 мая; 1928. 28 июля; ГАРФ. Ф. А-2306. Оп. 69. Д. 1826 (Российское общество туристов, декабрь 1928 — январь 1929). Л. 16–17.

ма в СССР, однако границы между «человеческим» и «пролетарским» оставались размытыми.

Активисты подчеркивали познавательную функцию туризма, его роль в поднятии культурного уровня горожан и селян. «Туризм развивает любознательность, а отсюда вырастает тяга к знанию», — указывало руководство комсомола; туризм возбуждает любопытство, порождая в человеке непреходящую жажду знаний. Научившись смотреть и видеть, туристы могут применять эти навыки в любой интеллектуальной деятельности. Туризм, таким образом, дополнял школьное образование, давая практические уроки естествознания, географии, экономики и истории[8].

Знание родной страны усиливало чувство патриотизма. Соприкасаясь с ней непосредственно, туристы получали представление о ее обширности, ее природных богатствах, разнообразии обитающих в ней народов. «Вот это *многообразие* гигантское страны и обеспечивает путешественнику постоянную, неисчерпаемую *новизну*. Здесь не то, что, скажем, в хваленой стране туризма — Швейцарии, где только и есть, что горы, озера, да образцовое молочное хозяйство, где, словом, можно по пальцам перечесть все мало-мальски примечательное», — писала «Комсомольская правда»[9]. В рамках проекта национального строительства с самого начала подчеркивалась важность сохранения добрых отношений между многочисленными нациями и народностями СССР. Турист-горожанин обязан был уважать местные обычаи и культуру. Туризм имел и большое военное значение, на что обращали особое внимание в 1930-е годы. Умение читать карты и ориентироваться в незнакомом месте было навыком, полезным в военном отношении; путешествуя, туристы знако-

---

[8] Комсомольская правда. 1926. 16 декабря; 1927. 15 июня; Физкультура и спорт. 1928. 5 мая. С. 3; РГАСПИ. Ф. М-1. Оп. 4. Д. 29. Л. 113 (директива от 20 мая 1927 г.); [Бергман 1927а: 53–56; Бархаш 1927: 8]; На суше и на море. 1930. № 1. С. 1.

[9] Комсомольская правда. 1926. 16 декабря (курсив в оригинале); [Бергман 1927б: 24–25]. Так обстояло дело в те времена. Когда в 2011 году я посетила Берн, столицу Швейцарии, в городе было множество организованных групп русскоязычных туристов.

мились с приграничными горными районами СССР и в случае войны могли эффективнее их защищать. Стимулирование любви к родине усиливало желание туриста защищать ее в случае необходимости[10].

Укрепляя тело советского гражданина, туристическая поездка дополняла содержательный советский курортный отдых: восстанавливала здоровье и придавала тонус организму. Человек возвращался к работе здоровым, энергичным, готовым взяться за нее с новыми силами. В этом отношении туризм может рассматриваться как часть физкультурного движения, возникшего в 1920-е годы. В качестве средства поправки здоровья туризм особенно подходил молодежи, но был также и естественным выбором для всякого взрослого, чья энергия не могла найти выхода в доме отдыха или санатории. Свежий воздух, чистая вода, солнце, физические упражнения пробуждали аппетит и успокаивали нервы. Полученные гигиенические навыки применялись затем на протяжении всего года: туризм служил школой здоровой жизни[11].

Пополнение знаний, участие в строительстве государства, физическая закалка — все это приносило пользу коллективу. Помимо этого, активисты открыто восхваляли достоинства пролетарского туризма, помогающего создавать советского человека: туризм поощрял личную инициативу, повышал уверенность в своих силах, укреплял самодисциплину. Один из его ключевых принципов — самодеятельность — подразумевал автономию и независимость[12]. Когда «видишь то, что не видел никогда... преодолеваешь препятствия, опасности иногда, —

---

[10] Комсомольская правда. 1927. 15 июня; На суше и на море. 1929. № 3. 1930. № 1. С. 1–2; [Бергман 1927б: 22–24, 26; Егоров 1929: 3–4]; Физкультура и спорт. 1928. 5 мая. С. 4; РГАСПИ. Ф. М-1. Оп. 4. Д. 29. Л. 113; На суше и на море. 1930. № 15. С. 2; № 3. С. 2–5.

[11] Физкультура и спорт. 1928. 5 мая. С. 4; [Бергман 1927а: 7, 42, 9–10, 21–22; Бергман 1927б: 11; Бархаш 1927: 8, 29–43; Антонов-Саратовский 1930б: 1].

[12] Слово «самодеятельность» также обозначает любительские культурные мероприятия, являвшиеся основой культурной жизни на курортах, в домах отдыха и на туристических маршрутах.

крепнет тело и закаляется воля». Самостоятельное составление маршрута позволяло туристу стать опытным путешественником, активным участником событий, в отличие от тех, кто пассивно перемещался по накатанным дорогам. Турист учился планировать, развивать свой потенциал, приспосабливаться к меняющимся обстоятельствам. «В основе туризма лежит самоорганизация, самодеятельность», — указывал в 1927 году один из комсомольских функционеров[13].

В исследованиях, посвященных личностным проявлениям в СССР, подчеркиваются особенности личности советского гражданина, ориентированного на коллектив и подчиненного ему [Kharkhordin 1999; Hoffmann 2003; Halfin 2003; Hellbeck 2006]. Рассуждая в этом же духе, пропагандисты туризма в СССР заявляли, что путешествия должны усиливать чувство товарищества и учить взаимопомощи. Советский туризм развивал способность к коллективной работе. «В путешествии без взаимной поддержки не обойдешься, особенно там, где труднее и поопаснее». Вместе трудиться, встречать опасности и восхищаться красотами природы — так возникал опыт совместной деятельности, укреплявший коллективную лояльность. Активисты подробно описывали, как следует создавать туристические группы и как должно выглядеть разделение труда внутри коллектива. Но это не означало, что индивидуум растворялся в коллективе. Группа туристов должна была быть небольшой, образованной на основе личных симпатий, а ее члены — занимать одинаковое социальное положение, обладать схожими навыками и трудовым опытом. В руководствах постоянно заявлялось о необходимости создавать небольшие, закрытые, *частные* группы, члены которых будут совместимы между собой[14]. Некоторые исследователи полагают, что система личностных проявлений в СССР носила нелиберальный характер:

---

[13] «Увидеть то, что никогда не видел» // Комсомольская правда. 1926. 16 декабря; 1927. 15 июня; [Бергман 1927а: 56–57; Бергман 1927б: 16–17]; «Самоорганизация и самодеятельность» // РГАСПИ. Ф. М-1. Оп. 4. Д. 29. Л. 114.

[14] Комсомольская правда. 1926. 16 декабря (цитата); 1927. 15 июня; [Бергман 1927б: 34].

развитие личности поощрялось постольку, поскольку оно работало на благо коллектива [Krylova 2000: 119–146; Hellbeck 2006; Beer 2008: 13–17]. Эти ценности проявлялись особенно рельефно в отношении к культуре труда, но активисты туризма прославляли автономию личности и видели в социалистическом туризме идеальную среду для развития этой автономии. Здесь можно провести параллели с организациями, существовавшим на Западе, вроде обществ герлскаутов (девочек-скаутов), где самореализация личности была поставлена на службу патриотизму и гражданственности.

Главным отличием пролетарского туризма от схожих западных практик была всеобщность доступа. На капиталистическом Западе, напоминали активисты, только состоятельные люди могли позволить себе отпуск какого бы то ни было рода, включая туристическую поездку. Социалистическое же государство субсидировало туристов, особенно тех, кому не хватало средств для путешествия. Чтобы у обычных рабочих появилась возможность стать туристами, Общество пролетарского туризма договаривалось с железнодорожниками о продаже билетов по льготным ценам. Оказавшись на месте, «пролетарский» турист мог наслаждаться, получая от туризма главное удовольствие — передвигаться пешком, на лодке или велосипеде, что было не только более прогрессивным, но и более экономичным. Социалистическая индустрия должна была производить оборудование, необходимое для самостоятельного путешествия: рюкзаки, тенты, палки для ходьбы. Социалистическому государству следовало также заняться сооружением недорогих туристических приютов в малонаселенных районах. В других же местах, как предполагалось, туристы найдут приемлемое по цене съемное жилье, что послужит, кроме того, знакомству с местным населением[15].

«Пролетарские» туристы, в отличие от «буржуазных», ставили своей целью не только получение удовольствия, но и оказание помощи другим. Путешествуя по сельской местности, туристы

---

[15] На суше и на море. 1930. № 1. С. 18–19; [Антонов-Саратовский 1933: 3–5; Бергман 1927б: 16 (цитата), 192].

возвращали долг стране, совершая добрые дела. В одном из ранних заявлений мы читаем:

> Конечно, хорошо побывать в каком-нибудь другом месте, увидеть, оценить и отдохнуть — это приятно и весьма привлекательно, но нельзя забывать и том, что в нашей стране много глухих мест, много отсталых народностей, и мы, туристы, приезжая в эти отдаленные места, отрезанные горами и необъятными пространствами, где люди все еще остаются очень отсталыми и некультурными, — мы должны им помочь [Пролетарский туризм 1929: 47].

Туристы были своего рода посланцами городов, более развитых в культурном отношении, и не только путешествовали, любуясь природой, но и снабжали крестьян книгами, ремонтировали их сельскохозяйственный инвентарь, создавали детские сады, собирали радиоприемники, даже учили сельских жителей стричь волосы [Пролетарский туризм 1929: 51, 73–74][16]. Как и в случае с курортами и домами отдыха, это символическое сочетание удовольствия и содержательности стало отличительным признаком пролетарского туризма в СССР.

Кто отвечает за туризм?
Бюрократическое сражение за монопольное право

Общество пролетарского туризма пропагандировало бюджетные путешествия, совершаемые в составе малых групп и доступные почти каждому. В Наркомпросе, уже занимавшемся вопросами туризма, решили, что они также должны откликнуться на культурную революцию в этой области, с учетом того, что социальные выгоды туризма становились все очевиднее. После начала кампании, организованной комсомолом, Наркомпрос основал

---

[16] См. также: На суше и на море. 1929. № 1. С. 12; Бюллетень Центрального совета Общества пролетарского туризма. 1929. № 1. С. 15; На суше и на море. 1930. № 1. С. 1–2, 15–17.

в 1927 году собственное акционерное общество — «Советский турист», призванное устраивать познавательные экскурсии и пропагандировать «наиболее рациональную форму отдыха трудящихся»[17]. Общество потребовало для себя права устанавливать маршруты внутри страны и за ее пределами, организовывать транспортное сообщение, создавать турбазы, обслуживать как группы, так и отдельных туристов, граждан СССР и иностранцев. Акционерами «Совтура» (сокращенное название Общества) стали различные ведомства, прежде всего Наркомздрав, пообещавший передать ему некоторые свои учреждения на Кавказских Минеральных Водах для превращения в турбазы. Помимо этого, в 1920-е годы различные ведомства конкурировали за обслуживание зарубежных туристов, и в 1929 году возникло второе акционерное общество — по иностранному туризму в СССР («Интурист»)[18]. Таким образом, к 1929 году, в начале первой пятилетки, существовали три организации, намеревавшиеся предоставлять услуги в сфере туризма внутри СССР и за рубежом и соперничавшие за государственные ресурсы: Общество пролетарского туризма, «Советский турист» и «Интурист».

В «Советском туристе» со всей серьезностью воспринимали слово «советский» в своем названии. Его председатель И. Егоров объяснял в своей статье (1929): «Экскурсии и туризм без целевых установок не должны существовать в советской стране». Советские туристы рассчитывали поправить свое здоровье и полюбоваться на природные красоты — но любой турист хотел также познакомиться с жизнью и обычаями множества народов, населявших страну. Туристы приносили средства, так нужные регионам (классическая стратегия развития, которой по сей день следуют во всем мире). Самый известный маршрут «Совтура» (№ 15) пролегал по Военно-Грузинской дороге, от Владикавказа

---

[17] Комсомольская правда. 1927. 29 ноября (дискуссия о роли Наркомторга и других ведомств в этом начинании). Устав Общества был официально принят 10 октября 1928 года.

[18] ГАРФ. Ф. А-2306. Оп. 69. Д. 2070 (переписка «Совтура», март 1929 — февраль 1930). Л. 11, 11 об., 7. Об «Интуристе» см. [Heeke 2003: 31–50; Salmon 2008].

до Тбилиси, воплощая все свойства социалистической турпоездки — содержательной, познавательной и полезной для государства. Те, кто путешествовал по этому маршруту, могли воочию наблюдать сложный этнический состав региона, изучать его культурную и экономическую жизнь и, наконец, восхищаться захватывающими видами: заснеженные пики, альпийские луга, деревни на склонах хребтов. По большей части этой «красивейшей в мире дороги» (как сказано в «Двенадцати стульях» Ильфа и Петрова) можно было проехать в экипажах или на автобусах, останавливаясь на базах «Совтура». Более трудным был маршрут № 19, проходивший по Военно-Сухумской дороге, которая шла на большой высоте, по обширной и незаселенной местности — среди отрогов Кавказских гор. Из Кисловодска туристы на автобусе попадали на горный курорт Теберда и затем пересекали Кавказский хребет пешком, ночуя в палатках, в окружении дикой природы, ледников, горных вершин и озер. Путешествие заканчивалось на базе «Совтура» близ Сухуми [Советский турист 1929: 61–63; Ильф, Петров 1997: 414]. Этот двадцатиоднодневный групповой тур не только знакомил туристов с разнообразием ландшафтов СССР, но и закалял их, учил выживать в непривычных условиях. В 1930 году «Совтур» стал проводить промышленные экскурсии, рассчитанные на представителей той или иной индустрии: рабочие текстильных фабрик, металлургических заводов и т. д. посещали другие предприятия отрасли и углубляли свои знания о производственном процессе. Все советские туристы должны были узнавать об экономических достижениях страны, посещая стройки пятилетки. «Совтур» подчеркивал преимущества коллективного туризма, указывая, что туристы-индивидуалы будут присоединяться к группам, исходя из соображений совместимости. Как в «Совтуре», так и в Обществе пролетарского туризма полагали, что групповые экскурсии (участники которых ночевали в больших спальнях на турбазах — мужчины отдельно, женщины отдельно) укрепляют чувство товарищества и солидарности [Егоров 1929: 4–5; Маршруты производственных экскурсий 1930; Советский турист 1930: 191]. Кроме того, следовало сделать туры доступными по стоимости, тем более что число туристов непрерывно росло, — и «Совтур» устанавливал цены на основе дохода путешественника; как и Общество пролетарского туризма, он договаривался с Наркоматом путей сообщения и предлагал участникам групповых экскурсий билеты на поезда за полцены. В «Совтуре» рассчитывали таким путем демократизировать советский туризм, охватить все социальные слои, от крестьян-бедняков (как утверждали его руководители) до учителей (естественная клиентура Наркомпроса), инженеров и государственных служащих. Моральный посыл был таким же, как у Общества пролетарского туризма, существовавшего под крылом комсомола, с той разницей, что в нем отсутствовал призыв к добрым делам. «Пролетарские туристы», ухватившись за это, клеймили «совтуровцев» за аполитичность.

В то же время «Совтур» считал необходимым иметь бездефицитный бюджет. Туристы нуждались в хорошем жилье, качественной и здоровой пище, медицинской помощи, транспорте, гидах и путеводителях. Все это стоило денег. «Совтур» рассчитывал добыть их, устанавливая завышенные цены для платежеспособных туристов, сдавая в несезонное время турбазы, которые использовались в качестве домов отдыха, обеспечив для себя монополию на экскурсии в Крыму, выпуская открытки, расширяя свои базы в Москве и Ленинграде, чтобы те приносили прибыль [Егоров 1929: 7][19].

«Пролетарские туристы» с самого начала видели в «Совтуре» конкурента, а не партнера по развитию туризма для рабочих. Каждая организация настаивала на том, что она руководствуется социалистическими принципами организации поездок, делая их содержательными, и стремилась распространить туристическое движение на новые группы и социальные слои. Обе занимались коммерческой деятельностью: «Совтур» сдавал койки на турбазах и продавал открытки, Общество пролетарского туризма производило и реализовывало снаряжение для туристов. Вопрос о скидках на железнодорожные билеты вызвал громкое недоволь-

---

[19] См. также: Комсомольская правда. 1929. 11 января; ГАРФ. Ф. А-2306. Оп. 69. Д. 2068. Л. 17.

ство на страницах «Комсомольской правды». В «Совтуре» считали, что только они имеют право распространять такие билеты, получаемые от Наркомата путей сообщения, и резервировали их для участников совтуровских экскурсий, отказывая независимым группам, которые создавались под крылом Общества пролетарского туризма. «Пролетарские туристы» заявляли, что «Совтур» тем самым благоприятствует состоятельным слоям советского общества. Рабочие не могли позволить себе дорогостоящие плановые экскурсии, независимо от скидки на проезд. Даже при том, что цены устанавливались с учетом дохода, лишь 7 % участников плановых совтуровских экскурсий относились к рабочим (1928); 60 % были работниками образования, 22 % — служащими. Защищая свои позиции, «Совтур» сначала попытался не допустить утверждения устава Общества пролетарского туризма, а затем — свести его деятельность исключительно к пропаганде самодеятельного туризма. Пролетарский туризм, утверждали в «Совтуре», должен быть общественным движением, развивающим массовый индивидуальный туризм через ячейки энтузиастов. «Совтур» требовал для себя монополии как для государственного учреждения. Но когда он представил план на 1929 год — обслужить 81 000 туристов, из них 47 000 путешествующих самостоятельно, — и начал образовывать ячейки на предприятиях, до того создававшиеся только Обществом пролетарского туризма, последнее объявило ему войну[20].

В 1929 году Наркомпрос стал хлопотать о перемирии, побуждая «Совтур» делиться дешевыми билетами и предоставлять места на своих базах «пролетарским туристам», путешествующим самостоятельно. Между тем профсоюзы, снаряжавшие туристов, стали уставать от вражды между двумя организациями, настаивая на урегулировании разногласий. В конце 1929 года совещание с участием высокопоставленных чиновников приняло решение о необходимости объединения сил, и в феврале 1930-го представители «Совтура» и Общества пролетарского туризма начали

---

[20] Комсомольская правда. 1929. 11 января; 6 апреля; ГАРФ. Ф. А-2306. Оп. 69. Д. 1826. Л. 27–40; Бюллетень Центрального совета Общества пролетарского туризма. 1929. № 1. С. 11–14.

переговоры о слиянии[21]. На кону была судьба советского туризма: будет ли он истинно социалистическим и добровольным, как хотело Общество пролетарского туризма, или коммерчески-ориентированным, как предлагал «Совтур»?

Как и в прочих областях, на которые распространилась культурная революция 1928–1932 годов, участников событий невозможно охарактеризовать исходя из их классовой принадлежности или даже политической позиции. Радикалы от туризма группировались вокруг комсомольских и частично партийных органов; государственные учреждения, такие как Наркомпрос, финансировавший «Совтур», делали акцент на своих административных полномочиях. «Вечерняя Москва», орган Московской городской парторганизации, следовала популистской линии, сводя к минимуму значение идеологии. Эта борьба стала отражением «Великого поворота», происходившего в экономике и политике. Зимой 1929–1930 годов, когда на деревню обрушилась всеобщая коллективизация (и «Совтур» запросил у государства денег для организации колхозных турбаз!), между Обществом пролетарского туризма и «Совтуром» произошло открытое столкновение за контроль над туризмом в СССР. «Пролетарские» активисты подчеркивали свое идеологическое превосходство:

> Мы — за массовое самодеятельное пролетарское движение, «Совтур» — за платные экскурсии, мы — за ячейки в предприятиях, как основной центр, «Совтур» — за экскурсионную базу, как центр, мы — за подчинение хозяйственного обслуживания политической задаче движения, «Совтур» — на практике превращает хозяйственное обслуживание в самоцель[22].

В марте 1930 года, когда И. В. Сталин предостерег руководящих работников против «головокружения от успехов» (речь шла о коллективизации), Совнарком по инициативе Центрального

---

[21] ГАРФ. Ф. А-2306. Оп. 69. Д. 1826. Л. 18–19; Д. 2068. Л. 22, 19–20; Комсомольская правда. 1929. 12 декабря; Турист-активист. 1931. № 7.

[22] Турист-активист. 1932. № 4. С. 10. О колхозных турбазах: ГАРФ. Ф. А-2306. Оп. 29. Д. 2070. Л. 32.

комитета комсомола определил победителя этого противостояния на основе классовых принципов. Классовая война, как указал Сталин, закончилась, пролетариат победил, теперь следует восстановить мир. В соответствии с распоряжением Совнаркома «Совтуру» пришлось уступить; возникла новая структура — Всесоюзное добровольное общество пролетарского туризма и экскурсий (ОПТЭ). То была добровольная организация, наподобие обществ «Друзья детей» и «Долой неграмотность», Союза воинствующих безбожников и т. д. Все они служили для мобилизации различных сегментов общества ради общественного блага и поддержки народных инициатив[23]. Новая туристическая организация должна была поддерживать и расширять существующую сеть экскурсионных маршрутов и турбаз, а также систему договоренностей относительно проезда. Кроме того, ей вменялось в обязанность сделать пролетарский туризм истинно массовым движением, используя имеющиеся пропагандистские ресурсы и опираясь на местные организации: таким образом, десятки миллионов советских трудящихся смогли бы оценить достоинства туристических поездок и походов.

Общество пролетарского туризма и экскурсий: массовый туризм без участия масс

Создание ОПТЭ означало торжество принципов волюнтаризма, федерализма, массового участия и саморазвития. Основой общества служили ячейки, образованные на предприятиях и в образовательных учреждениях: входившие в них активисты работали в тесном контакте с профсоюзами, комсомолом и физкультурными деятелями, пользуясь их влиянием и ресурсами. Заводские и фабричные ячейки старались привлечь рабочих романтикой дальних дорог, чтобы те обращались к ОПТЭ, когда

---

[23] Этим обществам посвящено множество трудов. Добровольные общества дореволюционной эпохи исследовал Дж. Брэдли [Bradley 2009]. О советском периоде см. среди прочего [Добровольные общества 1989; Odom 1973; Peris 1998; Clark 2000].

дело дойдет до планирования летнего отдыха: только зарегистрированные группы могли получать билеты на поезда за полцены. (В некоторых случаях вторую половину оплачивала профсоюзная организация предприятия.) После первого путешествия многие становились энтузиастами туризма и помещали рассказы о своих приключениях в заводских многотиражках, выступали во время вечерних демонстраций диапозитивов и, наконец, просто делились своими впечатлениями, чтобы побудить других присоединиться к движению. Члены ячейки на заводе «Мосэлектрик» считали ее самой старой (образована в 1926 году с 12 участниками на то время). В 1930 году в ячейке насчитывалось 260 человек, из них 106 летом того же года отправились в путешествия — в Карелию, по Днепру, по Черному морю, в Крым. Созданная в 1930 году ячейка на Мытищинском вагоностроительном заводе начала свою деятельность с поездки по Военно-Грузинской дороге, и к концу лета в нее входило уже 300 сотрудников предприятия[24]. Теоретически ячейки должны были объединяться в региональные советы, а вся структура — управляться центральным советом, избираемым на периодически созываемых всесоюзных съездах. Однако главную роль играли местная инициатива и пролетарское происхождение.

Смысл существования нового добровольного общества и оправдание его победы над «Совтуром» заключались в его цели: дать доступ к туризму широким массам. Только истинно пролетарское по составу и духу движение могло наконец выполнить обещание и сделать «пролетарский туризм» реальностью. «Классовый состав Общества определяет качество нашей работы, уровень ее идеологической насыщенности — это определяет саму суть "пролетарского туризма", и наша самая неотложная задача —

---

[24] Турист-активист. 1930. № 6. С. 20; На суше и на море. 1930. № 7. Передний форзац. Отчеты местных ячеек регулярно помещались в «На суше и на море» и в «Туристе-активисте». См., напр., На суше и на море. 1930. № 5. С. 18–19; № 7. Передний форзац; Бюллетень туриста. 1930. № 6. С. 18–20; № 7–8. С. 22–23; Турист-активист. 1931. № 1. С. 22–23; На суше и на море. 1931. № 12. С. 8–9; 1932. № 12. С. 6; Турист-активист. 1932. № 4. С. 18; На суше и на море. 1932. № 13. С. 12; 1933. № 15. С. 6–7, 9; 1934. № 11. С. 3–4; № 12. С. 13; 1935. № 8. С. 6; [Пролетарский туризм 1929: 34–49]; Бюллетень туриста. 1930. № 7–8. С. 23.

добиться преобладания пролетариев как основной массы членов Общества», — писал один активист в 1930 году[25]. Массовое членство позволило бы также обеспечить финансовую жизнеспособность Общества, которое платило функционерам, инструкторам и консультантам. И если «Совтур» зашел слишком далеко в «коммерческом» направлении, рассчитывая на государственные средства для финансирования своих проектов и зарабатывая деньги за счет продажи путевок по высоким ценам, то ОПТЭ собиралось вести хозяйственную деятельность по-пролетарски, полагаясь на добровольцев-активистов — входивших в местные ячейки — и пуская в дело взносы миллионов участников.

Рост членской базы стал главным приоритетом новой организации. В 1929 году руководство Общества пролетарского туризма, предшественника ОПТЭ, с гордостью отмечало, что его численность выросла с нескольких сот до 50 000 членов — хотя число туристов в том же году достигло примерно 300 000 человек. Признавалось, что процент рабочих остается слишком низким — 42 % в Пресненском районе Москвы и в Ленинграде, 36 % во Владивостоке, — и поэтому в 1930 году планировалось привлечь 200 000 новых членов[26]. Ленинградские руководители в июле 1930 года отчитывались всего о 9318 членах — недопустимо низкая цифра для крупнейшего промышленного центра; к 1 октября они собирались увеличить эту цифру до 50 000. Путем применения таких методов численность общества удалось довести до 600 000 человек к концу 1931 года; не боясь того, что цель покажется слишком смелой, оно объявило о своих планах на 1932 год — 1,5 миллиона членов[27]. Эти усилия должны были не только способствовать развитию туризма на местах, кроме того, члены общества имели преимущества во время приобретения

---

[25] На суше и на море. 1930. № 9. С. 14.

[26] Там же; источник сведений неизвестен.

[27] ЦГА СПб. Ф. 4410. Оп. 1. Д. 19 (заседания временного руководства ОПТЭ). Л. 18; На суше и на море. 1931. № 32–33. С. 17; Турист-активист. 1932. № 2. С. 2. Согласно архивным данным, в начале 1932 года насчитывалось 716 700 членов, годом позже — 936 700. См. [Maurer 2010: 432].

всех экскурсий ОПТЭ, включая льготные железнодорожные билеты и билеты «по водному транспорту», и только они получали заборные книжки, продукты и ссуды на приобретение туристского снаряжения, самостоятельно путешествуя небольшими группами. Несмотря на это, большинство рабочих не спешили становиться «пролетарскими туристами». Туризм воспринимался ими как «праздное времяпровождение» и «пустая забава», признавал один из руководителей общества в 1932 году. Активист из города Калинина говорил о том, что рабочие не воспринимают движение всерьез. «Здесь, в Калинине, слово "турист" имеет тот же смысл, что и слово "шалопай", и никто не произносит его без смеха»[28]. Для этих рабочих туризм оставался буржуазным времяпровождением, неприемлемым для строителей социализма.

Членство предполагало также выполнение обязанностей, выходивших за пределы содержательного туризма. Члены многих ячеек ОПТЭ тратили меньше времени на путешествия, чем на участие в различных кампаниях, провозглашенных партией: борьба с прогулами, помощь в весенне-полевых работах, выполнение пятилетнего плана, изучение сталинской работы «Об основах ленинизма». Зачем было вступать в ОПТЭ, если членство в Союзе воинствующих безбожников, Международной организации помощи борцам революции (МОПР) или Осоавиахиме влекло за собой те же возможности (и обязанности) для того, кто стремился проявлять общественную активность? Вскоре стало ясно, что многие члены ОПТЭ мало интересовались его деятельностью и вступили в него, понуждаемые местными организаторами, которым были нужны плательщики членских взносов. И лишь единицы из них практиковали туризм в каком-либо виде[29].

---

[28] На суше и на море. 1932. № 31–32. С. 2; Турист-активист. 1933. № 2–3. С. 5.

[29] Турист-активист. 1931. № 2. С. 28; № 8. С. 15–16; № 9. С. 13; № 10–11. С. 22; 1932. № 2. С. 20; 1933. № 2–3. С. 4–5; На суше и на море. 1930. № 6. С. 1–3; 1931. № 12. С. 8; 1930. № 7. Передний форзац; 1932. № 12. С. 6; № 13. С. 12; 1933. № 15. С. 9. О принудительном активизме членов добровольного общества см. [Peris 1998].

Не смущаясь нехваткой членов, ОПТЭ строило планы по развитию советского туризма в трех направлениях: групповые туры, самостоятельные путешествия и загородные поездки. Экскурсионный отдел Общества продолжил продавать групповые туры по нескольким десяткам дальних маршрутов, унаследованных от «Совтура». Нужно было перестраивать и расширять расположенные вдоль этих маршрутов турбазы, снабжать их всем необходимым, в первую очередь продуктами, нанимать гидов для групп. Увеличить число туров и их участников мешали ограниченные возможности турбаз. Соответственно, ОПТЭ возлагало большие надежды на самодеятельные турпоездки, которые Общество пролетарского туризма (существовавшее до слияния) положило в основу своей деятельности. Ячейки на заводах и фабриках были призваны пропагандировать такие путешествия и готовить к ним своих членов. Наконец, ОПТЭ рассчитывало привлекать новых участников, агитируя за «местный туризм» — экскурсии в музеи, парки, на предприятия, а также однодневные походы, позволявшие приобрести полезные для туриста навыки, и в то же время отдохнуть от повседневности и набраться сил. Согласно отчету ленинградской организации ОПТЭ за 1931 год, местные поездки совершили 841 000 человек[30].

Но для большинства членов ОПТЭ туризм означал дальние путешествия. Общество не могло оценить масштаб самодеятельного туризма, так как многие группы не регистрировали свои поездки, а взаимодействие между местными ячейками и центральным советом ОПТЭ оставалось слабым; тем не менее его руководство смело заявляло, что в 1931 году планирует довести число таких туристов до 400 000. Четыре года спустя наметили более реалистичные показатели: в 1935 году обеспечить проживание 38 000 самодеятельных туристов[31]. Заявления относительно числа участников групповых туров, делавшиеся в то время, различались между собой примерно таким же образом, и поэтому сколь-нибудь надежных сведений об отправлявшихся в турпоездки не имеется.

---

[30] На суше и на море. 1932. № 22–24. С. 4.
[31] На суше и на море. 1931. № 13. С. 3; 1935. № 1. С. 4.

Согласно одному источнику, в 1929 году «Совтур» намеревался обслужить 17 390 участников групповых туров, 16 700 участников «массовых поездок» (обычно имелись в виду поезда с отдыхающими, отправлявшиеся в Москву или Ленинград) и 47 180 самодеятельных туристов. Подробные цифры для групповых туров на 1930 год заставляют предполагать небольшой рост — 23–25 000 человек на «всесоюзных маршрутах», отныне контролировавшихся ОПТЭ: 9250 отправились в Крым, 9040 — на Кавказ (из них 3500 по Военно-Грузинской дороге), 4600 — в Москву и Ленинград. Но в рекламе, выпущенной перед сезоном 1931 года, ОПТЭ утверждало, что в 1930 году по заранее установленным маршрутам проследовали 50 000 туристов, а в 1932-м оно намерено обслужить 350 000 путешественников![32] Из данных за прошлые годы, опубликованных в 1937-м, можно увидеть, что все эти планы оказались несбыточными. В 1933 году ОПТЭ рассчитывало обслужить 53 400 туристов на всех своих всесоюзных маршрутах, но в итоге их оказалось лишь 33 900. Число участников групповых туров, проследовавших по всесоюзным маршрутам, резко выросло в следующем году (возможно, из-за улучшения ситуации с продовольственным снабжением в стране): в 1934-м их было 69 980, в 1935-м — 61 250 и в 1936-м — 83 680. Это заставляет думать о том, что в начале 1930-х годов организованный туризм претерпевал некоторый подъем, но далеко не достигал той «массовости», на которую изначально надеялось ОПТЭ. Поток туристов все же был немалым: тех, кто отправлялся по всесоюзным маршрутам, было примерно столько же, сколько отдыхающих на курортах. В 1934 году путевки на курорт достались 47 154 человекам, а туристов на основных маршрутах было 69 980. Планы на 1935 год выглядели так: 70 000 и 61 000[33].

Шумные заявления ОПТЭ о собственных успехах привлекли внимание партийных органов, вызвав критику с их стороны. В начале 1933 года журнал «На суше и на море» сообщал, что

---

[32] ГАРФ. Ф. А-2306. Оп. 69. Д. 1826. Л. 30–32; На суше и на море. 1931. № 4. С. 8; 1931. № 10. С. 2–3.

[33] ГАРФ. Ф. 9520. Оп. 1. Д. 8 (материалы о ТЭУ). Л. 56; Ф. 9493. Оп. 1. Д. 30 (материалы о путевках, 1935). Л. 19 об., 21.

членами общества стали около 7 миллионов человек: «Теперь никто не может сказать, что туризм — это "пустая забава"». Но на самом деле пустой была касса ОПТЭ. Члены, числившиеся лишь на бумаге, не приносили выручки. На Украине в 1933 году из 188 500 членов только 5 % платили взносы. Какие-либо деньги поступали не более чем от трети зарегистрированных членов. Массовое движение не смогло привлечь массы. Летом 1933 года ОПТЭ подверглось проверке со стороны Комиссии партийного контроля и Рабоче-крестьянской инспекции. Проверяющие скептически отнеслись к заявлениям Общества о миллионах членов, десятках тысяч ячеек на предприятиях, 80 000 альпинистов и 100 000 велосипедистов: «Таких цифр в природе не существует». Услышав о намерении сделать туристами половину взрослого населения СССР, они задали вопрос: «Разве это не магнитогорскстроймания?» (намек на несбывшиеся обещания во время строительства Магнитогорска). Погоня за голыми цифрами привела к аллилуйщине, дефициту средств, нереалистичному планированию, плохому управлению, растратам[34].

Призванное быть туристическим агентством и одновременно — массовым движением, ОПТЭ плохо справлялось с обеими задачами. Комсомол, по инициативе которого пролетарии захватили контроль над туризмом в 1920-х годах, переключил свой энтузиазм и свое внимание на другие цели, такие как коллективизация. К 1931 году комсомольские издания почти перестали касаться вопросов туризма; активисты ОПТЭ чувствовали себя изолированными и брошенными. Туристическое движение не получало большой поддержки и от профсоюзов, служивших фундаментом пролетарского общества. Местные ячейки общества жаловались на то, что они не имеют финансовой и вообще никакой помощи от профсоюзных организаций фабрик и заводов. Руководство ОПТЭ надеялось, что ВЦСПС будет приобретать турпутевки и распределять их на предприятиях, примерно так же, как это делалось для домов отдыха и санаториев. Но профсоюзы проявляли

---

[34] «Теперь никто не может сказать» // На суше и на море. 1933. № 1. С. 2; № 12. С. 14; «Таких цифр не существует» // На суше и на море. 1933. № 16. С. 4–5.

мало воодушевления, хотя ОПТЭ предлагало им на 1934 год 40 000 путевок. Профсоюзные деятели, жаловались руководители ОПТЭ, собирались отправить в этом году миллион человек в дома отдыха и санатории, и только 5000 — в туристические поездки[35].

Не ставший в 1930-е годы массовым движением советский туризм не отличался ни в чем существенном от практик, имевших место в развитых странах. Повсюду туризм и отпуск оставались по преимуществу прерогативой элиты и верхушки среднего класса; пришествие массового туризма состоялось только после Второй мировой войны. В Европе рабочие добились введения оплачиваемых отпусков, начиная с 1936 года, но это не сразу отразилось на количестве и продолжительности досуговых поездок. Даже при скидках на проезд для рабочих, лишь 5–10 % французов уезжали куда-либо из дома в середине 1930-х годов по причине нехватки денег, недостаточности инфраструктуры и отсутствия соответствующей привычки. Туристов следовало учить путешествовать: это касалось и капиталистических стран, и СССР. В США лидеры профсоюзов почти не проявляли интереса к борьбе за оплачиваемые отпуска, добиваясь вместо этого сокращения рабочего времени. Таким образом, до 1950-х годов туристические поездки совершались в основном представителями среднего класса. В Великобритании отъезд в отпуск был более распространенным явлением: по одной из оценок, в 1938 году 40 % всех взрослых жителей страны взяли хотя бы недельный отпуск. На протяжении 1930-х годов в Великобритании сооружались кемпинги, в которых рабочие могли почувствовать вкус роскоши, но массовое их строительство началось уже после войны. Ближе всего к массовому туризму в межвоенный период подошла Германия с ее организацией «Сила через радость», ежегодно посылавшей более миллиона туристов в круизы и групповые туры; кроме того, там была хорошо развита коммерческая туристическая индустрия, предоставлявшая дополнительные

---

[35] На суше и на море. 1931. № 1. С. 2; 1934. № 5. С. 5; Турист-активист. 1932. № 5–6. С. 17; Комсомольская правда. 1934. 11 мая. Цифру в один миллион не следует безоговорочно принимать на веру: в 1934 году на оздоровительные курорты отправились только 47 000 человек.

возможности для среднего класса [Furlough 1998; Cross 1989; Berkowitz 2001; Aron 1999: 188–204; Kopper 2009; Ward, Hardy 1986; Baranowski 2004]. Однако в этих странах массовый туризм мог опираться на растущий спрос, государственное представление об общественном благе и коммерческую туриндустрию. В СССР отсутствовал последний компонент, и туристические активисты открыто отвергали саму мысль о его появлении.

Не располагая нужными средствами и достаточным инвентарем, чтобы содержать в порядке расширявшуюся сеть своих туристических объектов, ОПТЭ шло от кризиса к кризису. Созданное в 1930 году Общество провело свой первый (и последний) съезд только в 1932-м. Делегаты подтвердили принципы, на которых держался пролетарский туризм, и согласились с тем, что движение должно основываться на самодеятельных путешествиях, а не на организованных поездках. Они признали также необходимость улучшить условия перевозок и проживания для участников групповых туров, но обвинили некоторые местные организации в «погоне за длинным рублем», что было, по сути, совтуровской практикой без «Совтура». После того как в 1933 году Комиссия партийного контроля указала на раздутые штаты и недостатки в управлении, руководители ОПТЭ снизили число штатных сотрудников со 186 до 104, реорганизовали отделы Общества и пообещали стать лучше — как хозяйственники и как социалисты. «Торгашеская деятельность, погоня за рублем любыми средствами, как находящиеся в резком противоречии с интересами туристского движения, должны быть немедленно прекращены»[36]. Но им следовало также эффективнее управлять своими активами — турбазами, предприятиями по производству туристской одежды и снаряжения, запасами продовольствия, — проявляя меньше бюрократизма.

В 1935 году руководство профсоюзов, заметив рост интереса к туризму в народе, стало критиковать ОПТЭ за неспособность дать адекватный ответ. «Туризм — это прежде всего *здоровье*», —

---

[36] Турист-активист. 1932. № 5–6. С. 3, 5; На суше и на море. 1933. № 8–9. С. 3 (цитата); 1934. № 8. С. 10–11.

Рис. 2.1. Значок члена Общества пролетарского туризма и экскурсий, 1930-е годы. Компас и красная звезда навсегда останутся символами Общества и его преемников. Собственность автора

указывалось в печатном органе ВЦСПС, газете «Труд». Опросы рабочих в различных городах дали «неожиданные» результаты — ударники хотели во время отпуска познакомиться со страной и посмотреть как можно больше мест: проехаться по Волге, посмотреть, где жил Лермонтов, показать семье свой родной Урал. И здесь они рассчитывали на местные ячейки ОПТЭ. «Этим летом я решил надавить на ОПТЭ, чтобы оно организовало поездку на Кавказ, — говорил слесарь московского завода "Динамо". — Хочу посмотреть море не на картинах, а в жизни». ОПТЭ не могло обеспечить этого и к концу 1935 года было серьезно скомпрометировано из-за финансовых нарушений и невнимания к своей главной задаче — развитию туризма. Прибыль стала самоцелью, для ее получения ОПТЭ превратило приморские турбазы в «пансионы» для туристов, проводивших весь отпуск в одном месте, тогда как настоящие туристы, желавшие там остановиться, встречали отказ[37].

---

[37] Туризм // Труд. 1935. 26 марта (выделено в источнике); «Этим летом»: 12 марта; 8 октября; На суше и на море. 1934. № 8. С. 10; Комсомольская правда. 1934. 11 мая (сообщение о том, что вопрос о реорганизации ОПТЭ рассматривается «очень авторитетными организациями»).

К началу 1936 года ЦИК СССР пришел к выводу, что добровольное общество не справилось со своей задачей — дать возможность советским гражданами совершать дешевые, полезные для здоровья турпоездки и турпоходы. Так как новая Конституция СССР (принятая в июне) гарантировала право на отдых, правительственные чиновники сочли туризм слишком важным, чтобы оставлять его на откуп плохо управлявшемуся обществу. 17 апреля 1936 года ЦИК официально распустил ОПТЭ. Экскурсии, массовый туризм и альпинизм отныне были поставлены под контроль ВЦСПС, который отвечал за все маршруты, всесоюзные и местные. К нему переходила также вся собственность ОПТЭ — турбазы и гостиницы, включая многоэтажный Дом туриста, который строился на Арбате. Однако ВЦСПС делил ответственность за самодеятельный туризм и альпинизм со Всесоюзным советом физической культуры[38].

С учетом того, что профсоюзы уже управляли обширной сетью домов отдыха и санаториев, передача им ответственности за турпоездки была разумным шагом. А поскольку на большинстве предприятий уже существовали «добровольные спортивные общества», находившиеся под крылом комитетов физической культуры, ячейки ОПТЭ без особых сложностей влились в новую систему. Итак, туризм по-прежнему считался движением, а не разновидностью хозяйственной деятельности. Туризм как лучший вид отдыха существовал в пространстве, где определяющими были такие понятия, как идеология, благосостояние, польза и, о чем будет сказано ниже, неденежные льготы — а не в экономической сфере.

Контроль переходит к профсоюзам

Перевод туризма в ведение профсоюзов и комитетов физической культуры означал усиление роли мобилизации как важнейшего механизма социалистического строительства. Как ранее ОПТЭ,

---

[38] На суше и на море. 1936. № 5. С. 4; Труд. 1936. 18 апреля; Правда. 1936. 18 апреля.

эти организации, существовавшие параллельно государству, были призваны мобилизовать и обслуживать своих членов на их рабочих местах. Но в отличие от ОПТЭ, профсоюзы располагали более совершенным административным аппаратом и более обширным опытом: власти считали, что это позволит им избежать провалов, связанных с плохим управлением и сдерживавших развитие советского туризма до 1936 года. Однако новая структура, подчиненное ВЦСПС Туристско-экскурсионное управление (ТЭУ), столкнулось с той же проблемой двойственности стоящей перед туризмом задачи, что и ОПТЭ. Оно взяло на себя обязательство пропагандировать и развивать самодеятельный туризм — путешествия и походы небольших групп, — как вид «массового культурного отдыха трудящихся». Однако ставилась и другая цель: «ознакомление трудящихся с экономикой, географией, природными богатствами, гигантским ростом культуры народов, населяющих СССР», — иными словами, турпоездки и сопутствующее знакомство с достопримечательностями мыслились как альтернатива пребыванию в доме отдыха или на оздоровительном курорте. Для этого следовало обеспечивать все виды поездок и экскурсий, самодеятельных и организованных, сооружать и эксплуатировать туристические объекты, координировать транспортное сообщение, выпускать снаряжение, проводить научные исследования о методологии туризма[39]. Как и в случае с ОПТЭ, двойственность задачи вызвала нападки сторонников «чистого» туризма (самодеятельных путешественников, мечтавших мобилизовать миллионы новых самодеятельных путешественников) на управленцев, сосредоточивших усилия на материальном обеспечении массовых поездок. Эти управленцы, которых нередко с презрением называли «коммерсанты», ассоциировались с бесславной историей «Совтура», к тому же их все время подозревали в антипролетарском «коммерческом уклоне».

ТЭУ, как и СССР, имело федеративное устройство. Центральное управление в Москве (первоначально его возглавлял бывший председатель ОПТЭ) определяло политику, распределяло сред-

---

[39] ГАРФ. Ф. 9520. Оп. 1. Д. 8. Л. 1–1 об.

ства, наблюдало за региональными отделениями, по территориям которых проходили всесоюзные маршруты[40]. Эти отделения были обязаны подбирать персонал для турбаз и снабжать их всем необходимым, разрабатывать и рекламировать новые маршруты, сводить доходы с расходами. Кроме того, предполагалось, что они станут развивать массовый туризм в регионе, принимая туристов из других мест и посылая в путешествия своих собственных. Такое устройство и региональное разделение труда продержались, с минимальными изменениями, до распада СССР.

Профсоюзы отвечали за коммерческую сторону туризма; комитеты физической культуры стали идейными вдохновителями и организаторами пролетарского туризма, продолжив курс на оздоровление, содержательность и суровость. Самые рьяные активисты пролетарского туризма всегда превозносили самодеятельный туризм — особенно альпинизм, — как его наиболее чистую, беспримесную форму. Альпинисты (Н. В. Крыленко, Л. Л. Бархаш) были в числе руководителей Общества пролетарского туризма с 1927 года, и в целом альпинизм считался элитарной, самой «светской» разновидностью туризма: восхождения на труднодоступные пики обычно попадали в новости. Этим видом спорта занимались известные люди из разных социальных групп. Математик Б. Н. Делоне, заядлый альпинист, стал одним из руководителей секции альпинизма Всесоюзного комитета по делам физической культуры и спорта. М. П. Преображенская, неутомимая путешественница, ученая и первая русская альпинистка, в возрасте 64 лет сняла первый советский фильм об альпинизме; за свою почти семидесятилетнюю жизнь она совершила одиннадцать восхождений на труднейшую гору Казбек. Крыленко, возглавлявший Общество пролетарского туризма, а затем ОПТЭ, был в то же время народным комиссаром юстиции. Он заслужил уважение энтузиастов туризма после восхождений на горы Кавказа и исследовательских экспедиций на Памире. «Пролетарские туристы» дали возможность испытать себя в горах «сынам

---

[40] Там же. Л. 10, 33, 46.

рабочего класса» — в отличие от представителей буржуазии, стремившихся таким образом сбежать от повседневной жизни, последние делали это, «чтобы закалять свою волю, учиться подчинять ее интересам коллектива, набраться новых сил, впечатлений и, вернувшись в свой рабочий коллектив, быть способным отдать ему гораздо больше сил...». К 1938 году альпинизм сделался самым «модным» видом туризма, фабричные профорганизации и спортивные клубы выделяли все больше средств на собственные альпинистские базы. В том же 1938 году организованные восхождения совершили более 20 000 человек, по сравнению с 4000 в 1934-м. Тем, кто однажды попробовал заниматься альпинизмом, было трудно практиковать иные виды туризма: в 1940 году два студента университета дали себе слово, что оставят карабканье по склонам и совершат нетрудную велопрогулку по Кавказу, но, оказавшись там, заболели горами, бросили свои велосипеды и поступили инструкторами-добровольцами в альпинистский лагерь [Maurer 2006; Maurer 2010][41].

Спортивные клубы и добровольные спортивные общества, создававшиеся при местных профорганизациях, на предприятиях, в образовательных учреждениях, должны были стать связующим звеном между ТЭУ и комитетами физической культуры, развивая самодеятельный туризм. Однако они больше интересовались командными видами спорта (такими, как футбол), с большой неохотой создавали туристические секции и выделяли смехотворные суммы на закупку туристского снаряжения — велосипедов, лыжных палок и т. д. Только альпинизм имел шансы на поддержку[42].

---

[41] См. также: На суше и на море. 1937. № 2. С. 25; Десять дней в горах. Немой фильм. РГАКФД, № 1863; На суше и на море. 1935. № 5. С. 7; «Сыны рабочего класса»: Турист-активист. 1932. № 8–9. С. 34–35; На суше и на море. 1938. № 1. С. 2, 4; 1939. № 3. С. 5; о «горной болезни» [Корзун 1940: 22–23].

[42] Спортивные организации были созданы в 1936 году Всесоюзным комитетом по делам физической культуры и спорта. См. Физкультура и спорт. 1937. № 19–20. С. 6; На суше и на море. 1936. № 7. С. 25–26; 1939. № 1. С. 4; ГАРФ. Ф. 9520. Оп. 1. Д. 8. Л. 52–53; На суше и на море. 1937. № 7. С. 15; Труд. 1938. 12 апреля; 1941. 26 апреля.

Пролетарский туризм, задуманный его основателями-комсомольцами как массовое движение молодых энтузиастов, во второй половине 1930-х годов, похоже, утратил свой динамизм. ОПТЭ распустили за неспособность обеспечить должное развитие туризма, однако все, что было независимого, активного, пролетарского в туризме, продолжало чахнуть под двойной опекой профсоюзов и комитетов физической культуры. В марте 1937 года «Правда» напечатала письмо нескольких туристов под заголовком «Кто отвечает за туризм?», дав начало дискуссии, полной жалоб. При ОПТЭ развитием самодеятельного туризма занимались тридцать платных консультантов в крупнейших городах СССР, оказывавших помощь туристам, и несколько тысяч активистов. ТЭУ содержало только двадцать консультантов, а из-за прекращения деятельности ячеек на предприятиях начинающие туристы не могли получить ни поддержки, ни обучения. Остановилась публикация справочной литературы для самодеятельных туристов. Ядро, состоявшее из активистов, перестало существовать, новосозданное ТЭУ направило все усилия на организацию дорогостоящих и прибыльных групповых туров по традиционным маршрутам: пролетарии в своей массе потеряли возможность заниматься самодеятельным туризмом, полезным для здоровья и саморазвития[43].

В ответ «Правда» созвала в своей редакции встречу с участием ведущих должностных лиц, отвечавших за вопросы туризма, и активистов[44]. ВЦСПС согласился изменить свой подход и уделять больше внимания самодеятельному туризму; Всесоюзный комитет по делам физической культуры и спорта пообещал создать новую секцию для подготовки инструкторов по туризму. И все же начинающие самодеятельные туристы почти не получали поддержки: еще в 1939 году ТЭУ оставалось безразличным

---

[43] Правда. 1937. 28, 29 марта; На суше и на море. 1938. № 1. С. 4; Труд. 1937. 11 апреля; На суше и на море. 1937. № 5. С. 4; № 12. С. 6; ГАРФ. Ф. 9520. Оп. 1. Д. 69 (совещание по массовому туризму, июнь 1948). Л. 3.

[44] Встреча в редакции «Правды» оказалась памятным событием, и 10 лет спустя о ней вспоминали как о совещании туристов-активистов: ГАРФ. Ф. 9520. Оп. 1. Д. 69. Л. 6.

к туризму, а в 1940 году передало всю ответственность за развитие альпинизма физкультурным секциям профсоюзов. Кроме того, было решено, что фонды социального страхования должны использоваться для финансирования только организованных групповых турпоездок, а не самодеятельного туризма или инструктажа[45].

Сторонники «чистого» туризма ощущали пренебрежение к себе со стороны профсоюзных чиновников, отвечавших за туризм, и считали, что ежедневные издания замалчивают их проблемы — но зато в их руках находился журнал «На суше и на море». В нем можно было встретить вдохновенные рассказы о путешествиях групп самодеятельных туристов, приключенческие повести, заметки о поездках, описания интересных маршрутов в дальних уголках Советского Союза, регулярные колонки о способах совершения турпоездок. Публиковались также подробные схемы изготовления рюкзаков, палаток, байдарок. В отсутствие другой справочной литературы, «На суше и на море» сделался учебником для самодеятельных туристов. Журнал помещал сведения о деятельности местных туристических организаций, спортивных обществ и групп активистов. В позднесоветские времена о нем вспоминали с теплотой: «На суше и на море» был своего рода окном в бескрайний мир, который не ограничивался Советским Союзом. И все же в 1930-е годы журнал нередко оказывался «на волосок от гибели» — противники самодеятельного туризма постоянно добивались его закрытия[46].

Эти «пуристы» отрицательно относились к коммерческой стороне советского туризма и предпочтению, которое оказывалось организованным групповым поездкам, заняв эту позицию с самого начала, когда Общество пролетарского туризма повело борьбу с «Совтуром». Но так называемый «оперативно-экскур-

---

[45] На суше и на море. 1937. № 5. С. 4; 1939. № 1. С. 4; 1940. № 5. С. 4, 22.

[46] Относительно воспоминаний о журнале см. [Сандомирская 1996; Dobrenko 2003]. Ветераны туризма еще в 1965 году с тоской говорили о журнале, однако новое издание пришло ему на смену лишь в 1966 году. ГАРФ. Ф. 9520. Оп. 1. Д. 750 (пленум Центрального совета по туризму, май 1965). Л. 160; На суше и на море. 1939. № 1. С. 27; ГАРФ. Ф. 9520. Оп. 1. Д. 69. Л. 26.

сионный уклон» был популярным и прибыльным делом. Средства, полученные от продажи путевок на групповые туры, были основным источником дохода для ОПТЭ, а затем для ТЭУ. Руководство и члены профсоюзов предпочитали приобретать такие путевки, а не организовывать турпоездки самостоятельно. Критики ТЭУ замечали: «Туристско-экскурсионное управление ВЦСПС превратилось в лавочку по продаже путевок по маршрутам, занималось фактически только "коммерческим туризмом"», но требовали, чтобы Управление эффективно вело свою деятельность. Осуждая коммерческий уклон, они признавали в то же время, что лишь экономическая эффективность и прибыльность способны сделать туризм доступным для широких масс пролетариев[47].

Коммерческая сторона советского туризма

ТЭУ и активисты предпочитали считать, что не занимаются коммерческой деятельностью, однако товары и услуги, которые они собирались поставлять, требовали коммерческого подхода к делу, и экономика туризма оставалась большой проблемой в Советском Союзе 1930-х годов. Советская туристическая индустрия — по своей сути ориентированная на услуги и потребление — появилась в те времена, когда экономическим приоритетом было сооружение гигантских заводов, гидроэлектростанций и железных дорог. Одновременно уничтожались остатки мелкого частного сектора, занимавшегося оказанием услуг. ОПТЭ, а затем и ТЭУ были вынуждены создавать с нуля индустрию услуг, включавших размещение, питание, предоставление специального оборудования, перевозки — и для всего этого требовался квалифицированный персонал. Отрасль должна была быть рентабельной, но при этом не могла работать на ком-

---

[47] Бюллетень туриста. 1930. № 6; Турист-активист. 1932. № 2; № 11–12. С. 23, 50–51; На суше и на море. 1933. № 12. С. 8; 1936. № 11; 1933. № 11; 1937. № 5; № 7. С. 4–5; № 12. С. 6 (цитата); Труд. 1938. 12 апреля; 1937. 11 апреля.

мерческой основе. Требовалось предоставлять услуги, оцениваемые по их качеству, в экономике, где все определялось количеством. Столкнувшись с этими противоречиями и не имея к тому же нужного опыта, чиновники от туризма не смогли обеспечить эффективную конкуренцию с досуговой отраслью в сфере оздоровительного отдыха.

Размещение туристов вдоль маршрутов было одной из главных трудностей для молодого туристического движения и соответствующих ведомств. От царского режима осталось мало гостиниц, кроме того, в больших городах они были отданы под жилье, которого остро не хватало. Лучшие дома в Крыму и на Кавказе отошли курортам. Самодеятельные туристы могли обойти проблему размещения с помощью палаток и спальных мешков; иногда им советовали снимать комнаты у местных жителей за небольшую плату. В этом случае хозяева и туристы обменивались полезными знаниями [Бергман 1927а: 55; Бергман 1927б: 23–24; Пролетарский туризм 1929: 93, 102; Власов 1935: 8; Власов, Власов 1938: 7]. В Москве и Ленинграде Наркомат просвещения создал общежития для учителей, приезжавших на летние каникулы. Если говорить о Москве, турист мог получить спальное место или спальное место с постельными принадлежностями за 50 копеек в сутки, трехразовое питание и экскурсии по городу за 2 рубля 80 копеек. «Совтур» предлагал размещение в недавно приобретенном Мариинском дворце за 80 копеек в сутки или в Доме экскурсанта, общежитии на 400 мест, за 60 копеек. Одной из первоочередных задач ОПТЭ до его роспуска была постройка грандиозного 10-этажного туристического центра на Смоленской площади в Москве [Спутник экскурсанта 1928: 5–7; Путеводитель по Ленинграду 1929: 18–19][48].

В 1929 году «Совтур», по его собственным данным, располагал примерно сотней баз, которые летом могли принять 10 000 туристов. Большей частью это были взятые в аренду школьные здания, доступные только во время каникул. Отмечая, что в европейских странах турфирмы получают кредиты на строительство отелей,

---

[48] См. также: На суше и на море. 1932. № 25. С. 15; 1936. № 7. С. 26.

Рис. 2.2. Вид туристической базы в Сочи, 1937–1940 годы. На заднем плане — столовая; на переднем плане — большие палатки для ночлега. РГАКФД г. Красногорска, № 420060. Публикуется с разрешения архива

совтуровские руководители предлагали выделять государственные субсидии на сооружение недорогих гостиниц для туристов, что могло, по их мнению, привлечь иностранных туристов — источник твердой валюты. Соперничавшее с «Совтуром» Общество пролетарского туризма также создавало базы, по преимуществу в виде палаточных городков, в самых популярных у туристов регионах — в Крыму и на Кавказе[49]. В 1932 году новообразованное ОПТЭ объявило, что оно открыло около 300 баз как в зданиях, принадлежавших ему, так и в тех, которые были арендованы у государственных организаций. Большинство баз имели лишь зачаточную инфраструктуру, рассчитанную прежде всего на предоставление питания; ночевали туристы на койках в больших переполненных палатках.

Активисты считали, что советская турбаза должна создавать оптимальную обстановку для содержательного пролетарского туризма, намного более подходящую для пролетария, чем буржуазный отель. Отель предоставлял спальное место и питание

---

[49] ГАРФ. Ф. А-2306. Оп. 69. Д. 2070. Л. 10; На суше и на море. 1929. № 6. Передний форзац; 1930. № 21. Передний форзац.

в обмен на наличные, турбаза же должна была предлагать комфорт, удобства и содержательное времяпровождение, как и дом отдыха, обладать всеми необходимыми предметами обстановки и ресурсами для обучения, отдыха и восстановления здоровья. Как и профсоюзные дома отдыха и курорты, турбаза должна была быть чистой, уютной и привлекательной, с пальмами и цветниками, чтобы турист чувствовал себя товарищем, а не клиентом. Главное же, турбазе надлежало стать центром культурного туризма и экскурсионной деятельности, где читают лекции и показывают фильмы на злобу дня, дают советы насчет того, куда ехать и что смотреть. При социализме чувство товарищества было главным: «Только такая база может считаться хорошей, если туристы, побывавшие на ней, захотят посетить ее вторично»[50].

Судя по статьям в туристических изданиях, туристы редко оказывались на таких базах, жалуясь в первую очередь на грязь и скученность. Другими предметами жалоб были клопы и вши, грязные матрасы или же полное отсутствие матрасов — как и постельного белья, столовых приборов, горячей воды[51]. С учетом жилищного дефицита, руководители некоторых баз сдавали койки на постоянной основе, туристы же спали на полу или на столах. Как писала газета «Труд» в 1936 году, поиск палатки превращался в лотерею: только самым удачливым доставались палатки с деревянным полом и без дыр. Многие базы располагались в ничем не примечательных предместьях, вдали от местных достопримечательностей, и найти их было нелегко. Сочинскую турбазу постоянно критиковали за размещение мужчин и женщин в одной палатке, отсыревшие матрасы, высокие цены, грубость персонала. Туристам все время приходилось выстаивать очереди: час или больше, чтобы оформить документы, два часа —

---

[50] Турист-активист. 1931. № 2. С. 25; 1931. № 10–11; № 50–51 (цитата из № 50); 1932. № 10; На суше и на море. 1931. № 10. С. 2; № 21. С. 8; № 18. С. 14; 1932. № 4. С. 15; № 9. С. 15; № 19–20. С. 7; 1933. № 14. С. 3; 1934. № 2. С. 4; № 12. С. 16; № 17. С. 16.

[51] На суше и на море. 1931. № 21. С. 16–18; 1931. № 10. С. 2; 1932. № 4. С. 15; 1933. № 17. С. 13; 1934. № 17. С. 16. Немецких туристов в 1930-е годы размещали в таких же условиях [Heeke 2003: 366–368].

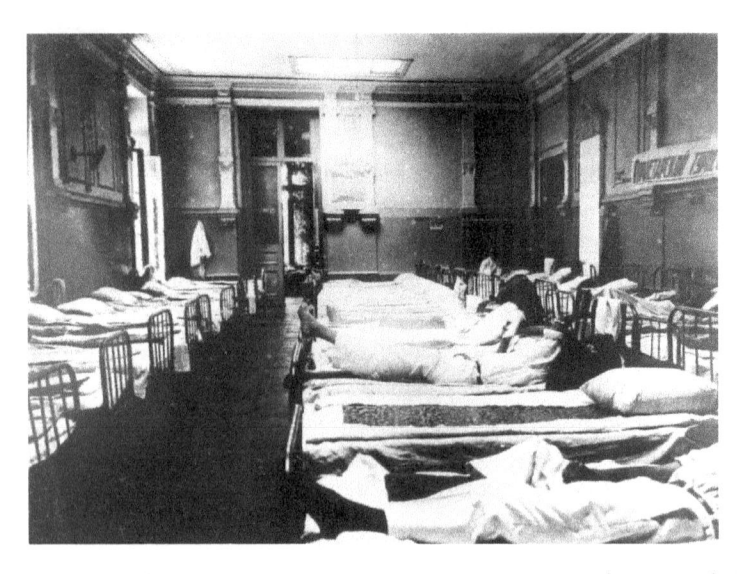

Рис. 2.3. Внутренний вид туристической базы в Тифлисе, 1937–1939 годы. РГАКФД г. Красногорска, № 420097. Публикуется с разрешения архива

чтобы попасть в столовую. Доступ к раковине или туалету также требовал длительного ожидания[52].

Особые трудности вызывала организация питания туристов на маршруте: продукты в стране распределялись по карточкам, а кроме того, большую часть пищи люди получали в распределителях и столовых при предприятиях и учреждениях [Осокина 2008: 150–153]. Уже с самого начала «пролетарские туристы» столкнулись с тем, что выданные в Москве карточки были недействительны на местах. Приходилось везти с собой двухнедельный или месячный запас продуктов; одна группа, кроме того, послала в почтовое отделение на Кавказе порцию сухарей, чтобы получить их по пути. ОПТЭ договорилось с Наркоматом снабжения о выделении продуктов для туристических групп, останавливающихся на турбазах. В теории часть их должна была доставаться и самодеятельным туристам, но на практике последние везли с собой

---

[52] На суше и на море. 1931. № 26. С. 8–9; Труд. 1936. 24 июня; На суше и на море. 1932. № 4. С. 15; Турист-активист. 1932. № 8–9. С. 21; На суше и на море. 1932. № 9. С. 15; № 19–20. С. 7; 193. № 28–30. С. 31; 1937. № 1. С. 27; 1934. № 12. С. 16; 1930. № 17–18. Передний форзац; Турист-активист. 1933. № 1. С. 28.

бо́льшую часть всего необходимого: сухари, сахар, крупы, картофель, чеснок, чай. Иногда скудный рацион дополняли выловленная рыба или мясо, купленное у местных крестьян. Других способов достать продукты почти не существовало. Один турист, путешествовавший самостоятельно, не смог получить питание в столовой турбазы Днепростроя, и все время поездки ушло на добывание продуктов на рынках [Пролетарский туризм 1929: 93][53].

Голод, разразившийся в деревне накануне коллективизации, почти не получил отражения в туристических изданиях, но в условиях нехватки съестного 23 000 карточек, выделенных для ОПТЭ в 1932 году, стали предметом злоупотреблений. Расследование деятельности ОПТЭ, предпринятое в 1932 году Центральным комитетом партии, выявило недостачу 63 % всех карточек: продукты, предназначенные для туристов, достались нескольким сотням сотрудников центрального аппарата ОПТЭ в Москве. Отмена карточной системы во всей стране (1934) стала следствием некоторого улучшения продуктового снабжения, но туристы — как и отдыхающие на курортах — открыто высказывали недовольство качеством питания на турбазах. Коррупция внутри ОПТЭ, как и прежде, лишала их возможности получать продовольствие в пути[54].

Чиновники надеялись, что передача туризма в ведение более опытных профсоюзных деятелей улучшит снабжение. ТЭУ получило немалые средства на расширение сети турбаз, часть которых предназначалась для переоборудования домов отдыха: в 1939 году бюджет Управления составил 40 миллионов рублей (у ОПТЭ он равнялся шести миллионам). Туристические агентства теперь могли пользоваться профсоюзным страховым фондом наравне с курортами и домами отдыха. В 1932 году ОПТЭ добилось выделения из этого фонда двух миллионов рублей на содержание турбаз — правда, далее на эти цели деньги не предоставлялись. В 1936–1939 годах страховой фонд заметно вырос: с 14 миллионов

---

[53] См. также: На суше и на море. 1933. № 7. С. 10.
[54] На суше и на море. 1933. № 6. С. 16; 1935. № 10. С. 4; 1934. № 20. С. 13; 1935. № 15. С. 4.

рублей до 46,7 миллионов. На сооружение новых объектов в 1936 году перечислили четыре миллиона рублей, а в 1939-м — 16,5 миллионов. ТЭУ унаследовало от ОПТЭ 81 турбазу; к 1938 году появилось 53 новых[55]. В 1939 году на склоне Эльбруса, на высоте 4200 метров, открылась гостиница для туристов вместимостью 100 человек, с центральным отоплением, электричеством, водопроводом[56]. К 1940 году у ТЭУ появились новые базы в Ясной Поляне, Мурманске, на Бородинском поле. К маю 1941-го ТЭУ открыло более 100 новых турбаз и палаточных лагерей, способных принять 10 000 человек в день, и реконструировало несколько десятков своих лучших баз в Крыму, Киеве, Петергофе, на Кавказе, превратив их в комфортабельные гостиницы для туристов[57]. Как и курортный отдых, советский туризм в конце 1930-х годов стал в большей степени ориентироваться на удобства и удовольствия. Эффективность руководства туризмом оценить сложно, но массированное вливание средств, начиная с 1938 года, привело к ощутимому расширению возможностей отрасли.

В других сферах экономики туризма — таких, как перевозки и подбор персонала, — ТЭУ действовало менее успешно. Как и в случае со снабжением продуктами, передвижение туристов зависело от того, выделят ли для них места другие организации, в частности Наркомат путей сообщения. Справочники содержали расписания поездов, но туристы были вынуждены сами заказывать билеты и платить за них. В 1932 году Наркомат прекратил предоставлять скидки туристам, несмотря на призывы тех, кого заботило развитие туризма. Купить билет на поезд даже за полную

---

[55] Труд. 1937. 11 апреля; 1940. 9 апреля; ГАРФ. Ф. 9520. Оп. 1. Д. 179а (отчеты о деятельности ТЭУ, 1936–1951). Л. 28; Д. 39 (отчеты ТЭУ, 1946). Л. 52.

[56] Гостиница широко рекламировалась в советской печати, что говорило о престиже альпинизма в СССР и решимости властей развивать туризм, но оказалась коммерческой неудачей: ежесуточные расходы на одного человека в размере 75 рублей были неприемлемыми. Поэтому ТЭУ сдавало большую часть здания Академии наук под исследовательскую базу: На суше и на море. 1940. № 6.

[57] ГАРФ. Ф. 9520. Оп. 1. Д. 8. Л. 37; Д. 39. Л. 163; Труд. 1937. 22 октября; На суше и на море. 1937. № 11. С. 30; Труд. 1940. 30 марта; 1941. 24 мая.

цену было чрезвычайно трудно как до войны, так и после. Билетов туда и обратно не существовало: турист мог купить обратный билет, только добравшись до места назначения, и мог ждать несколько дней, прежде чем ему удавалось получить место в вагоне в обмен на оплаченную квитанцию. Очень часто билетов оказывалось больше, чем мест: это относилось как к поездам, так и к пароходам, курсировавшим из Одессы в Батуми. Неудивительно (так считало и ТЭУ), что в 1937 году 81 % жалоб туристов касались проблем с транспортом. Прибыв на нужную станцию, туристы вынуждены были пользоваться автобусами и автомобилями, которых тоже не хватало. Автобусы редко ходили по расписанию, и порой туристы проезжали в темноте участки Военно-Грузинской дороги с самыми эффектными видами. В отсутствие автобусов для перевозки туристов кое-где использовались открытые грузовики. Некоторым приходилось идти пешком, так и не дождавшись автобуса, — на расстояние до 150 километров. Недостаток автотранспорта ударял и по организаторам экскурсий на местах. Даже в 1940 году ТЭУ располагало всего 13 автопарками с 69 автобусами и 118 автомобилями, которые обслуживали 130 турбаз и 143 000 туристов [Heeke 2003: 278][58].

Туризм, относящийся к сфере услуг, требует хорошо обученных, квалифицированных кадров. На грамотно управляемой турбазе имелись руководитель на полной ставке, бухгалтер, консультант, повар, ответственный за культмассовые мероприятия, гиды. Высокогорным базам требовались также опытные инструкторы, способные обучать альпинистов и вести группы в горах. Однако секторами услуг и розничной торговли в СССР пренебрегали: в основу планирования были положены количественные показатели, составление планов для направлений экономики, основанных на услугах, сталкивалось с трудностями. Кроме того, социалистическая идеология связывала услуги

---

[58] См. также: На суше и на море. 1931. № 10. С. 2; 1932. № 15; 1932, № 28–30, С. 31; Российский государственный архив экономики. Ф. 7458. Оп. 1. Д. 2885 (совещание об обслуживании пассажиров речных судов, сентябрь 1936). Л. 14 об.; ГАРФ. Ф. 9520. Оп. 1. Д. 8. Л. 12; Труд. 1939. 27 августа; ГАРФ. Ф. 9520. Оп. 1. Д. 39. Л. 53.

вооружение хорошо знакомую советскую практику призывов и кампаний. «Советский турист» публиковал путеводители по летним маршрутам, а также плакаты с перечнем маршрутов, предназначенных для определенной аудитории — например, текстильщиков и металлистов [Маршруты экскурсий 1929; Маршруты экскурсий лето 1930][60]. Слова преобладали над изображениями, в плакатах излагались термины и объяснялись методы, применяемые туристическим движением. ОПТЭ же полагалось в первую очередь на своих членов, которые должны были распространять информацию о туризме, помещая материалы в заводских клубах, выступая с отчетами о поездках, распространяя сведения о деятельности ОПТЭ при помощи стендов, стоявших в общественных местах (например, в ЦПКиО). Пролетарский туризм во всех этих случаях рассматривался как важнейший инструмент формирования нового советского гражданина.

В 1930-е годы туризм рекламировался в основном через периодические издания, включая ежедневные газеты вроде «Вечерней Москвы» с ее регулярной рубрикой «Уголок туриста», но подробнее всего новая разновидность досуга освещалась в специализированном журнале «На суше и на море». При помощи рассказов, отчетов, снимков советских туристов в экзотических местах издание приглашало читателей заняться активным отдыхом. Во всех отраслях советской экономики создатели потребительской рекламы сознательно ориентировались на западные образцы, предлагая образ будущего социалистического общества [Cox 2003]. Но в туризме редко прибегали к маркетингу такого вида[61]. Официальная реклама туристических поездок в газетах стала появляться лишь с конца 1930-х годов, но и тогда выглядела по преимуществу информативной: к примеру, сотрудников заводских профкомов приглашали приобретать путевки для рабочих.

---

[60] См. также: ГАРФ. Ф. 9520. Оп. 1. Д. 3а (плакаты, рекламировавшие экскурсии «Совтура»).

[61] Исключением стал плакат 1930 года тиражом в один миллион экземпляров, рекламировавший прогулки по Черному морю на судах Совторгфлота [Shalimoff, Shaw 2002: 53].

Единственной визуальной зацепкой был небольшой рисунок, изображавший Черноморское побережье (с пальмовым деревом). Время от времени появлялась реклама московского отделения ТЭУ, также призывавшая покупать путевки, с маленькими рисованными изображениями гор, морского побережья, парусных лодок. Теоретически ТЭУ обладало монополией на все, связанное с внутренним туризмом, но Совторгфлот и «Интурист» также стремились привлекать клиентов с помощью рекламы[62].

В 1939 году журнал «На суше и на море» поместил полностраничную рекламу с более выразительным рисунком на тему доступных туристу удовольствий. Он подразумевал, что туры от ТЭУ наилучшим образом совмещают самостоятельное передвижение с поездками по установленным маршрутам, и отсылал к новым советским стандартам «хорошей жизни».

Мы видим мужчину и женщину с рюкзаками, глядящих с берега на море. Внизу автомобиль везет туристов по прибрежному шоссе, вдалеке на волнах можно разглядеть экскурсионное судно. Здесь советский туризм утверждает себя через такие понятия, как удовольствие (виды; молодой мужчина с молодой женщиной) и энергичность. Однако бо́льшую часть полосы занимает информация о маршрутах, ценах, транспортных средствах. На страницах газеты «Труд» за май-июнь 1941 года вновь встречается реклама, но опять же чисто информационная: объявления о наличии свободных мест в турах и о турбазах[63]. Эти материалы, вызывающие такое щемящее чувство — нападение Германии на СССР произойдет 22 июня того же года, — заполняли последние страницы газеты наравне с предложениями путевок в дома отдыха и санатории.

Откуда такое внезапное изобилие рекламы? Если следовать «мобилизационной» интерпретации, можно предположить: несмотря на очевидную угрозу войны, режим желал успокоить граждан, внушая им, что нормальная жизнь будет продолжаться и дальше. Но серьезные усилия ТЭУ, направленные на увеличение прибыли от туризма, заставляют видеть за всем этим коммерче-

---

[62] Вечерняя Москва. 1938. 14 мая, 8, 26 июня, 31 июля, 7, 19 марта, 15 ноября.
[63] На суше и на море. 1939. № 5. Задний форзац; Труд. 1941. 21, 28 мая, 17 июня.

Рис. 2.5. Рекламная открытка от Совторгфлота. G. V. Shalimoff, G. B. Shaw. Catalogue of Propaganda-Advertising Postal Cards of the U.S.S.R. 1927–1934. Norfolk: United Postal Stationery Society, 2002. P. 53. Публикуется с разрешения издательства

Рис. 2.6. Полностраничная реклама групповых туров от ТЭУ. «На суше и на море». 1939. № 5, оборот задней стороны обложки. Информационный текст преобладает над небольшим изображением

скую подоплеку. В 1930-е годы организациям, отвечавшим за туризм, стало ясно, что реклама необходима для полноценного использования имевшейся у них инфраструктуры в разгар отпускного сезона. Страх перед надвигающейся войной мог привести к спаду продаж летних путевок; дома отдыха и турбазы остались бы летом 1941 года без надежного источника дохода. Эти объявления, размещаемые собственниками досуговых объектов (например, Союзом советских торговых служащих), отражают намерение повысить спрос на отдых в соответствующих местах, а не стремление пропагандировать приятное отпускное времяпровождение как таковое. Авторитарный советский режим высказывался при помощи нескольких голосов: в централизованной плановой экономике имелось множество ниш, где ведомства могли упражняться в предпринимательстве.

Две стороны «пролетарского туризма»

Существовала основная разделительная линия, делившая надвое все туристическое движение — тех, кто занимался этими вопросами в Наркомпросе, комсомоле, ОПТЭ и т. д. «Пуристы» полагали, что советский туризм должен быть массовым движением с миллионами членов, подчеркивая, что его физкультурные, деятельные аспекты важнее любования видами и осмотра достопримечательностей. По их мнению, испытания и упорный труд вознаграждали туриста намного полнее, чем пассивные поездки в экскурсионном автобусе. Коммерческие и управленческие соображения с презрением отвергались: туризм — массовое движение — виделся самодостаточным, не требующим больших вложений. Необходимые поступления обеспечивались бы за счет взносов миллионов участников, а также выплат из страховых фондов и транспортных дотаций. С их точки зрения, по-настоящему ценный опыт мог дать только самодеятельный туризм, а не групповые туры. Управленцы, заклейменные как чуждый элемент еще во времена «Совтура», продолжили работать и в ОПТЭ, и в руководимом профсоюзами ТЭУ. Они могли заявлять о своей поддержке пролетарского туризма как массового движения, но эти заверения звучали неискренне: их интересовала рентабельность туризма, а не его романтика. Служащие заботились не о росте числа туристов, а о составлении удобных и предсказуемых программ отдыха для тех советских граждан, кто мог позволить себе предлагаемые ими поездки. Советский туризм должен был финансировать сам себя, но не за счет взносов миллионов членов, а за счет предоплаченных групповых туров, и управленцы сосредоточили свое внимание на этой стороне дела, наиболее прибыльной и легче поддающейся контролю. Они серьезно относились к предпочтениям потребителей и уделяли много сил повышению качества услуг и комфортабельности поездок. Работая внутри плановой экономики, эти чиновники признавали важность рыночных соображений и действовали в соответствии с ними. Поставленные перед пролетарским туризмом цели, как они считали, достигались за счет создания комфортабельных и предсказуемых условий.

Хотя «коммерческий» вариант советского туризма стал преобладающим во второй половине 1930-х годов, «пуристы» стремились сохранить кое-что от духа волевого энтузиазма, свойственного пролетарскому туристическому движению на заре его существования. В ответ на растущую бюрократизацию ТЭУ авторы журнала «На суше и на море» предлагали создавать туристские клубы для помощи самодеятельным туристам, интересами которых пренебрегали. Добровольцы-энтузиасты получили бы площадки, где можно было бы обмениваться опытом, давать советы и консультации начинающим велосипедистам, альпинистам, байдарочникам, любителям пеших походов. Таким образом, клубы стали бы центрами сбора туристов — функция, которую до 1936 года теоретически выполняли ячейки ОПТЭ. Первый из них открылся в Ростове-на-Дону (1938), но из-за неумелого руководства и нежелания ТЭУ предоставлять средства он, как и другие подобные клубы, навсегда закрылся с началом войны[64]. «Пуристы» также провозглашали превосходство добровольных инструкторов

---

[64] На суше и на море. 1936. № 9. С. 2; № 11. С. 2; 1937. № 1. С. 6; № 2. С. 29; № 5. С. 4; № 6. С. 26; 1938. № 1. С. 2; 1941. № 1. С. 2.

над профессионалами на ставке, работавшими на турбазах и в лагерях ТЭУ. Только сами туристы, а не бюрократы, писали они, могут вдохновить других на присоединение к массовому движению. Только армия добровольных инструкторов способна обучить миллионы туристов, которых движение надеялось привлечь[65].

Энтузиасты также подчеркивали важность местного туризма, экономичной альтернативы более популярным групповым турам. Туристские клубы и добровольные инструкторы могли организовывать загородные походы по праздникам и выходным, готовить туристов к длительным путешествиям и приобщать начинающих к радостям вылазок на природу. Так, «На суше и на море», регулярно публиковавший ответы на вопросы читателей, приветствовал намерение одного ленинградца отправиться в поход на байдарках по Северу, но советовал начать с однодневных путешествий неподалеку от дома, чтобы приобрести нужные навыки. ТЭУ мало что делало для популяризации этого вида туризма, самого доступного из всех, жаловались активисты, хотя и обязано было вести такую работу со дня своего возникновения. Местные походы становились делом самих туристов — например, «длинноногих» из московского отделения ТЭУ, прозванных так за еженедельные переходы протяженностью в 40 километров. К 1940 году они стали лидерами среди многочисленных туристских групп столицы. «Для нас, московских туристов, походы по Подмосковью — отличная школа выносливости и спортивного ориентирования, расширяющая наш кругозор и помогающая нам стать образованными, культурными людьми». Туристов ждал целый мир в окрестностях их собственного города[66].

---

[65] На суше и на море. 1934. № 8. С. 3; № 16. С. 4; 1935. № 15. С. 7 (с восхвалениями в адрес Покровского, энтузиаста водного туризма, который ежедневно уделял туристической деятельности 3–4 часа, не получая никакого вознаграждения); 1940. № 11. С. 4.

[66] В рубрике «Уголок туриста» (газета «Вечерняя Москва») регулярно помещались объявления о субботних и воскресных пеших походах в Подмосковье, организовывавшихся с 1929 года Обществом пролетарского туризма, «Совтуром» и Обществом изучения Московской области: На суше и на море. 1930. № 1. С. 15; 1934. № 13. С. 4; № 11. С. 3–4; № 17. С. 4; 1936. № 7. С. 23; 1940. № 4. С. 15; 1937. № 1. С. 2; 1938. № 4. С. 2; 1940. № 8. С. 4–5 (цитата).

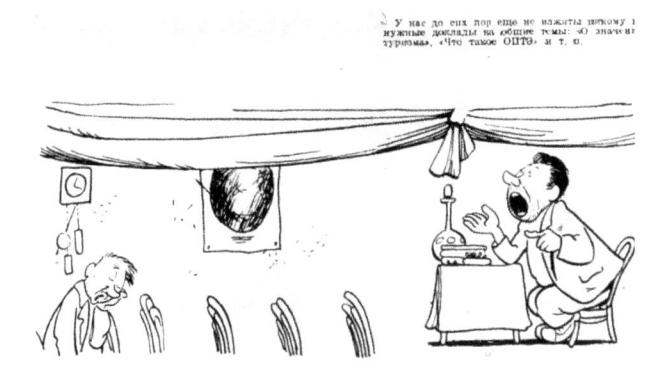

Рис. 2.7. И где же здесь туризм? «Мы еще не упразднили эти совершенно ненужные отчеты на общие темы, такие как "О значении туризма" и "Что такое ОПТЭ" и т. д.». На суше и на море. 1935. № 9. С. 14

Рис. 2.8. И где же здесь туризм? «Путеводители многих отделений ОПТЭ попадают в руки "любителей пляжного отдыха", занимающих не только пляж, но и турбазы ОПТЭ. Для истинных туристов часто "нет места"». На суше и на море. 1935. № 9. С. 14

Энтузиасты пролетарского туризма — те, кто ратовал за превращение туризма в массовое движение, — на протяжении 1930-х годов оказались в меньшинстве. Образ советского туризма в глазах общественности теперь ассоциировался с пальмами, горными вершинами, морским побережьем (с романтичным закатом или без него). В 1935 году журнал «На суше и на море» поместил серию карикатур на местных активистов, каждая несла подпись: «И где же здесь туризм?» Объявление в парке говорило о том, что здесь проходит туристский слет — на самом же деле некий чиновник читал речь о пользе туризма, аудитория состояла из одного заснувшего человека. Как выяснялось из следующей карикатуры, все «туристы» были на пляже[67].

К концу 1930-х годов советская туристическая отрасль так и не смогла предложить привлекательного продукта, формулу «туризм — лучший вид отдыха» взяли на вооружение лишь немногие энтузиасты. Условий для комфортабельных туристических поездок не существовало, или они были доступны лишь немногим — таковы, например, персонажи кинокартины «Однажды летом», снятой по сценарию Ильи Ильфа и Евгения Петрова (1936)[68]. Два начинающих автолюбителя, живущие в небольшом городке у подножия живописных Кавказских гор, с завистью смотрят на проносящийся мимо открытый автомобиль и начинают спорить о том, какая это марка — «линкольн» или «мерседес»: свидетельство дефицита туристического транспорта отечественного производства. Наехав на выбоину, автомобиль теряет шину, и приятели криками пытаются предупредить туристов об этом. Но те не обращают на них внимания, и шину забирают автолюбители — для автомобиля, который строят сами. Фильм создает запоминающийся образ туриста в массовой культуре: подвижный (что вызывает восхищение), но занимающий привилегированное положение и чуждый для простых людей. Тем не менее часть советских граждан, хотя и незначительная, активно занималась туризмом в 1930-е годы, считая его лучшим видом отдыха — даже если относительно разновидностей туризма и необходимого уровня комфорта существовали разногласия. В следующей главе рассматриваются плюсы и минусы советского туризма для его непосредственных участников.

---

[67] На суше и на море. 1935. № 9. С. 14.
[68] Однажды летом. Реж. Ханан Шмайн и Игорь Ильинский, сценарий Ильи Ильфа и Евгения Петрова. Украинфильм, 1936.

Глава третья
«Пролетарский» туризм в 1930-е годы

Поиски «достойной жизни» в пути

Отношение социализма к «достойной жизни» является одной из главных проблем в изучении истории Советского Союза. Программа ускоренной индустриализации, принятая в 1928 году (первый пятилетний план), была нацелена на создание экономики изобилия, но как выглядела конечная цель? Разумеется, специалисты по планированию руководствовались прежде всего оборонными соображениями, но также идеей о том, что именно социализм, а не капитализм, позволит бедной стране наподобие СССР догнать Запад и приобщиться к «достойной жизни», которую ведет буржуазия при капитализме. «Достойная жизнь» подразумевала в первую очередь материальный комфорт, даже роскошь, и бытовые удобства. Социализм, верили его глашатаи, также может наладить эту комфортную жизнь и сделать ее доступной для всех, а не для избранных. Но «достойная жизнь» в социалистическом и демократическом обществе могла также означать отказ от материальных ценностей и выдвижение на первый план нематериальных, таких как: умственный труд, приобретение нового опыта, искусство, дружба, чувство товарищества. Опыт советских туристов в 1920–30-е годы прямо способствовал наполнению смыслом понятия «советский социализм» и усиливал его способность к созданию альтернативного варианта достойной жизни, выгодно отличавшегося от буржуазного.

Вначале, как уже было отмечено, туризм и отпуск были связаны с содержательным досугом, помогавшим переносить тяготы социалистического производства (ударный труд, социалистическое соревнование). Рационально организованный досуг был необходим настоящим пролетариям больше, чем другим социальным группам, и рабочие, помимо приоритетного доступа к курортам, «ремонтным мастерским для восстановления здоровья трудящихся», должны были получать пользу от активного отдыха — туризма. Активист Г. Бергман предупреждал в 1927 году, что не следует видеть в туризме только занятие для «благородных»: «Думать подобным образом — дурная привычка. В конце концов, мы — хозяева своей судьбы, и пора отказаться от привычного нам рабского самоограничения: "Только благородные могут это делать" или "Что же мы можем сделать?" Неправда! Несмотря на бедность, рабочие могут жить намного лучше, красивее и интереснее» [Бергман 1927а: 52–53]. Как уже говорилось в главе второй, ОПТЭ намеревалось отправить миллионы промышленных рабочих в поездки — речь шла как об организованных, так и самодеятельных путешествиях[1].

Любое путешествие являлось шагом к «достойной жизни», но «пролетарский туризм», в понимании Общества пролетарского туризма и его преемников, позволял вести ее наилучшим образом. Самодеятельные путешествия в составе небольших групп — пешком, на байдарках, велосипедах, лыжах или лошадях — наиболее эффективно развивали качества, необходимые новому советскому человеку. Планирование, подготовка и осуществление путешествия формировали мировоззрение пролетария не в меньшей степени, чем знакомство с новыми местами, людьми и видами. Пролетарский турист, «сын рабочего класса», совершал поездки «не для того, чтобы "уйти от людей, дать душе отдохнуть и временно забыться от обыденных занятий", а для того, чтобы закалять свою волю, учиться подчинять ее интересам коллекти-

---

[1] РГАСПИ. Ф. М-1. Оп. 4. Д. 38 (Секретариат комсомола, 29 марта 1929). Л. 184; Бюллетень Центрального совета и Московского областного совета Общества пролетарского туризма. 1930. № 2–3. С. 24; Турист-активист. 1931. № 8. С. 41.

ва, набраться новых сил, впечатлений и, вернувшись в свой рабочий коллектив, быть способным отдать ему гораздо больше сил...» «Пролетарский» турист помогал государству, собирая на научной основе новую информацию о стране, выявляя новые залежи сырья, заполняя пробелы на карте[2]. Взаимность — давать и получать одновременно — отличала «достойную жизнь» при социализме от конкурировавших с ней буржуазных аналогов.

Существовали две разновидности туризма, вызывавшие осуждение как неподходящие для пролетариев. Бродяжничество — скитания с целью приобрести романтическую славу или получить удовольствие — клеймилось в многочисленных официальных публикациях 1920–30-х годов. И все же это явление, как будет показано далее, было широко распространено [Антонов-Саратовский 1930a: 1–2][3]. Также упоминалось о том, что туристы-активисты обличали коммерциализацию организованных групповых поездок. Но, как указывалось в главе второй, этот вид туризма признавался важной составляющей отпускных практик в СССР. Групповые туры стали неотъемлемой частью «советского» туризма — но был ли он в достаточной мере «пролетарским»?

Термин «пролетарский турист» (как, впрочем, и «туризм») имел два значения. Во-первых, это был советский человек, путешествующий по-пролетарски, а не по-буржуазному: так утверждали активисты ОПТЭ и туристического движения. В 1930-е годы идеальный пролетарский турист совершал самодеятельные путешествия и не присоединялся к толпе желающих отправиться в групповой тур. Во-вторых, «пролетарским туристом» мог быть назван любой рабочий или — менее четкое определение, которое стали предпочитать в 1930-е годы, — трудящийся. Туризм, практикуемый лояльным советским гражданином, автоматически мог квалифицироваться как пролетарский. Эта двойственность порождала основную дилемму: должен ли был

---

[2] Турист-активист. 1932. № 8–9. С. 35–36. См. также «На суше и на море» за все время издания (1929–1941).

[3] См. также: Комсомольская правда. 1927. 4 марта; Бюллетень туриста. 1930. № 4–5.

пролетарский турист отправляться в поход непременно в составе небольших самодеятельных групп (пешком, на лодке, на велосипеде) или же таким туристом считался любой советский гражданин, решивший посмотреть и испытать что-то новое?

Эти два направления можно назвать, соответственно, «пролетарским» и «советским» туризмом. «Пролетарский» был вариантом «советского», но не все пролетарии желали путешествовать «по-пролетарски» или путешествовать вообще. Кроме того, не все они были промышленными рабочими. В данной главе будет показано, что ждало туристов, отправлявшихся в самостоятельные путешествия и участвовавших в групповых турах, и рассмотрено, как в 1930-е годы сторонники «пролетарского» и «советского» туризма боролись за культурную гегемонию и преимущественное право получения средств. К концу 1930-х годов «советский» туризм в основном одержал верх над «пролетарским», комфортный отдых — над содержательным, но ценностям, ассоциировавшимся с «пролетарским» туризмом, — таким, как здоровье, независимость, самодостаточность, приобретение знаний, — по-прежнему придавалось большое идеологическое значение: пролетарский турист считался лучшим образцом советского гражданина.

Истинно пролетарский: самодеятельный турист

Уже говорилось о том, что активисты с самого начала превозносили «пролетарский» туризм как лучший вид отдыха, приносивший пользу государству (накопление знаний, добрые дела). Он представлял собой рациональный подход к проведению отпуска: тело трудящегося находилось в идеальных условиях, позволявших вновь обрести утраченную энергию, и кроме того — немаловажное обстоятельство — такие путешествия были увлекательными. Содержательность и удовольствие соревновались между собой: что из них двоих станет важнейшим фактором вовлечения советских граждан в туризм? «Пролетарские» туристы выполняли серьезные задачи во время летнего отдыха.

Овладение научными знаниями было важной рациональной мотивацией, способствовавшей расширению туристического движения: предполагалось, что каждая группа во время похода будет исследовать местные природные ресурсы, многие из них получали задания по сбору образцов от музеев и лабораторий. В «Туристе-активисте» заявлялось, что в 1932 году 10 000 туристов занимались поиском полезных ископаемых, содействуя выполнению второго пятилетнего плана[4].

Туристы начинали готовиться к отпуску зимой, изучая особенности тех краев, где должны были пролечь их маршруты, и осваивая местные языки. Иначе поход оказался бы пустой тратой времени.

> Мы просто решили ехать, чтобы поинтереснее провести отпуск и посмотреть новые места. Это было нашей ошибкой. <...> Поэтому, добравшись до какого-нибудь населенного места, мы часто не знали, на что здесь нужно обратить внимание, что интереснее посмотреть[5].

Следовало подготовиться к путешествию, пролистать путеводители, спросить советов: предвкушение и новые знания увеличивали получаемое удовольствие. «Когда турист не находится в отпуске, мечты о нем заполняют все время — остальные пятьдесят недель», — пишет социолог О. Лёфгрен [Löfgren 1999: 7][6].

Социалисты занимались не только объяснением мира: цель состояла в том, чтобы изменить его. «Пролетарские» туристы занимались социалистической пропагандой там, где путешествовали. Для нужд социалистического строительства туристам-горожанам следовало проводить часть отпуска в деревне, содействуя коллективизации, повышению грамотности, строительству дорог, проведению радио. Туристы объясняли, как сооружается

---

[4] На суше и на море. 1929. № 9. С. 12; Турист-активист. 1931. № 7. С. 20; 1932. № 11–12; 1933. № 2–3; С. 6; На суше и на море. 1933. № 2–3. С. 6; 1939. № 12. С. 2.

[5] На суше и на море. 1929. № 10. С. 12.

[6] Вспомним Ж.-Д. Урбена: «Недостаточно *просто* видеть. Надо видеть *как следует*» [Urbain 1991: 65].

московское метро и в чем суть процесса над контрреволюционером Троцким; в 1930-е годы они, используя свои познания в политике, также побуждали местных жителей ходить на выборы[7].

Содержательный отпуск подразумевал рациональное использование физических сил и способностей. С медицинской точки зрения туризм уступал отдыху на курорте и даже физкультуре, но его ранние пропагандисты разработали научные принципы, призванные сделать это времяпровождение здоровым и рациональным. Свежий воздух и умеренные физические нагрузки улучшали кровообращение и восстанавливали равновесие в организме. Государственный центральный институт курортологии начал составлять рекомендации для туристов, выбирающих те или иные маршруты и места. Следовало знать, например, что Кавказ — это рассадник малярии, куда нельзя отправляться без хинина. Если турист возвращался более усталым, чем был до отпуска, или больным, ценность путешествия сводилась к нулю. Поэтому, как и пациенты курортов и домов отдыха, туристы нуждались в предварительном врачебном осмотре, но это правило часто нарушалось. Приезд туристов, неспособных к восхождениям, в альпинистские лагеря приводил к разбазариванию государственных ресурсов. В одном из таких лагерей 15 % прибывших отправились назад из-за слабого здоровья, еще 20 % были не в состоянии совершить намеченный поход; дело происходило в 1937 году. Врачи повсеместно выписывали справки эпилептикам и людям без ноги или без руки, признавая их годными для занятий альпинизмом [Сочеванов 1930: 23][8].

Хорошо организованный и рационально совершенный турпоход приносил также удовольствие и удовлетворение. Некоторые активисты признавали, что содержательная сторона порой пере-

---

[7] См. листовки с перечислением этих задач: ГАРФ. Ф. 9520. Оп. 1. Д. 1 (Общество пролетарского туризма. Материалы по туризму. 1930). Л. 96–102; На суше и на море. 1930. № 3. Задний форзац; 1937. № 4. С. 22; 1939. № 12. С. 2.

[8] См. также: На суше и на море. 1931. № 3. С. 20; 1932. № 28–30. С. 24; Турист-активист. 1932. № 11–12. С. 32; На суше и на море. 1935. № 13. С. 6; 1938. № 4. С. 14; 1939. № 4. С. 19.

вешивала все остальное. «Надо прямо сказать, что у нас получалось иногда отсутствие почти всякой разницы между туристской вылазкой и политшколой, между экскурсией и буксирной бригадой». Если туристы обременяли себя слишком большим количеством заданий, брали слишком много брошюр для раздачи, ставили целью приобрести слишком обширные знания, путешествие превращалось в формальность и становилось неинтересным. Председатель Центрального комитета ОПТЭ Ф. К. Траскович, выступая на семинаре для руководителей турбаз, призвал уделять больше внимания радости и бодрости. Карикатура 1934 года «Пешком по Волге» показывает, что при чрезмерном обилии лекций туристу становится скучно. Мы видим названия лекций: «Прошлое Жигулей», «Окрестности Самары», «Процесс подачи воды», в то время как слушающие зевают. Во время переходов юноши и девушки должны были не только собирать образцы растений и знакомиться с жизнью различных народностей, но и петь, устраивать игры, музицировать — одним словом, развлекаться. Немецкие альпинисты, посетившие СССР в 1930 году, были так встревожены при виде некоторых игр, что советовали своим молодым соотечественницам не совершать восхождения в СССР. По их словам, юноши и девушки «заключали брак» на время похода, а затем разводились, что стоило 2 рубля[9]. Турпоход, как и отдых на курорте, предполагал романтические приключения, но в этом случае к ним добавлялись любование видами и физическая активность.

Самодеятельное путешествие в составе группы в наибольшей степени отвечало идеалу «пролетарского» туризма. Будущие участники выбирали маршрут, изучали его, затем начинали создавать группу, пользуясь, таким образом, основным преимуществами туризма, как отмечал в 1934 году М. Шугал («На суше и на море»). Не следует забывать, что суть туризма состоит в «интересном, здоровом отдыхе среди природы, не неподвижном,

---

[9] Турист-активист. 1933. № 2–3. С. 7 (цитата); На суше и на море. 1934. № 8. С. 11 (выступление Ф. К. Трасковича, председателя Центрального совета ОПТЭ); № 16. С. 11; 1930. № 16. С. 2.

Рис. 3.1. Пешком по Волге. «Недопустимо превращать туристские вылазки в скучные формальные мероприятия с обилием лекций... Можно выбрать бодрящие солнечные маршруты, лодочные прогулки, путешествия на больших пароходах... Например, маршрут по Жигулевским горам: "От Самары до Красной Глинки — пешком по Волге"».
Источник: На суше и на море. 1934. № 16. С. 11.

а связанном с передвижением на десятки и сотни километров» [Архангельская 1939: 4][10]. Как и прочие туристы, те, кто совершал самодеятельные групповые походы, знакомились с жизнью местного населения, развивали в себе самодостаточность и самоуважение, укрепляли тело, овладевали навыками, полезными в случае войны, — но этот вид туризма был ближе к идеалу именно потому, что участники похода организовывали и совершали его сами, без чьего-либо контроля. Самодеятельные туристы сами разрабатывали маршруты и могли путешествовать где угодно. Такие туристы — образцовые советские граждане — занимались саморазвитием, создавали для себя мотивацию, добровольно следовали принципам взаимности, дружбы народов, гражданской ответственности.

Дж. Урри рассуждает о «взгляде туриста», который появляется при участии в повседневном, не связанном с туризмом, социальном взаимодействии. Определяющую роль в формировании этого «взгляда» играет различие между повседневной жизнью и уникальным туристическим опытом. Поощряя туристов становиться сознательными путешественниками, которые занимаются саморазвитием, советские организаторы туризма одновременно стремились установить принципы, в соответствии с которыми следовало осмыслять вышеуказанное различие. Туристы должны были научиться быть туристами. «Мы бросаем взгляд на то, с чем сталкиваемся. И этот взгляд определен окружающим нас обществом и так же структурирован, как взгляд врача». Дальше Урри перечисляет разновидности «взгляда туриста»: романтический (человек, «в одиночестве созерцающий природу»), коллективный, когда присутствие большого количества людей придает месту (городу, курорту) статус «туристической достопримечательности». «Взгляд туриста» может быть также историческим — когда есть желание исследовать и понять прошлое — или современным. Он бывает подлинным (осмотр поля Бородинской битвы) и неподлинным

---

[10] См. также: На суше и на море. 1934. № 15. С. 4.

(осмотр Бородинской диорамы). Советскому туризму были свойственны все эти разновидности, но самодеятельный «пролетарский» турист находился в идеальном положении для того, чтобы смотреть одновременно «романтическим» взглядом и «коллективным», определяемым как потребностями общества в целом, так и интересами небольшой группы туристов. Урри продолжает: «Взгляд формируется при помощи знаков, и туризм подразумевает коллекционирование знаков», достойных внимания объектов, сконструированных обществом [Urry 1990: 1, 45–46, 3]. И здесь ОПТЭ могло помочь самодеятельным туристам, предоставляя путеводители, карты, советы опытных инструкторов относительно выбора маршрутов и совершения самого похода. Отдельным группам самодеятельных туристов не приходилось каждый раз с нуля разрабатывать маршруты и формировать «взгляд туриста».

В начале 1920-х годов мало-помалу начали издаваться справочники, из которых начинающий турист мог узнать о значении самодеятельного туризма и его методах. В каждом из них подчеркивались важность личной инициативы, двигательной активности и коллективизма: турист, занимающийся саморазвитием, выбирал для себя подходящий маршрут, составлял план похода, делился опытом с товарищами по группе, делал в ходе путешествия заметки и зарисовки, полезные для будущих туристов [Бергман 1927а, 1927б; Бархаш 1927; Архангельская 1935, 1939, 1947; Мусовский 1937; Котельников 1941][11]. Эти методы и предписания очень напоминали те советы, которые давали немецкие энтузиасты пешеходного туризма, хорошо развитого в этой стране: в начале 1920-х годов там существовало общество социалистического толка «Друзья природы» и другое, более националистическое по своей окраске, — Wandervogel («бродяги») [Scott Moranda 2000; Williams 2007][12]. Здоровье, забота о теле, соблюдение режима — все это входило также в философию немецкого

---

[11] См. также: Турист-активист. 1931. № 9. С. 7; 1932. № 4. С. 25–26.

[12] В одном раннем советском справочнике встречаются и отсылки к французским трудам по психологии пеших походов [Бергман 1927б: 68].

нудизма [Williams 2007: 52]¹³. Самодеятельный туризм, в принципе, предполагал самостоятельность и инициативу, но режим, описывавшийся в справочниках, способствовал его жесткому структурированию. Самостоятельность имела ценность только тогда, когда не противоречила общим предписаниям относительно походов: последние должны были совершаться в безопасных условиях, приносить пользу здоровью и быть продуктивными для общества.

Путешествие начиналось с создания группы — не слишком маленькой и не слишком большой. В одном справочнике указывался ее оптимальный размер — от четырех до шести человек: достаточно крупная, чтобы справиться с возможными опасностями, достаточно небольшая, чтобы все поместились в одной палатке. А главное, участники должны были обладать общими интересами и одинаковым уровнем умений. В идеале, группа набиралась из опытных членов местных туристических кружков, знакомых по совместной работе и внерабочему времяпровождению, которые могли положиться друг на друга, так как в походах нередко происходили неприятные инциденты: «Склоки, взаимное поношение, нелепые ссоры — все это бывает очень часто». Одна активистка советовала не разделять группы по половому признаку, так как женщины ни в чем не уступают мужчинам и их присутствие в составе группы «дисциплинирует» мужчин [Архангельская 1947; Бергман 1927а: 105–106; Архангельская 1935: 14–15].

Группу следовало создать задолго до назначенной даты похода: надо было собрать средства, провести необходимое обучение, сделать другие приготовления. Так, например, восемь московских

---

[13] Воодушевление, которое вызывал нудизм у любителей походов в Германии, похоже, не было импортировано в СССР — разве что в виде подпольных практик. К примеру, выдающиеся математики П. С. Александров и А. Н. Колмогоров, ставшие друзьями на всю жизнь после самодеятельного лодочного путешествия по Волге, совершенного под эгидой ОПТЭ, любили ходить на лыжах (и заниматься математикой) в одних шортах, или даже «в темных очках и белой панаме» — больше на них не было ничего. Особенно заядлым нудистом был Александров, в 1920-х годах живший в Германии [Kolmogorov 2000: 150].

студенток, решивших отправиться на Кавказ, искали любые случайные заработки, чтобы собрать деньги, необходимые для путешествия. Кое-кто брал сверхурочную работу, убирая по вечерам помещения на своем предприятии. Некоторые экономили, отказываясь от курения и других удовольствий; были и те, кто тратил на это премии, полученные за ударный труд. Самофинансирование требовало проявления инициативы и финансовой ответственности. Иногда часть денег давали профкомы предприятий [Пролетарский туризм 1929: 42–43, 27, 28, 37; Архангельская 1935: 31][14].

Во время подготовки выявлялись недостатки и проблемные места. Члены одной группы обнаружили уже в дороге, что один из них отказывается есть вместе с другими. Он взял с собой продукты и готовил их сам, так что остальным было неприятно. Загородные вылазки позволяли определить, кто обладает выносливостью и личными качествами, необходимыми для встречи с различными неожиданностями. В правильно организованной группе каждому отводилась своя роль. Разумеется, назначался руководитель, но успех путешествия часто зависел от завхоза, который доставал оборудование и провизию, наблюдал за укладкой и переноской вещей. Математик Александров, впервые отправляясь в лодочное путешествие (по Волге летом 1929 года), «сразу взялся быть нашим интендантом и еще до отъезда из Москвы начал закупать всяческие деликатесы» — всего в походе участвовали трое. Следовало также выбрать официального фотографа (притом что другие участники могли брать свои фотоаппараты), того, что отвечал за ведение дневника, а также врача [Kolmogorov 2000: 148 (цитата); Архангельская 1947: 32–34][15].

В течение нескольких месяцев или недель перед походом члены группы собирали необходимые документы и съестные припасы. Тем, кто отправлялся в плавание по рекам, советовали заранее уточнить у местных властей расписание пароходов и удостовериться, что их передвижение не будет остановлено

---

[14] См. также: Бюллетень туриста. 1930. № 6. С. 20.

[15] См. также: На суше и на море. 1939. № 3. С. 13.

сплавом леса. Так, например, москвичи, собравшиеся проплыть по Каме, «бегали по сложному лабиринту учреждений в добыче за справками, удостоверениями» [Путешествия по СССР 1938: 20][16]. Каждая самодеятельная группа должна была зарегистрировать свой поход: до 1936 года — в местном отделении ОПТЭ, а потом — в профкоме. Путешествовать по СССР без разрешения в 1930-е годы было возможным, но грозило большими опасностями. В годы первой пятилетки самым важным документом для самодеятельных туристов была заборная книжка, которую получали в отделении ОПТЭ. В начале 1930-х годов туристы брали с собой бо́льшую часть продуктов, но во второй половине десятилетия продовольственный кризис стал менее острым, и, по сообщениям туристов, можно было покупать съестные припасы у местных жителей. Носить провизию с собой теперь требовалось только тем, кто совершал походы в малонаселенные места [Путешествия по СССР 1938: 7, 21, 32, 35–36, 75, 11][17].

Походный режим создавал условия для проявления самодостаточности и самодисциплины. Рациональность турпохода логическим образом отражала рациональность пятилетних планов и социалистической индустрии; даже для отдыха были необходимы правила, как было отмечено выше по тексту, когда шла речь о советских курортах. Членам самодеятельных групп следовало выбирать маршрут исходя из своего опыта и своих навыков. В 1938 году Всесоюзный комитет по делам физической культуры и спорта, основываясь на опыте, накопленном «пролетарскими» туристами, разделил все маршруты для самодеятельных путешествий на три категории сложности. Маршруты третьей категории предназначались для начинающих туристов, проходящих около 15 километров в сутки; мужчины при этом несли до 3 килограммов груза, а женщины — до 1 килограмма. Для выбора маршрута

---

[16] См. также: На суше и на море. 1929. № 10. С. 13 (цитата). «Скептическое отношение окружающих и беготня по московским канцеляриям и "бастионам" были в сто раз труднее, чем переход через Клухорский перевал» [Пролетарский туризм 1929: 44].

[17] См. также: На суше и на море. 1929. № 12. С. 12; Турист-активист. 1932. № 10. С. 14; На суше и на море. 1937. № 5. С. 2; 1939. № 3. С. 14.

первой категории турист должен был иметь трех-четырехлетний опыт походов и иметь возможность пройти 25–30 километров в сутки по умеренно холмистой местности, вес груза составлял 12–16 килограммов для мужчин и 6–8 для женщин. Во время похода туристы придерживались стандартной практики, начиная движение в медленном темпе и постепенно наращивая его. Многие группы, предостерегал журнал «На суше и на море», брали с самого начала слишком энергичный темп, что вызывало усталость уже через несколько дней. Ритм имел определяющее значение: регулярные привалы для принятия пищи, часовой отдых после обеда, отдых продолжительностью в один день после трех-четырех дней пути. Каждый вечер группа разводила костер. Судя по многим рассказам, это были едва ли не самые волнующие моменты похода, сохранявшие свою важность для туристов вплоть до распада СССР [Путешествия по СССР 1938: 204–205; Пролетарский туризм 1929: 18, 48][18].

С точки зрения самодисциплины большое значение имело ведение дневника. На рабочем месте дневник дисциплинировал трудящегося, поощряя размышления о связи между ним и работой [Hellbeck 2006: 45]. Для «пролетарских» туристов дневник помогал структурировать коллективные воспоминания, но, помимо этого, сохранять и передавать социальные знания, полученные в походе. Дневники туристов публиковались в журнале «На суше и на море», начиная с первых выпусков. Эти и другие ранние свидетельства показывают, каким образом туризм дисциплинировал «взгляд туриста» и способствовал раскрепощению участников похода. Туристы вспоминали о грандиозных социалистических стройках, описывали свою усердную социально-политическую работу по окультуриванию местного населения. Они говорили также о неописуемых впечатлениях от пейзажей, бескрайних просторах, замерзших озерах и запутанных лабиринтах пещер, наводивших на мысль о каком-то сказочном царстве. А кроме того, о вещах практического свойства — о надежности

---

[18] См. также: На суше и на море. 1939. № 3. С. 13; 1929. № 12. С. 14; № 1. С. 14; № 12. С. 12; 1930. № 17–18. С. 24; 1934. № 9. С. 3; 1935. № 8. С. 11.

тех или иных элементов снаряжения, о том, как защитить лодку от высокой волны и где найти укрытие в дождливую и штормовую погоду. Ранние свидетельства передают гордость туристов за собственные достижения: «Чувствуем себя настоящими Колумбами, открывающими — пока лишь для себя — неведомые нам "Америки" советского севера». Молодые работницы Московской швейной фабрики сообщали о трудном походе по Кавказу: каждая несла 14 килограммов груза, еду и снаряжение, на 200-километровом пути по горным тропам. В ответ тем, кто сомневался в способности женщин совершать горные походы, они написали: «Пусть смеются, пусть не верят. Мы свою задачу выполнили» [Пролетарский туризм 1929: 45–47][19].

К началу 1930-х годов журнал «На суше и на море» стал публиковать советы относительно того, как наилучшим образом фиксировать приобретенный в походе опыт посредством дневника: по своей важности записи теперь не уступали действиям. Каждый дневник группы, дополненный дневниками ее участников и снимками, становился источником сведений для туристов, которые вознамерились бы пройти по такому же маршруту. Поэтому следовало записывать все подробности путешествия, особенно в тех случаях, когда карты оказывались неверными или неполными. Надо было избегать книжных оборотов, свойственных старой интеллигенции, а пользоваться языком «трудящегося класса», не допускать снисходительности, сентиментальности и всяческих клише[20]. Указания стали еще более жесткими, когда в 1934 году туристов призвали писать отчеты, чтобы собрать их в справочник для групп самодеятельных туристов. «На суше и на море» поместил образец отчета. В идеале, он содержал основную информацию о маршруте: особенности ландшафта, флору и фауну, исторические сведения, приметы социализма; длину маршрута и средства передвижения; трудности, встречающиеся на

---

[19] См. также: На суше и на море. 1929. № 1. С. 13–14.

[20] См. также: На суше и на море. 1930. № 21. С. 2; № 7. С. 20. О надлежащей форме пролетарского языка, которая перекликается с этими указаниями, см. [Gorham 2003].

пути; наконец, практические советы — какое снаряжение брать, где доставать продовольствие и транспортные средства[21].

Правила ведения дневника были призваны сделать знания, накопленные по отдельности каждым туристом и группой, частью массива знаний, принадлежащего огромному коллективу пролетарских туристов. Но реальные сообщения туристов отклонялись от предписанных образцов. Помимо передачи фактов, они прославляли независимость человека, пустившегося в путь. В письмах, посланных в Бауманский районный совет ОПТЭ, можно выделить два ключевых элемента: добрые дела (которые предусматривались в указаниях) и приключения (которые не предусматривались). Два будущих учителя описывали поход по уральским рекам и лесам летом 1932 года: у группы из шести человек имелись винтовки (пять штук) и месячный запас продовольствия. Авторы повествования, подрядившиеся доставить шкурки животных для Биологического музея в Москве, уделили особое внимание опасностям похода и своим способностям справляться с непредвиденными ситуациями. Несколько молодых рабочих с текстильной фабрики решили в отпуске совершить гребной поход по Волге. В течение многих дней ОПТЭ откладывало поездку, подвергая их медицинским обследованиям и заставляя сдавать нормативы по плаванию; в конце концов, они купили лодку у рыбака, и лишь тогда началось их «замечательное и успешное» путешествие [Пролетарский туризм 1929: 22, 78–80][22]. В беллетризованном рассказе о походе по Кавказу говорилось, как обычно, о трудностях преодоления перевалов, но также о встрече с Сейпулом, бывшим разбойником: авторы писали об ощущении опасности, которое вызвали у них зловещие крики в ночи, и о том, как они

---

[21] См. также: На суше и на море. 1934. № 16. С. 10. Отчеты были собраны еще в 1935 году, но из-за финансовых и организационных трудностей, которые испытывало ОПТЭ, книга «Путешествия по СССР» вышла лишь в 1938 году. Это был сборник с информацией по 31 маршруту, как и предусматривалось в статье «На суше и на море» 1934 года.

[22] См. также: Турист-активист. 1932. № 10. С. 14–15. И напротив, А. Н. Колмогоров утверждает, что арендовал лодку у ОПТЭ в Ярославле в 1929 году и без проблем вернул ее в самарское отделение общества [Kolmogorov 2000: 147–149].

сидели у костра с разбойником, оставившим свое ремесло. Неопытные туристы, отправившиеся на кавказское озеро Рица, вспоминали об утомительных спусках при луне и о восхищении при виде «райского уголка» в горах, полного водопадов и горячих источников. То была повесть о преодолении трудностей и уверенности в своих силах, хотя туристы, как положено, сообщили, что просветили местных жителей относительно положения в мире [Пролетарский туризм 1929: 86–89][23].

Естественные и рукотворные препятствия ставили перед туристами задачи, решение которых показывало, в какой мере они обладают качествами стремящегося к самореализации советского гражданина. Описания встреч с трудностями должны были помочь будущим путешественникам, но кроме того, туристы приветствовали возможность столкнуться с тяготами и опасностями: это выделяло их на фоне тех, кто проводил отпуск дома, и тех, кто участвовал в беспроблемных групповых поездках. Настоящим бичом туристов были комары: «самый страшный зверь на Урале — это комары». Одна группа сообщала, что они рассыпали соль вокруг палатки, «чтобы змеи не заползли», но соль привлекла коров, атаковавших лагерь. Всегдашним спутником туристов была плохая погода, которая особенно досаждала путешественникам на воде — ветер и высокие волны могли перевернуть лодку. Об опасностях, исходивших от людей, обычно не упоминалось, однако в одном рассказе (1929) говорится о волжских пиратах, нападавших на медленно двигавшиеся плоты охотников и туристов [Пролетарский туризм 1929: 74, 107, 112][24]. Чаще всего, однако, упоминались препятствия, порождаемые равнодушием руководителей турбаз: самодеятельных туристов размещали не в стационарных зданиях, а в палатках, отказываясь вдобавок принимать их продуктовые карточки. В 1934 году груп-

---

[23] См. также: ГАРФ. Ф. 9520. Оп. 1. Д. 5 (экспедиция Красная Поляна — Гагры, 1934). Л. 10–46.

[24] См. также: На суше и на море. 1929. № 1. С. 12, 14; № 4. С. 10; 1930. № 10. С. 3; 1930. № 13. С. 4; 1929. № 12. С. 12; 1935. № 10. С. 6; 1935. № 20. С. 14; 1929. № 8. С. 10.

пу велотуристов встретил холодный прием на новороссийской турбазе: служащий, который регистрировал новоприбывших, принял их за местную молодежь, решившую повеселиться за городом. Туристы все-таки убедили его, что они — велосипедисты, предпочитающие легкую одежду громоздкому туристскому снаряжению и поэтому выглядящие как местные[25].

Подлинно неудачные походы служили предостережением плохо подготовленным туристам, напоминая о необходимости дисциплины. Один ученый, совершая одиночное путешествие по кавказскому леднику, не прислушался к совету опытного альпиниста и попал под лавину. К счастью, он уцелел, но отморозил себе обе ноги и только через шесть дней сумел с трудом добраться до караулки, откуда в тяжелом состоянии был отправлен в больницу.

Плохая организация групп и непродуманные тренировки приводили к трениям во время похода. Существует рассказ активиста, ставшего на Кавказе свидетелем ссоры по поводу того, кто должен нести небольшой мешок со снаряжением. Некоторые утверждали, что и так несут больше положенного, и в конце концов группа распалась: одни вернулись домой, другие продолжили идти в Грузию. Несколько студентов из Белоруссии в последнюю минуту приняли решение поучаствовать в «индустриальной экскурсии» по Кавказу, не представляя, с чем столкнутся: в Грозном им показали столько предприятий за один день, что они ничего не усвоили и ничего не запомнили. И в этом случае группа развалилась из-за споров: усталость и недовольство плохой организацией привели к тому, что участники стали препираться по каждому поводу. «Никто не должен следовать нашему примеру»[26]. Пролетарский туризм требовал дисциплины, качественных тренировок и хорошей подготовки.

---

[25] На суше и на море. 1930. № 17–18. Задний форзац; 1930. № 21. С. 16; 1931. № 26. С. 8; Турист-активист. 1931. № 12. С. 44; На суше и на море. 1932. № 9. С. 15; Турист-активист. 1932. № 8–9. С. 21; На суше и на море. 1932. № 28–30. С. 31; Турист-активист. 1933. № 1. С. 28; На суше и на море. 1933. № 17. С. 13; 1934. № 17. С. 16; Труд. 1936. 4 июня; На суше и на море. 1934. № 11. С. 4.

[26] На суше и на море. 1929. № 11. Передний форзац; 1930. № 11. С. 16; Турист-активист. 1931. № 10–11. С. 47 (цитата).

Иногда поход становился неудачным из-за того, что туристы отказывались подчиняться руководителю группы, иногда — из-за того, что они самонадеянно считали себя знатоками горных путешествий. Один начинающий руководитель велел совсем неопытным членам группы купить овцу на обед; те сбились с пути, свалились в ущелье и провели ночь на высоте 3000 метров без теплой одежды. Позднее участники похода решили продолжать его без проводника, но вьючный ишак поскользнулся на опасной, размытой дождем тропе и упал в пропасть; запасная одежда и продовольствие пропали вместе с ним. Похожую историю о своем первом восхождении рассказывала опытная альпинистка, надеясь, что это послужит уроком для других. Вместе с тремя товарищами она отделилась от группы во главе с проводником, чтобы пройти по более интересной дороге. Не рассчитав время, все четверо долго шли по горам и, когда попытались предпринять опасный спуск по скользким тропам, едва не упали в ущелье. Ночью они развели костер и разделили остатки провизии — один огурец и четыре куска сахара. Спасенные наутро альпинисты усвоили, как важно заранее все изучить и подготовить, чтобы поход оказался успешным и безопасным[27].

Тонкое различие между достоинствами пролетарского туризма, прежде всего саморазвитием, и неистовым непролетарским индивидуализмом проявилось в шумной кампании против бродяжничества, о которой говорилось выше. Сотни, если не тысячи советских граждан, откликаясь на зов далей и желая познакомиться с обширной страной, самостоятельно предпринимали долгие путешествия. В газетах появлялись одобрительные статьи о них, под заголовками вроде такого: «3000 километров пешком». Эти «турбродяги» проводили в дороге месяцы и даже годы, зарабатывая деньги лекциями о туризме или обращаясь за вспомоществованием к местным советам. Массовые вечерние газеты — например, «Вечерняя Москва» — предоставляли свои страницы этим странникам, охочим до рекламы, но активисты пролетарского туризма считали, что их приключения грозят опасностью. В фев-

---

[27] На суше и на море. 1933. № 14. С. 9; 1935. № 5. С. 5–6.

рале 1930 года, в разгар борьбы государства с «мелкобуржуазным» крестьянством, журнал «На суше и на море» обличал бродяжничество как мелкобуржуазную практику. Это напоминало презрение, с которым на Западе относились к бродягам из числа рабочих, отправлявшимся в «Гран-тур для простонародья». Бродяжничество приобрело опасную популярность у нежелательных элементов — контрреволюционеров, лишенцев, преступников, шпионов и авантюристов, — а затем и у честных, но заблуждающихся представителей рабочей и студенческой молодежи. Активисты критиковали таких бродяг за бесцельные скитания, несвойственные самодеятельным тургруппам: «Бесцельный туризм — это путь к бродяжничеству, к разложению», отмечалось в журнале «Физкультура и спорт» (1928). Бродягу отличало именно длительное нахождение в пути. Настоящему пролетарию, чтобы достичь целей, которые он ставил перед собой, хватало обычного отпуска. «"Бродить" в отпуске не значит бродяжничать. Но отказаться от всего — производства, учебы, борьбы и работы "на три года" — это недопустимо», — писал Бергман [Антонов-Саратовский 1930а: 1–2; Бергман 1927б: 200][28].

Пик кампании против бродяжничества пришелся на 1930 год, когда вовсю шла культурная революция, но последствия ощущались в течение всего десятилетия. Журнал «На суше и на море» в 1936 году призывал местные туристические общества разоблачать «кругосветчиков», занимавшихся бродяжничеством под видом социалистического туризма. По иронии судьбы, кампания, похоже, затронула и самодеятельных туристов как таковых: «Граждан же, шатающихся от базы к базе, подчас без всякого плана, идущих только от одной "красивости" к другой, мы туристами не считаем и относим к случайным посетителям наших баз». Проще было отказывать им в обслуживании, чем разбираться, кто турист, а кто бродяга. ОПТЭ напоминало поэтому руководителям турбаз, что они обязаны принимать все самодея-

---

[28] См. также: На суше и на море. 1929. № 10. С. 15; 1930. № 4. С. 1; Вечерняя Москва. 1930. 24 апреля; На суше и на море. 1936. № 4. С. 31; Физкультура и спорт. 1928. 5 мая.

тельные группы, заранее спланировавшие поездку, имевшие при себе необходимые документы и проводившие социально-политическую работу. Еще одним шагом ОПТЭ, направленным на поощрение самодеятельных туристов и искоренение бродяжничества, стало предоставление оборудования только официально зарегистрированным группам[29].

Такой феномен, как «рекордсменство», тоже произошел из туристской практики. Сосредоточенный на рекордах — столько-то дней в седле, столько-то километров, пройденных за день, — турист уделял меньше внимания пристальному и осознанному наблюдению за окружающей действительностью. «Нелепо ассоциировать путешествия с попытками установить рекорды. Гонки на маршруте исключают возможность выполнить основную задачу туриста — наблюдать за местностью, природой и жизнью местного населения», — писала в 1928 году «Комсомольская правда». Гонка за километрами, желание собрать «коллекцию» горных пиков или перевалов в максимально сжатые сроки привели в 1932 году к всплеску несчастных случаев, в том числе с человеческими жертвами[30].

Самодеятельный туризм считался самой «пролетарской» разновидностью советского туризма, и поэтому авторы «На суше и на море» на протяжении 1930-х годов уделяли ему больше всего внимания. В то же время активисты жаловались, что находятся на положении бедных родственников по сравнению с участниками групповых туров [Первый всесоюзный съезд ОПТЭ 1933: 26][31]. Официальная статистика за этот период крайне ненадежна: туристические организации преувеличивали число участвовавших в походах, включая в него тех, кто занимался туризмом по выходным и присоединялся к местным экскурсиям. Как указывалось в главе второй, в 1933 году ОПТЭ учло

---

[29] На суше и на море. 1936. № 4. С. 31; 1931. № 13. С. 4; 1934. № 5. С. 12.

[30] На суше и на море. 1930. № 7. С. 1; Турист-активист. 1932. № 3. С. 7; Комсомольская правда. 1928. 7 июля; Турист-активист. 1933. № 1. С. 7.

[31] См. также: Турист-активист. 1932. № 8–9. С. 21–22; На суше и на море. 1936. № 12. С. 4.

33 900 туристов, путешествовавших по всесоюзным маршрутам, в 1934-м — 69 980, в 1935-м — 83 680. «Зарегистрированных самодеятельных туристов», судя по опубликованным данным, в 1933 году насчитывалось 52 700, в 1934-м — 82 900, в 1935-м — 127 500[32]. Это показывает, что самодеятельный туризм был более популярным и «массовым», чем групповые туры. Неопубликованная статистика от ОПТЭ свидетельствует о том, что самодеятельных туристов было намного меньше: за 1934 год походы совершили 26 690 человек (а не 83 000, как указывалось официально), а план на 1935 год устанавливал их число в 38 000[33]. ОПТЭ не смогло увлечь этим видом досуга миллионы пролетариев, как предполагалось изначально, но созданный им механизм постановки целей был задействован при выработке норм для отпуска в течение 1930-х годов. Как будет показано в главе шестой, представители нового класса городских интеллектуалов в 1960-е годы с воодушевлением практиковали именно этот вид туризма, и его дух по сей день сохраняют многочисленные туристские клубы, члены которых размещают в интернете свои дневники и фотографии.

«По избитым путям»: путь наименьшего сопротивления

Несмотря на предпочтение, которое отдавалось небольшим группам самодеятельных туристов, большинство советских туристов познавали прелести отпуска, проведенного в пути, благодаря групповым турам. Активисты относились к ним с презрением — участники таких путешествий, как они считали, из-за отсутствия воображения и смелости следовали «по избитым путям», выбирая хорошо известные направления: Крым, Кавказ, Волга. Начинающий турист мог познакомиться с Кавказом во

---

[32] ГАРФ. Ф. 9520. Оп. 1. Д. 8 (материалы центрального аппарата ТЭУ, 1937). Л. 56; На суше и на море. 1937. № 2. С. 29.

[33] ЦГА СПб. Ф. 4410. Оп. 1. Д. 1078 (президиум ОПТЭ, январь — декабрь 1934). Л. 27. Плановая цифра в 38 000 человек упоминается также в журнале «На суше и на море». 1935. № 1. С. 4.

время группового тура, не заботясь о питании, проживании, транспорте, проводниках и инструктаже, однако «подлинные туристы» с гневом отвергали такое «зависимое» положение. Групповые туры порождали стереотипный образ "туристов" с желтыми чемоданами», как в фильме «Однажды летом»: они обсуждают живописные изгибы Военно-Грузинской дороги, рядом с ними — маленькие, противные собачонки. Апологеты «подлинного туризма», пропагандируя самодеятельные путешествия как наиболее подходящую разновидность «пролетарского» туризма, называли эту дорогу «Петровкой», по аналогии с улицей в Москве, где «много модных магазинов, кондитерских и т. п.»[34].

В научных трудах по туризму часто проводится различие между «Робинзонами Крузо» — «подлинными» туристами-одиночками и «Филеасами Фоггами», бездумно следующими моде [Urbain 1991: 1–8][35]. Дискуссии на эту тему, как указывают социологи, идут и среди самих туристов. В результате возникает следующий феномен: «турист, ненавидящий себе подобных». Д. Маккеннел говорит о «выраженном недовольстве, граничащем с ненавистью, по отношению к другим туристам, так что один человек набрасывается на другого, следуя формуле: "Я — турист, ты — нет"». Маккеннел отвергает эту формулу, считая, что и «Робинзоны Крузо», и «Филеасы Фогги» заслуживают называться туристами. Каждый турист стремится осмыслить разнообразие общества, каждый, отправляясь куда-нибудь, хочет увидеть не только фасад, но и задворки. Со временем, утверждает Маккеннел, туристы приобретают уверенность в том, что они способны воспринять чужой опыт [MacCannell 1999: 13, 94, 102–103, 106–107]. По его мнению, путешествие с группой — не менее аутентичная форма туризма, чем познание мира в одиночку: важно познание само по себе, а не то, при помощи каких средств оно происходит.

---

[34] На суше и на море. 1929. № 1. С. 12; Вечерняя Москва. 1930. 30 августа; На суше и на море. 1939. № 3. С. 13; 1937. № 4. С. 2; 1929. № 9. С. 8.

[35] Д. Бурстин в известном высказывании обличает современный туризм как нечто ненастоящее, как «псевдособытия» [Boorstin 1992]. Дж. Бьюзард рассматривает эту тему через призму литературы [Buzard 1988].

Критики «Совтура» и групповых экскурсий от ОПТЭ разделяли предубежденность, которую стремился рассеять Маккеннел, и навешивали на групповые путешествия ярлыки — «неподлинные», «коммерческие», «путь наименьшего сопротивления»[36]. В итоге сохранилось очень мало материалов о характере и масштабе этой, наиболее распространенной, разновидности советского туризма. И все же имеющиеся у нас источники позволяют выяснить, каким образом эти туры воплощали советские ценности, современные и наряду с этим — социалистические.

Известно, что надежды на миллионы туристов не оправдались и рост числа тех, кто пользовался заданными маршрутами, был скромным: 25 000 человек в 1930 году, около 84 000 — в 1936-м. Но именно на обслуживание этих маршрутов уходила львиная доля ресурсов, имевшихся в распоряжении туристических организаций, таких как продовольствие, свободные места на турбазах, транспортные средства, рабочее время служащих ОПТЭ, а позже — ТЭУ, прикладывавших свои усилия к управлению турпотоком и услугами а рамках организованного туризма[37]. У «Совтура» в 1929 году имелось 29 направлений, длительность поездок составляла от 10 до 40 дней, а в 1930-м (накануне слияние с ОПТЭ) — уже 77 направлений. К 1933 году ОПТЭ разработало 106 всесоюзных экскурсионных маршрутов, но многие из них оказались непривлекательными для туристов. Этот год оказался провальным для ОПТЭ, и в 1934 году число маршрутов уменьшилось до 31 — примерно столько же, сколько в 1929-м году. ОПТЭ постепенно совершенствовало и корректировало свои предложения, и в 1936 году, когда туризм передали в ведение профсоюзов, существовало уже 50 маршрутов для начинающих туристов. В 1938 году профсоюзы впервые опубликовали справочник по маршрутам, которых в то время насчитывалось 64.

---

[36] На суше и на море. 1937. № 12. С. 6; № 7. С. 15; 1938. № 3. С. 6.

[37] См. главу вторую. По всей видимости, 38 000 человек отправились в групповые поездки в 1932 году: ЦГА СПб. Ф. 4410. Оп. 1. Д. 398 (президиум ОПТЭ, 1932). Л. 8; Д. 19–20 (временная комиссия ОПТЭ, 1930); На суше и на море. 1932. № 7. С. 6 (отчеты об экскурсионной деятельности, запланированной в 1931 году).

Продолжительность поездок варьировалась от пяти (Москва, Ленинград) до 23 дней (автомобильно-пешеходная экскурсия по Военно-Осетинской дороге) [Маршруты экскурсий 1929; Маршруты экскурсий лето 1930; Путешествия по СССР 1938: 206–212][38].

Групповые поездки, предлагавшиеся «Совтуром» и ОПТЭ, делились на три категории. «Краеведческие» были призваны знакомить путешественников с географией, флорой и фауной незнакомых им мест, а также с жизнью и бытом их обитателей. «Индустриальные» позволяли понаблюдать за производственным процессом на новопостроенных заводах и фабриках. «Сельскохозяйственные» имели целью показать достижения колхозов. Последние совершенно не пользовались популярностью: в 1932 году лишь 980 туристов предпочли отправиться в колхозы — 14 % от планового показателя. В том же году «индустриальные» маршруты выбрали 9000 туристов (73 % от планового показателя), а «краеведческие» — 27 000 (108 %). К 1934 году, когда ОПТЭ выпустило свою первую брошюру — «Куда поехать летом», — «индустриальные» и «сельскохозяйственные» маршруты почти перестали рекламироваться[39]. Советские туристы, так же как немецкие и американские, хотели увидеть что-то отличное от мест своего обитания, посмотреть на незнакомые пейзажи, познакомиться с достопримечательностями страны, независимо от того, где те находились, в городе или в сельской местности. «Индустриальные» маршруты были, вероятно, слишком специализированными или демонстрировали слишком знакомую людям действительность — и поэтому оказывались непривлекательными. Поэтому упор сделали на «краеведческих» маршрутах, дававших широкую панораму природных и культурных достопримечательностей той или иной местности и порой включавших посещение завода, образцового колхоза или одной из строек социализма.

---

[38] См. также: На суше и на море. 1933. № 12. С. 4; 1934. № 4. С. 13; № 9. С. 2; 1936. № 4. С. 30; Труд. 1936. 21 марта.

[39] ЦГА СПб. Ф. 4410. Оп. 1. Д. 398. Л. 8; На суше и на море. 1934. № 4. С. 13; Вечерняя Москва. 1934. 26 мая.

Тот, кто решил оправиться в одну из этих поездок, мог присоединиться к группе, организованной по инициативе профсоюза, образовательного учреждения или предприятия. Можно было также обратиться, лично или письмом, в одну из контор «Совтура», а позднее — ОПТЭ. В 1930-х годах большинство участников групповых путешествий принадлежали к одной из двух групп. Одни проявляли активность и покупали путевку за свои деньги в конторе ОПТЭ или ТЭУ, другие получали ее от профкома или руководства предприятия, часто в качестве награды за безупречную работу. Профсоюзы получали путевки в большом количестве, вместе с билетами, в дома отдыха и санатории, а затем передавали их предприятиям. Порой руководство наделяло ими «достойных» сотрудников, не думая о том, что путешествие придется совершать в суровых условиях и это может нанести вред здоровью награжденного рабочего [Правила приобретения путевок 1938][40].

Обладатель путевки оказывался участником группы из 25–30 человек, отправляющейся по определенному маршруту. Организаторы туров обычно включали в нее туристов-индивидуалов и группы меньшего размера. Путешествие начиналось на первой базе, входившей в маршрут, а иногда — в Москве. Организатор встречался с членами группы накануне поездки, давал указания и распределял обязанности, как и в случае с самодеятельными группами. «Совтур» и ОПТЭ помогали также добраться до начальной точки маршрута, так как самостоятельная поездка по железной дороге могла вызвать сложности. При этом билет на поезд не входил в стоимость путевки [Маршруты экскурсий лето 1930][41].

Стоимость путевки зависела от направления и средств передвижения. В 1929 году 12-дневный круиз по Волге стоил от 64 до 70 рублей, в зависимости от класса каюты: наименее обеспеченному туристу она стоила, таким образом, 5 рублей и 30 копеек в день; 14-дневный пеший поход по Военно-Осетинской дороге обходился в сумму от 51 до 58 рублей (которая, опять же, зависела от дохода) —

---

[40] См. также: Труд. 1936. 21 марта, 6 мая, 16 декабря; На суше и на море. 1938. № 4. С. 14; 1939. № 7. С. 14.

[41] Хотя это издание «Совтура», принципы проведения групповых туров были одинаковыми везде, включая ОПТЭ и ТЭУ.

3 рубля и 60 копеек в день для наименее состоятельного путешественника. Самые популярные туры в 1929 году стоили от 40 до 95 рублей, тогда как средняя месячная зарплата в СССР составляла 66 рублей и 70 копеек (85 рублей у руководителей). В 1935 году стоимость 10-дневного путешествия по Крыму составляла 180 рублей (18 рублей в день), но к тому времени выросла и зарплата — до 155 рублей (225 рублей у руководителей) [Маршруты экскурсий 1929; Труд в СССР 1936: 16–17][42]. В 1930-е годы цены на путевки росли быстрее заработка: «пролетарский» туризм чем дальше, тем больше оказывался недоступным для пролетариев.

Наиболее популярными, со значительным отрывом, были южные направления — те горные и прибрежные местности, которые привлекали курортников еще до революции и стали самыми желанными также для советских отпускников. Говоря о туристическом сезоне 1930 года, один из служащих ОПТЭ признавал, что «тяга на Юг» по-прежнему преобладала: 36 % туристов в тот год поехали в Крым, 35 % — на Кавказ. Из 9000 направившихся на Кавказ 8000 предпочли «избитые пути» — бывшие военные дороги. Иными словами, в 1930 году 70 % советских туристов выбрали крымские и кавказские маршруты, составлявшие 35 % от общего числа направлений. В Крыму туристы большей частью прибывали в главные курортные центры южного побережья, такие как Ялта и Бахчисарай; кроме того, предлагались пешие походы по горам, поездки на запад и восток полуострова, специализированные сельскохозяйственные и индустриальные туры. На Кавказе в том же году девять маршрутов пролегали по военным дорогам. Туристы, жаждавшие приключений, могли выбрать нелегкий маршрут № 51, который приводил их к подножию Эльбруса. Были и такие маршруты, которые преодолевались исключительно на автомобилях или в конных экипажах — но в большинстве случаев предполагались пешие переходы по живописным долинам и ущельям. Рассчитанные на истинных домоседов маршруты № 59 и 60 подразумевали круизы вдоль черноморского побережья, конечной точкой которых был Батуми.

---

[42] См. также: На суше и на море. 1935. № 9. С. 2.

К 1938 году все заметно изменилось. Исчезли индустриальные и сельскохозяйственные туры, как и специальные маршруты для туристов из Сибири и Украины. Только два кавказских маршрута, как и раньше, проходили по военным дорогам. Многие туры давали туристам возможность обосноваться в одном из прибрежных курортных городов и осматривать местные достопримечательности в ходе однодневных экскурсий [Маршруты экскурсий лето 1930; Путешествия по СССР 1938: 206–212][43]. Все эти предложения чем дальше, чем больше поощряли пассивное курортное времяпровождение.

Третьей группой наиболее популярных направлений, после Крыма и Кавказа, были Москва и Ленинград, куда в 1930 году отправились 18 % участников групповых туров. Москва, столица СССР, где сходились все нити управления страной, могла похвалиться революционным прошлым, социалистическими стройками и сокровищами мировой культуры, так что у туристов была возможность планировать осмотр города исходя из своих интересов. Путеводитель «Совтура» (1930) рекомендовал совершить обзорную экскурсию по городу, а затем посещать историко-революционные и художественные музеи, а также предприятия. В годы первой и второй пятилеток активно велась реконструкция Москвы, и в туристических маршрутах начали преобладать объекты, связанные с достижениями социализма (метро, Всесоюзная сельскохозяйственная выставка). Многие туристы впервые видели электрическое освещение, универмаги, современный транспорт, лишь когда попадали в Москву. В письме нескольких студентов, направленном в Московский горком комсомола (1926), говорилось: «Мы, культурная молодежь XX века, века радио, электричества, века достижений техники и культуры, мы никогда не видели этих достижений. Вы можете смеяться, товарищи, если мы скажем, что даже трамвая не видели <…> Пожалуйста, помогите нам приехать в Москву» [Маршруты экскурсий лето 1930; Бергман 1927б: 18 (цитата)][44].

---

[43] См. также: На суше и на море. 1931. № 4. С. 8.
[44] См. также: Вечерняя Москва. 1933. 9 октября; 1936. 1 октября; 1935. 19 января; На суше и на море. 1939. № 5. С. 2.

Первоначально туристов размещали в столице кое-как: летом им обычно предоставляли студенческие общежития, но ОПТЭ уже в 1930 году решило построить собственную гостиницу. Проект Дома туриста, представленный архитекторами И. Голосовым и Д. Булгаковым, отличался монументальностью, наподобие станций метро и Дворца советов. Первоначально предполагалось возвести комплекс из четырех строений на Смоленской площади, в месте пересечения Арбата со Смоленским бульваром. (Позднее гостиница стала крылом Министерства иностранных дел, одной из сталинских высоток, построенных в начале 1950-х годов[45].) В трех девятиэтажных зданиях должны были разместиться гостиница для туристов, ресторан, театр на 2000 мест, конференц-зал, помещения для слетов туристических клубов и организаций; в главном здании из двенадцати этажей хотели устроить смотровую площадку с видом на площадь. Туристов, согласно плану, ожидали все удобства: ателье по пошиву одежды, мастерская по ремонту обуви, мужские и женские парикмахерские, душевые, библиотека, бильярдные и игровые комнаты. Первый этаж отводился под универмаг для туристов и парковку для автомобилей и велосипедов. Первое девятиэтажное здание с номерами для 500 туристов, но без ресторана, собирались ввести в эксплуатацию в 1933 году, однако закончить работы удалось лишь после того, как оно перешло в собственность ТЭУ (1936). Несмотря на эффектный холл с пальмами и лифтом под красное дерево, «первоклассная гостиница» не имела ни ресторана, ни ванн. Туристы получали трехразовое питание в столовой ЦПКиО, в трех километрах от гостиницы (а позднее — в ресторане «Прага» на другом конце Арбата) и мылись в общественных банях[46].

---

[45] URL: http://wikimapia.org/10094328/ru/zdanie-byvshei-gostinitsy-"Obshchestva-proletarskogo-turizma-i-ekskursii (дата обращения: 26.10.2021).

[46] На суше и на море. 1930. № 4. Передний форзац. Рисунок запланированного к постройке комплекса с монументальным фасадом по Смоленскому бульвару, украшенным колоннами, опубликован в: Вечерняя Москва. 1933. 17 декабря. См. также: Вечерняя Москва. 1936. 22 апреля, 1 октября; На суше и на море. 1932. № 25. С. 15; 1936. № 7. С. 26.

Даже выбрав «избитые пути» — путешествия в Москву, Ленинград и на юг, — тысячи советских туристов, до того не ездивших никуда, могли встретить множество невиданных для себя вещей. Но туристические организации старались предложить им еще более экзотические и труднодоступные места, чтобы познакомить с природными красотами и достижениями социализма. Важное место в коллективном воображении туристов занимала Арктика, и уже в 1929 году Российское общество туристов получило сотни писем с просьбами организовать экскурсии «на Север, к полюсу». «Север в нашу эпоху играет ту же роль, которую некогда играла Америка» — это утверждение было призвано побудить молодых людей оставлять свои семьи, чтобы воплотить в жизнь мечты о первозданных просторах. «Совтур» в 1930 году предлагал три маршрута по Арктике, включая 13-дневную экскурсию из Петрозаводска до Мурманска и далее по Кольскому полуострову, а также «большой северный тур» — 28-дневное путешествие в поезде и на корабле с остановками в Архангельске и Мурманске с посещением рыбачьих деревень, населенных представителями местных народностей, горных выработок и живописных озер полуострова [Маршруты экскурсий лето 1930: 175–176][47]. Открытие в 1933 году Беломорско-Балтийского канала (печально известного тем, что он строился заключенными) сделало Север еще доступнее. В туристическом путеводителе 1938 года упоминается маршрут № 34: туристы садились на пароход в порту Медвежья Гора на берегу канала, у северной оконечности Онежского озера, два дня плыли по каналу до Белого моря, затем добирались поездом до Мурманска и Кировска на Кольском полуострове. Арктический туризм получил сильнейший толчок в 1937 году, когда ТЭУ зафрахтовало пароход «Вологда», способный перевозить большие группы туристов, ученых и журналистов, желавших встречи с Севером. Специальные корреспонденты, отправлявшиеся в круизы, восторженно писали о суровом климате и обществен-

---

[47] См. также: Вечерняя Москва. 1929. 13 февраля (цитата). Об экономическом развитии Севера и его роли в культурном воображаемом см. [McCannon 1998], а также [Bruno 2011: chap. 2], посвященную продвижению туризма на Кольском полуострове.

ных удовольствиях в поездке, в ходе которой ученые вместе с рабочими-ударниками придумывали номера для самодеятельности [Путешествия по СССР 1938: 7–11][48].

Туристические организации также старались рекламировать необычные направления, восхваляя прелести дикой природы, безлюдных пространств Урала, Сибири, Центральной Азии. В 1932 году ОПТЭ послало группу чиновников в Якутию для развития туристических маршрутов. Был открыт также новый всесоюзный маршрут по Центральной Азии, с турбазами в Ташкенте, Самарканде и Ашхабаде. Журнал «На суше и на море» постоянно привлекал внимание читателей к возможностям, которые предоставлял Юг — в стороне от наезженных путей, — и куда реже помещал материалы о стандартных направлениях. Один из номеров 1936 года касался достопримечательностей Казахстана: описывались четыре маршрута, знакомившие туриста с историей русской колонизации края при царизме и расцвета промышленности в недавнее время и, кроме того, позволявшие оценить громадное многообразие местных пейзажей, животных и растений. Заядлые альпинисты могли насладиться эффектными горными ландшафтами во время 15-дневного похода от Алма-Аты до озера Иссык-Куль. Тем, кто отправлялся на Урал, предоставлялся выбор из 36 насыщенных маршрутов, пролегавших через пещеры, горные утесы, реки, леса, промышленные центры. При этом корреспондент газеты «Труд» в Свердловске жаловался, что этот живописный регион, полный природных богатств, неинтересен рекламным агентам ТЭУ: в 1937 году его посетили только 8000 человек при общем числе туристов в 93 000. Журналист, работавший в журнале «На суше и на море», с горечью указывал на малое число туристов, которые побывали в заповедниках СССР, включай алтайские и сибирские:

---

[48] Первая такая поездка состоялась в 1935 году: На суше и на море. 1935. № 9. С. 2. Репортаж Ю. Варанкина с «Вологды» см.: На суше и на море. 1937. № 12. С. 17–18. А. Терентьеву принадлежит серия сообщений под названием «Туристы в Арктике»: Вечерняя Москва. 1937. 2, 8, 10, 19, 28 августа, 3 сентября. Д. Рейзер поместил несколько заметок о втором рейсе «Вологды»: Вечерняя Москва. 1937. 15, 23, 31 августа, 3, 7 сентября.

В то же время Йеллоустонский национальный парк США посетило около 2 500 000 чел<овек>»; если бы советские туристы получили подобающую информацию о заповедниках своей страны, а ТЭУ создало бы такую же инфраструктуру, как в Иллоустоне, поток туристов в эти обширные и разнообразные заповедники стал бы регулярным[49].

Таким образом, он выделил две главные проблемы: недостаток информации о том, куда можно отправиться, и создание инфраструктуры вне «избитых путей» (решить вторую было гораздо труднее, чем первую).

Туристический круиз в 1930-е годы стал популярным видом отпуска, будучи чем-то средним между путешествием по заданному маршруту и комфортабельным времяпрепровождением в доме отдыха. Сторонники круизов подчеркивали оздоровительные свойства плавания по крупнейшим рекам страны или вдоль черноморского побережья: «сидеть на открытой палубе, дышать чистым речным воздухом с запахом лесов и лугов, купаться в реке, загорать — все это делает речную прогулку самой здоровой формой отдыха». Пароходы предоставляли больше удобств, чем поезда: электрическое освещение, паровое отопление, ванны, пианино, радио, салоны для настольных игр, тихие комнаты для чтения, джаз и танцы под аккордеон по вечерам. Во время путешествия по реке пассажир мог сидеть на палубе и созерцать постоянно меняющийся пейзаж: это особенно привлекало пожилых отдыхающих, для которых походы по горам были слишком утомительными [Феденко 1932: 161 (цитата); Поволжье 1930: 247][50].

Первые круизы — по Волге — начались в середине 1920-х годов, когда Мосгорздрав зафрахтовал речной пароход «Жемчужина» для проведения двухнедельных экскурсий. «Совтур» предлагал речные прогулки с 1928 года, маршруты охватывали значительную часть Волги — от Ярославля до Самары. Можно было путе-

---

[49] ЦГА СПб. Ф. 4410. Оп. 1. Д. 398. Л. 44–45, 33; На суше и на море. 1936. № 11. С. 5–7; Труд. 1938. 10 июля; ГАРФ. Ф. 9520. Оп. 1. Д. 8. Л. 56; На суше и на море. 1940. № 3. С. 10–11, 13.

[50] См. также: Вечерняя Москва. 1934. 4 июня; ГАРФ. Ф. 9520. Оп. 1. Д. 8. Л. 50.

шествовать и самостоятельно, на одном из многочисленных пассажирских и почтовых пароходов, курсировавших по рекам Центральной России: такой пароход показан в фильме «Волга-Волга» (1938) — он привозит музыкантов в Москву. В 1928 году речные перевозчики улучшили условия для путешествующих третьим классом, предоставив собственные столовые и душевые. В серии «Библиотека пролетарского туризма» в 1930 году вышла карта-путеводитель «Волга — Кама»: на четырех складных картах были отмечены важнейшие предприятия, интересные туристам, и наиболее впечатляющие виды. ОПТЭ, а позже — ТЭУ фрахтовали у речных перевозчиков суда для своих групповых туров, включая те, маршрут которых проходил по Беломорско-Балтийскому каналу (с 1933 года). К 1936 году туристы могли выбрать путешествие на одном из семи «плавучих домов отдыха»: начальной точкой служил Горький, а конечной — различные порты на Каме и Волге [Феденко 1932: 162; Поволжье 1930: 244; Феденко 1930; Хрисандров 1938: 83][51]. Это было самое тесное сочетание «туризма» и «отдыха» из всех возможных.

К концу 1930-х годов советским туристам стали доступны круизы по Черному морю, совершавшиеся в комфортабельной обстановке. Подчеркивалось, что «главная прелесть морских путешествий — чудный бодрящий воздух, постоянная смена впечатлений и созерцание той грандиозной общей картины моря и берега, которая доступна только на корабле» (как и в случае с речными круизами). Морские суда совершали рейсы из Одессы в Батуми и обратно с конца 1920-х годов: обычно те, кто направлялся на курорты Черноморского побережья Кавказа, добирались поездом до Одессы и далее — пароходом до места назначения. Однако в 1940 году ТЭУ стало предлагать круиз по Черному морю как самостоятельный вид отдыха. Для этого модернизировали пароход «Аджария», на котором теперь имелись концертный зал, «библиотека на несколько тысяч книг», бильярдная, фотолаборатория и швейное ателье. Некогда вместимость «Аджарии»

---

[51] См. также: Волга-Волга. Реж. Григорий Александров. Мосфильм, 1938; На суше и на море. 1934. № 10. С. 2.

составляла 1100 человек, отныне же пароход брал на борт лишь 450 туристов, получавших полноценный отдых во время 10-дневного рейса с отправлением из Одессы. Обо всех достопримечательностях на маршруте рассказывали опытные гиды ТЭУ. На 1940 год было объявлено о 15 таких рейсах в весеннее и летнее время, всего планировалось обслужить 7000 туристов [Справочник Совторгфлота 1928: 101][52]. Как и 12 круизных судов, заказанных германской «Силой через радость», «Аджария» связывалась в сознании людей с современностью, комфортом, динамикой и развлечениями, о которых государство позаботилось для своих граждан [Baranowski 2004][53].

В конечном счете туризмом можно было заниматься и поблизости от дома — правда, по своей привлекательности эти направления уступали южным. Ландшафты Центральной России с холмами и долинами (и особенно пригороды Москвы и Ленинграда) часто называли «советскими Швейцариями». Там возводили палаточные лагеря, путевки в которые распределялись через профсоюзы: отдыхающие жили на природе и могли отправляться в пешие походы, плавать по рекам и озерам, наконец, просто отдыхать. Эти маршруты местного значения давали трудящимся возможность познакомиться со своим краем, его историческими памятниками, культурными богатствами и живописными видами. В 1939 году существовали, к примеру, 10-дневные маршруты с отправлением из Звенигорода — «подмосковной Швейцарии», Петрозаводска (к северу от Ленинграда), усадьбы в Ясной Поляне, лодочного лагеря на Оке (Тульская область) и т. д. Судя по непрекращающейся критике в туристических изданиях, профильные организации не слишком заботились о развитии местных направлений, предпочитая распределять путевки на

---

[52] См. также: На суше и на море. 1940. № 5. С. 28; Труд. 1940. 12 марта.

[53] В 1920-е и 1930-е годы североамериканцы массово прибывали в Европу на новых океанских лайнерах, переделанных из военных транспортов, ставших ненужными по окончании Первой мировой войны. Такие плавания обходились недорого, и в результате возник новый туристический класс трансатлантических путешествий. См. [Coons, Varias 2003].

Рис. 3.2. Поход на озеро Крылово (Подмосковье), 1940. РГАКФД г. Красногорск, № 420062. Публикуется с разрешения архива

всесоюзные маршруты, полученные от центрального аппарата ТЭУ [Усагин 1930: 14–15][54].

Так называемые «радиальные» маршруты, хотя и в меньшей степени отвечали идеалу подлинного содержательного туризма, позволяли туристу находиться все время на одном месте, участвуя по своему выбору в дневных или ночных экскурсиях. Чиновники окрестили это «бальнеологическим туризмом»: он являлся, при сохранении содержательности, наилучшим способом снять стресс и перенапряжение от работы без необходимости искать место в санатории или доме отдыха. Однако вскоре стало ясно, что эти туры были всего лишь альтернативным способом достать редкие путевки на курорты — как для оздоровительного, так и для развлекательного отдыха. Представители ОПТЭ активно занимались продажей «радиальных» путевок, удовлетворяя спрос на места в санаториях и одновременно поправляя финансовое положение ОПТЭ. Хотя в большинстве своем такие

---

[54] См. также: Вечерняя Москва. 1937. 11 июня; Скороходовский рабочий. 1932. 10 июня; Комсомольская правда. 1935. 11 мая; На суше и на море. 1931. № 16. С. 2–3; № 25. С. 2; 1938. № 4. С. 2.

путевки предусматривали пяти- или десятидневное пребывание в определенном месте, можно было приобрести несколько штук и таким образом обеспечить себе обычный двадцати- или тридцатидневный курортный отдых. Количество таких путевок, купленных туристами, было непропорционально велико, писал «Труд» в 1936 году. Летом, в высокий сезон, «стационарные туристы» составляли 40 % от всех участников групповых туров системы ОПТЭ[55].

Любители активного отдыха презрительно относились к таким псевдотуристам, называя их «радиаторами», а позднее — «пижамниками». Авторы сатирических статей в туристической прессе описывали их как избалованных представителей советского среднего класса — инженеров с женами, — которые заказывали номера в капитальных зданиях турбаз, вынуждая настоящих туристов ютиться в палатках. «Тихие часы» и вечера они проводили в клубе, отплясывая фокстрот и при этом настаивая, что слабое здоровье не позволяет им совершать пешие походы или ночевать в палатках. Их целью были отдых и восстановление здоровья, а не слушание лекций о политике или проверка своего физического состояния. «Пижамники» жаловались на шумных «пролетарских» туристов, которые прибывали в любое время дня и ночи и оставались на короткий срок. В свою очередь, любители активного отдыха становились жертвами переполненности турбаз, причиной которой были «радиальные» туристы. Руководители ТЭУ надеялись, что речные прогулки станут альтернативой радиальным маршрутам для тех пожилых рабочих, которые хотели бы провести отпуск в тихой обстановке вдали от дома, — но в 1939 году ТЭУ все еще рекламировало такие маршруты[56]. «Радиальные» туры приносили прибыль туристическим организациям, так как пользовались популярностью у граждан, и, таким

---

[55] Турист-активист. 1931. № 8. С. 42; Труд. 1936. 30 мая; На суше и на море. 1934. № 19. С. 6.

[56] На суше и на море. 1934. № 19. С. 6–7; ГАРФ. Ф. 7576. Оп. 14. Д. 123 (отчет о присвоении характеристик маршрутам, октябрь 1955). Л. 12; На суше и на море. 1931. № 18. С. 14; 1934. № 20. С. 10–11, 13; ГАРФ. Ф. 9520. Оп. 1. Д. 8. Л. 51; Труд. 1939. 10 мая.

образом, курортный отдых по-прежнему предлагался под видом туристической путевки. Проще было идти по пути наименьшего сопротивления, удовлетворяя потребительский спрос.

Особое место на этом начальном этапе развития туризма в СССР занимали заграничные поездки. Советские газеты и журналы были завалены письмами от желающих выехать за рубеж — возможно, вдохновленных описаниями эпических путешествий, вроде книги А. Князева и И. Фрейдберга «Вокруг света на велосипеде», вышедшей в издательстве «Молодая гвардия». Эти два студента Государственного центрального института физической культуры, желая продемонстрировать выдающиеся качества продукции Харьковского велосипедного завода, в 1924 году отправились в кругосветное путешествие. Первого июля они стартовали на своих велосипедах с московского ипподрома в восточном направлении, проехали через Сибирь, Китай, Японию, Мексику, несколько других стран Латинской Америки и наконец через Германию и Польшу вернулись в СССР. Все физкультурники и туристы Москвы приветствовали их по возвращении, 6 марта 1927 года. Путешественники проделали 45 000 километров, из них 25 900 — на велосипедах. И «Совтур», и Российское общество туристов охлаждали пыл любителей дальних странствий, указывая, что заграничные путешествия им не по карману; но чиновники от туризма все-таки, похоже, планировали такие поездки, рассчитывая финансировать их с помощью валюты, оставляемой в СССР иностранными туристами [Велосипедный туризм 1998: 21][57]. В августе 1930 года редакция «На суше и на море» сообщала, что получает от отдельных граждан и групп множество писем насчет поездок за рубеж — однако, по ее мнению, нужную для этого валюту лучше было пустить на закупку машин и технологий. Кроме того, в СССР имелись безграничные возможности для внутреннего

---

[57] См. также: Комсомольская правда. 1927. 5, 8, 15 марта, 1926. 16 декабря; 1927. 6 февраля; Вечерняя Москва. 1929. 28 марта; Комсомольская правда. 1927. 29 ноября; ГАРФ. Ф. 2306. Оп. 69. Д. 1826 (Российское общество туристов, декабрь 1928 — январь 1929). Л. 28, 33; ГАРФ. Ф. А-2306. Оп. 69. Д. 2068 (переписка о двух туристских обществах, апрель — июль 1929). Л. 17.

туризма: природные красоты, культурное наследие, заслуживающие внимания предприятия и колхозы. Эта философия, предполагавшая, что начинать нужно со своей страны, была аналогом кампании «Увидеть Америку прежде всего», развернутой в США. Но цель, которая ставилась перед советскими туристами, — пополнение багажа знаний за счет поездок — не исключала более широкого, интернационалистского подхода (в теории, если не на практике) [Shaffer 2001][58].

Заслуживают быть отмеченными две поездки за границу, сделавшие такого рода путешествия еще более привлекательными в массовом сознании. Они также напоминают о том, что рост ксенофобии в связи с военной тревогой 1927 года и Шахтинским делом 1928 года — процессом «буржуазных саботажников» — не привел к немедленному прекращению выездов за рубеж[59]. В ноябре 1930 года 257 «лучших ударников» получили уникальное поощрение — месячную поездку вокруг Европы на борту только что построенной «Абхазии», совершавшей свой первый рейс из Ленинграда в Черное море, где ей предстояло служить в качестве экскурсионного судна [Корабль ударников 1931][60]. Эти сознательные и привилегированные путешественники должны были «увидеть собственными глазами» охваченный кризисом капиталистический Запад, а также обменяться практическим опытом с зарубежными рабочими. Ударники делали подробные записи обо всем, что попадалось им на глаза: практически бездействующий судостроительный завод в Гамбурге, жилые кварталы Гамбурга, Неаполя, Стамбула, — позднее ставшие основой для книги. Поездка обильно освещалась в ежедневных газетах и туристических изданиях. Туристов сопровождал кинооператор, который снял документальный фильм на девятимиллиметровую пленку, уделив особое внимание видимым проявлениям краха

---

[58] См. также: На суше и на море. 1930. № 15. С. 2.

[59] О политической атмосфере, в которой происходило международное взаимодействие в этот период, см. [David-Fox 2002].

[60] Предполагалось, что путешествие начнется 15 сентября, но в итоге корабль отплыл лишь 10 ноября: ЦГА СПб. Ф. 4410. Оп. 1. Д. 20. Л. 17.

немецкой и итальянской экономик: трущобам, окнам магазинов с объявлениями о скидках. В июле 1931 года был организован второй такой же круиз на только что сошедшей со стапелей «Украине». Ударники посетили Гамбург, Англию и Италию. Программа была похожей: заводы («Метрополитен-Виккерс» в Манчестере, «Фиат» в Турине), городские кварталы (включая, опять же, район красных фонарей в Гамбурге), туристические достопримечательности (Индийский музей и оставленную без должного ухода могилу Карла Маркса в Лондоне), отели в курортных городах Рапалло и Портофино[61].

Открывшиеся после этих круизов перспективы, связанные с заграничными поездками, в 1930-е годы не получили развития. В 1932 году ОПТЭ утвердило план «отпускных» круизов по Балтике без заходов в зарубежные порты, но нет свидетельств того, что он был реализован. Единственным окном в космополитический мир туризма для советских граждан стали подробные и регулярные обзоры зарубежных направлений в журнале «На суше и на море»: Мадагаскар, Амазонка, Аляска, Париж, Лурд, Швейцарские Альпы, Чикаго…[62] При исключительном везении можно было выиграть поездку за рубеж в лотерею, которую организовывал Осоавиахим. К примеру, слесарь Фокин в 1934 году выиграл кругосветное путешествие и посылал в «Вечернюю Москву» письма, рассказывая о своих впечатлениях от Европы

---

[61] Корабль ударников: первый рейс. Немой фильм. Реж. Г. Гричер. РГАКФД, № 9735; Турист-активист. 1931. № 1. С. 34; На суше и на море. 1931. № 30. С. 3–7. Материалы по туризму, выходившие в СССР до перестройки, не содержали упоминаний об этих первых зарубежных групповых поездках. Впервые, насколько мне известно, о них было сказано в [Квартальнов, Федорченко 1987: 25]. О путешествии на «Абхазии» говорится в [Усыскин 2000: 117], но его обходит молчанием более ранняя — и очень похожая по содержанию — книга [Дворниченко 1985].

[62] ЦГА СПб. Ф. 4410. Оп. 1. Д. 398. Л. 5 (заседание президиума, 15 июля 1932); На суше и на море. 1932. № 21. С. 15; 1933. № 7. С. 14; 1931. № 2. С. 20; 1930. № 10. С. 20; № 23. Задний форзац; 1931. № 1. С. 13; 1931. № 16. Задний форзац; 1940. № 9. С. 27–28. Едва ли не каждый номер содержал статьи о туризме или экспедициях в различные части света. Кроме того, иллюстрированные журналы (например, «Наша страна») помещали материалы о других странах даже в конце 1930-х годов.

и США[63]. Годом позже инженер Охрамчук, купивший однорублевый лотерейный билет, отправился в 80-дневный тур по Европе и объездил Францию, Германию и Англию. Как и туристы с «Абхазии», он «ознакомился с достижениями европейской техники», а в свободное время посещал музеи и прочие достопримечательности западных столиц. В том же году группа яхтсменов отправилась в Швецию через Хельсинки и Копенгаген («Финская столица значительно грязнее Ленинграда 1926 г.», — делились они впечатлениями). Мы знаем, что яхтсмены по возвращении были допрошены, как вероятно, Фокин, Охрамчук и другие участники заграничных поездок: последние являлись источником знаний, которые распространялись публично и в частном порядке, но в то же время вызывали все большее подозрение[64].

Отчеты о путешествиях в другие страны с 1935 года исчезли из публичного доступа, и принятый в ноябре 1937 года устав ТЭУ уже не упоминал о таких поездках. В конце 1930-х годов советская политика в отношении пересечения границ отражала скорее страх перед проникновением зарубежных агентов, чем надежды на распространение социалистических идей в других странах. «Интурист» продолжал принимать иностранных туристов и привозимую ими твердую валюту, но их число снизилось с 25 000 в 1936 году (максимальное годовое значение для межвоенного времени) до 14 000 в 1937-м и 7500 в 1939-м и 1940-м [Salmon 2008: 103; Heeke 2003: 48][65]. Объем культурного и дипломатического

---

[63] Вечерняя Москва. 1934. 10, 12 июля. Объявление в [Феденко 1932] гласило, что Осоавиахим разыгрывает 92 путевки в Европу и 166 — в крупнейшие зарубежные города, 720 путевок по СССР и 28 автомобилей и тракторов. Союз обществ содействия развитию водного транспорта и охраны жизни людей на водных путях СССР также анонсировал лотерею в этом справочнике: победителям доставалось одно из 75 заграничных морских путешествий. Океанский лайнер, изображенный в этом объявлении, был намного крупнее «Абхазии», на которой советские туристы впервые отправились за рубеж.

[64] Вечерняя Москва. 1935. 27 марта; На суше и на море. 1935. № 21. С. 22–23; ЦГА СПб. Ф. 6276 (Ленинградский совет профсоюзов). Оп. 277. Д. 139 (беседа с яхтсменом, октябрь 1935).

[65] К концу 1930-х годов «Интурист» все больше переориентировал свои плохо заполненные роскошные отели на отечественных клиентов. См. объявления для кисловодских и других гостиниц в: Вечерняя Москва. 1937. 4 июля, 10 октября; 1938. 7, 14 марта, 22 октября; 1939. 14 сентября, 19 октября.

взаимодействия также уменьшился в атмосфере нараставшей ксенофобии, которая подпитывалась арестами и политическими процессами. Во второй половине 1930-х годов количество средств, выделяемых на туризм, продолжало расти, но последний окончательно свелся к внутреннему туризму. Путешествия за границу сделались предметом беспочвенных мечтаний или тайной привилегией — вплоть до середины 1950-х годов.

Плохое путешествие: восприятие групповых туров

В брошюрах туристических организаций и разнообразных иллюстративных материалах групповые туры представали стильным и комфортным времяпровождением, включавшим осмотр достопримечательностей, образовательную программу и отдых как таковой. Длинные описания таких туров обещали необычайно привлекательные, хорошо спланированные путешествия. Рассказов участников за 1930-е годы почти не сохранилось, но туристические компании отслеживали поступавшие жалобы: последние позволяют сравнить ожидания с реальностью.

Официально дело представлялось так, будто все туристы прекрасно провели время — как и те счастливые пациенты, что писали в газеты своих городов и предприятий, делясь впечатлениями о санаториях и домах отдыха. В одном из номеров заводской многотиражки «Скороход» за 1936 год Паня Федорова, работница фабрики, рассказывала об отдыхе на Кавказе, упомянув также о пребывании в Москве, где она видела Мавзолей В. И. Ленина, метро, Парк культуры и отдыха имени Горького (хотя в Москве ей пришлось задержаться из-за нехватки билетов на поезда в Сочи). Путешествие на юг оказалось «веселым»: из Сочи ее группа должна была долго ехать автобусом до Красной Поляны, расположенной высоко над уровнем моря, и там начать пеший спуск до Сухуми. Еще одна группа посылала привет с дороги (опять же, рассказывая о Москве), собираясь пройти 126 километров по перевалам и ущельям Кавказа. «Кругом такая красота, что просто и не описать в письме. <...> Кругозор наш, конечно, увеличился в несколько раз». Ваня Макаров и Аня Карачинская перед началом круиза по Беломорканалу отправили письмо своим коллегам по работе, которые предпочли отдых на даче, и упрекнули их за то, что они не решились на такое замечательное путешествие. Такое же воодушевление мы встречаем в письме из Крыма, в котором 10 человек описывали свою будущую поездку, города, которые они посетят, виды, которые им откроются[66]. В этих посланиях явственно ощущаются радостное возбуждение и предвкушение чуда, но важно то, что все они были отправлены до начала путешествия и описания брались преимущественно из путеводителей. Отчеты, направлявшиеся в туристические организации, свидетельствуют, что все проходило далеко не так гладко, как обещали путеводители и предвкушали участники поездок.

Советские туристы, страшась неведомого, ощущали такую же тревогу, как и многие туристы в наши дни [Koshar 2000: 8; Duda 2010: 53; Kopper 2009]. Ударники с «Абхазии» покидали Ленинград под звуки духового оркестра, но испытывали беспокойство. Когда они садились в поезд до Ленинграда, многие жены и дети рабочих плакали, стоя на платформе, провожая их так, как будто они уезжали на фронт. Некоторые волновались из-за того, что их отсутствие поставит под угрозу выполнение пятилетнего плана — разве они не дезертируют, по сути, со своего рабочего места? [Корабль ударников 1931: 14–15].

Более ощутимое недовольство вызывала неспособность ОПТЭ и ТЭУ организовать туры должным образом. Особенно острые жалобы вызывали первые туры, назначенные после образования ОПТЭ в 1930 году. Причинами были организационные просчеты, низкая культура обслуживания, нарастающий продовольственный кризис после бедственной коллективизации. Члены группы № 278, завершив в июне 1930 года круиз по Волге, составили подробный список претензий. Проблемы начались сразу же. В путевках был указан маршрут «Москва — Нижний Новгород — Астрахань — Москва», но в столице путешественники обнаружили, что их довезут только до Саратова, далеко к северу от заявленного конеч-

---

[66] Скороходовский рабочий. 1936. 15 июля; 3 августа (цитата); 13 августа.

ного пункта. Спросив об этом Холина, руководителя группы, они будто бы получили ответ: «Идите, куда хотите. Меня это не касается». Туристам сказали, что постельное белье не надо приносить с собой, но на пароходе его тоже не выдали. Сам Холин привез 11 комплектов белья — совершенно недостаточное количество для 30 человек. Культурная программа во время круиза также вызвала нарекания. На судне не оказалось ни библиотеки, ни настольных игр, ни информационных материалов относительно волжских видов и пятилетнего плана. При подходе к Самаре туристы спросили Холина, что они увидят, и услышали:

> Смотреть в Самаре нечего. Но если сойдете на берег, обратите внимание на дома — коробки московского типа (это новые постройки). Обратите внимание также на грязь, которой в Самаре много. Музеев там два: антирелигиозный (занимает всего 2 комнаты) и музей местного края. Как и все музеи этого типа, он неинтересен.

После такого отзыва туристы сказали, что не хотят там задерживаться. Но главной проблемой было питание. Рацион включал лишь 300 граммов хлеба в день, блюда подавались поздно и медленно, к ним полагалось всего два стакана чая в день. Буфетчик утверждал, что его не предупредили о 30 туристах и он не запасся провизией в нужном количестве; Холин уверял, что средства, отпущенные ему на питание, ограничены. Капитан также не желал нести за это ответственность. В результате туристам пришлось покупать еду на собственные деньги, те же, у кого их не было, голодали. Четыре человека из-за этого сошли с парохода раньше времени — в Саратове — и отправились домой[67].

Еще одной группе так и не удалось сесть на выделенное для поездки судно. М. А. Шестаков написал в «Вечернюю Москву» о злосчастном круизе на борту «Байрам-Али» (1932). В путевке говорилось, что тот отходит из Нижнего Новгорода 24 июля, но дополнительных указаний не было, так что Шестаков и другие (всего в группе было 10 человек) нашли причал уже после его

---

[67] ЦГА СПб. Ф. 4410. Оп. 1. Д. 19. Л. 33–35.

отплытия. Местные представители ОПТЭ предложили им нагнать «Байрам-Али» на почтовом судне, и незадачливые пассажиры послали на свой пароход телеграмму с просьбой подождать их в Казани, но по приезде туда не обнаружили его. Те, кто имел при себе деньги, продолжили попытки догнать пароход, остальные, утомившись от такого «преследования», решили вернуться. «Отдых» Шестакова, жаловался он, в результате состоял из шести бессонных ночей; пришлось потратить 70 рублей, и за все это время он лишь по одному разу получил горячий завтрак и обед. Разочарование испытал и корреспондент «Вечерней Москвы», решивший отправиться в круиз: сев на пароход «Декабрист», он спросил у официанта, какую рыбу тот может предложить. «Свинину или телятину», — ответил официант. «Как насчет осетрины?» — «Плавает в воде»[68]. В то время развернулась кампания за «культурное обслуживание», и советские туристы теоретически могли бы ожидать хороших манер от персонала ресторанов и буфетов как на отдыхе, так и у себя в городе. Но их сотрудники, судя по разным сообщениям, уделяли больше внимания своим делам, чем туристам.

В основных туристических местах дела шли лучше. Приезжие из Владивостока хвалили за внимательность обслуживающий персонал на ленинградской базе ОПТЭ (набережная реки Мойки) и еду в столовой, но хотели, чтобы последняя была ближе к базе, где, по их мнению, не хватало также парикмахерской. К 1932 году базы в Москве и Ленинграде, а также на Северном Кавказе в целом получали положительные оценки за обслуживание и питание. Вдалеке от этих туристических центров, однако, существование участников групповых туров отравляли прежние проблемы: плохое снабжение продуктами, клопы в постели, скученность на базах. Так, на черноморской базе «Зеленый мыс» туристы были настолько недовольны едой, что вернулись домой

---

[68] Вечерняя Москва. 1932. 8 августа. ОПТЭ возлагало ответственность за неинформирование туристов о времени отъезда на фонд страхования, распределявший путевки. ЦГА СПб. Ф. 4410. Оп. 1. Д. 398 (временное руководство ОПТЭ, 1932). Л. 6 об.; Вечерняя Москва. 1934. 29 июля.

раньше срока, выкинув свои оплаченные путевки. А базу в Батуми окрестили «клоповником»[69].

Тот факт, что туристы посылали жалобы, а журнал ОПТЭ публиковал их, заставляет предположить, что советские туристы имели определенные ожидания относительно качества будущего отдыха. Более того, туристические организации учитывали эти ожидания, стараясь оправдать их — не всегда успешно. Книги жалоб получат широкое распространение уже в 1950-е и 1960-е годы, но и в 1930-х записи в них позволяли оценить спрос и предпочтения клиентов, давая представление о том, как видели «хорошую жизнь» советские туристы. После первого туристического сезона, прошедшего под эгидой ТЭУ, эта организация изучила отзывы, оставленные на турбазах. Лишь в немногих из них выражалось недовольство, и в ТЭУ заключили, что туристы в целом удовлетворены обслуживанием. В 1936 году 950 из 83 680 участников групповых туров прокомментировали качество экскурсий, 78 (8,3 %) сочли его недостаточным, жалуясь в основном на транспортные проблемы (поездка к месту сбора и обратно). О культурных мероприятиях отзывались далеко не так лестно. Соответствующие записи оставили 759 туристов (четвертая часть из тех, кто оставил записи, выражая недовольство предложенной программой, особенно в Москве — из-за высокой цены на театральные билеты). Из отзывов по поводу проживания отрицательными были также около четверти (621); прежде всего это касалось черноморских баз, где туристы спали в палатках. Больше всего записей (1188) было посвящено питанию, 17 % туристов жаловались на низкое качество еды и плохое обслуживание. В 1937 году поступали жалобы такого же рода, особенно на трудности с транспортом, но к тому времени обслуживание на некоторых базах начало улучшаться. Туристы все еще высказывали претензии по поводу скудного меню и неважной еды во многих

---

[69] ЦГА СПб. Ф. 4410. Оп. 1. Д. 19. Л. 46–46 об.; Турист-активист. 1936. С. 29; На суше и на море. 1931. № 10. С. 2; 1934. № 17. С. 16; № 20. С. 13; 1930. № 21. С. 16; 1931. № 10. С. 2; 1932. № 4. С. 15; 1931. № 26. С. 8; 1932. № 9. С. 15; № 28–30. С. 24; Турист-активист. 1932. № 11–12. С. 44.

местах, но участники круизов по Волге теперь выражали удовлетворение. Чиновники рапортовали, что групповые туры в целом получают положительные отзывы, но сожалели, что руководители групп не умеют связывать темы экскурсий с текущими политическими событиями[70]. Возможно, туристы, как и посетители домов отдыха, радовались возможности покинуть города, где воцарилась атмосфера страха и все чаще арестовывали и судили их друзей, родственников, сослуживцев [Leder 2001: 121].

Как выглядел пролетарский турист?

Изначально, в 1920-е годы, движение пролетарского туризма исходило из того принципа, что социалистический туризм является более совершенной разновидностью рациональной, приводящей к накоплению знаний досуговой поездки. Активисты также заявляли, что он принесет пользу тем сегментам общества, которые не могли совершать досуговые поездки до революции (промышленные и сельскохозяйственные рабочие). Но они же признавали, что традиционный туризм малопривлекателен для пролетариев, что отдых такого рода остается чуждым именно тем слоям населения, для блага которых было создано Общество пролетарского туризма и экскурсий. Корреспондент «Вечерней Москвы» отмечал в апреле 1930 года, что промышленные рабочие почти не хотят заниматься туризмом и что ОПТЭ «пока не стало в действительности пролетарским». «Пролетарские туристы» в большинстве своем были студентами, а не промышленными рабочими. И лишь 20 % участников групповых туров, признавали чиновники, являлись истинными пролетариями. Надо было учить промышленных рабочих этому некогда буржуазному времяпровождению и создавать для них стимулы; результатом стало создание на предприятиях ячеек, в задачу которых входила пропаганда туризма. Но даже в ОПТЭ бо́льшая часть членов принадлежала к студентам и служащим. Из 300 московских

---

[70] ГАРФ. Ф. 9520. Оп. 1. Д. 8. Л. 47–48, 11–12.

ячеек ОПТЭ в 1930 году лишь 129 базировались на заводах и фабриках, промышленные рабочие составляли только 58 % от общего числа членов (а в такой пролетарской цитадели, как Красная Пресня, — и вовсе 39 %). Намечая цели, связанные с массовым распространением «пролетарского туризма», общество постановило, что 80 % его будущих членов в Москве должны быть промышленными рабочими, а по стране в целом — 60 %[71]. Эти произвольно округленные цифры стояли очень близко к целевым показателям для санаториев и домов отдыха — и, как и те, мало соотносились с социальной, культурной и экономической реальностью.

Помимо ведения пропаганды, ОПТЭ разработало гибкий прейскурант, чтобы промышленные рабочие были заинтересованы в туристических поездках. В зависимости от социального положения, турист получал путевку, принадлежавшую к одной из трех ценовых категорий; только малоимущие рабочие и студенты могли рассчитывать на железнодорожные билеты за полцены[72]. При награждении путевками за ударный труд предпочтение также отдавалось промышленным рабочим, как это было с широко разрекламированными круизами ударников на «Абхазии» (1930) и «Украине» (1931).

Чтобы привить гражданам вкус к туризму, общество предлагало туры для представителей определенных социальных групп. В 1932 году Оргбюро ОПТЭ постановило: «При разработке конкретных планов летнего туризма необходимо дифференцировать наш подход к разным слоям трудящихся. Молодежь, взрослые рабочие и работницы, женатые рабочие, крестьяне [избачи] и учителя нуждаются в разных формах обслуживания, разных маршрутах, разных способах передвижения и экскурси-

---

[71] Вечерняя Москва. 1930. 24 апреля; Бюллетень туриста. 1930. № 7–8. С. 9; На суше и на море. 1930. № 3. С. 20; № 8. Передний форзац.

[72] ЦГА СПб. Ф. 4410. Оп. 1. Д. 398. Л. 80. Меньше всего платили участники групп численностью от 15 человек и сельские учителя. Далее шли члены профсоюзов и городские учителя. «Прочие граждане» платили самую высокую цену [Советский турист 1929: 149].

ях. К каждому начинающему и опытному туристу нужен свой подход». В ОПТЭ полагали, что промышленные рабочие будут заинтересованы прежде всего в «индустриальных» маршрутах, предполагавших обмен опытом, и указывали, что рабочие должны составлять не менее 85 % участников таких поездок. Туры в Москву, «столицу советской родины», различались в зависимости от того, для какой группы были предназначены. Текстильщикам предстояло узнать о роли хлопка и изделий из него в пятилетнем плане при посещении Политехнического музея, а также побывать на нескольких текстильных фабриках; предусматривались и общеобразовательные экскурсии в Третьяковскую галерею и Государственный дарвиновский музей. Металлистов, помимо стандартных экскурсий, отправляли на машиностроительные заводы и в компанию «Машиноимпорт». Женщины-работницы осматривали выставки, посвященные охране материнства и детства, посещали детские сады и хлебозавод, в Третьяковской галерее знакомились с портретами женщин[73].

Однако к концу первой пятилетки о социальном составе групп советских туристов заботились уже намного меньше. В 1932 году ОПТЭ решило отказаться от трехразрядной системы ценообразования для путевок — предполагалось, что 90–95 % туристов на летних направлениях будут ударниками (и морально равнозначными им трудящимися), инженерами и учителями. Но все еще сохранялись целевые показатели для поездок различных видов: 85 % участников «индустриальных» туров должны были быть промышленными рабочими (для обычных туров с осмотрами достопримечательностей — 70 %)[74].

Главным предметом беспокойства для занятых в системе советского туризма был не низкий спрос, а преобладание представителей «неподходящих» слоев населения, которых привлекали радиальные маршруты, обещавшие спокойный, расслабленных отдых у моря. Женщины — предположительно из советского «среднего

---

[73] ЦГА СПб. Ф. 4410. Оп. 1. Д. 398. Л. 59, 81. О содержании этих экскурсий см. [Маршруты производственных экскурсий 1930: 5–8].

[74] ЦГА СПб. Ф. 4410. Оп. 1. Д. 398. Л. 81.

класса» — в 1930 году составляли 52 % участников групповых туров, хотя среди членов ОПТЭ их было только 5 %. Малоподвижный отдых в доме отдыха или санатории был доступен любому советскому гражданину, но настоящие рабочие, видимо, стремились к более активному времяпровождению. Так, старый слесарь Иван Акинфиевич, обладатель «радиальной» путевки в Гагры, наблюдал за молодыми супругами, которые ехали вдоль черноморского побережья на велосипедах, и сожалел, что вернется домой, не посмотрев на величественные виды Кавказа[75].

К середине 1930-х годов стало понятно, что ОПТЭ не справилось со своей задачей — увеличить долю пролетариев среди советских туристов. Это стало одной из причин передачи туризма в ведение профсоюзов. Газета «Труд» — орган ВЦСПС — опубликовала результаты опроса среди промышленных рабочих. Выяснилось, что они хотят увидеть самые известные достопримечательности Советского Союза: Кавказские и Уральские горы, Днепрогэс. Но мало кто из рабочих получал такую возможность даже после создания подчиненного профсоюзам ТЭУ. Обычные рабочие не могли купить путевки на свои скудные средства. В 1937 году средняя стоимость 10-дневной поездки, не считая транспортных расходов, составляла 215 рублей, а средняя зарплата промышленных рабочих и служащих — 253 рубля. Лишь немногие могли позволить себе потратить месячный доход на отдых, и хотя ТЭУ рекламировало путевки для индивидуальных потребителей, промышленные рабочие не входили в их число. Была надежда получить путевку от профсоюза в качестве награды за хорошую работу, но и эти возможности оставались ограниченными. В 1937 году профсоюзы распределяли путевки в туристические поездки — как и путевки на курорты — преимущественно среди служащих. Только 20 % их доставались рабочим (колхозникам — 0,5 %). Как и раньше, отмечало ТЭУ, среди советских туристов преобладали учителя (26 % в 1937 году), слу-

---

[75] На суше и на море. 1930. № 3. С. 20; № 4. С. 1; Турист-активист. 1931. № 8. С. 42; Труд. 1936. 30 мая; 1935. 8 октября; На суше и на море. 1934. № 19. С. 6, 12; 1931. № 5–6. С. 2.

жащие (20 %), студенты (16,5 %) и технический персонал (11 %) [Chapman 1963: 109; Путешествия по СССР 1938][76].

Несмотря на неравенство при распределении путевок, сведения о социальном положении туристов почти не проникали в специализированные издания. Не вызывало явного беспокойства и гендерное соотношение. В конце 1920-х годов некоторые активисты высказывали тревогу по поводу того, что женщины могут остаться за бортом туристического движения из-за своей — якобы — хрупкости. В журнале «На суше и на море» часто публиковались заметки о женщинах (особенно в мартовских номерах, посвященных Международному женскому дню), но на гендерные пропорции среди туристов официально внимания не обращалось. Туризмом занимались лучшие люди, советские люди: ударники, стахановцы, комсомольцы, солдаты, члены партии, геологи, инженеры. Читателю, задавшему соответствующий вопрос, редакция «На суше и на море» напоминала, что нет такой профессии — «турист». Советским туристом мог быть любой, кто предпочитал активный отдых пассивному[77].

«Провал означал смерть»

В соответствии с официальной политикой ТЭУ всем жителям Советского Союза предстояло стать туристами, а туризм являлся лучшим видом отдыха. Лучшими же туристами были участники небольших самодеятельных групп. Только так человек — неважно, слесарь или математик — мог приобщиться к подлинному пролетарскому туризму. Настоящий пролетарский турист вырабатывал в себе необходимые для гражданина СССР личностные качества — самодисциплину, самодостаточность, стремление к саморазвитию, — взаимодействуя с остальным

---

[76] См. также: Труд. 1935. 12 марта; 1938. 16 августа; 1939. 23 июня; 1940. 28 марта; 1941. 21 мая; ГАРФ. Ф. 9520. Оп. 1. Д. 8. Л. 22.

[77] См., напр., материалы о туристах-стахановцах: На суше и на море. 1936. № 8. С. 15; 1937. № 4. С. 2.

членами группы и добровольно подчиняясь походному режиму. Самодеятельный турист учился проявлять инициативу, готовиться к путешествию, приобретать лидерские качества, практиковать самоограничение и самодисциплину. Группа обеспечивала ему определенный уровень безопасности, давала ощущение дружбы и радость от командной работы. И все же задача саморазвития и практика путешествий в составе небольшой группы вступали в противоречие между собой. Пролетарский турист, научившийся дисциплинировать себя и приспосабливаться к походному режиму, вполне мог отправиться в одиночное путешествие, которое являлось самой надежной проверкой для его навыков. Те самые презираемые «бродяги» могли считаться идеальными советскими гражданами. Обратимся к истории Г. Л. Травина, в одиночку объездившего СССР на велосипеде в 1928–1931 годах.

Из кратких воспоминаний Травина, опубликованных в 1975 году, следует, что идея объехать страну появилась у него в 1923-м, когда в его родной Псков прибыл голландский велосипедист. После этого он начал упорно готовиться к таким же дальним путешествиям [Травин 1975: 59][78]. Отец научил его «находить еду и ночлег в лесу и в поле». Затем Травин приобрел подержанный велосипед, чтобы совершить кругосветное путешествие: начальным пунктом был намечен Псков, конечным — Москва. Он даже освоил эсперанто, надеясь, что сможет общаться с жителями других стран, и уже заказал визитные карточки, запланировав отъезд на 1925 год, но был призван на воинскую службу. Вместо Северной Америки и Африки он оказался в Ленинграде,

---

[78] Вероятно, А. де Гроот был одним из многих европейцев, севших на велосипед в поисках приключений; хотя он позировал для фотографий и дал интервью газете «Псковский набат», его поездка не вошла в анналы голландского велосипедного движения. Также [Харитановский 1965: 39–40] и личное сообщение Отто Божона, председателя Oude Fiets (Общества велосипедистов-ветеранов), 9 октября 2003 года. В своем письменном рассказе Травин не упоминает о широко освещавшемся кругосветном путешествии Князева и Фрейдберга, которому пресса уделяла значительное внимание в 1925 году. Однако в интервью газете «Советский спорт» в 1977 году Травин признал, что хотел последовать их примеру: http://www.tct.ho.ua/travin/travin_interv'iu.html (в настоящее время недоступна).

где продолжил подготовку, изучая географию, зоологию, ботанику, фотографическое дело, занимаясь плаванием, поднятием тяжестей, греблей и, конечно, ездой на велосипеде. С течением времени его планы претерпели изменения: теперь вместо кругосветного путешествия он намеревался объехать Советский Союз по его периметру. Демобилизовавшись в 1927 году, он испросил разрешения отправиться на Камчатку, Дальний Восток, чтобы «испытать себя в совершенно незнакомых условиях». Там он «строил первую электростанцию... потом работал на ней электриком» и продолжал тренироваться. «И, только убедившись, что велосипед... нигде не подведет, отправился из Петропавловска-Камчатского во Владивосток» [Травин 1975: 59].

Травин проехал 40 000 километров вдоль границ СССР, посетив крупные города и небольшие селения в Сибири, Центральной Азии и Закавказье. Однако вблизи западной границы ему проехать не удалось. Из Крыма он отправился на север, в Харьков, Москву и, наконец, в Ленинград, где оказался в октябре 1929-го — через год после начала путешествия. Из Ленинграда он двинулся на Север, в Арктику, где путешествовал два года, проезжая по льду замерзших морей, переправляясь через реки, оказываясь под лавинами, порой оправляясь от травм. Он делил кров с полярниками, местными жителями и русскими поселенцами. В сентябре 1931 года Травин прибыл в Уэлен, районный центр на Чукотке, на крайнем северо-востоке страны. Там пригодились его навыки электрика — пришлось починить радиостанцию, откуда он отправил сообщение на Камчатку: «Путешествие вокруг СССР закончено. Глеб Травин» [Харитановский 1965: 188]. Затем ему пришлось добираться до бухты Провидения, откуда должен был отойти пароход на Камчатку. Травин снова оказался в Петропавловске-Камчатском 24 октября 1931 года, через три года после старта.

Рассказ о путешествии Травина читается как первоклассный приключенческий роман, а сам он предстает бесстрашным борцом со стихиями — одиноким странником, «бродягой», ненавистным Обществу пролетарского туризма. Кроме велосипеда, у него не было с собой почти ничего: одежда на себе, кое-какой инструмент, галеты, шоколад, винтовка, купленная в Архангельске, альбом, куда он вклеивал марки из посещенных им мест, толстый пояс с медными буквами «Глеб Леонтьевич Травин», чтобы его могли опознать в случае какого-нибудь несчастья. Он также вез с собой визитные карточки с надписью: «Вокруг света на велосипеде. Глеб Травин». В Средней Азии с ним произошел забавный случай.

> В Душанбе в мае 1929 года я зашел в редакцию местной газеты с просьбой перевести на таджикский язык надпись на нарукавной повязке: «Путешественник на велосипеде Глеб Травин». Редактор смутился, не зная, как перевести слово «велосипед». Велосипедов тогда почти не было в тех краях, и это слово мало кто понимал. В конце концов велосипед перевели как шайтан-арба — «чертова телега» [Травин 1975: 58].

В Арктике, на западном побережье Новой Земли, его приняли за «черта-людоеда». Однажды Травин ночевал в открытом море, и рядом с ним образовалась трещина. Снег, которым он укрывался вместо одеяла, превратился в лед. Он сумел освободиться при помощи ножа, прикрепленного к поясу, и добрел вместе с велосипедом до ненецкого чума. Поняв, что пальцы ног обморожены, и опасаясь гангрены, он ампутировал их внутри чума, в котором нашел приют. Во время операции Травин не выказывал признаков боли, и сидевшие в чуме женщины бросились наружу с криком «Кели!» (черт). Позже он побывал на ледоколе «Ленин», но скрыл свои повреждения от корабельного врача, чтобы тот не помешал ему продолжить путешествие [Травин 1975: 56–58].

Травин не был отшельником, но стремился держаться вдали от цивилизации. Он демонстрировал, хотя и иными способами, все качества, которые прославляли адепты самодеятельного туризма: подготовленность к путешествиям, самодостаточность, изобретательность, владение нужными умениями. Как отмечал сам Травин, он не возил с собой большого количества еды, так как всегда мог найти пропитание в крестьянской избе; на Севере он ловил рыбу «крюком из велосипедной спицы», стрелял из винтовки птиц, лисиц, медведей. Однажды он застрелил белого медведя и обнаружил, что это была самка с медвежонком. (После серьезной травмы, полученной в ледяной ловушке, Травин обзавелся собачьей упряжкой и провел два месяца в селе Хабарово, оправляясь от повреждений и давая отпор местным свахам.) Медведицу он освежевал, а медвежонка сделал своим спутником. Чукчи, по его словам, были удивлены такой дружбой человека и медведя — это животное считалось у них священным, — как, впрочем, и видом травинского велосипеда. Однако Мишутку, как назвал его путешественник, ждал печальный конец.

> В Певеке я с ним остановился у хозяина фактории. Мишутка, как всегда, сердясь во время еды, опрокинул на пол миску с горячим супом, которым угостил его хозяин. В наказание я выпроводил медвежонка в сени. Но хозяин очень беспокоился за него и уговорил меня постелить в сенях медвежью шкуру, чтобы Мишутке было теплее. Утром мы обнаружили медвежонка мертвым. У меня было несколько медвежьих шкур, и я по ошибке постелил ему шкуру его матери [Травин 1975: 61].

Травин заключает:

> С тех пор белых медведей я больше не убивал. <…> Меня природа тоже могла убить, но пощадила. Пощадила, потому что я уважительно отнесся к ней, стремясь постигнуть и применить ее законы [Травин 1975: 61].

Что подвигло Травина на такое странствие? Как вспоминал он позже, радость доставляло само движение к намеченной цели. «Каждый день я держал экзамен. Выдержал — остался жив. Провал означал смерть». Он не стремился к известности. В те времена, когда внимание журналистов было приковано к полярным летчикам, совершавшим героические деяния в Заполярье, и к путешественникам-одиночкам, совершавшим походы по стране, Травин пустился в путь, никому не объявляя об этом. Позднее он говорил, что хранил молчание из-за негативных ассоциаций, которые вызывало слово «турист».

> По правде сказать, в те годы в нашей стране французское слово «турист» не казалось благозвучным, ассоциируясь чуть ли не со словом «праздношатающийся». «Путешествие ради удовольствия, развлечения» — так трактовал понятие «туризма» настольный энциклопедический словарь 1927 года [Харитановский 1965: 117].

Травин признавался, что готовился к длительной поездке, во многом находясь под впечатлением от французской книги «Без гроша в кармане», где давались полезные советы неимущему путешественнику, — но сам не стремился извлечь материальной выгоды из своих приключений и не написал ничего на потребу читающей публике [Травин 1975: 60][79].

Позднее о Травине стали вспоминать еще реже: в 1937 году, в разгар чисток, его сестра сожгла заметки, которые они присылал ей во время путешествия, — на всякий случай, подальше от греха. Лишь в конце 1950-х годов до журналиста с Дальнего Востока А. А. Харитановского дошли слухи о поразительных деяниях Травина. Харитановский, по всей видимости, встретился с Травиным и услышал рассказ о его путешествии, которому придал беллетризованный вид, выпустив свою книгу сначала на Камчатке (1960), а затем, 25-тысячным тиражом, в Москве («Человек с железным оленем», 1965). Это последнее издание вышло в то время, когда туризм в СССР начал приобретать внушительные масштабы. Как и многие повествования о пережитом, появлявшиеся в то время, книга обильно приправлена вымышленными диалогами, а также сведениями об истории и географии тех мест, где побывал Травин. Однако в ней есть и фотографии, явно предоставленные Травиным, и данные, частично основанные на других документальных источниках. В конце помещены отклики

---

[79] Об увлечении Севером см. [McCannon 1998]. Реальный рост полярных исследований и внимания к ним начался только в 1932 году, но такая деятельность активно велась в СССР и во время путешествия Травина [Харитановский 1965: 212, 41]. Возможно, книга, о которой идет речь, — роман Луи Буссенара (Sans le sou, Paris, 1895). Буссенаровские приключенческие романы были популярны в России на протяжении XX века, судя по библиотечным формулярам.

читателей на издание 1960 года [Харитановский 1965: 198][80]. Правдивая история Травина, подразумевает автор, удивительнее любого вымысла. Краткий рассказ самого Травина был помещен десятью годами позднее в журнале «Вокруг света».

Таким образом, все, что мы знаем о путешествии, прошло через фильтр этих двух спорных источников: первый — сильно приукрашенная повесть для широкой публики, второй — повествование от первого лица в интервью с журналистом, состоявшемся через 45 лет после событий. Но и тот, и другой можно сравнить с другими сведениями о советском туризме, имеющимися в нашем распоряжении, идет ли речь о самодеятельных группах или суровых одиночках: так мы сможем описать личный универсум велосипедиста-одиночки Травина. В 1975 году он признавался:

> Три моих любимых героя — Фауст, Одиссей, Дон-Кихот. Фауст пленил меня своей ненасытной жаждой познания. Одиссей прекрасно выдерживает удары судьбы. У Дон-Кихота была возвышенная идея бескорыстного служения красоте и справедливости [Травин 1975: 61].

Ни один из этих героев не являлся пролетарием и не действовал в составе коллектива. (Математики П. С. Александров и А. Н. Колмогоров, пустившиеся в плавание по Волге тогда же, когда Травин начал свое велопутешествие, тоже вдохновлялись «Одиссеей» — единственной книгой, которую они читали в лодочном походе.) В противоположность образцовому самодеятельному туристу, Травин ставил перед собой глубоко личные цели «внутренней направленности»: по его словам, он хотел испытать себя, ежедневно подвергая свою жизнь опасности. Позже он откровенно говорил о том, что разделял романтический взгляд на мир. «Романтика! Надо было задержать меня на Турксибе или Беломорканале, их как раз тогда строили». Кроме того, его жела-

---

[80] Первое и более краткое издание этой книги — [Харитановский 1960] — было послано Травиным американскому астронавту Дж. Гленну и имеет надпись «От одного кругосветного путешественника — другому». Гленн преподнес книгу библиотеке Университета штата Огайо. Все цитаты даются по изданию 1965 года.

ние пополнить свой запас знаний было не настолько уж тесно связано с родной страной: изначально он собирался совершить кругосветное путешествие, и в 1932 году, закончив свой велопоход, безуспешно пытался получить разрешение на это [Травин 1975: 58; Kolmogorov 2000: 148; Харитановский 1965: 212, 209]. Похоже, у велосипедиста Травина было гораздо больше общего с молодыми людьми по всему миру (вопрос: сколько среди них было женщин?), жаждавшими путешествий, будь то с четко обозначенной целью (30 000 километров пешком) или без нее, скитаясь по воле судьбы, как Одиссей. Сезонные рабочие в США, велосипедисты вроде А. де Грута, бродяги, которых обличали в советских туристических изданиях, — всеми ими двигали мотивы, очень схожие с травинскими.

Но как бы Травин ни желал оказаться за пределами одной шестой части суши, он оставался советским человеком: выбранный им маршрут проходил вдоль границ страны, а встречи с людьми делали его участником советского проекта народного единства. Важным элементом путешествия был обмен знаниями, который входил в состав официальной программы для туристов в 1930-е годы. Ненцы и чукчи занимают в воспоминаниях Травина не менее важное место, чем белые медведи и ледяные пещеры. Значительная часть территории страны в то время еще не была нанесена на карту, и в Арктике Травин часто сталкивался и обменивался информацией с исследователями, геологами и географами, получившими от государства задание сформировать новый географический облик СССР. Он узнал об обычаях различных народов Советского Союза — например, в Казахстане, как выяснилось, отказ выпить кумыс был равносилен оскорблению. Травин и сам передавал знания другим: в арктическом селении Русское Устье ему пришлось дать несколько уроков географии, так как учитель был в отъезде. Запрашивая о разрешении на кругосветное путешествие (и о предоставлении велосипеда), он подчеркивал, что это должно принести пользу СССР:

> Прошу Вашего внимания на скорейшее выполнение заявки, ибо ехать за рубежом на иностранном велосипеде позорно. Я надеюсь с честью продемонстрировать советский велоси-

пед перед зарубежной массой как в центральных, так и в отдаленных районах Америки, Африки и Западной Европы [Харитановский 1965].

О свершениях Травина все-таки узнали, и в Псковском краеведческом музее до сих пор демонстрируются принадлежавшие ему вещи, включая велосипед. Но сколько молодых людей из его поколения отправлялись в путь, самостоятельно составив план, не присоединяясь ни к какой группе, не испрашивая разрешения, не соблюдая медицинский режим, — объятые, как и он, жаждой самопознания и открытий? [Харитановский 1965: 72, 209; Травин 1975: 60–61][81].

К концу 1930-х годов определились основные черты советского туризма. Он предлагал удовольствие и содержательность одновременно; в зависимости от своих предпочтений, человек мог войти в состав самодеятельной группы или путешествовать сравнительно комфортно и безопасно по групповой путевке. Этот туризм мог быть аскетическим, с упором на приобретение опыта и знаний, или же доставлять плотские удовольствия, такие как обильное питание, горячие ванны, поездки на комфортабельных туристических автобусах. Приключения и удовольствие были двумя сторонами советской «хорошей жизни»: истинно «пролетарский» туризм подразумевал суровые испытания в составе самодеятельной группы (или опыт, приобретавшийся малоизвестными одиночками вроде Травина), но «туристы с желтыми чемоданчиками» также наслаждались пейзажами и удобствами инфраструктуры, построенной при социализме. «Все люди, рассматривающие пейзаж, равны перед ним», — пишет Д. Маккеннел [MacCannell 1999: 146]. В конечном счете возобладало более «широкое» представление о туризме, которое в 1920-е годы ассоциировалось с «Совтуром». Травин отказывался именоваться «туристом», так как это понятие связывалось с досугом и отпуском. Большинство советских туристов предпочитали комфорт приключениям, и органам, в ведении которых в разные времена

---

[81] См. также: http://culture.pskov.ru/ru/persons/object/161 (дата обращения: 25.10.2021).

находился туризм, проще всего было устраивать групповые туры: путь наименьшего сопротивления находил горячих сторонников и среди чиновников, и среди публики. К концу 1930-х годов «пролетарский» туризм сохранял привлекательность лишь для незначительного меньшинства и больше не был пролетарским ни по структуре, ни по форме. «Советский» же туризм предлагал относительно бюджетные возможности обитателям городов — женщинам, студентам, государственным служащим, другим представителям нарождавшейся тогда элиты, стремившимся получить курортный отдых со всеми его удовольствиями. Но, как и в «пролетарском» туризме, упор делался на содержательность и удовольствие одновременно.

«Хорошая жизнь» в ее советско-туристском варианте также давала советским гражданам возможность выбора направлений внутри страны. Но независимо от того, каким было путешествие — «суровым» или «расслабленным», в составе группы или самодеятельным, — советский туризм содействовал усвоению ценностей, ассоциировавшихся именно с социалистическим отдыхом. Рассказы туристов 1930-х годов свидетельствуют о том, что они были довольны тем сочетанием самопознания и восстановления сил, которое предлагал туризм. Режим турпохода учил каждого участника быть самодостаточным атомом в молекуле коллектива. «Пусть смеются, — говорили московские текстильщицы. — Мы свою задачу выполнили».

Советские туризм, в том виде, какой он приобрел в 1930-е годы, обнажает истоки «парадокса Лефорта», открытого А. В. Юрчаком. Советский гражданин, который, как ожидалось, исповедует коллективистскую этику, становился независимо мыслящим индивидуумом [Yurchak 2006: 11]. Следуя строгим правилам, установленным для советского туризма, «пролетарские» туристы могли прийти к подлинной самореализации на советский манер. Путешествуя среди девственных ледников, вдали от скоплений людей, или участвуя в гребном походе по Волге, они совершали важные лично для себя открытия, но в то же время выполняли долг перед государством и обществом, закаляя свое здоровье, совершенствуя свои трудовые навыки, оттачивая свой ум.

Глава четвертая
Восстановительный отдых после войны

В 1940 году, когда Западную Европу охватил пожар войны, советские газеты и журналы восхваляли новые возможности, доступные советским туристам и отдыхающим. Можно было выбрать круиз вдоль черноморского побережья на «Абхазии» или проехаться в открытом туристическом автобусе, насладившись захватывающим видом Кавказских гор. Инфраструктура — санатории, дома отдыха, турбазы — продолжала расширяться, отдых вдали от дома становился доступным все большему числу граждан. Рос и географический охват советского туризма — насильственное присоединение территорий на Западе дало возможность открыть новые направления. Напоминая о любви В. И. Ленина к Карпатам, журнал «На суше и на море» поместил материалы о Западной Украине и Западной Белоруссии всего через несколько месяцев после того, как советско-германский договор позволил Красной армии отодвинуть границы страны дальше на запад. Уже через месяц после аннексии трех прибалтийских стран в августе 1940 года журнал рассказывал о перспективах туризма в этих новых советских республиках: на обложке была помещена смеющаяся «латвийская молодежь в национальных костюмах»[1].

Нападение Германии на Советский Союз 22 июня 1941 года положило конец досуговым поездкам: в следующие четыре года

---

[1] Труд. 1940. 17, 29 января, 20, 28, 30 марта, 10 апреля, 18 мая, 14, 24 августа, 10 сентября, 3, 19 декабря; 1941, 27 апреля; На суше и на море. 1939. № 11. С. 6–7; № 12. С. 10–11; 1940. № 3. С. 12–13; № 4. С. 2; № 8. С. 10–11; № 9 («Советская Прибалтика»). С. 3–8, 9–17.

Рис. 4.1. Фотография на память: пара в центральном санатории НКВД, Цихисдзири (Грузия), 27 мая 1941 года

многие курортные заведения в Крыму и Кавказских Минеральных Водах превратились в руины. Активно восхвалявшийся ежегодный оплачиваемый отпуск был отменен на время войны. Дома отдыха, санатории и турбазы, находившиеся вдали от линии фронта, превратились в госпитали. Досуговые поездки прекратились — транспортные средства были реквизированы для перевозки войск, беженцев, эвакуированных, а позже — и пленных, и использовались для этой цели даже после германской капитуляции 9 мая 1945 года, как в СССР, так и за его пределами (к вышеперечисленным категориям добавились те, кто возвращался с фронтов). Однако 1 июля 1945 года было торжественно объявлено о восстановлении ежегодного оплачиваемого отпуска[2]. Профсоюзам дали указание направить все силы на ремонт и отстраивание поврежденных и разрушенных объектов досуговой инфраструктуры, чтобы инвалиды войны и рабочие могли вновь обрести силы, истраченные при защите родины.

Послевоенные годы не только принесли с собой новые возможности, но и ознаменовались переориентацией всего советского

---

[2] Труд. 1945. 17 июля.

проекта. После победы многие испытывали прилив оптимизма, ожидая, что народ будет вознагражден за жертвы, понесенные в годы войны и ранее, в период ускоренной индустриализации, заложившей основу для триумфа советских армий [Zubkova 1998: 16]. Этот новый мир был обрисован в речи (1944) В. В. Вишневского, литератора, мыслившего вполне по-партийному:

> Когда война закончится, жизнь станет радостной. Наш опыт даст великую литературу. Мы будем много ездить, активно поддерживать контакты с Западом. Каждому разрешат читать то, что он хочет. Будет обмен студентами, советские граждане смогут без труда ездить за границу [Werth 1971: 99].

Разрушения военных лет дали возможность переосмыслить направление развития и организацию социалистического отдыха[3]. Но победа над фашизмом свидетельствовала также о правильности советской системы, сложившейся в 1930-е годы. Право на отдых оставалось священным в послевоенной пропаганде, но как следовало организовать этот отдых в годы реконструкции, с учетом постоянных экономических трудностей и начинавшейся холодной войны? Надо ли было восстанавливать предвоенную структуру, с ее упором на аристократически-монументальные, предлагавшие множество медицинских процедур курортные комплексы на юге? Мог ли спортивный туризм одержать верх (и заручиться поддержкой профсоюзов) над «пижамным», особенно ввиду непрекращающейся конфронтации с другими державами? Или же была возможность идти, наряду с прочими, «средним путем» — предоставлять отдых в комфортабельных

---

[3] Перечислим некоторые из недавних работ, посвященных этому периоду: Late Stalinist Russia: Society between Reconstruction and Reinvention / Ed. by J. Fürst. London, 2006; Weiner A. Making Sense of War: The Second World War and the Fate of the Bolshevik Revolution. Princeton, NJ, 2001; Fürst J. Stalin's Last Generation: Soviet Postwar Youth and the Emergence of Mature Socialism. Oxford, 2010; Fürst J., Jones P., Morrissey S. The Relaunch of the Soviet Project, 1945–64: Introduction // Slavonic and East European Review. 2008. Vol. 86. № 2. P. 201–207; Lovell S. The Shadow of War: Russia and the USSR 1941 to the Present. Chichester, UK, 2010.

условиях, без медицинских услуг? Последний стал нормой к концу 1930-х годов, что выражалось в высоком спросе на путевки, в желании проводить отпуск летом, на юге, у моря.

Поначалу политические решения определялись задачами восстановления. Ведомства, отвечавшие за туризм и курорты, стремились заново отстроить свои объекты и вернуть клиентов, и лишь в 1950 году наметилось некое подобие возвращения к нормальной жизни: это касалось как пассивного, так и активного отдыха. Но профсоюзы спешили в первую очередь восстановить дорогостоящую инфраструктуру — дома отдыха и оздоровительные курорты, — отводя туризму роль второсортного времяпровождения и пренебрегая его возможностями по организации более экономичных досуговых поездок. И турбазы, и оздоровительные курорты оставались в системе профсоюзов, перспективы отдыха были по-прежнему связаны с рабочим местом. В эту динамичную послевоенную эпоху государство было готово расширить туристические и курортные объекты, вложить миллионы рублей, чтобы обеспечить трудящимся отдых, — но определяли это расширение, сдерживая его темпы, затратные схемы, разработанные до войны.

И все же в ходе восстановления системы 1930-х годов происходили малозаметные изменения (начало 1950-х годов), предвещавшие более серьезные перемены, обычно связываемые с десталинизацией (после 1953 года). Больше внимания уделялось комфорту потребителей, мнение профессионалов стало более весомым. После войны ведущая роль в структурах, занимавшихся устройством отдыха, перешла к медикам, а профессионализм в сфере услуг (например, в поварском деле) стал цениться как никогда и при составлении планов, и при их выполнении. Этот период отмечен также появлением нового социального слоя — интеллигенции, представители которой не только преобладали среди специалистов, участвовавших в организации отдыха, но и стали наиболее квалифицированными потребителями из числа заказывавших этот отдых, будь то курортное времяпровождение или турпоходы. В 1930-е годы и в конце 1940-х именно выходцы из этого нового господствующего класса захватили рычаги влияния в советском обществе и ожидали вознаграждения за оказанные государству услуги[4]. Одни изначально принадлежали к низам общества и выдвинулись в ходе индустриализации и урбанизации [Fitzpatrick 1979]. Другие происходили из дореволюционной элиты и умело использовали свой культурный капитал, чтобы сохранить привилегированное положение при новом порядке[5]. К началу 1950-х годов досуговые поездки стали для них одним из символов престижа и социального положения.

Война и восстановление

Ежегодные отпуска были заново введены 1 июля 1945 года: это стало признаком возвращения к нормальной жизни после войны, принесшей столько страданий и жертв. Профсоюзные органы, отвечавшие за туризм и курорты, спешили обустроить турбазы и наладить маршруты для первых групп отдыхающих. Газета «Труд» объявила о том, что к концу года заслуженный отпуск получат 750 000 трудящихся; в августе она указывала, что на Кавказ отправляются 30 тургрупп[6].

Власти признавали, что не все трудящиеся, заслужившие право на отдых, сразу же смогут им воспользоваться. Поэтому в 1945 году предпочтение отдавалось инвалидам войны, беременным женщинам и кормящим матерям, рабочим, занятым «на участках с вредными условиями труда», — и «другим». Матери с детьми и те, кто получил ранения, составляли две новые привилегированные категории, имевшие преимущество даже перед ударниками, — то было признанием огромных людских потерь в ходе войны. Вскоре, однако, «лучшие производственники» вернулись

---

[4] В работе Vera Dunham. In Stalin's Time: Middleclass Values in Soviet Fiction. Cambridge, 1976 анализируется «большая сделка» между режимом и средним классом управленцев, обменивавшим политическую лояльность на материальные блага.

[5] [Clark 1995; Zubok 2009]. Об интеллигенции как социальной группе см. также [Bittner 2008].

[6] Труд. 1945. 7 июля, 7 августа, 22 сентября.

в состав этой своеобразной элиты; к ней стали относить и демобилизованных[7]. Еще до войны стало ясно, как трудно создать работающую систему иерархического доступа к благам: на бумаге преимущества даровались легко, добиться реальных прав было труднее. Создание новых привилегированных категорий означало признание вклада советских граждан в войну, но обещанного доступа дано не было. Говоря современным языком, это было «не обеспеченное ресурсами обязательство».

Органы, ведавшие туризмом, действовали осторожно, первоначально попытавшись восстановить несколько наиболее популярных довоенных направлений: Москва, Ленинград, Крым, Черноморское побережье Кавказа, Северный Кавказ, Закавказье[8]. В центральном аппарате обещали предоставлять демобилизованным солдатам путевки с отправлением из Москвы, но чиновники от туризма сообщали, что в дальние путешествия отправляются в основном учителя, студенты, инженеры, научные работники; во всяком случае, так обстояло дело поначалу[9]. Как и перед войной, право на отдых оставалось предметом потребления, который доставался немногим на благо всего общества. На деле же его получили только те немногие — а именно городские интеллектуалы, — которые обладали достаточным социальным капиталом, чтобы извлечь выгоду из этих возможностей.

Планы, связанные с возвращением к ежегодным отпускам, начали строиться еще до разгрома Германии в начале мая 1945 года. 24 апреля Туристско-экскурсионное управление (ТЭУ) ВЦСПС получило распоряжение: мобилизовать шесть крупнейших региональных отделений для возрождения туризма летом того же года. Следовало разработать маршруты, на которых туристы знакомились бы с историей только что закончившейся войны, но не были забыты и традиционные стройки социализма, природные красо-

---

[7] Труд. 1945. 16 августа; 1946. 25 января.
[8] Труд. 1945. 7 июля; ГАРФ. Ф. 9520. Оп. 1. Д. 24 (материалы о туристических лагерях). Л. 44.
[9] ГАРФ. Ф. 9520. Оп. 1. Д. 24. Л. 24; Труд. 1945. 7 августа. О ветеранах как привилегированной группе см. [Edele 2008].

ты, памятники культуры. ВЦСПС выделил средства на подготовку экскурсоводов, восстановление разрушенной туристической инфраструктуры, возобновление работы фабрики туристического снаряжения, чтобы наладить выпуск палаток, рюкзаков и других товаров в ожидании роста числа туристов. Главное управление курортов и санаториев, обязавшееся отправить в 1946 году 750 000 человек в дома отдыха и санатории, продолжало тем не менее полагаться на местную инициативу, призывая профсоюзные комитеты и даже отдельные предприятия восстанавливать разрушенные здания, а в особенности — заводить подсобные хозяйства, чтобы обеспечить питанием пациентов и отдыхающих[10]. Такой подход, основанный на децентрализации, мог бы стать новым образцом для всей советской экономики. Н. С. Хрущев пытался добиться чего-то подобного в конце 1950-х годов, но сразу же после войны из этих усилий ничего не вышло[11].

К 1948 году поощрение местной инициативы — когда граждан призывали самостоятельно решать проблемы с размещением в отпуске — сошло на нет, сменившись более привычной схемой: централизованные снабжение и контроль. Неспособные выполнить спущенные сверху директивы, руководители отдельных объектов запрашивали у центра указаний, но прежде всего — денег. На совещаниях в центре представители с мест жаловались и просили выделить им деньги для выполнения обязательств. Эта ситуация будет повторяться позднее на протяжении нескольких десятилетий. Экономические трудности, усугубившиеся из-за неурожая 1946–1947 годов, были веской причиной для провала местных инициатив. Восстановлению туристическо-курортного хозяйства мешала и нехватка грамотных управленцев.

Проблемы были крайне серьезными. Многие санатории и дома отдыха лежали в руинах после оккупации, некоторые не подлежали восстановлению. Кое-что из оставшегося отошло к более влиятельным ведомствам, и органы, занимавшиеся туризмом и курортами, боролись за их возвращение. Из 62 санаториев,

---

[10] ГАРФ. Ф. 9520. Оп. 1. Д. 24. Л. 44, 115; Труд. 1945. 28 сентября.

[11] О попытках проведения реформ в этот период см. [Hessler 1998].

Рис. 4.2. «Туризм — лучший отдых!» Плакат Марии Нестеровой-Берзиной. М.: Госиздат, 1946. Тираж 2000 экземпляров

существовавших в Крыму до войны, после освобождения работали лишь 10, и им угрожала реквизиция со стороны организаций, более могущественных, чем Главное управление курортов и санаториев. В 1946 году Ялта все еще жила без электричества, не был открыт ни один пляж. Разветвленная система курортов Одессы с 80 санаториями также сильно пострадала в войну[12].

Как правило, местные администраторы обращались за решением проблем в центр и высказывали недовольство, когда ответа не было или он не соответствовал ожиданиям. На совещании руководителей курортов в мае 1947 года все они, один за другим, принялись докладывать о жалком состоянии своих учреждений. Одни просили восстановить снабжение из центра, в котором им отказали. Другие жаловались, что министерство не выделяет фондов в достаточном количестве. На еще одном совещании, проходившем в Сочи, жалобы носили еще более направленный характер. Так, санаторий текстильщиков собрался завести подсобное хозяйство для обеспечения пациентов питанием, но Главное управление курортов и санаториев прислало семена, когда посевной период уже закончился. Кое-кто был недоволен чрезмерным надзором, не дававшим решить проблемы самостоятельно. Начальника Главного управления просили: «окажите нам больше доверия, дайте нам больше свободы, не читайте нам наставления по любому поводу»[13]. С точки зрения предприимчивых руководителей, государство проявляло мало гибкости; с точки зрения безынициативных, оно предоставляло мало помощи.

Центральные органы винили неэффективных руководителей в редакционных статьях газеты «Труд» и в то же время помещали хвалебные материалы о тех немногих санаториях и домах отдыха, где дела шли хорошо[14]. «Труд» регулярно публиковал, кроме того, обзоры читательских писем — «сигналы с мест»

---

[12] ГАРФ. Ф. 9493. Оп. 3. Д. 21 (совещание директоров сочинских санаториев, 24 октября 1947 года). Л. 18 об.; Д. 177 (материалы о крымских здравницах, 1946). Л. 11, 1; Д. 78 (всесоюзное совещание руководителей курортов и домов отдыха, декабрь 1949 года). Л. 165.

[13] ГАРФ. Ф. 9493. Оп. 3. Д. 20. Л. 97 об.; 16; Д. 21. Л. 10, 4 (цитата).

[14] Примеры: Труд. 1946. 14 мая, 26 июля, 16 ноября; 1947. 11 июня; 1948. 15 мая.

о нарушении права на отдых. Некоторые советские граждане с теплотой отзывались об образцовом отпускном времяпровождении, которое выпало им в эти трудные годы послевоенного восстановления. Многотиражка «Серпа и Молота» летом 1946 года публиковала письма рабочих из отпуска. Из Кисловодска сообщали о сытном питании, ежедневных ваннах с минеральной водой, целебном пребывании на воздухе, превосходных видах. Рабочий, впервые поехавший в Крым, расхваливал город, каких он никогда еще не видел: аллеи, обсаженные пальмами и соснами, чудесный воздух, фруктовый сад, где он рвал абрикосы и сливы. «Время, проведенное на взморье, надолго останется в моей памяти» — такие слова постоянно встречались в письмах отдыхающих домой, а также в книгах отзывов и предложений[15].

Однако большинству обладателей путевок в дома отдыха и санатории они — если говорить о конце 1940-х годов — запомнились своими недостатками. Это касалось всего: комфорта, оказываемых услуг, медицинских процедур, развлечений. Комплексный отдых выглядел примерно следующим образом. Отдыхающие прибывали на ближайшую к дому отдыха или санаторию станцию после долгой, утомительной поездки в железнодорожном вагоне, но там их никто не встречал и не мог доставить до места назначения. Приходилось идти пешком, неся с собой чемоданчики. На месте несколько часов уходило на оформление бумаг и распределение коек — и никакого душа или ванны, чтобы смыть дорожную грязь. В спальне, обычно темной, грязной, тесной и продуваемой насквозь, размещались десятки человек. Все вещи приходилось хранить в чемодане под кроватью: не имелось ни полок, ни шкафов, ни прикроватных столиков, ни стульев. На окнах не было занавесок, на полу — ковра, крыша чаще всего протекала.

У себя дома отдыхающие подвергались тщательному медосмотру, чтобы доказать необходимость для себя такого вида отдыха, но по прибытии почти не получали врачебного ухода. Доктор появлялся лишь через неделю после приезда, а предписанное им лечение, как правило, оказывалось неподходящим или неиспол-

---

[15] Мартеновка. 1946. 25 мая; 18 июля.

нимым: ванны не действовали, медицинского оборудования не было. Затруднения возникали даже с утренней зарядкой: отведенные для этого места были засажены огородами сотрудников.

Обычно пациентов по приезде взвешивали — целью отдыха было набрать несколько килограммов, — но в столовой они чувствовали себя не лучше, чем в спальне. Питание было трехсменным, с длинными очередями и долгим временем ожидания, не хватало тарелок и столовых приборов. Пища не отличалась разнообразием, продукты часто портились из-за отсутствия холодильников. Один руководитель в 1947 году обрушивался на однообразное снабжение: «осетрина, осетрина, осетрина и снова осетрина, и никакой селедки»[16]. (Но, по крайней мере, это учреждение обеспечивало себя рыбой из Волги.) Меню повторялось изо дня в день, порции были меньше обычных. Из-за большого количества народа отдыхающим приходилось есть быстро, что плохо сказывалось на пищеварении.

В идеале остаток дня следовало провести в спокойном отдыхе и развлечениях, но не было ни игр, ни спортивного инвентаря, а ухабистая, неухоженная, замусоренная территория не годилась для прогулок. Не было дорожек, скамеек и, разумеется, клумб и декоративных кустарников. Иногда рядом протекала река, но пляж был переполнен, а лестница к воде развалилась. Сотрудники были озабочены прежде всего собственным выживанием и видели в своей работе возможность обеспечить себе питание за счет отдыхающих. Некоторые проявляли заботу и участие, но куда больше было тех, кто вел себя грубо и равнодушно относился к нуждам отдыхающих. По вечерам делать было нечего: кинопроектор был сломан или в наличии были только старые фильмы, радио не работало, никто не мог устроить концерт, лекцию или сеанс игры. Если учреждение располагало библиотекой, выбор книг обычно оказывался скудным, а для чтения не было удобного места. В том случае, если отдыхающий хотел пожаловаться, выяснялось, что жалобной книги нет или она под замком. Многие завершали отдых досрочно, предпочитая свои спартанские об-

---

[16] ГАРФ. Ф. 9493. Оп. 3. Д. 21. Л. 4 об., 5.

щежития советскому дому отдыха, но даже эта задача была непростой — человек не мог забронировать билеты на поезд[17].

Отдыхающие выражали недовольство громко и публично — в письмах к властям и в органы печати. Эти жалобы свидетельствуют о том, какого отдыха ожидали советские граждане и какой отдых рекламировался в качестве образцового накануне войны. Однако в послевоенное время стремление получить должный комфорт и уход стало более настойчивым. В идеальном варианте отдыхающий становился центром всего, объектом внимания, получателем услуг — медицинских, культурных, кулинарных. Сочетание невиданных прежде пейзажей, прибрежных или горных, изобилие комфорта и врачебного ухода, необычное для повседневной жизни, было призвано не только отвлечь от рабочей рутины, но и сделать санаторий или дом отдыха волшебной, целительной страной чудес.

Естественно, для одних категорий советских граждан комплексный отдых был доступнее, чем для других. Хотя должностные лица отрицали это, в Сочи при распределении пищевых рационов действовала «классовая» система. «Курортторг [организация, отвечающая за централизованное снабжение продуктами питания], как правило, делит санатории на санатории специального типа, санатории высшей категории и санатории ВЦСПС», — заявлял один главврач на совещании руководителей сочинских курортов (1947). Серебровский, управляющий Курортторгом, признал, что ему прислали список из 18 санаториев, которые должны были снабжаться продуктами лучше остальных. Сочи был образцовым советским курортом, и Серебровский настаивал, чтобы к каждому пациенту было одинаково внимательное и чуткое отношение, но даже там одни отдыхающие были равнее других[18].

---

[17] Этот текст основан на отзывах, которые содержатся в следующих источниках: ГАРФ. Ф. 9493. Оп. 3. Д. 20; Д. 77; Труд. 1945. 1 сентября, 9 декабря; 1946. 16, 26 июля; 1947. 22 мая, 16 июля, 19 сентября; 1949. 2 августа, 7 сентября. (Один из признаков бедствий тех лет — ничтожное количество каких бы то ни было упоминаний об отдыхе и туризме в «Труде» за 1948 г.)

[18] ГАРФ. Ф. 9493. Оп. 3. Д. 21. Л. 4 об., 11 об.

Восстановление отпускной системы наталкивалось на экономические трудности, которые испытывала страна [Filtzer 2002, 2010]. Но к 1950 году самые тяжелые последствия голода 1946–1947 годов были преодолены, и чиновники, отвечавшие за отдых, могли ставить задачи, связанные не только с восстановлением инфраструктуры, но и с давно назревшим ее расширением. В статьях «Труда», посвященных отдыху, теперь затрагивалась новая тема: средства, выделяемые государством для обеспечения права на отдых. Каждой весной в новостях об «открытии курортного сезона» с восхищением называлось число новых или открытых после перерыва санаториев и домов отдыха[19]. Кроме того, руководители санаторно-курортных учреждений в индивидуальном порядке сообщали об увеличении количества коек, пациентов, медицинских процедур, книг в библиотеке, количества блюд, подаваемых за обедом или завтраком (и в целом в меню столовой). В отчете Сочинской группы санаториев и домов отдыха за 1952 год отмечалось, что стоимость продуктов снизилась по сравнению с 1950 годом, а качество повысилось: фрукты, овощи, куриное мясо, рыба, молочные продукты, сладости стали доступнее для отдыхающих[20].

«Радостная жизнь», которую предрекал В. В. Вишневский, означала признание того, что трудящийся человек жив не хлебом единым — и с 1950 года стали прикладываться новые усилия для повышения качества услуг, предоставляемых отпускникам. И здесь, как и в других случаях, власти продолжили кампанию 1930-х годов — на этот раз кампанию за «культурный отдых»

---

[19] Труд. 1949. 13 июля, 7 сентября; 1950. 8 апреля, 29 августа; 1948. 15 мая; 1949. 17 апреля; 1950. 12 апреля; 1952. 10 апреля. Каждое лето делался обзор писем, в котором перечислялись сохраняющиеся недостатки; руководителей курортных учреждений призывали к ответу.

[20] ГАРФ. Ф. 9493. Оп. 3. Д. 77; Ф. 9493. Оп. 3. Д. 78; ЦГАМО. Ф. 7223. Оп. 1. Д. 576 (отчет о конференции, март 1950). Л. 4, 16, 25–28; 44; ГАРФ. Ф. 9493. Оп. 3. Д. 1783 (отчет о профсоюзной конференции, 1950); Д. 768 (медицинские отчеты домов отдыха, 1950); Д. 141 (совещание директоров курортов и домов отдыха, сентябрь 1952); Государственный архив города Сочи (СГА). Ф. 5. Оп. 1. Д. 79 (отчет Сочинской группы санаториев, 1951). Л. 12. Стоимость путевки в Сочи в 1947 году составляла 7360 рублей, а в 1951 году упала до 3769 (Л. 11–12).

[Randall 2008; Hessler 2004]. В рамках подготовки к «всесоюзному смотру» работников домов отдыха и санаториев призывали совместно искать способы улучшить обслуживание и писать отчеты о достижениях[21]. Соглашаясь с тем, что отпуск начинается на железнодорожной станции, сотрудники отчитывались о том, как они встречают отдыхающих и доставляют их на автобусе, тепло приветствуют по прибытии, подавая горячий чай, и вежливо размещают по комнатам. На обеденных столах были льняные скатерти и салфетки. Красились ограды и скамейки, высаживались сотни тысяч цветов и кустов. Врачи тоже готовились к смотру, проводя больше времени с пациентами и тщательно записывая историю болезни каждого, чтобы назначить подходящий режим[22]. Как и в 1945 году, в недолгую эпоху поощрения личной и местной инициативы, победителям смотра поручалось заняться улучшением обслуживания во всесоюзном масштабе. Именно такие задачи ставились при развертывании стахановского движения и социалистического соревнования в 1930-е годы. Новым в 1950 году было то, что стимулы создавались для сектора услуг в ходе мобилизационной кампании, целью которой было повышение удовольствия, а не рост объема производства.

Децентрализация и слабый административный контроль не дают точно определить число отдыхающих в послевоенные годы. В 1945 году газета «Труд» сообщала, что 400 000 советских граждан получили путевки в санатории и 1,1 миллиона — в дома отдыха. Эти цифры выглядят преувеличенными. В 1952 году учреждения здравоохранения подчинялись нескольким ведомствам: Министерство здравоохранения в 1948 году располагало

---

[21] Труд. 1950. 18 февраля, 1 апреля; ЦГАМО. Ф. 7223. Оп. 1. Д. 576. Л. 80. Похожая кампания была развернута в югославской туристической индустрии в 1950 году, см. [Duda 2010]. Британский фестиваль (1951) также был призван стимулировать экономику путем притока туристов, о чем говорилось в рекламе по случаю его 50-летия (2011).

[22] ГАРФ. Ф. 9493. Оп. 3. Д. 1783. Л. 88; ЦГАМО. Ф. 7223. Оп. 1. Д. 576; ГАРФ. Ф. 9493. Оп. 3. Д. 2012 (совещания центральной ревизионной комиссии, 24 марта 1950, 20 апреля 1950); Д. 1761 (материалы Краснодарской ревизионной комиссии, 1950); Д. 1748 (материалы ревизионной комиссии Московской области, 1950); Д. 1738 (материалы ревизионной комиссии Крыма, 1950).

Рис. 4.3. Вход в Дом отдыха для горняков Подмосковного угольного бассейна. Бобрик-Гора, Московская область, 1950. Фото Чепрунова. Цветы и ограждения вдоль дорожек появились во время кампании 1950 года по облагораживанию территорий домов отдыха. РГАКФД г. Красногорска, № 0171015. Публикуется с разрешения архива

114 000 коек, профсоюзы — 120 000. В том же году профсоюзные деятели собирались распределить от 1,5 до 1,87 миллиона путевок, что составляло 12 отдыхающих на койку: чтобы вместить всех желающих, здравницы должны были работать с полной загрузкой круглый год[23]. На деле же лишь немногие из них могли функционировать круглогодично. Судя по отчетам с мест, дома отдыха и санатории заполнялись (более того, переполнялись) только в июле и августе. К 1950 году коечный фонд увеличился до 383 000 единиц; план на этот год предусматривал прием двух миллионов отдыхающих, так что соотношение стало более скромным — пять человек на койку. В 1952-м руководство профсоюзов намеревалось реализовать 2,8 миллиона путевок в санатории и дома отдыха. Редакция «Труда» считала, что отпускные поездки стали для советских людей обычным делом, но в 1951 году население страны составляло 181,6 миллиона человек: таким

---

[23] Труд. 1946. 16 января; 1948. 7, 26 февраля, 5 марта, 15 мая.

образом, лишь 1,5 % из них становились обладателями официальных путевок [Народное хозяйство СССР в 1956 году: 275; Народное хозяйство СССР в 1973 году: 642, 644][24]. В действительности поездка в отпуск была далеко не обычным случаем, и газетные статьи, как правило, приводили отдельные примеры, а не совокупные цифры. Читатели могли узнать, например, данные по одному из предприятий: «…в прошлом году и первом квартале этого года рабочим, инженерам и служащим завода было выдано 1380 путевок в дома отдыха». Сообщались даже имена избранных, но выводов об их репрезентативности сделать было нельзя[25]. В рекламных материалах, посвященных отпуску, напоминалось, что он доступен «для всех», но не говорилось о том, как велик дефицит путевок. Сохранялась практика 1930-х годов: для большинства советских граждан ежегодный отпуск был скорее обещанием, чем реальностью.

Туризм: горные дороги или отдых у моря?

В условиях такого дефицита экономичный отпуск в виде туризма, возможно, давал больше шансов на быстрый перезапуск советской системы «отпуска для всех». В августе 1945 года Н. М. Роговский, глава Туристско-экскурсионного управления ВЦСПС, дал «Труду» оптимистичное интервью на тему возрождения туризма, пообещав восстановление разрушенных гостиниц и турбаз, а также возобновление популярных дальних маршрутов — Крым, кавказские военные дороги. Весной и летом 1945 года из Москвы на безграничные советские просторы отправились первые тургруппы[26]. Но старания вывести туризм на уровень 1939 года быстро натолкнулись на конкуренцию со стороны более престижного вида отпуска — пребывания на курортах и в домах отдыха.

---

[24] См. также: Труд. 1950. 20 апреля; 1952. 13 апреля.
[25] Пример взят из: Мартеновка. 1952. 17 мая.
[26] Труд. 1945. 7 августа, 22 сентября.

В 1939 году Туристско-экскурсионное управление располагало 164 турбазами — максимальное количество за все время; к концу войны в рабочем состоянии осталось лишь 45 турбаз с 5000 мест. Туризм страдал не только от военных разрушений, но и от постоянных сражений за собственность. Широко разрекламированный московский Дом туриста, расположенный в самом центре, на Арбате, ВЦСПС забрал в 1938 году для своих целей, в обмен на здание в периферийном районе на северо-востоке Москвы (у парка Сокольники). В войну оно служило госпиталем, затем стало домом отдыха для беременных. Туристам, выбиравшим маршрут № 1, «Москва — столица СССР», негде было остановиться. Предвоенная туристическая гостиница в Ленинграде на 850 человек, предоставлявшая полный комплекс услуг, была уничтожена, еще одна турбаза отошла к городской прокуратуре. На протяжении 1940-х годов ВЦСПС непрерывно вел борьбу с другими ведомствами за возвращение имущества, которое можно было использовать для целей туризма[27].

Так же неуспешно ТЭУ решало вопросы снабжения продуктами, найма сотрудников, производства снаряжения первой необходимости (палатки, рюкзаки). Министерство торговли отказывалось предоставлять продукты турбазам, что ударяло не только по туристам, но и по персоналу. Кроме того, его руководители постановили, что заработная плата экскурсоводов и массовиков не должна превышать 500 рублей в месяц — по сравнению с 1000 рублей, которые им платили на курортах. Сотрудники ТЭУ жаловались, что в таких условиях невозможно найти подготовленных специалистов или удержать тех, кто получил подготовку. Единственная фабрика туристического снаряжения, находившаяся в ведении ТЭУ, представила в 1946 году оптимистичный план производства палаток, рюкзаков, ботинок, спальных мешков и байдарок на ближайшую пятилетку, но ее возможности далеко не соответствовали спросу. Закончились ничем и усилия ТЭУ

---

[27] ГАРФ. Ф. 9520. Оп. 1. Д. 167 (отчеты, касающиеся турбаз, за сезон 1950 г.). Л. 9; Д. 24. Л. 7 об.; Д. 39. Л. 52, 107, 37, 146, 172, 180–181, 88; Д. 179а (отчеты центрального ТЭУ за 1936–1951 гг.). Л. 11–12, 17–18.

обеспечить туристов автобусами и автомобилями, поэтому многие маршруты не могли функционировать[28].

К 1948 году чиновники от туризма признали, что «лучшему виду отдыха» не удалось вернуть довоенный престиж. Местные управления ТЭУ, ответственные за организацию турпоездок, в 1945 году были воссозданы в Москве, Ленинграде, на Северном Кавказе, в Грузии, а в 1946-м на новоприсоединенных территориях — в Прибалтике и Закарпатье. В Крыму активные маршруты восстановили только в 1947-м, на Украине — в 1950-м. Чиновники высказывали недовольство тем, что со страниц центральных газет исчезли упоминания о туризме: «Труд» не помещал таких материалов с сентября 1945 года по март 1948 года, и только в сентябре 1949 года вышла редакционная статья, с критикой в адрес профсоюзных организаций, не сумевших создать условий для путешествий туристов по обширной советской стране. Дефицит был лишь частью проблемы, жаловались активисты; правда же заключалась в том, что ни ТЭУ, ни Всесоюзный комитет по делам физической культуры и спорта не желали заниматься туризмом, считая его чем-то нестоящим. Н. Н. Аделунг, один из основоположников «пролетарского» движения, в 1948 году заключил, что туризм пришел в упадок из-за безразличия официальных лиц. В 1953 году активисты (в том числе Аделунг) по-прежнему сетовали на то, что ВЦСПС не оказывает поддержки туризму[29].

В дебатах о туризме конца 1940-х — начала 1950-х годов слышались отзвуки изначальной полемики между сторонниками «сурового» пролетарского туризма и теми, кто ориентировался на групповые туры совтуровского образца. В эти небогатые послевоенные годы ветераны пролетарского туризма увидели возможность воскресить образ массового, волевого, опирающегося на низы туризма, некогда послуживший образцом для Общества

---

[28] ГАРФ. Ф. 9520. Оп. 1. Д. 39. Л. 108, 96; Д. 193 (отчеты, касающиеся турбаз, за сезон 1951 г.). Л. 15–16; Д. 24. Л. 115; Д. 69 (совещание по вопросам массового туризма и всесоюзных маршрутов, 10 июня 1948). Л. 9, 23; Труд. 1945. 22 сентября.

[29] ГАРФ. Ф. 9520. Оп. 1. Д. 69. Л. 12; Ф. 7576. Оп. 14. Д. 63 (совещание туристической секции, май 1953). Л. 57, 68–69, 87, 136.

пролетарского туризма. Шли разговоры о важности создания местных ячеек и клубов, чтобы живописать в устной форме достоинства турпоходов, о возрождении журнала «На суше и на море» — это привлекло бы миллионы путешественников, предпочитающих туризм отдыху на курорте. Речь шла об «обращении» через слово, которое произошло, например, с учительницей Раисой Сергеевной Каревой, впервые отправившейся в туристическую поездку. В 1949 году она писала с кавказской турбазы:

> Я ехала сюда без особого подъема и интереса, меня интересовало лишь то, что я побуду на юге. В результате получается обратное. В первые дни нас мало интересовали занятия туристского характера, но после скальных занятий, рассказов возвращающихся групп из похода меня непреодолимо потянуло в поход, в горы, навстречу трудностям[30].

Некоторые призывали к возрождению независимого общества, способного вновь сделать туризм движением, а не службой (или предприятием) при профсоюзах.

Энтузиасты и пропагандисты видели массовый туризм самодостаточным, «самоходным» и патриотическим: разновидность отдыха, закаляющая тело и дух, улучшающая навыки командной работы, укрепляющая чувство товарищества, наконец, оставляющая незабываемые впечатления благодаря величественным видам. В одной из редакционных статей «Труда» (1949) говорилось, что миллионы советских граждан хотели бы отправиться в захватывающее, познавательное путешествие по стране. Как и в 1930-е годы, организовать сотни и тысячи самодеятельных туристов поручили Всесоюзному комитету по делам физической культуры и спорта, которому подчинялись спортивные общества на предприятиях. Эти общества должны были привлекать в свои ряды, сплачивать и обучать смелых, склонных к приключениям людей, устраивая экскурсии выходного дня по близлежащим местам, а также путешествия на дальние расстояния по лесам, озерам и горам СССР. Такой туризм стал теперь массовым в том

---

[30] ГАРФ. Ф. 9520. Оп. 1. Д. 117 (книга отзыва турбазы, 1949). Л. 18; Д. 69. Л. 21 об.

Рис. 4.4. Экскурсия выходного дня в Звенигороде, Московская область. 1947

смысле, что инициатива шла снизу, от инструкторов-добровольцев и руководителей тургрупп, которые вели обучение и давали советы относительно походов. Каждым летом тысячи самодеятельных групп отправлялись в горы и на морское побережье: так, в 1948 году руководство Казбекской турбазы на Военно-Грузинской дороге сообщало, что она обслужила 232 самодеятельные группы и 990 организованных групп, ехавших по путевкам. Но нехватка снаряжения и информации, недостаточно качественное обучение по-прежнему ограничивали массовый потенциал такого самодеятельного туризма. Сами спортивные общества, как и в 1930-е годы, пренебрегали своими обязанностями, связанными с туризмом, считая его, как жаловались сами туристы, «спортом третьего сорта»[31]. Туристы оставались неприкаянными, не получая ни ресурсов, ни внимания.

---

[31] Труд. 1945. 7 сентября («Массовый туризм»); ГАРФ. Ф. 7576. Оп. 14. Д. 63. Л. 140–150; Ф. 9520. Оп. 1. Д. 79 (отчеты о туристической работе, 1948). Л. 17; Д. 168 (отчеты о маршрутах, за прохождение которых присваивался значок, 1950). Л. 119 (цитата).

Поскольку физкультурные организации демонстративно не интересовались развитием массового туризма, Московское ТЭУ (МосТЭУ) в 1950 году создало параллельную структуру — Московский клуб туристов. Активисты-добровольцы создали в нем различные секции, в зависимости от вида походов, консультировали желающих совершить путешествие (13 000 в 1950 году) относительно возможных маршрутов, утверждали плановые походы самодеятельных групп (530 групп с 2500 участниками в 1950 году), собирали отчеты групп после их возвращения. Вместе с местными спортивными обществами, активность которых была выше, Московский клуб туристов стал организовывать ежегодные туристические слеты, на которых коллективы туристов соревновались в применении различных навыков — ориентирование, разведение костра, приготовление на нем пищи. Вечером все собирались вокруг центрального костра, пели песни, делились воспоминаниями. Одна из самых активных туристических секций работала при спортивном обществе «Большевик», под ее эгидой в 1950 году прошел всесоюзный слет около Хосты на Черноморском побережье Кавказа[32]. В последующие годы проводились первомайские слеты, обозначавшие официальное начало туристического сезона для самодеятельных групп. Участники их были наследниками отважных самодеятельных туристов 1930-х годов. Турклубы стали центрами притяжения для энтузиастов-одиночек, в основном из числа студентов и специалистов с высшим образованием, создавших субкультуру активного туризма. Принадлежность к ней к 1970-м годам стала одной из «визитных карточек» советской городской интеллигенции. Московский клуб туристов существовал еще долгое время после распада СССР.

ТЭУ намеревалось также обслуживать «подлинных» туристов на некоторых групповых маршрутах, предназначенных для овладения базовыми туристическими навыками и умениями, чтобы сдать нормативы на значок «Турист СССР». Сам значок

---

[32] Центральный архив города Москвы (ЦАГМ). Ф. 28. Оп. 2. Д. 48. Л. 74–77 (отчет Московского клуба туристов, 1950); Труд. 1950. 17 июня; 1953. 7 июня.

Рис. 4.5. Значок «Турист СССР». Собственность автора

был впервые выпущен в 1939 году, по образцу значка ГТО (еще раньше, в 1934 году, ввели значок «Альпинист СССР»). ТЭУ планировало выпустить в 1939 году 25 000 штук; после войны количество выданных значков стали рассматривать как удобный показатель успехов массового туризма[33]. Что касается туристов, то получение его стало важной мотивацией для совершения трудных походов. Сохранился дневник Смазковой, туристки из Ленинграда, совершившей в 1951 году байдарочный поход по Карелии, с описанием беспокойства накануне финального испытания, которое проходило на глазах комиссии, радости и торжества участников, которые сплотились во время тяжелого похода и наконец получили желанный приз. Северокавказские турбазы заслужили похвалу за теплую встречу групп, возвращавшихся из испытательных походов по 180-километровому маршруту: в Красной Поляне их встречали букетами цветов и специально

---

[33] На суше и на море. 1938. № 12. С. 2; 1939. № 1. С. 4; ГАРФ. Ф. 9520. Оп. 1. Д. 116 (отчеты о значках «Турист СССР», 1949). Программа подробно изложена в: На суше и на море. 1939. № 4. С. 28.

приготовленным фруктовым компотом[34]. Предполагалось, что это и есть будущее массового туризма: букеты и рюкзаки для всех.

Активисты ценили эти признаки популярности туризма, но были недовольны тем, что советский туризм стал совокупностью различных видов путешествий и досуга, каждый из которых имел своих сторонников и клиентов. Как и в 1930-е годы, значительную часть спроса на путевки обеспечивали «пижамники», которым не удавалось заполучить место в доме отдыха: они заказывали туристическую поездку в ТЭУ. Такие туристы отказывались совершать тяжелые ночные переходы и упрашивали руководителя поездки оставить их на прибрежной турбазе. Для некоторых были тягостны даже дневные походы. Эти «курортники», как они называли сами себя, с самого начала искали развлечений вроде тех, что имелись на курортах, и жаловались, когда турбазы оказывались слишком скучными для них. «Такие люди не интересовались экскурсиями, а только лежали и пляжничали и создавали трудности в обслуживании настоящих туристов, и нам приходилось просто выселять их из турбазы»[35].

В то же время критики, не делая официальных заявлений, учитывали потребности в «курортном времяпровождении для бедных» и увеличивали число маршрутов, которые позволяли максимально приблизить турпоездку к пребыванию в доме отдыха или санатории. «Радиальные» маршруты — например, № 32, заканчивавшийся в Сочи, — позволяли оставаться на одном месте от 10 до 20 дней: курортный отдых без утренних медицинских процедур. В 1950 году 17 из 32 маршрутов ТЭУ были «радиальными», и в их описании делался упор на том, что сближало их с поездкой на курорт. «Среди здравниц нашей родины Сочи считается одним из лучших курортов» — так начиналось описание тура в Сочи; Хоста, указывалось в нем, «это курортный поселок, расположенный на берегу Черного моря в 20 км к югу от Сочи». Новый маршрут № 49, открытый в 1952 году, приводил

---

[34] ГАРФ. Ф. 9520. Оп. 1. Д. 204 (походный дневник, 1951); Д. 260. Л. 12.

[35] ГАРФ. Ф. 9520. Оп. 1. Д. 217 (отчеты Краснодарского ТЭУ, 1952). Л. 108, 29, 24, 70 об.; 109–110; Д. 260 (отчеты Краснодарской турбазы, 1953). Л. 42.

туристов на «лучшие курорты» страны [Туристские маршруты по СССР 1950: 183–184, 66 (цитата), 68][36].

Между псевдокурортным отпуском на турбазе и поисками туристической славы была масса промежуточных вариантов: чиновники от туризма редко признавали их существование, но они становились все более популярными после войны. Советские туристы пользовались возможностью посещать музеи, археологические раскопки, ботанические сады. У них вызывали восторг ночные прогулки по сосновым лесам и посиделки у костра до самой зари. Многие участники «радиальных» туров совершали экскурсии по окрестностям, живя на своей турбазе. Они проявляли живой интерес к природе, хотели вдыхать запах приготовленной на костре пищи, но не каждую ночь; хотели пройти по Военно-Осетинской дороге, пролегавшей на головокружительной высоте, но не все 180 километров от начала до конца. Эти обычные туристы хотели видеть и узнавать что-нибудь новое, но им также были нужны комфорт, восстановление сил, разнообразные развлечения и отдых[37]. Туристы говорили о своих пожеланиях в отзывах, которые оставляли после отпуска, но чиновники продолжали спорить о своем, задавать вопрос «Кто отвечает за туризм?», не сознавая, что советский туризм теперь существует в нескольких разновидностях.

Конкурирующие подходы, предлагаемые официальными лицами, и равнодушие со стороны вышестоящих профсоюзных организаций привели к тому, что государство не рассматривало туризм в качестве полноценного варианта проведения отпуска. Турпоходы не дотировались через фонды социального страхования, а государство вкладывало средства в развитие оздоровительных курортов, поэтому такой поход стоил дороже пребывания в доме отдыха. Кроме того, туристы с удивлением обнаруживали, что вынуждены нести дополнительные расходы: регистрационные формуляры, катание на лодках, фотографии на

---

[36] См. также: ГАРФ. Ф. 9520. Оп. 1. Д. 217. Л. 20–22.

[37] ГАРФ. Ф. 9520. Оп. 1. Д. 80. Л. 2, 5, 186; Д. 217. Л. 21; Д. 167. Л. 59, 24, 58; Д. 117. Л. 18; Д. 165. Л. 15–16.

Рис. 4.6. Турбаза на озере Селигер, август, 1951. РГАКФД г. Красногорска, № 0226468. Публикуется с разрешения архива

память... И все равно туризм оставался «отдыхом для бедных» в смысле ожидаемых услуг: приходилось спать в палатках, а не в гостиничных номерах, танцевать под скрипучий граммофон, а не настоящий джаз-банд. Но этот минимализм был частью туристской «особости»: «Надо добавить, что туристы вообще народ очень нетребовательный, — писал отдыхающий в 1949 году на Сочинской турбазе. — Имеется очень ходячая пословица такого смысла: мы же туристы, не курортники, чего же нам требовать, мы должны терпеть и закаляться»[38].

Сочетание высоких расходов и репутации массового туризма как спортивного времяпровождения, требующего суровых испытаний, привело к тому, что в первые пять послевоенных лет туризм выпал из поля зрения широкой публики. В 1946 году в походы отправились 10 000 человек — намного меньше пикового значения в 250 000 (1939). Только в 1950 году число их участников стало значительным, а инфраструктуру на туристических направлениях начали восстанавливать. В целом по стране туристов по-прежнему было немного. В 1950 году советское го-

---

[38] ГАРФ. Ф. 9520. Оп. 1. Д. 117. Л. 146 об. (цитата). Л. 146.

сударство могло предложить своим гражданам 2070 санаториев и 891 дом отдыха, турбаз же и альпинистских лагерей насчитывалось всего 81 [Народное хозяйство СССР в 1956 году: 275][39].

Доступ и статус: подтверждение привилегий

В конце 1940-х — начале 1950-х годов сложное экономическое положение приводило к тому, что не всякий советский гражданин, имевший право на отпуск — неважно, решил ли он провести его в турпоходе или в отделанном мрамором приморском санатории, — мог его получить. Официально, как уже указывалось, приоритет в получении субсидируемых путевок имели инвалиды войны, беременные женщины и передовики производства, и, как в 1930-е годы, руководство курортов вело тщательный учет приезжающих, которые относились к этим категориям. Публично заявленные ранее цели — 60 или 80 % рабочих — больше не ставились, но получаемые данные и тревожный рост числа случаев, о которых сообщалось неофициально, свидетельствовал о том, что граждане Страны Советов, знакомые с устройством системы и способные манипулировать ею, продолжали устраивать себя, друзей и родственников на лучшие курорты. Разрыв между коммунистическими идеалами — изобилие, равенство — и реальностью социализма с его различиями в положении сохранился и после войны. Но теперь выдвинувшаяся на первый план интеллигенция считала, что дефицитные места в учреждениях отдыха достаются ей по праву.

Процесс получения путевки на курорт, в дом отдыха или на турбазу после войны не изменился: путь к отпуску лежал через место работы. Каждый, кто хотел провести ежегодный отпуск в санатории или доме отдыха, должен был сначала посетить врача, затем предстать перед отборочной комиссией предприятия и, на-

---

[39] Также ГАРФ. Ф. 9520. Оп. 1. Д. 31 (TEU reports, 1946). Л. 15; Труд. 1945. 22 сентября; пример относительно Сочи: ГАРФ. Ф. 9520. Оп. 1. Д. 260. Л. 41; Ф. 7576. Оп. 14. Д. 63.

конец, заручившись ее согласием, — перед фабзавкомом, который контролировал распределение путевок, предоставляемых профсоюзом[40]. Наличие медицинских показаний, как и прежде, было первым требованием для получения путевки. Привязка досуговых поездок к рабочему месту укрепляла тесную связь между производством и отдыхом: право отдыха зависело от вклада каждого гражданина в экономику и общественную жизнь, который можно было правильно оценить только на производстве.

Однако важнее состояния здоровья и трудовых заслуг были влияние и связи — продолжали действовать коррупционные схемы, преобладавшие еще до войны. Центральная власть признавала, что на местах не заботятся о том, чтобы отбирать наиболее достойных получателей путевок, или не знают, как это делать. Врачи на курортах опускали руки: половина пациентов не имели нужных медицинских показаний, «особенно летом». Некоторые прибывали в августе по октябрьским путевкам. Вместо того чтобы давать путевки на курорты «наиболее заслуженным, наиболее почетным людям», ветеранам, инвалидам и рабочим, многие профкомы предоставляли их служащим и иждивенцам, хотя ВЦСПС прямо запретил это. Это же касалось и путевок на турбазы: профкомы сознательно выдавали их тем, кто собирался провести все время отдыха на пляже. При этом горняки, транспортники, металлисты, текстильщики, работники химических предприятий выражали недовольство, поскольку туристские путевки были им практически недоступны. Инструкторы Московской областной турбазы в Бородино жаловались на то, что к ним для совершения пеших походов прибывает слишком много пожилых людей и даже инвалидов. «Это является результатом того, что ЦК и обкомы Союзов распределяют путевки механически, непродуманно, очень часто неправильно информируются, путая турбазу с домом отдыха»[41].

---

[40] Труд. 1946. 25 января, 14 ноября.
[41] ГАРФ. Ф. 9493. Оп. 3. Д. 20. Л. 19; Д. 21. Л. 15–16, 23; Д. 1660 (совещания директоров санаториев, 1949). Л. 29; Д. 78. Л. 79; Ф. 9520. Оп. 1. Д. 217. Л. 71 об., 72, 109–110; ЦАГМ. Ф. 28. Оп. 2. Д. 101 (отчеты Московского ТЭУ, 1953). Л. 49–50.

Социальная реальность советского отпуска отражена в отрывочных данных из отчетов об отдыхающих и туристах. Учреждениям следовало собирать информацию в отношении пола, рода занятий и возраста каждого: все это затем обобщалось для годовых отчетов[42]. До нас дошли ценные сведения из домов отдыха Московской области за 1947–1952 годы: доля рабочих там колебалась от 39 до 50 % (1952)[43]. В Сочи наблюдалась та же ситуация, что и до войны: процент рабочих в санаториях был выше всего в зимние месяцы и ниже всего — в высокий сезон (июль, август, сентябрь и октябрь). Часто профсоюзы и предприятие не могли реализовать все свои путевки на зимние месяцы[44]. Необычайно большой процент рабочих, которым доставался отпуск в непривлекательный зимний сезон, говорил об их второстепенном статусе.

Среди послевоенных туристов, по сравнению с посетителями домов отдыха, рабочих было еще меньше, а определение «пролетарский туризм» давно исчезло из лексикона участников туристического движения. Соответствующие данные опять же отрывочны, однако состав одной тургруппы (1951) выглядит показательным. Студенты, инженеры, учителя, научные работники составляли 67 %, рабочие — только 13 %. В 1954 году термин «интеллигенция» стал встречаться в отчетах турбаз и домов отдыха, и большинство послевоенных туристов теперь входили в эту группу населения; следующими по числу были служащие. Главное управление курортов и санаториев в этом году сообщало,

---

[42] Эти обобщенные сведения так и остались в архивах и не были систематизированы — возможно, потому, что демонстрировали, как плохо выполнялись указания центра. ГАРФ. Ф. 9493. Оп. 3. Д. 21. Л. 23.

[43] ЦГАМО. Ф. 7223. Оп. 1. Д. 329 (медицинские отчеты санаториев и домов отдыха, 1947); ГАРФ. Ф. 9493. Оп. 3. Д. 385 (медицинский отчет дома отдыха, 1948); ЦГАМО. Ф. 7223. Оп. 1. Д. 443 (медицинский отчет дома отдыха, 1948); ГАРФ. Ф. 9493. Оп. 3. Д. 768; ЦГАМО. Ф. 7223. Оп. 1. Д. 679 (медицинский отчет дома отдыха, 1950); Д. 802 (медицинский отчет дома отдыха, 1951); Д. 920 (медицинский отчет дома отдыха, 1952).

[44] ГАРФ. Ф. 9493. Оп. 3. Д. 55; СГА. Ф. 178. Оп. 1. Д. 26 (медицинский отчет санатория, 1952); Ф. 214. Оп. 1. Д. 72 (медицинский отчет санатория, 1953); ГАРФ. Ф. 9493. Оп. 3. Д. 21. Л. 16 об.; Д. 78. Л. 43, 82.

что представители интеллигенции, отдыхавшие на курортах, в большинстве своем отличались хорошим здоровьем и отправлялись туда ради удовольствия, а не для лечения[45].

По архивным материалам можно проследить деление отпускников — как курортников, так и туристов, — и на другие категории, о которых, однако, чиновники говорили куда меньше. По всей видимости, соотношение мужчин и женщин на курортах и в домах отдыха было примерно таким же, как среди всего населения страны. Но среди участников организованных турпоходов процент женщин был бо́льшим, чем в целом: учителя, в большинстве своем женщины, составляли значительную часть тех, кто летом отправлялся в поход, но нет никаких признаков того, что последствия этого каким-либо образом обсуждались[46]. Возможно, преобладание женщин обуславливало, среди прочих факторов, невысокий статус туризма, когда дело доходило до распределения государственных средств на отпускные поездки.

Наличие всесоюзных санаториев и турбаз подчеркивало тот факт, что отпуск является общегосударственным делом, и в своих отзывах отдыхающие выражали признательность за то, что их окружают люди «из всех уголков» огромной страны. Рабочий «Серпа и Молота» Н. Степанов, начальник смены на прокатном стане, высокопарным официальным языком рассказывал о дружбе, которая завязалась у него с товарищем по комнате в санатории, председателем узбекского хлопководческого колхоза: только в Советском Союзе, подчеркивал он, каждый имеет право на отдых, «несмотря на его национальность и расовую принадлеж-

---

[45] ГАРФ. Ф. 9520. Оп. 1. Д. 193; ЦАГМ. Ф. 28. Оп. 2. Д. 117 (отчеты Московского ТЭУ, 1954); ГАРФ. Ф. 9228. Оп. 1. Д. 916 (совещание директоров курортов, 24–28 марта 1955).

[46] Женщины составляли 63 % всех туристов на маршруте № 42 (Северная Осетия) в 1951 году — и 56 % от населения в целом: ГАРФ. Ф. 9520. Оп. 1. Д. 193; [Народное хозяйство СССР в 1973 году: 8]. В 1954 году 57 % приезжавших на московские турбазы и 65 % участников походов по Московской области были женщинами: ЦАГМ. Ф. 28. Оп. 2. Д. 98 (социальный состав туристов, 1953); Д. 117. В эти же годы мужчины составляли более 50 % пациентов ленинградского санатория «Северная Ривьера»: ГАРФ. Ф. 9493. Оп. 3. Д. 1961 (отчеты по санаториям и домам отдыха, 1955).

ность»[47]. Среди отдыхающих на курортах необычно высок был процент жителей Москвы, где чиновники и интеллектуалы умели манипулировать системой. Среди туристов в конце 1940-х — начале 1950-х годов наблюдался явный перекос в сторону москвичей и ленинградцев. Большую роль в этом играло Московское ТЭУ, которое было в числе крупнейших и первых, возобновивших свою деятельность после войны, но кроме того, имело разборчивых и экономически привилегированных клиентов, жаждавших пользоваться возможностями, связанными с туризмом. Глава Киевского ТЭУ в 1953 году говорил о низком спросе на путевки в Закарпатье со стороны жителей Украины. В то же время, по его словам, «путевки в Ленинграде были бы реализованы моментально»[48].

Сама Москва — в большей мере, чем Крым или Кавказ, — могла считаться главной туристической Меккой и «плавильным котлом», куда попадали приезжие отовсюду. Несмотря на элементарные условия проживания, члены сотен групп восхваляли организаторов, судя по книге отзывов Московской турбазы за 1949–1952 годы. Таллинские студенты взволнованно писали о первом знакомстве с городом: «Красавица Москва… столица нашей социалистической родины» (1949). Учителя из Архангельска отмечали, что увидели все, о чем мечтали много лет (июль 1950). Студенты Львовского государственного университета в 1951 году говорили о «незабываемых впечатлениях» от прекрасного древнего города. Отдельно было сказано о заботливых и внимательных руководителях групп, которые работали с «туристами из разных уголков нашей родины, многие из которых говорят на разных языках». В 1954-м Московская турбаза приняла 4247 туристов, в том числе из таких отдаленных мест, как Камчатка, Сахалин, Якутия, Китай. Руководители домов отдыха Московской области предлагали для иногородних отдыхающих

---

[47] Мартеновка. 1946. 18 июля (цитата); 1952. 28 августа; СГА. Ф. 195. Оп. 1. Д. 52 (книга отзывов турбазы Красная Поляна, 1951). Л. 28; ЦАГМ. Ф. 28. Оп. 2. Д. 34 (книга отзывов Московской турбазы, 1949–1952). Л. 29. Однако в стереотипных отзывах отдыхавших в сочинском санатории текстильщиков нет указаний на этническое разнообразие: СГА. Ф. 178. Оп. 1. Д. 9.

[48] ГАРФ. Ф. 9520. Оп. 1. Д. 262 (отчеты региональных ТЭУ, 1953). Л. 116–117.

экскурсии по достопримечательностям столицы, таким как Красная площадь и Третьяковская галерея[49]. Городской туризм был иным по своему характеру, чем расслабленный отдых на юге, и эти городские туры могут служить еще одним примером сближения между отдыхом и туризмом. Культурный и содержательный осмотр достопримечательностей постепенно становился ожидаемой составной частью досуговой поездки, даже если главной ее целью были отдых или физическая активность.

Планирование отдыха для процветания социалистической родины

До 1950 года основные усилия и средства направлялись на восстановление утраченного. После воссоздания инфраструктуры и необходимых материальных условий внимание чиновников обратилось на содержательную сторону советского отпуска. Каким должен быть правильный отпуск? Содержательный характер права на отпуск занимал почетное место в дискуссиях и планах, а начиналось все, как обычно, с медицины. Когда заходила речь о том, что путевки достаются не тем, кому следует, руководители санаториев и домов отдыха выражали озабоченность несправедливостью и коррупцией, но всегда в терминах медицинской пользы. Отдых на курорте призван был в первую очередь восстановить здоровье, и выходило, что здоровые люди занимают места тех, кто действительно нуждался в этом по медицинским показаниям[50]. Но в 1950-х годах, как предполагалось, последние будут получать врачебный уход и культурные услуги на высшем профессиональном уровне.

Сама административная структура оздоровительных курортов подчеркивала их медицинское назначение и говорила о больших

---

[49] ЦАГМ. Ф. 28. Оп. 2. Д. 34; Д. 117. Л. 8; ЦГАМО. Ф. 7223. Оп. 1. Д. 1089 (отчеты о культурной работе в домах отдыха, 1954). Л. 2; ЦГАМ. Ф. 28. Оп. 2. Д. 34. Л. 73.

[50] ГАРФ. Ф. 9493. Оп. 3. Д. 77. Л. 20–23; Д. 141. Л. 82, 112; Труд. 1949. 18 ноября; ГАРФ. Ф. 9493. Оп. 3. Д. 78. Л. 79–83, 138.

Рис. 4.7. Отдых на террасе Дома отдыха железнодорожников. Хотьково, Московская область, июль, 1952. Фото Э. Евзерихина. РГАКФД г. Красногорска, № 0249400. Публикуется с разрешения архива

полномочиях медицинского персонала. Учреждением руководил главный врач, отвечавший за все аспекты отдыха. Пластинина, главврач одного из ленинградских санаториев, напоминала своим коллегам на совещании в 1949 году, что все они занимаются лечением, которое в узком смысле слова сводится к медицинским процедурам — таким, как ванны, дозированные прогулки, радиотерапия, прием минеральной воды, массаж. Но в их санатории, продолжала она, лечение начинается с момента прибытия пациента и не зависит от количества процедур. В советских санаториях и домах отдыха лечение идет ежеминутно, подчеркивала Пластинина. «Здоровье человека — это наш продукт», — заявлял другой участник. Каждый главврач отчитывался о состоянии здоровья пациентов и итогах лечения: в каком бы состоянии ни прибывали пациенты, они должны были возвращаться к труду не только отдохнувшими, но также более здоровыми и крепкими — прибавка веса продолжала служить показателем физического благополучия в эти годы, когда люди не только помнили о голоде, но и периодически испытывали его вновь[51].

---

[51] ГАРФ. Ф. 9493. Оп. 3. Д. 77. Л. 126–129 (цитата: Л. 129), 161; ЦГАМО. Ф. 7223. Оп. 1. Д. 949 (совещание главврачей, июнь 1953). Л. 48; Д. 329. Л. 10; Д. 920; Д. 949.

Расширение права на оздоровительный отпуск требовало не только большего количества коек для большего числа трудящихся, но и роста объема и качества медицинских услуг. Пациенты и врачи приветствовали появление зубных клиник: здоровые зубы способствовали улучшению пищеварения, а значит, предотвращению заболеваний. В Ялте 80 % пациентов в 1954 году пользовались услугами местного зубного врача[52]. Некоторые медики указывали на целесообразность включения психотерапевтических процедур в курортный режим. Сами пациенты ожидали, что врачи подробно проинструктируют их относительно лечебного режима, жаловались, когда медицинский персонал не принимал мер по его соблюдению, и хвалили докторов и медсестер, предписывавших продуманное, проникнутое заботой о человеке лечение[53].

Медицинские процедуры восстанавливали здоровье трудящегося. Правильно составленная программа пребывания была важна для его культурного, политического и социального развития. В эти драгоценные часы и дни, проведенные вдали от рабочего места, советский трудящийся должен был постоянно получать образование, делавшее его лучше как гражданина и как личность. Развлечения сами по себе были неприемлемы для отдыхающих в социалистической стране, и массовики спорили о том, как должен выглядеть оптимальный баланс между содержательным досугом и чистым увеселением. «Затейничество нужно, но в определенной мере», — заявлял один из участников совещания 1951 года. Другие признавали, что культурная работа перед войной была слишком развлекательной, но с тех пор культурный уровень и запросы советских людей выросли в достаточ-

---

[52] ГАРФ. Ф. 9493. Оп. 3. Д. 77. Л. 162; ЦГАМО. Ф. 7223. Оп. 1. Д. 443. Л. 13; Д. 679. Л. 15; ГАРФ. Ф. 9493. Оп. 3. Д. 1955 (совещание руководящих работников профсоюзных санаториев, январь 1955). Л. 18.

[53] ЦГАМО. Ф. 7223. Оп. 1. Д. 949. Л. 12; СГА. Ф. 24. Оп. 1. Д. 412 (переписка с редакцией сочинской газеты «Красное знамя», 1952). Л. 20; ГАРФ. Ф. 9493. Оп. 3. Д. 1902 (отчеты и книги отзывов, 1952–1953). Л. 8, 11, 14; СГА. Ф. 24. Оп. 1. Д. 498 (переписка с редакцией сочинской газеты «Красное знамя», 1954). Л. 36; Ф. 178. Оп. 1. Д. 9. Л. 2, 8, 10 об., 11 об., 16 об., 21, 25 об., 27 об., 33; Труд. 1950. 29 августа; 1952. 18 июня.

ной мере, и им требовались развлечение и образование одновременно[54]. На меньшее «новый советский человек» не был согласен.

Поэтому начиная с 1950 года культурным программам уделялось первостепенное внимание. В больших курортных городах вроде Ялты и Сочи к услугам отдыхающих, пациентов и туристов были кинотеатры, театры (некоторые — с собственным джаз-оркестром), библиотеки, парки. В сочинском парке «Ривьера», вновь открывшемся в 1950 году, имелись летний театр, павильон для настольных игр, спортивное снаряжение, библиотека с читальным залом, общественный пляж. Санатории и дома отдыха также устраивали мероприятия для пациентов и отдыхающих. Самые богатые строили клубы на несколько сотен человек, но в большинстве случаев все происходило на временных площадках под открытым небом или в столовой[55]. В идеале, каждую минуту следовало посвящать какой-нибудь содержательной деятельности, меняя занятия время от времени. Это предписывалось, например, планом 10-дневного пребывания в одном из санаториев Московской области, предусматривавшим четыре вида деятельности в течение дня. Утром — прогулка или партия на бильярде, днем — танцы, чтение вслух, настольные игры; ранним вечером — лекции, конкурсы, уроки танцев, игры, пение массовых песен; поздним вечером — кино, концерты. Возможно, более частыми элементами программы были утренние упражнения, прогулки по лесу, а вечером — массовые игры, киносеансы и танцы. Так выглядело каждодневное времяпровождение отдыхающих[56].

---

[54] ЦГАМО. Ф. 7223. Оп. 1. Д. 706 (совещание директоров и сотрудников санаториев, январь 1951). Л. 29, 30, 60, 66–67; ГАРФ. Ф. 9493. Оп. 3. Д. 1660. Л. 37.

[55] СГА. Ф. 24. Оп. 1. Д. 368 (переписка с редакцией сочинской газеты «Красное знамя», 1951). Л. 81; Д. 460 (переписка с редакцией сочинской газеты «Красное знамя», 1953). Л. 31; Д. 355 (материалы о культурной работе, 1950–1953). Л. 7 об., 23; ГАРФ. Ф. 9493. Оп. 3. Д. 1982 (совещание о пересмотре методов культурной работы, июнь — июль 1949 г.). Л. 44; клуб в монинском санатории под Москвой был рассчитан на 400 человек, располагал фойе, гардеробом, туалетами и бильярдной: ЦГАМО. Ф. 7223. Оп. 1. Д. 706. Л. 25.

[56] ЦГАМО. Ф. 7223. Оп. 1. Д. 305 (отчеты о культурной работе в Московской области, 1947). Л. 11; ГАРФ. Ф. 9493. Оп. 3. Д. 1660. Л. 37.

Содержательная культурная программа предполагала лекции на идеологические, политические и культурные темы; концерты серьезной музыки; наконец, игры, поощрявшие использование смекалки и приобретение знаний. Сочинское культурное бюро за сезон 1949 года организовало 1623 лекции, более половины из них — по литературе, искусству, науке и политике. В эти годы, отмеченные угрозами холодной войны и очередной мобилизацией масс, лекции по «международному положению» — предмет насмешек в 1920-е годы — привлекали большое внимание со стороны отдыхающих и заслуживали одобрительные отзывы[57]. Кроме того, Сочинское бюро провело 2500 групповых экскурсий, с упором на памятники культуры и природы, под руководством хорошо подготовленных экскурсоводов, благодаря чему участники извлекали из таких мероприятий максимум пользы. Симфонические концерты, живые и в записи, способствовали музыкальному образованию курортников[58].

Популярным видом досуга во время отпуска — как на курортах, так и в турпоходах, — были самодеятельные выступления. Фольклорная музыка, танцы, чтение отрывков из пьес, хоровое пение — все это заполняло отпускные вечера еще в 1920-е годы: экономичное и поднимающее дух времяпровождение. Туристы репетировали номера по дороге; финалом было грандиозное преставление у костра в конце похода. Санатории и дома отдыха старались держать у себя инструменты, чтобы иметь возможность устраивать концерты; некоторые добывали даже народные костюмы. Такие выступления могли служить целям политического

---

[57] СГА. Ф. 24. Оп. 1. Д. 322. Л. 2. Лекции о международном положении гарантированно вгоняли в сон [Koenker 2005: 166–167]. Анекдот из начала 1930-х гг.: у Ивана Ивановича есть работа на всю жизнь, он каждый день взбирается на самую высокую башню Москвы, чтобы зазвонить в колокол, когда начнется мировая революция [Lyons 1935: 324].

[58] СГА. Ф. 24. Оп. 1. Д. 322. Л. 2. Следуя каноническим маршрутом советских отпускников, дождливым субботним днем в мае 2006 года я оказалась единственной посетительницей Литературно-мемориального музея Николая Островского, а на зеленых террасах Дендрария было всего несколько человек. См. СГА. Ф. 24. Оп. 1. Д. 355. Л. 21, 45.

Рис. 4.8. Танцы на веранде дома отдыха около Плеса (Ивановская область), начало 1950-х годов. РГАКФД г. Красногорска, № 1–28116. Публикуется с разрешения архива

просвещения: один московский санаторий ввел у себя самодеятельную программу под названием «Борьба за мир» (1950)[59].

Составляющими активного отдыха были игровые виды спорта, игры, танцы. На фотографиях из домов отдыха часто можно видеть волейбольные матчи на свежем воздухе, служившие развлечением и для игроков, и для зрителей. Массовики пользовались такими книгами, как «В часы досуга: сборник игр, задач, загадок, головоломок, ребусов, кроссвордов», устраивали викторины. Интерес вызывали и сеансы одновременной игры в шахматы и шашки. И везде были танцы. Несмотря на то что в начале холодной войны о «западноевропейских танцах» (танго, фокстрот) не приходилось и мечтать, контролировать культурные вкусы оказалось невозможным. Как пишет Ю. Фюрст: «Послево-

---

[59] СГА. Ф. 178. Оп. 1. Д. 9; f. 24. Оп. 1. Д. 460; ГАРФ. Ф. 9520. Оп. 1. Д. 193. Л. 112; ЦГАМО. Ф. 7223, ор 1. Д. 590 (отчет о культурной работе за 1950 г.). Л. 4; Д. 305. Л. 13.

енная молодежь танцевала. По любому случаю, в любом месте возникали импровизированные танцплощадки, юноши и девушки проводили время под мелодии вальсов, фокстротов и танго» [Fürst 2010: 201][60].

Как и перед войной, просмотр кинокартин был одним из главных развлечений в домах отдыха и санаториях, но зрители стали разборчивее. В Сочи (1948) отдыхающие хотели смотреть премьеры кинофильмов — как в городских кинотеатрах, так и у себя в санатории. Эти развлечения и культурные мероприятия не всегда были включены в путевки: обычно отпускники покупали билеты в кино и на концерты за свой счет, а некоторые санатории брали плату за посещение бильярдной. Существование рынка развлекательных услуг позволяет узнать кое-что о предпочтениях пациентов. В 1954 году они хотели, чтобы им предлагали развлечения: нельзя отдыхать как следует, писала сочинская газета «Красное знамя», там, где часы досуга не заполнены интересным времяпровождением, «там, где люди попросту скучают»[61].

Реальностью для многих отдыхающих был не переизбыток «духовного» или развлекательного досуга, а недостаток того и другого. «В большинстве санаториев по-прежнему царит скука», — писал «Труд» в августе 1950 года. Хрулев, один из отдыхающих, в 1951 году жаловался сочинской газете на отсутствие интересных лекций «об атомной энергии, о реактивном двигателе, о моральном облике советского человека, о дружбе и товариществе, и т. д.». «Многие отдыхающие находят себе такие занятия, как хулиганство, пьянка приняла нормальный характер и именно потому, что воспитательной работе в условиях санатория среди отдыхающих в течение двух месяцев сезона не ведется»[62].

Кого же следовало винить за скуку и ее результат — недолжное поведение отпускников? Отсутствие подходящих и образованных культурных организаторов понемногу превращалось в главную

---

[60] Труд. 1950. 29 августа; СГА. Ф. 24. Оп. 1. Д. 368. Л. 49 об. (цитата).

[61] СГА. Ф. 24. Оп. 1. Д. 355. Л. 23; ГАРФ. Ф. 9493. Оп. 3. Д. 1669 (отчеты о культурной работе, 1949). Л. 28–29; ЦГАМО. Ф. 7223. Оп. 1. Д. 706. Л. 74; СГА. Ф. 24. Оп. 1. Д. 498. Л. 99 (цитата).

[62] Труд. 1950. 29 августа; СГА. Ф. 24. Оп. 1. Д. 368. Л. 49 об. (цитата).

проблему советского отпуска. Культурные программы на курортах и в домах отдыха составлялись культработниками. В идеале, компанию каждому из них должен был составлять музыкант (обычно аккордеонист), играющий на танцах и во время конкурсов самодеятельности, дающий уроки игры на инструменте; хороший аккордеонист мог сделать многое для того, чтобы пребывание в санатории было приятным. Иногда предусматривалась отдельная ставка для библиотекаря, который, среди прочего, устраивал викторины. Кроме того — в 1950-е годы такое случалось все чаще — в штат включали массовика. Хороший массовик — устроитель развлечений, конферансье и учитель в одном лице — побуждал отдыхающих принимать участие в играх и других мероприятиях, проводимых на курорте [Ward, Hardy 1986: 87–89][63]. Культработники получали нищенскую зарплату, и, с учетом сезонного спроса на их услуги, было трудно привлечь и удержать хороших работников, способных устраивать массовые игры и проверенных в идеологическом отношении, чтобы готовить программы на политические и социальные темы. В турпоходах эти обязанности исполняли руководители группы[64], которые проходили краткосрочные курсы от ТЭУ; но и в этом случае деньги были небольшими, и текучка кадров превращалась в постоянную проблему.

Качество оказания медицинских услуг в местах отдыха к 1950 году повысилось, но низкий уровень культработников вызывал озабоченность. В целом составление культурных программ было еще одним элементом социалистического проекта, получавшим поддержку больше на словах, чем на деле. В своем исследовании о послевоенной советской культуре К. Рот-Эй от-

---

[63] Также СГА. Ф. 178. Оп. 1. Д. 9. Л. 16 об.; СГА. Ф. 24. Оп. 1. Д. 355. Л. 7–7 об. В фильме «Моя морячка» (реж. Анатолий Эйрамджан, 1990) Людмила Гурченко играет массовика на крымском курорте.

[64] ЦГАМО. Ф. 7223. Оп. 1. Д. 305. Л. 7; ГАРФ. Ф. 9493. Оп. 3. Д. 141. Л. 5. См. фильм более позднего периода «Пловец» (реж. Ираклий Квирикадзе. Грузия-фильм, 1981): массовик, раздираемый противоречивыми чувствами, не любит развлекать гостей из России. Также ЦАГМ. Ф. 28. Оп. 2. Д. 15; ГАРФ. Ф. 9520. Оп. 1. Д. 260. Л. 18; Д. 80. Л. 44–45; Д. 193. Л. 33; Д. 262. Л. 88–89.

мечает: «Только в конце пятидесятых у режима появились материальные возможности для того, чтобы сделать культуру частью повседневной жизни в массовом масштабе» [Roth-Ey 2011: 10]. Если брать сферу отпуска, то культурные программы для туристов финансировались еще хуже, чем программы для курортников.

В теории, если не на практике, основательная культурная программа отличала содержательный советский отпуск от предположительно праздного времяпровождения западных путешественников из числа буржуазии. Но советские граждане также имели право на тишину и покой, заявляли чиновники, и это право должно было реализовываться в условиях, наиболее подходящих для «ремонта» человеческого организма. Как отмечала главврач Пластинина, на курорте все способствовало успешному восстановлению здоровья пациента (или отдыхающего). Комфорт, тишина, уют имели такую же важность для приведения здоровья в порядок, как прием минеральной воды и солнечные ванны. С 1950 года все это подкреплялось научными данными, со ссылкой на физиолога И. П. Павлова, ставшего к тому времени непререкаемым авторитетом во всем, что касалось психологического состояния человека. Директор Дома отдыха «Туапсе» в 1952 году напоминал чиновникам, ссылаясь на Павлова: «Дело здесь не в самой воде, а в том, что больной отвлекается от обычного образа жизни, от своих забот и волнений». Применительно к работе санаториев и курортов эта «павловская перспектива» означала бесшумное, приятное обслуживание в столовой, крепкий сон, привлекательную обстановку. На всесоюзном совещании 1950 года особое внимание уделялось комфорту и красоте; отдыхающие хвалили именно эти качества, когда они были в наличии, и жаловались, когда их не встречали [Graham 1974: 374–375][65].

Главным из послевоенных удовольствий было питание и все с ним связанное. Согласно «павловским принципам», оно не сводилось к поступлению калорий в организм: подача блюд

---

[65] Также ГАРФ. Ф. 9493. Оп. 3. Д. 1861 (отчет профсоюзного курортного отдела, 1952). Л. 76; Д. 141. Л. 13–15, 18, 37, 167, 219–221, 240; ЦГАМО. Ф. 7223. Оп. 1. Д. 920. Л. 22; СГА. Ф. 214. Оп. 1. Д. 72. Л. 34; Ф. 178. Оп. 1. Д. 26. Л. 54; Д. 9; ГАРФ. Ф. 9493. Оп. 3. Д. 1748; Д. 141; Ф. 9520. Оп. 1. Д. 167.

Рис. 4.9. Культурная обстановка столовой в санатории им. Орджоникидзе, предназначенном для работников угольной промышленности, Сочи, 1949. РГАКФД г. Красногорска, № 0207507. Публикуется с разрешения архива

и окружающая обстановка сами по себе оказывали лечебное действие. Для многих отпускников время принятия пищи связывалось с особого рода заботой и вниманием, которых они не получали дома и поэтому ценили, выезжая куда-нибудь. Туристы, путешествовавшие по тем или иным маршрутам, регулярно обменивались информацией о питании — «здесь лучше, там хуже». Участники одной группы, посетившей в 1950 году Крым, оставили о Бахчисарае такой отзыв: «Вот это настоящий туристский лагерь!» — указав, что организация питания, культурных мероприятий и экскурсий там была лучше, чем в других местах[66]. Те, кто проводил отпуск на одном месте, в санатории или доме отдыха, не имели возможностей для сравнения, но также выражали недовольство недостаточным разнообразием и ненадлежащим качеством подаваемых блюд. Когда пища была «разнообразной и вкусной» (отзывы о доме отдыха Управления домами отдыха

---

[66] ГАРФ. Ф. 9493. Оп. 3. Д. 99 (совещание по питанию в санаториях, ноябрь 1950). Л. 127; Ф. 9520. Оп. 1. Д. 165. Л. 14; Д. 54 (книга отзывов турбазы, 1947). Л. 115; Д. 35 (книга отзывов турбазы, 1946). Л. 67; Д. 167. Л. 58–59.

и санаториями ЦК Профсоюзов электростанций и электропромышленности, 1953), отдыхающие отдельно благодарили шеф-повара[67].

Нехватка вкусной еды объяснялась прежде всего продовольственными трудностями в эти голодные для всего СССР годы, но также недостатком квалифицированных поваров. Совещание руководителей курортов показало, что, вопреки их желанию обеспечить отпускников приятной на вкус и на вид едой, их руки были связаны дефицитом продуктов и персонала. Было сложно достать свежие фрукты и овощи; повара жаловались в особенности на нехватку специй и приправ, которые могли бы обеспечить требуемое разнообразие. Стремясь повысить общий уровень приготовления пищи, они обменивались профессиональными секретами, демонстрировали, как можно составить разнообразное и питательное недельное меню. Признавалась и важность индивидуального подхода, говорящего о внимании к клиентам, — это стало нормой в послевоенные годы. Клиенты были всегда правы, так что повара и кухонные работники стремились удовлетворить самые причудливые их пожелания. Знающий свое дело повар постоянно наведывался в столовую, следил за работой официантов, за тем, чтобы на каждом столе были хлеб, салфетки, столовые приборы, а главное, выяснял, что волнует посетителей[68].

Такие сознательные повара, однако, упрекали самих отдыхающих за нежелание расширять свои кулинарные горизонты. В лучших столовых можно было выбирать блюда из меню заранее, но некоторые придерживались знакомых, проверенных вариантов и заказывали гречневую кашу даже на обед, избегая блюд с диковинными названиями, вроде ромштекса или плова. Один отпускник заказывал котлеты на завтрак, обед и ужин, так что повар даже выбранил его — разве у вас, сказал он, нет зубов?

---

[67] ЦГАМО. Ф. 7223. Оп. 1. Д. 295 (отчеты о подсобных хозяйствах, 1947). Л. 3; Д. 576. Л. 69, 119; Д. 949. Л. 15–16, 89; ГАРФ. Ф. 9493. Оп. 3. Д. 1660. Л. 89; Д. 1903 (отчеты о помощи домам отдыха и санаториям, 1953). Л. 6, 38–39, 46, 71, 147; Д. 1902. Л. 4–14.

[68] ГАРФ. Ф. 9493. Оп. 3. Д. 99. Л. 23–24, 32, 36, 48, 64–65, 68, 96; ЦГАМО. Ф. 7223. Оп. 1. Д. 329.

Попробовав ромштекс, этот человек пришел в восторг и заказал это же блюдо на следующий день[69]. Повара также указывали на важность включения в меню национальных блюд, не только ради разнообразия, но и из социальных соображений. «Если приезжают русские люди, которые никогда не ели национального блюда, они боятся заказывать. Надо дать попробовать, чтобы знали, что оно представляет из себя, показать, что это блюдо не такое невкусное».

Другие соглашались с тем, что восточные блюда — и даже немясные блюда — обладают питательной и кулинарной ценностью, но вводить их в меню, как и ромштексы, следовало, по их мнению, с осторожностью. Как и культурные программы, питание служило также для расширения кругозора отдыхающих. Под руководством опытных специалистов советские отпускники должны были просвещаться в культурном и кулинарном отношениях.

Советский отпуск и рыночное мышление: от права на отдых к праву на выбор?

В начале 1950-х годов — в разгар холодной войны — советские рекламные материалы, посвященные отпуску, подчеркивали разницу между социалистическим отпуском для всех и отпуском в капиталистических странах, где поездки и развлечения предназначались лишь для богатых[70]. При социализме потребление должно было носить демократический и всеобщий характер — правда, и при социализме, и при капитализме идеология потребления предполагала достаточное количество товаров и услуг, их разнообразие и возможность выбора [Gronow 2003]. Потребление в СССР отличалось от капиталистического по своей организации: отсутствовала «невидимая рука рынка», советские предприятия и организации, включая те, что отвечали за досуговые поездки и отпуск, контролировались централизованными бюрократиче-

---

[69] ГАРФ. Ф. 9493. Оп. 3. Д. 99. Л. 36.
[70] Труд. 1952. 13 апреля; 1953. 14 июня.

скими структурами, министерствами и могущественными профкомами, упрочившими свое могущество в годы первых пятилеток.

Планируя восстановление отпускной системы после войны, руководители имели возможность подумать о том, как она будет выстроена. Можно было пойти путем наименьшего сопротивления — центральное планирование и распределение, условные цены, никакой заботы о прибыльности, «мягкие бюджетные ограничения», сводившие на нет усилия по рациональному и эффективному использованию скудных ресурсов. Но в этот период слышались и отдельные высказывания в защиту более рыночно-ориентированной досуговой отрасли, ранние предвестники экономических реформ 1960-х годов.

В послевоенном СССР то, что в других странах назвали бы отпускной индустрией, находилось в ведении Министерства здравоохранения и профсоюзов. К примеру, в социалистической Югославии экспроприированная у буржуазии в конце 1940-х годов отпускная инфраструктура была передана одному из экономических министерств: туризм и отдых считались одной из отраслей экономики [Duda 2010]. Особенностью СССР было то, что досуг находился вне экономических структур: это породило ряд противоречий, ставших очевидными лишь с ростом профессионализма руководителей и отдыхающих в послевоенные годы.

Должны ли были организации, занимавшиеся отдыхом, подчиняться законам спроса и предложения? Энтузиасты туризма продолжали критиковать центральное ТЭУ за то, что оно заботилось лишь о рыночном спросе, увеличении выручки и прибыли. Тот факт, что большинство людей хотело посетить Крым или Кавказ, не был основанием разрешать им это. Центральным органам видно лучше, возражали сторонники централизованного планирования, именно они должны решать, каким образом вкладывать средства в отдых и туризм. Местным же организациям оставалось лишь просить денег из центра — бизнес-модель, держащаяся на подачках, — и винить в возникающих проблемах кого-нибудь другого. В 1948 году один турист-активист утверждал, что финансы, конечно, имеют значение, но они не должны определять все[71].

---

[71] ГАРФ. Ф. 9520. Оп. 1. Д. 69. Л. 8 об., 9 об., 12, 20.

Эта квазиотчетная, квазиблаготворительная структура определила и другие особенности советского отдыха. Главврачи несли ответственность за финансы своих учреждений, но многие не любили заниматься этим и плохо справлялись с задачей. Чисто экономические решения вопросов, связанных со стимулами и распределением ресурсов, вызывали скептическое отношение. Столкнувшись с проблемой переменного спроса на места в домах отдыха (зимний и летний сезоны), чиновники отказывались вводить дифференцированные цены, «как существует во всем мире», предпочитая улучшать условия пребывания, чтобы сделать дома отдыха более привлекательными в зимнее время[72].

Туризм и курортный отдых представляли собой право, а не отрасль хозяйства и поэтому продолжали оставаться в тени производства. Например, когда Московское ТЭУ летом 1952 года возродило круизы по Волге, оно арендовало места на грузовых пароходах: интересы туристов были подчинены требованиям перевозки товаров. Пассажирские помещения оказались тесными и неудобными, и кроме того, расписание определялось перевозчиком грузов, что сокращало количество экскурсий на берегу[73].

Основная «валюта» советского отпуска — путевка — воплощала в себе все эти противоречия между экономической рациональностью и желаниями строителей социализма. Каждая путевка обладала номинальным денежным выражением, отражавшим стоимость предоставляемых услуг. Дома отдыха, турбазы и санатории получали компенсацию за оказанные услуги из расчета этой стоимости. Так, в 1955 году летняя путевка в сочинский санаторий стоила около 46 рублей в день: 16,77 рубля уходили на оплату питания, 6,51 — на заработную плату сотрудникам, 5,23 — на медицинские услуги, 0,88 — на культурные мероприятия. Однако половина суммы — 23 рубля — предназначалась для покрытия общих расходов на пребывание в Сочи (накладных расходов, говоря бухгалтерским языком): манящая, бесконечная черная дыра. Предполагалось, что путевки будут распределяться, а не

---

[72] ГАРФ. Ф. 9493. Оп. 3. Д. 21. Л. 3, 16 об.
[73] ЦАГМ. Ф. 28. Оп. 2. Д. 101. Л. 52–55.

продаваться, и те, кто предоставлял их, — профкомы предприятий — не несли никакой ответственности за их полноценное использование. Кроме того, расходы не соответствовали стоимости услуг из-за дотаций соцстраха. Турпоход обходился дешевле поездки в дом отдыха: инфраструктура была скромнее, турист развлекался и передвигался за свой счет. Но на туристические путевки не распространялись 30-процентные соцстраховские дотации, профкомы или туристы должны были приобретать их за полную сумму наличными. Если же они предоставлялись бесплатно или со скидкой, желающих оказывалось мало: в 1952 году одна треть турпутевок осталась неиспользованной[74].

Словом, официального рынка путевок не существовало, хотя налицо были и предложение, и спрос. В 1950-е годы начали раздаваться робкие голоса, призывавшие к более рыночно-ориентированному подходу, чтобы привести в соответствие нужды потребителей и недостаточно развитую отпускную инфраструктуру. Почему бы не продавать неиспользованные путевки за наличные, без всякого бюрократизма? — таким вопросом в 1952 году задавался директор Управления курортов Грузии. В то же время продажа неиспользованных путевок с целью получения выгоды была общеизвестной разновидностью коррупции внутри профсоюзов: лучше было сохранить бюрократические препоны и избегать рыночных схем. Московское ТЭУ, один из самых активных поставщиков групповых туров в начале 1950-х годов, сочетало распределительную систему с рыночной. Из 16 000 путевок, которые планировалось реализовать в 1953 году, 9000 заранее были направлены профсоюзным организациям в ответ на их запросы. Бо́льшую часть оставшихся путевок продали через центральную контору ТЭУ частным клиентам. В результате проведения широкой рекламной кампании спрос на путевки был так велик, что конторе пришлось нанять новых сотрудников в первые дни продаж[75].

---

[74] СГА. Ф. Р-24. Оп. 1. Д. 546 (переписка с редакцией сочинской газеты «Красное знамя», 1955). Л. 2; ГАРФ. Ф. 9520. Оп. 1. Д. 69. Л. 7; Ф. 7576. Оп. 14. Д. 63. Л. 99.

[75] ГАРФ. Ф. 9493. Оп. 3. Д. 141. Л. 160, 82; ЦАГМ. Ф. 28. Оп. 2. Д. 101. Л. 82–84.

Как отмечает Е. Ю. Зубкова, военные тяготы и успехи заставили многих советских граждан ожидать смягчения режима, когда на первое место выйдут комфорт и благополучие населения, «дух свободы». Профсоюзные чиновники, представлявшие интересы советских граждан на рабочем месте и вне его, также указывали на возможность существования новых видов проведения отпуска внутри страны, соответствовавших новой эпохе. Ожидая роста числа желающих путешествовать, они соглашались с тем, что советские граждане заслуживают более разнообразного выбора в том, что касается отпуска: крайними вариантами здесь были 26-дневное лечение на курорте и 10-дневный форсированный марш во время турпохода. Сочинские чиновники в 1947 году предлагали не ограничивать предложение санаторной путевкой, заявляя, что чем выше будет уровень жизни, тем больше найдется желающих проводить отпуск в движении, а не на одном месте, подвергаясь множеству лечебных процедур. Эти люди хотят забыть предписания врача и проводить на пляже два-три часа, а не предписанные 20 минут под надзором медсестры в белом халате. Глава ВЦСПС Н. М. Шверник предложил передать ТЭУ многие дома отдыха, чтобы изменить баланс в пользу досуговых поездок вместо лечения. Следовало построить гостиницы, чтобы удовлетворить спрос путешественников, желавших стильной, роскошной обстановки без наблюдения медперсонала, как было на курортах. Другой профсоюзный деятель на совещании по туризму (1948) говорил так: «Без этих первоклассных гостиниц, которые достойны нашего государства, солидные, светлые, чтобы человек, войдя в это здание, чувствовал просторы и полноту нашей Родины — туризм трудно было представить» [Zubkova 1998: 16][76].

Раздавались осторожные голоса тех, кто стоял за новые модели отпуска, помимо одиночной путевки — награды за ударную работу или средства успокоения измотанных на работе нервов, — надо было предоставить семьям возможность ездить и отдыхать вместе. Комнаты в гостиницах и домах отдыха, как утверждали

---

[76] См. также: ГАРФ. Ф. 9493. Оп. 3. Д. 21. Л. 16 об., 23 об.; Д. 1861. Л. 71; Ф. 9520. Оп. 1. Д. 69. Л. 23, 28 (цитата); Труд. 1949. 13 июля.

Рис. 4.10. Семейный отдых на лоне природы: обладатель наград шахтер И. А. Потапкин из Кемерова проводит выходные с семьей на берегу реки Томь; сзади автомобиль «Москвич». 25 июля 1949 года. Фото Л. Великжанина, ТАСС. РГАКФД г. Красногорска, № 0272728. Публикуется с разрешения архива

некоторые, нужно было уменьшить, чтобы размещать в них отдельные семьи. Особенно подходил для семейного отдыха автомобильный туризм. Словом, если влияние традиции оставалось сильным, в послевоенных дискуссиях начал вырисовываться новый вид отпуска: удовольствие и выбор вместо медицинских предписаний[77].

В двух справочниках по советским курортам хорошо отражены и перемены, произошедшие с 1930-х годов, и неясность по поводу того, какая разновидность отпуска возобладает. Справочник по курортам СССР 1936 года — толстый 522-страничный том, где указываются медицинские и метеорологические характеристики каждого из перечисленных в нем курортных направлений. На иллюстрациях мы видим величественную, но неприветливую архитектуру, это поистине «ремонтные мастерские для восстановления здоровья трудящихся». Открывается книга

---

[77] ГАРФ. Ф. 9493. Оп. 3. Д. 1861. Л. 75; Труд. 1949. 13 июля; 1953. 30 апреля. Т. Данмор (Soviet Politics, 1945–53. London, 1984) описывает конфликт между сторонниками привычных моделей и теми, кто стоял за перемены в промышленном планировании в этот период.

описанием трех наиболее традиционных направлений, половина иллюстраций — это Кавказские Минеральные Воды, Крым, побережье Сочи. В каждом разделе есть практические советы для путешественников, как и во всех путеводителях мира: перечни ресторанов, гостиниц, достопримечательностей, адреса банков, больниц, почтовых отделений и других предприятий общественного пользования [Курорты СССР 1936][78].

Справочник по курортам СССР 1951 года был больше по формату и лучше проиллюстрирован (втрое больше фотографий, чем в издании 1936 года). Текст по-прежнему содержал много научной медицинской информации, приводился подробный химический состав минеральной воды из каждого источника. Структура книги была рациональной и энциклопедической: курорты перечислялись по республикам, в алфавитном порядке. Дополнительная информация сводилась к перечислению популярных экскурсий — впрочем, все остальное можно было найти в самих «дворцах здоровья». Но там, где текст подразумевал лечение, фотографии подразумевали отпуск. На снимках мы видим здания санаториев и источников минеральных вод, но еще больше таких, где изображены отдыхающие. В издании 1951 года больше пейзажей и сцен с людьми, приятно проводящими время — на пляже, в моторной лодке, за шахматной доской, на лесной тропе. Фотографы освещали теперь новые направления, на «большую тройку» в 1951 году приходилась треть снимков (в 1936-м — половина). Еще более важным признаком было уменьшение роли Кавказских Минеральных Вод — «огромной фабрики здоровья», как выразился в 1946 году А. Верт. Больше внимания отныне уделялось черноморскому побережью от Анапы до Батуми, а также Крыму: это отражало повсеместный упадок аристократических водолечебниц, место которых заняли приморские курорты с развлечениями, рассчитанными на массового потребителя [Курорты СССР 1951; Werth 1971: 157; Urbain 1994; Mackaman 1998; Furlough 1993; Löfgren 1999: chap. 5, "The

---

[78] Эту книгу, выпущенную тиражом в 15 200 экз., все еще можно достать в московских букинистических магазинах.

Mediterranean in the Age of the Package Tour"]. Однако сохранялась и заметная преемственность с 1930-ми годами: отдых был лечебным, но все же отдыхом, и справочники знакомили с самыми популярными и обещавшими приятное времяпровождение местами. Новшеством издания 1951 года стало то, что вместо безличных видов санаториев и курортов появились снимки другого характера — визуальное подтверждение того факта, что советские граждане могут принимать активное участие в планировании собственного отпуска.

Во время войны на перемены надеяться не приходилось, но в начале 1950-х годов, после восстановления отпускной и туристической инфраструктуры, она во многом напоминала ту, которая сложилась к концу 1930-х. При перезапуске советского проекта был выбран курс, намеченный до войны. В послевоенном советском подходе к отпускам не было ничего утопического; упор по-прежнему делался на монументальные «дворцы здоровья», размещаемые большей частью в привычных местах; отпускные практики также изменились мало. Эта преемственность могла отражать как тяжелые экономические условия, так и отсутствие креативности у руководителей в сфере досуговых поездок. Но не исключено, что сохранение довоенной модели указывало на уверенность в правильности изначального выбора: «хорошая жизнь» при социализме подразумевала подвижность, здоровье, роскошь и солнце. Это был справедливо в 1920-е годы и оставалось таковым в 1950-е.

Отпуск советских граждан после войны, как и раньше, характеризовался сочетанием содержательности и удовольствия. Медицине все еще придавалось первостепенное значение. Если убрать целебные химические свойства мацестинской воды, говорили руководители Сочинского курортного управления в 1950 году, не будет никакого Сочи[79]. Отдых, ориентированный на лечение, включал также культурные программы, целью которых было интеллектуальное самосовершенствование граждан. Отпуск

---

[79] ГАРФ. Ф. 9228. Оп. 1. Д. 644 (совещание директоров курортов, 1950). Л. 97.

был временем для чтения полезных книг, знакомства с международной ситуацией посредством лекций и фильмов. Участникам туристических поездок преподавали навыки выживания, но их также учили патриотизму: изначальные цели Общества пролетарского туризма неизменно отражались в маршрутах и программах советских турбаз в 1950-е годы. Но одновременно руководители санаториев, домов отдыха и турбаз откликались на стремление отпускников к расслабленному отдыху и комфорту вне всякой регламентации. Этот более мягкий подход отражал тенденции, обозначившиеся еще до войны, когда кино и танцы стали существенной частью вечернего времяпровождения отпускников.

Отпуск и туризм в послевоенные годы оставались в ведении центральных органов — Министерства здравоохранения и ВЦСПС. Но, как и перед войной, эти органы часто не имели достаточных полномочий, чтобы получить экономические ресурсы от других ведомств. Турбазы и дома отдыха полностью зависели от Министерства торговли, если только не заводили подсобных хозяйств. Любители туризма разрывались между ТЭУ ВЦСПС, контролировавшим бо́льшую часть финансовых ресурсов, необходимых для туристических путешествий, и местными спортивными организациями. Путевки раздавались исходя из трудовых достижений и распределялись через профкомы предприятий. Приходилось довольствоваться тем, что предлагал профком; обычному человеку почти не давали выбирать, где и когда провести отпуск. И очень редко можно было выбирать, с кем его провести: если муж и жена работали на разных предприятиях, им было непросто получить путевки в одно и то же место, по своему выбору.

Туризм, однако, сдавал позиции как в отношении числа участников, так и в отношении инвестиционных приоритетов. Уже в конце 1930-х годов его затмил отпуск на курортах и в домах отдыха; в начале 1950-х туризм означал отдых, подобный курортному, а не собственно исследование достопримечательностей. Активисты продолжали утверждать, что туризм — «лучший вид отдыха», но ведавшие им органы были неспособны конкурировать за ресурсы с Главным управлением курортов и санаториев или же не проявляли в этом деле достаточной энергии.

В этом отношении война лишь замедлила, но не изменила ход событий. Как в плане организации, так и в плане концептуальных подходов советские досуговые поездки сохранили прежний вид. Но имелись и признаки перемен в умонастроениях и появления новых приоритетов, ставшие особенно очевидными после 1950 года. Курортный отдых должен был предоставлять отпускникам не только лечение — им также требовались комфорт, культурная программа, экскурсии, новые гастрономические ощущения. У турпоходов были свои плюсы: чувство товарищества, встреча с новым, приобретение опыта, развитие самодостаточности. Но такие походы не всегда требовали чрезмерных физических усилий, на которых настаивали сторонники спортивного туризма во время ежегодных слетов.

Таким образом, после войны голоса отдыхающих зазвучали с новой силой — в книгах отзывов, письмах в газеты, на случайных встречах между потребителями и поставщиками отпускных услуг. Культурный уровень советского народа вырос, признавали в 1951 году руководители курортов, люди теперь требовали развлекательных и образовательных программ, сами могли совершать выбор, ожидали высокого уровня обслуживания, который будет достоин советского гражданина. На страницах справочников по курортам люди отныне выглядели самостоятельными действующими лицами; долгие дискуссии на всех уровнях структур, ведавших курортным и туристическим отдыхом, подтверждали тот факт, что желания и предпочтения отдыхающих следовало учитывать.

Появление разборчивых потребителей досуговых услуг сопровождалось ростом значения профессионализма и экспертов. Врачи управляли своими «фабриками здоровья» не как бюрократы, а как умелые профессионалы. Признание важности уюта и гостеприимства в послевоенные годы облекалось в форму следования «павловским принципам»: при социализме наука и профессионализм служат благосостоянию народа. Опытные повара теперь пользовались еще бо́льшим престижем, как и специалисты по питанию, психологи, обслуживавшие отдыхающих, культработники, расширявшие кругозор посетителей здравниц. В это время также стали появляться профессиональные массовики, хотя в культуру, как и раньше, вкладывали меньше средств, чем в инфраструктуру, медицину и питание.

Период между окончанием войны и смертью И. В. Сталина в марте 1953 года часто называют «расцветом сталинизма». Он был отмечен ксенофобией, проявившейся, например, в атаке А. А. Жданова на инакомыслие в культурной сфере (конец 1940-х годов) и зловещем «деле врачей» (1953) — предвестнике новой волны репрессий и политического насилия с антисемитской окраской. В этом смысле 1953 год стал переломным. Но история отпуска и туризма в первые послевоенные годы слабо связана с историей сталинизма. В сфере досуговых поездок восстанавливалась инфраструктура, переосмыслялись приоритеты — во многом из-за экономических трудностей. Настоящим поворотным моментом для этой сферы стал 1950 год, когда состоялся Всесоюзный смотр санаториев и домов отдыха: он стал символом решимости развивать досуговые учреждения, обеспечив в них надлежащий медицинский уход и гостеприимство. Улучшение экономических условий привело к росту капиталовложений, но послевоенная динамика также определялась переменами в подходах со стороны руководителей и специалистов — представителей послевоенного поколения, уверенных в себе и располагавших большими возможностями. Некоторые из них были способны наметить организационные изменения в своей деятельности и применять близкие к рыночным механизмы, чтобы повысить качество досуговых услуг. М. Смит, исследовавший эволюцию отношений собственности и жилищного строительства после войны, отметил схожие явления: сторонники реформ и ориентации на потребление все энергичнее продвигали свои доводы и идеи, начав воплощать их после 1950 года. Система начала меняться в 1950 году, задолго до смерти Сталина [Smith 2010: 62–64].

В послевоенные годы — это касалось и труда, и досуга — обозначилось появление нового советского среднего класса: интеллигенции. Его представители получили образование в разные годы: одни в суровые сталинские 1930-е, другие после войны, когда расширились образовательные возможности. Но все они обладали нужным опытом и сознанием своих прав, используя их для того, чтобы проектировать различные экономические механизмы и требовать их внедрения в качестве потребителей. Интеллигенция без особого шума отстояла свое право на отдых в 1930-е годы: промышленный пролетариат официально пользовался здесь преимуществом, но оно не воплощалось на практике. После 1945-го и особенно после 1950 года образованные советские граждане, занимавшиеся умственной, а не физической работой, начали превращаться в новую главенствующую прослойку советского общества.

Глава пятая
От лечения к отпуску

Режим потребления после смерти Сталина

К 1967 году курортный город Сочи представлял собой образцовый советский курорт: море, пляжи, эффектные отроги Кавказского хребта на заднем плане, субтропическая растительность, мягкий климат в течение всего года. Целебные источники Мацесты были известны как в СССР, так и за границей. В Сочи действовал 21 профсоюзный санаторий, закрытые партийные санатории и дома отдыха в неустановленном количестве, турбазы, а также «дома творчества» для художников и людей умственного труда — число таких заведений постоянно росло [Здравницы профсоюзов 1957: 95–105][1]. Лучшие местные санатории предназначались для сливок советского общества: Сталин отдыхал на своей сочинской даче начиная с 1930-х годов, а в 1950-е ЦК КПСС и другие ведомства, имевшие наибольшее влияние, построили закрытую систему курортов, которые отличались наилучшим снабжением и обслуживанием[2]. В городе была насыщенная ночная жизнь: выступления симфонических оркестров, театральные спектакли, киносеансы, цирковые представления… Сюда съезжались лучшие артисты обеих столиц. Для спортивных звезд и космонавтов Сочи стал излюбленным местом тренировок

---

[1] См. также: Труд. 1961. 23 июня.
[2] Экскурсоводов отчитывали, если они упоминали о существовании этих закрытых санаториев. ГАРФ. Ф. 9520. Оп. 1. Д. 84 (материалы экскурсий по Северному Кавказу и Эстонии, 1947–1948). Л. 40.

и отдыха. В 1960-х годах его начали посещать высокопоставленные гости из недавно обретших независимость стран Африки, Азии, Карибского бассейна, в торжественной обстановке сажавшие «деревья дружбы» — в дендрарии или парке «Ривьера». Отделанные мрамором здравницы и роскошная природа часто служили декорациями для съемок кинофильмов[3].

Прибывающие в город первым делом видели характерные сооружения — железнодорожный вокзал из мрамора, песчаника и гранита (1952) либо морской вокзал (1955): монументальный стиль 1930-х годов превратился в них в нечто волшебное, соответствующее вкусам послевоенного потребителя. А. Н. Душкин, автор проекта железнодорожного вокзала, построил также фантастический универмаг «Детский мир» в Москве. Морской вокзал по своей архитектуре перекликался с Северным речным вокзалом в Москве: изысканные мраморные вставки, скульптуры, изображающие представителей черноморской фауны, шпиль, видный с моря за многие километры. В обоих зданиях были использованы кавказские мотивы, восточная экзотика которых манила приезжающих. Сотни тысяч советских граждан посещали «город солнца, город здоровья и красоты, город цветов», чтобы лечиться у «самых чудесных врачей мира». В 1965 году город получил почетное звание «лучшего курорта страны» [Tolstoi 1968: 43, 49][4].

Сочи был воплощением советского отпуска как объект желания потребителей, как место, принадлежащее к другому миру, царству чудес и фантазии. Сложившиеся ритуалы — медицинские и оздоровительные процедуры утром, повышение культурного уровня и спорт днем, развлечения вечером — сообщали курортному времяпровождению резкий контраст с повседневной жизнью простых и даже непростых советских отдыхающих. Реальные и виртуальные путешественники, оказавшись в Сочи, как

---

[3] Среди самых популярных были две картины Леонида Гайдая: «Кавказская пленница, или Новые приключения Шурика» (1967) и «Бриллиантовая рука» (1968). В августе 2010 года на сочинском морском вокзале открыли памятник героям «Бриллиантовой руки»: https://sochi.kudago.com/place/pamyatnik-brilliantovaya-ruka/ (дата обращения: 26.10.2021).

[4] См. также: Труд. 1959. 25 мая; 1961. 15 февраля; 1965. 12 ноября.

Рис. 5.1. Морской вокзал в Сочи (1955). Фото автора

Рис. 5.2. Железнодорожный вокзал в Сочи (1952). Фото автора

бы совершали паломничество к социалистической святыне. Говоря о Тибете, П. Бишоп определяет святыню следующим образом: «Отделенная от низменного мира; с ограниченным доступом; внушающая ужас или восхищение; тесный союз порядка и власти, в сочетании с двусмысленностью и парадоксальностью. Святыни, видимо, размещаются на периферии социума… Пересечение порога сопровождается ритуалом, вход охраняют стражи» [Bishop 1998: 10]. Доступ в священный Сочи подразумевал прежде всего наличие одной из скупо раздаваемых путевок и долгую поездку в вагоне; авторы многих писем настаивали на том, что вода и процедуры имеют чудодейственную целительную силу; величественная архитектура и грандиозные горы вызывали трепет и чувство удовольствия; полномочия врачебного персонала напоминали о власти идей и государства, всему этому придавала священный характер санаторно-курортная книжка — пропуск в мир здоровья. Рутина этого волшебного «неотмирья» выглядела как сбывшаяся утопия Маркса: утром человек охотится, после полудня ловит рыбу, вечером занимается скотоводством, а после ужина предается критике [Маркс 1955: 32]. Но, в отличие от мифического нигде, это место было вполне реальным, бетонно-мраморным, и миллионы счастливых советских граждан ежегодно оказывались в нем. Они верили в заповедь, озвученную героиней фильма «Москва слезам не верит» (эти слова стали расхожими в советской и постсоветской культуре): «В Сочи, я думаю, хоть раз в жизни отдыхает каждый человек»[5].

Потребление в советской истории

Сочи представлял собой обещание социалистического пути модернизации, сулящего изобилие: потребительский рай, значение которого для советского проекта в послесталинские годы все

---

[5] Москва слезам не верит. Реж. Владимир Меньшов. Мосфильм, 1980. Согласно опросу 2009 года, каждый третий житель России был в Сочи «хотя бы раз» (Опрос ВЦИОМ, 15 июня 2009, www.rzn.info/news-federal/russia/30116 (в настоящее время недоступна)).

время возрастало. Социалистическое потребление всегда виделось главным обещанием революции, но политические и экономические решения в послесталинскую эпоху расширили доступ к потребительским товарам и практикам, что привело к возникновению потребительского общества нового типа [Koenker 2005]. Послевоенное развитие СССР создавало возможность для переоценки задач в области потребления, ранее поставленных государством, и внедрения собственного «режима потребления», который можно сопоставить с такими же режимами в Европе XX столетия. Между двумя мировыми войнами потребление в Европе базировалось на мелкой розничной торговле и доступе к товарам, организованном по классовому признаку, но после 1945 года (при активном вмешательстве США, имевших собственные коммерческие интересы) сменилось тем, что историк В. де Грация называет «фордовским режимом потребления»: низкие удельные затраты, стандартизированные товары, высокий оборот, маркетинговые исследования, предоставление потребителю выбора [De Grazia 1998, 2005].

Социалистический режим потребления в этот период также изменился. В иерархической системе времен сталинизма доступ к товарам и услугам отмерялся в соответствии с социальным положением: для самых достойных (партийные руководители, ударники) он имел особый вид, и такой доступ определял статус человека [Осокина 1998; Gronow 2003]. В то же время провозглашалось, что когда-нибудь при социализме наступит изобилие для всех. Но само понятие «изобилие» оставалось открытым для обсуждения, пусть даже в хрущевские времена — и позднее — руководство страны принимало решения, направленные на рост выпуска потребительских товаров. В 1930-е годы изобилие означало роскошь: считалось, что шампанское и икра, ранее стоявшие только на столе у аристократов, однажды станут доступны каждому. Социалистическая разновидность «фордовского потребления» могла подразумевать рациональность, стандартизацию, массовый характер, но без излишеств, приписываемых работе капиталистического рынка или аристократической культуре. В 1950-е годы дизайнеры явно отдавали предпочтение строгому функционализму, когда речь шла о производстве товаров повседневного спроса [Gerchuk 2000; Reid 2006].

Материальные блага — обещанные и производимые — обладали также символической стоимостью. При капитализме, рассуждали теоретики, потребители покупают товары из-за их знаковой стоимости — способности определять статус и идентичность — не в меньшей степени, чем из-за их полезности, или потребительной стоимости, и это приводит к перепроизводству благ в надежде, что какие-нибудь станут модными новинками [Бодрийяр 2019; Douglas, Isherwood 1979; Веблен 1984]. Социализм с его рациональностью должен избежать этой ловушки престижного потребления путем внедрения социалистической эстетики, основанной на идее полезности и простоте форм. К. Вержери указывает на еще более существенную разницу между потреблением при капитализме и социализме: в последнем случае авторитарный режим испытывает напряжение, так как вынужден, с одной стороны, поддерживать свою легитимность путем распределения товаров и услуг среди граждан, а с другой — стягивать их в центр с целью удержания власти. Этот скрытый парадокс обязательно ведет к стимуляции спроса в таком масштабе, что социалистическая экономика не может удовлетворить его. Поэтому потребление товаров становится не только актом самоопределения человека как личности, что происходит и при капитализме, но и актом его политического самоопределения [Verdery 1996: 26–29].

В хрущевскую эпоху, пишет С. Рид, потребление домохозяйств «закладывало основу будущего»: советские потребители приобретали мебель, бытовую технику, украшения для дома не только из-за их полезности, но также из-за их символической стоимости. «Вкусовые предпочтения — говорит она, — были средством ежедневного социального позиционирования и достижения превосходства. Тем самым определенная часть интеллигенции, все более многочисленной и разнообразной по своему составу, получала привилегию, определяя облик узаконенной культуры» [Reid 2006, 2005, 2013]. Режим потребления при Сталине основывался на иерархии, будущее равенство так и оставалось обещанием; в послесталинское время каждый, не только стахановцы, мог стать участником режима потребления, при котором достаточное количество товаров и услуг позволяло делать выбор и заниматься самоопределением.

Между смертью Сталина (1953) и распадом СССР (1991) прошло четыре десятилетия — больше, чем от революции 1917 года до смерти Сталина. Хрущевская эпоха и «оттепель» представляют особый интерес для историков, исследующих эту сложную и мучительную реакцию на сталинский авторитаризм. В краткосрочном плане «оттепель» включала демонтаж сталинской системы лагерей, открытие СССР внешнему миру (начиная с 1955 года), ослабление контроля над литературой, исторической наукой и многими другими сферами науки и культуры. Однако партия оставалась главным, монолитным авторитетом, а военное наследие и репрессии сталинских времен умеряли надежды и порождали страх того, что «оттепель» прекратится. Многие исследователи отмечают, насколько ограниченным и сложным было это явление, указывают на новую «заморозку», ознаменованную хрущевской реакцией на выставку современного искусства 1963 года и отказом от дальнейшей публикации неоднозначных литературных произведений. Смещение Н. С. Хрущева и возвышение Л. И. Брежнева только усилили этот культурный паралич, как традиционно считается: область свободного политического и культурного высказывания сузилась. Советское вторжение в Чехословакию (1968), положившее конец эксперименту по строительству альтернативного социализма в этой стране, толкнуло СССР на путь жесткой политической регламентации; так продолжалось 17 лет, пока М. С. Горбачев не дал начало длительному периоду «перестройки» в попытке обновить советский социализм [The Dilemmas of De-Stalinization 2006; Dobson 2009; Bittner 2008].

История экономики и потребления в СССР, однако, имеет свою хронологию, не совпадающую с вышеописанной [Gorsuch 2011; Roth-Ey 2011][6]. Преемники Хрущева продолжали контролировать политические высказывания, но надеялись завоевать легитимность, обещая модернизировать экономику и обеспечить

---

[6] См. также различные статьи С. Рид.

материальное благосостояние граждан. Бездумные хрущевские проекты — освоить целину, обогнать США по потреблению мяса в расчете на душу населения — были свернуты. Вместо этого брежневско-косыгинские технократы стремились провести экономические реформы, искали новые способы стимулирования экономики, чтобы выполнить обещания, касавшиеся потребления при социализме. Этот путь был намечен уже в 1959 году, с принятием нового семилетнего плана, делавшего упор на производство потребительских товаров: квартиры для каждой семьи, с мебелью и всей необходимой утварью. Расширение этого социалистического режима потребления создавало постоянные предпосылки для «социальной дифференциации, выделения на фоне других, формирования собственного "я"» [Reid 2006: 249]. В действительности же темпы роста экономики начали падать уже в 1958 году — снижалась производительность труда, все менее эффективными становились капиталовложения [Lewin 1974: chap. 6; Hanson 2003: chaps. 2–3]. Валовые показатели продолжали расти, но темпы роста к концу 1970-х снизились до 2 % в год. Темпы роста личного потребления достигли максимума в 1958 году и затем плавно снижались. Неспособность экономики производить товары и услуги в соответствии с ожиданиями населения ярко выразилась в списках дефицитных предметов потребления, которые делались все длиннее. Но теперь в стране уже существовало массовое потребительское общество, и эти потребители были измучены дефицитом, очередями, усилиями по добыванию нужных вещей на черном рынке и через знакомых [Hanson 2003: 87–88; Millar 1985: 695; Ledeneva 1998, особ. гл. 1, 3].

В этой главе, посвященной досуговым поездкам как предмету потребления, рассматриваются изменения в потреблении советского курортного отпуска с середины 1950-х годов по 1980-е годы, когда основные его характеристики уже не менялись из-за экономической стагнации и бюрократической инерции. Расширение доступа к отпуску — теперь его мог получить каждый — удачно дополняло акцент на потребительскую экономику, сделанный Хрущевым: выполнение предвоенного обещания, о чем говорилось в главе четвертой. Потребление досуга имело как потребительную, так и символическую стоимость. Отпуск продолжал рассматриваться с точки зрения его функциональных достоинств — как средство восстановления здоровья человека для возвращения к производственной деятельности. Но помимо этого, он все больше делался для советских людей средством, позволяющим выразить свою идентичность как гражданина социалистической страны, озвучить свои культурные запросы, эстетические ценности, знание окружающего мира. По мере того как отпуск становился доступным все большему числу граждан, расширялся выбор, увеличивались возможности выделить себя на фоне других людей. Таким образом, в послесталинскую эпоху советский режим потребления изменился, перестав быть строго иерархическим: теперь относительное изобилие делало возможным личный выбор и повышало шансы выделиться. Но, несмотря на это, неспособность экономики обеспечить выполнение обещаний 1960-х годов — относительно расширения доступа к товарам — порождало глубокое недовольство.

Как будет показано в этой главе, в десятилетия, прошедшие между десталинизацией и закатом социализма, отдыхающие все чаще рассматривали отпуск как предмет потребления, доставляющий радость, удовлетворение и условия для самоидентификации — а не как средство восстановления физических и умственных сил. Однако государство не торопилось откликаться на запросы населения, прежде всего в смысле создания возможностей для отдыха семей с детьми. Это отражало противоречия между традиционными задачами советского отдыха (восстановление здоровья взрослых работающих людей) и растущим спросом на семейный отпуск со стороны искушенных советских потребителей, для которых он был неотъемлемым компонентом советской «хорошей жизни».

Лечение: советский отдых и восстановление здоровья

Становление советского потребителя шло с заминками, несмотря на утопическое обещание изобилия для всех, и на развитии советской системы курортов сказывались факторы неопределенности, которые проявляли себя внутри менявшегося общества потребления. Уже первое послевоенное издание Справочника по курортам СССР (1951) отражало противоречие между словами, подчеркивавшими пользу, рациональный характер, лечебные цели этого отдыха, и иллюстрациями, навевавшими мысли об удовольствии, общении, расслабленности. Однако слова имели немалое значение, и в дискуссиях о планировании курортного отдыха — публичных и закрытых — преобладал язык медицины. До 1960 года Министерство здравоохранения распоряжалось большей частью курортного коечного фонда. В 1955 году, на совещании работников здравоохранения, сотрудники курортов вновь подчеркнули первостепенную роль медицинских показаний в распределении путевок: последние следовало выдавать лишь тем, кто действительно нуждался в них, причем получатель был обязан пройти полный курс лечения. «Хочу кратко сказать — подчеркивал Г. С. Еременко, начальник Главного управления курортов и санаториев Минздрава СССР, — что в этих правилах предусмотрено, что на курорт должен ехать действительно больной, а не случайные люди, которые привыкли ездить на курорт для развлечения». Из писем в заводские газеты известно, что у обладателей медицинских показаний имелись свои приоритеты. Выражая благодарность, они неизменно подчеркивали, что восстановили здоровье и теперь могут вернуться к работе. «Без преувеличения могу сказать, что некоторые приезжают сюда на костылях, а уезжают здоровыми», — писал один рабочий в «Мартеновку»[7].

Даже после передачи в 1960 году почти всех курортов в ведение ВЦСПС (к чему я еще вернусь) медицинское назначение советского отпуска подчеркивалось по-прежнему. Никто не может получить путевки без одобрения медкомиссии, настаивал в 1961 году секретарь ВЦСПС А. И. Шевченко. Дома отдыха, несмотря на облегченный лечебный режим, оставались «школами здоровья», где читались лекции о вреде курения и пьянства, о правильном питании и гигиене. Врачи продолжали руководить

---

[7] ГАРФ. Ф. 9228. Оп. 1. Д. 916 (совещание директоров курортов, март 1955). Л. 15, 26–28 («Хочу кратко сказать»). Л. 97; Мартеновка. 1958. 22 мая; 1960. 10 мая; Знамя Трехгорки. 1958. 9 июля.

Рис. 5.3. Пляж в Сухуми. 1962. Цветная иллюстрация из книги: Курорты СССР / Под ред. С. В. Курашова, Л. Г. Гольдфайля, Г. Н. Поспеловой. М.: Медгиз, 1962. С. 576

санаториями, рьяно отстаивая медицинский характер советского отпуска. В ответ на предположение о том, что санатории должны возглавлять специалисты-управленцы, а не доктора (1962), главврач одного кисловодского санатория заявил под аплодисменты: «Врач — только так!» Десятью годами позже главврач кисловодской поликлиники утверждал: «Наша главная задача — повышение эффективности нашего курортного лечения, сокращение дней нетрудоспособности у больных, лечившихся на нашем курорте»[8].

Здоровье населения оставалось одной из главных проблем СССР даже в 1960-е и 1970-е годы. Ожидаемая продолжительность жизни выросла с 46,9 лет в 1939 году до 69,5 в 1972-м, но затем стала падать [Народное хозяйство СССР за 70 лет 1987: 409][9]. В 1966 году, если верить директору одного из санаториев, 30 % призывников были негодны к службе. Таким образом, и в 1970-е годы восстановление здоровья и увеличение продолжительности жизни оставались основными задачами советского отпуска [Аванесов 1972: 40][10].

Основой курортного режима было лечение минеральными водами, которое продолжало традиции европейской и североамериканской медицины, заложенные в XIX веке. Но на Западе во второй половине XX века ездили уже не на воды Виши или Саратоги, а в отели «Club Med»[11] и Диснейленд; в советских же «дворцах отдыха» по-прежнему настаивали на необходимости водолечения. Начальник Ленинградского территориального управления курортов, санаториев и домов отдыха восхвалял достоинства грязей и вод Новгородской области, указывая, что

---

[8] ГАРФ. Ф. 9493. Оп. 8. Д. 238 (совещание представителей социалистических стран по вопросам курортов, июль 1961). Л. 168–169; Д. 428 (совещание курортных работников, апрель 1963). Л. 87–88; Д. 326 (совещание курортных работников, январь 1962). Л. 254; Д. 1669 (совещание курортных работников, апрель 1972). Л. 128.

[9] В этом издании впервые с 1950-х годов были приведены данные об ожидаемой продолжительности жизни. См., напр., [Здравоохранение в СССР 1957: 14].

[10] См. также: Труд. 1965. 14 января; Мартеновка. 1970. 19 мая.

[11] «Club Med» — французская компания, впервые предложившая концепцию отдыха «все включено» (1950).

там стоило бы построить новые курорты[12]. И хотя Сочи стал самым престижным направлением, вместо Кавказских Минеральных Вод, своей славой всесоюзного курорта он был обязан прежде всего ваннам с минеральной водой. Собственно, Сочи приобрел популярность как место отдыха с открытием (1910) целебных источников в близлежащей Мацесте, и эта связь никогда не исчезала. Мацеста — «сердце Сочи», говорил В. А. Воронков, первый секретарь Сочинского горкома КПСС, в 1967 году, и аналогичные курорты в других местах получали название «Сибирская Мацеста» или «Тамбовская Мацеста», а не, скажем, «Сибирский Сочи». О чудотворном воздействии мацестинских источников вспоминал в интервью (2004) один из местных работников, рассказывая о приезде Л. И. Брежнева. Генеральный секретарь был настолько слаб, что смог забраться по лестнице, ведущей к ваннам, только с помощью двух человек, поддерживавших его под руки. Но несколько часов спустя он уже ходил без посторонней помощи и даже станцевал, к радости сотрудников санатория [Рудаков 1937; Медунов 1967: 17][13].

Наряду с утренними минеральными ваннами, время приема которых строго отмерялось по назначению врача, отдыхающий на советском курорте мог ожидать — и начинал считать это своим правом — целого ряда врачебных процедур. В первые годы после войны речь шла о восстановлении пострадавшей медицинской инфраструктуры. В следующие десятилетия внедрялись новые процедуры, а старые совершенствовались благодаря появлению новых технологий и устройств, таких как лампы солнечного света, кислородотерапия, рентген[14]. Многие санатории и дома отдыха,

---

[12] ГАРФ. Ф. 9493. Оп. 8. Д. 227 (совещание курортных работников, февраль 1961). Л. 18; Д. 1669. Л. 26, 160.

[13] См. также: Труд. 1957. 3 сентября; 1969. 6 марта; 1962. 30 марта; Советская империя. Сочи. Реж. Елена Калиберда. Телеканал «Россия», 2004. Я благодарна Дж. Греффи, который предоставил мне копию этого видео.

[14] ЦГАМО. Ф. 7223. Оп. 1. Д. 1252 (совещание курортных работников, март 1956). Л. 125; ГАРФ. Ф. 9493. Оп. 8. Д. 428. Л. 16, 73; Оп. 8. Д. 326. Л. 11; Д. 326. Л. 348; Д. 1088 (совещание курортных работников, ноябрь 1968). Л. 6; СГА. Ф. 24. Оп. 1. Д. 712 (переписка с редакцией сочинской газеты «Красное знамя», 1957). Л. 1.

начиная с 1950-х годов, обзаводились собственными зубоврачебными кабинетами. С конца 1960-х годов поступали сообщения об использовании методов радиационной медицины, в том числе радиоизотопной диагностики и электрофизиологических исследований. В 1972 году некоторые санатории предлагали пациентам электротерапию. Врачи курортов Сочи и Кисловодска начали пользоваться диктофонами, чтобы высвободить больше времени для ухода за пациентами[15]. Расширялись диагностические и лабораторные возможности, некоторые санатории предлагали иммунологическое и противоаллергическое лечение. К концу 1970-х годов все больший интерес вызывало использование санаториев для послеоперационной реабилитации «сердечников». При этом новые виды лечения не отменяли «лечебной физкультуры», которая оставалась основой режима в домах отдыха. Утренние упражнения, гимнастика, прогулки, спортивные соревнования представляли собой лечебную часть пребывания в доме отдыха[16].

Поскольку медицина являлась центральным элементом курортного режима, медицинские специалисты играли главенствующую роль. Увеличение числа лиц с высшим образованием в хрущевские годы привело к тому, что в различных сферах руководство перешло к специалистам — наглядное свидетельство того, что социализм был наследником Просвещения с его культом науки и разума. Нарождающаяся интеллигенция не только стала одним из главных получателей благ от советского режима, но и обеспечивала его функционирование. Медики, что было очевидно, помещались на вершине иерархии, и это, в свою очередь, создавало у отпускников чувство зависимости от опытного персонала лечебных учреждений. Как мы уже видели, главврачи не хотели уступать власть профессиональным управленцам.

---

[15] Труд. 1966. 25 мая; ГАРФ. Ф. 9493. Оп. 8. Д. 1669. Л. 153, 104, 111, 128; Д. 2303 (Центральный совет по управлению курортами профсоюзов, январь 1976). Л. 73; Д. 1088. Л. 48, 59. Для избавления отдыхающих от вредных привычек, таких как пьянство, использовалась также психотерапия: Труд. 1982. 29 августа.

[16] ГАРФ. Ф. 9493. Оп. 8. Д. 2303. Л. 36; Труд. 1982. 2 февраля; ЦГАМО. Ф. 7223. Оп. 1. Д. 1603 (медицинские отчеты с курортов, 1968). Л. 56; Д. 1567 (медицинские отчеты из домов отдыха, 1959). Л. 18, 86, 97, 117, 123.

Рис. 5.4. Принятие солнечных ванн в Доме отдыха работников торговли (Геленджик), 1947. Справа — медсестра, проверяющая пульс. РГАКФД г. Красногорска, № 0-189130. Публикуется с разрешения архива

Общение с врачом, настаивали они, не менее важно, чем солнце, воздух и минеральная вода. «Жалобы начинаются в тот день, когда руководитель здравницы теряет контакт с больными и отдыхающими», — заявлял в 1962 году председатель Профсоюза медицинских работников. И прибавлял, что искушенные советские отдыхающие могут простить многие неудобства и нехватку чего-либо, но не прощают «равнодушного отношения» со стороны главврача[17]. При социализме специалистам следовало не только овладеть наукой, но и проявлять сердечное, человеческое отношение. Социалистический потребитель ставил на первое место человечность и социальное взаимодействие, а не бездушное, механическое накопление благ.

«Младший медицинский персонал» — медсестры и санитарки — также вносили свой вклад в создание эмоциональной зависимости, о которой говорилось выше. Те, кто по состоянию здоровья не мог энергично заниматься гимнастикой, совершали «дозированные прогулки» под наблюдением медсестры. За лечебным пляжем присматривали врач и три-четыре медсестры, следя

---

[17] ГАРФ. Ф. 9493. Оп. 3. Д. 1955 (совещание курортных работников профсоюза химиков, январь 1955). Л. 48; Оп. 8. Д. 326. Л. 210–211.

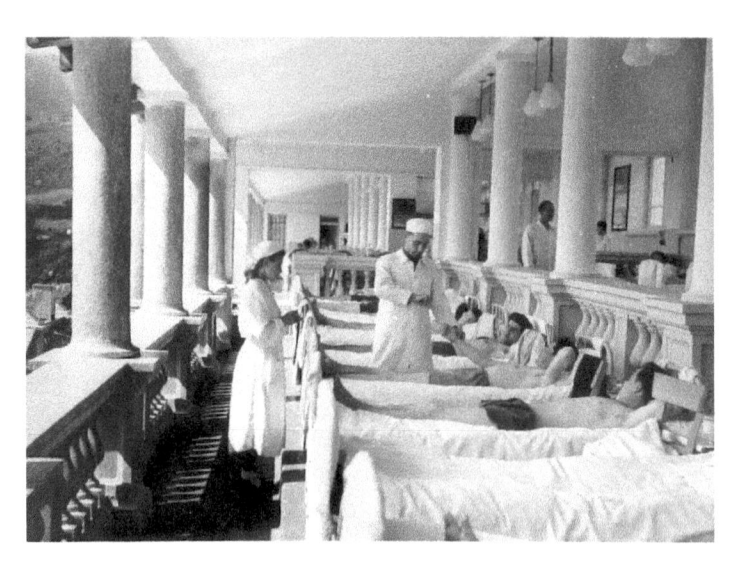

Рис. 5.5. Отдыхающие и медицинский персонал на веранде санатория Министерства тяжелого машиностроения, Ялта, июль 1958 года. Фото Гинзбурга. РГАКФД г. Красногорска, № 0-213579. Публикуется с разрешения архива

за тем, чтобы пациенты, принимавшие солнечные ванны, вовремя меняли позу и не обгорали[18]. Отдыхающие выражали благодарность за отзывчивость и сердечное отношение со стороны медперсонала, делая записи в книгах отзывов. Врачей часто хвалили за человечность и готовность помочь пациентам. Почти в каждой записи встречаются слова признательности за «чуткое отношение». Восстановление здоровья, как признавали отпускники, было бы невозможным без заботы и внимания, которые проявляли врачи и медсестры[19].

---

[18] ГАРФ. Ф. 9493. Оп. 8. Д. 326. Л. 210–211, 14; Труд. 1973. 19 июня; ГАРФ. Ф. 9493. Оп. 8. Д. 238. Л. 180; СГА. Ф. Р-178. Оп. 1. Д. 36 (медицинский отчет из санатория «Радуга», 1954). Л. 25; Ф. 214. Оп. 1. Д. 72 (медицинский отчет из санатория министерства угольной промышленности, 1953). Л. 37.

[19] Я взяла в качестве образца книги отзывов из сочинского санатория «Радуга». Часто отзывы писались от имени групп, а не отдельных отдыхающих, слова и чувства часто были одинаковыми. Но не следует сомневаться в искренности этих эмоций: похоже, существовал определенный шаблон для выражения благодарности. СГА. Ф. 178. Оп. 1. Д. 95 (1962), 53 (1958). Критика в адрес зубных врачей высказывалась чаще, чем в адрес остального медицинского персонала. Наибольшее количество благодарственных отзывов, после врачей, получали официантки.

Отпуск: веселье и комфорт

Помимо лечебного режима, все больше внимания на курортах уделялось развлечениям и увеселениям. Порой власти задавались вопросом, насколько разумны и эффективны обильные вложения в медицинскую инфраструктуру. На XX съезде КПСС (1956) было решено пересмотреть многие сложившиеся в советском обществе практики, и курортный режим не был исключением. Возможно, настало время изменить стандартизованные схемы лечения, которых не пересматривались уже 15 лет, говорил один врач. Передача курортов в ведение профсоюзов (1960) — до того ими управлял Минздрав — могла бы дать шанс на исправление перекоса в сторону медицины, но никаких изменений не последовало. На Всемирной ассамблее здравоохранения в 1961 году представитель министерства здравоохранения Венгрии подверг критике курортный режим в СССР с его большими кадровыми запросами, но советские чиновники стали защищать привычные им практики. Было немыслимо изменить сложившееся в Сочи соотношение — 250 человек персонала на 350 пациентов: задача состояла в том, чтобы избавить пациентов от любых забот и ни в коем случае не уменьшать заботу о трудящихся. В 1976 году Центральный совет по управлению курортами профсоюзов составлял новый пятилетний план, и секретарь ВЦСПС С. А. Шалаев подтвердил, что медицина продолжит играть ведущую роль, но предложил изменить сложившееся соотношение. По его словам, в прошлой пятилетке уделялось слишком много внимания лечебным санаториям и нельзя было и дальше ориентироваться на виды проведения отпуска, сложившиеся в середине 1920-х годов. В настоящее время, отметил он, у трудящихся появились новые потребности и запросы[20].

Постоянно растущий спрос на проведение отпуска вне дома повлек за собой и новые ожидания относительно качества этого отпуска. Как было указано, отдыхающие ценили помощь медиков,

---

[20] ЦГАМО. Ф. 7223. Оп. 1. Д. 1252. Л. 16; ГАРФ. Ф. 9493. Оп. 8. Д. 238. Л. 141–142, 178–180; Д. 2303. Л. 202, 207.

проявлявших профессионализм и участие. Чиновники также признавали, что вкусы потребителей развиваются, последние ожидают все более качественных услуг и все более разнообразного времяпровождения в часы, свободные от лечения. Медицинская составляющая отпуска предполагала в первую очередь зависимость потребителя, развлекательная составляющая — инициативу с его стороны. Сотрудники курортов прилагали немало усилий, чтобы откликаться на новые потребности и запросы. Как и всегда, следовало соблюдать хрупкое равновесие между повышением культурного уровня и получением удовольствия вместе с расслабляющим отдыхом. Отпуск в СССР стал не только наградой за труд, но и сферой, где происходило саморазвитие.

Южное побережье СССР оставалось наиболее предпочтительным направлением для статусного отдыха, что было увековечено в кинофильме «К Черному морю» (1957). Главный персонаж, известный преподаватель одного из московских вузов, признается, что мечта всей его жизни — поехать к Черному морю на собственном автомобиле. Далее начинается романтическая комедия ошибок, Черное море выступает в качестве места назначения и фона всего фильма; несколько автомобилей мчатся в Крым, двое мужчин, добивающихся одной и той же легкомысленной студентки, постоянно проезжают мимо дорожного знака (которого на самом деле не существовало): на стрелке, указывающей налево, написано «В Крым», на стрелке, указывающей направо, — «На Кавказ»[21].

Мечта о собственной машине так и не стала реальностью для большинства граждан, желавших сделаться автомобилистами; в 1977 году в СССР насчитывалось 26 личных автомобилей на 1000 человек, в 1985-м — 45. В сравнении с США в 1970-е годы: 426 личных автомобилей на 1000 человек. Поэтому большинство советских отпускников путешествовали на юг поездом: путь от Москвы до Симферополя или Сочи занимал более полутора суток. В 1960 году 530 000 отдыхающих прибыли в Сочи на поезде, 60 000 — морем и 40 000 — на самолете. Приехавшие на

---

[21] К Черному морю. Реж. Андрей Тутышкин. Мосфильм, 1957.

автомобилях не удостоились даже упоминания [Siegelbaum 2008: 239–240][22]. Из Сибири и с Дальнего Востока поезд шел 12–20 дней в одном направлении, и, таким образом, желанные южные здравницы фактически были доступны только жителям европейской части России [Азар 1972а: 9][23]. Путешествие создавало для отпускников проблемы особого рода. Обратные билеты в железнодорожных кассах не продавались, но даже билет в один конец можно было купить только при наличии путевки. Лишь прибыв на место, путешественник мог приобрести обратный билет, предъявив курортную книжку, но не ранее 10 дней до намеченной даты. Расширение воздушного сообщения в 1960-е годы сделало поездки на дальние расстояния более доступными, но покупка билетов на самолет была связана с такими же бюрократическими сложностями, как и на поезд [Рабинович 1996: 343; Noack 2006: 299][24].

Основными видами времяпровождения в домах отдыха и санаториях, помимо медицинских процедур, долгое время были киносеансы и танцы под живую музыку или пластинки. Однако многие отдыхающие жаловались на однообразие такого режима, и сотрудники курортов по-прежнему беспокоились, что культурные мероприятия сводятся в основном к развлечениям, не обеспечивая в должной мере подъема культурного уровня курортников. Перспективы, открытые XX съездом КПСС и особенно XXII съездом (1961), заставили с новой энергией взяться за использование отпускной инфраструктуры в целях всеобъемлю-

---

[22] См. также: Литературная газета. 1961. 18 мая.

[23] Также: Печки-лавочки. Реж. Василий Шукшин. Киностудия имени М. Горького, 1972. В фильме описываются приключения пары из Сибири, чья дорога на южный курорт, как водится, пролегает через Москву.

[24] См. также: Труд. 1962. 13 мая. В путеводителе 2001 года упоминается о постоянной проблеме покупки обратных билетов: «Самое сложное в поездке на черноморские курорты — не прилететь, а улететь обратно в нужный день. Обратных билетов в пик сезона никогда не бывает» [Черноморское побережье 2001: 19]. В 2006 году я смогла купить два билета из Москвы в Адлер и обратно через <туркомпанию> «Expedia» и одно московское турагентство, но это было в межсезонье.

щего воспитания личности[25]. К концу 1950-х годов, а затем в течение 1960–70-х годов советские отпускники могли ожидать, что дни и часы досуга принесут им не только развлечения, но и повышение культурного уровня вместе с приобретением новых знаний.

Патриотическая окраска культурных мероприятий на курортах еще больше укрепляла тесную связь между интересами советского государства и его досуговыми практиками. Культ Великой Отечественной войны стал играть ведущую роль в государственной политике при Л. И. Брежневе, но уже в конце 1950-х годов патриотической и исторической тематике, похоже, вновь стали придавать большое значение, особенно в Москве и Подмосковье. Культурные мероприятия в здравницах отражали также повышенный интерес интеллигенции к русским национальным традициям, который вылился, например, в появление «деревенской прозы»[26]. Дом отдыха «Коммуникатор» в Звенигороде, некогда известном своими живописными окрестностями («русская Швейцария»), теперь начал подчеркивать долгую историю местности, перечисляя среди прочего религиозные и военные памятники. Сотрудники дома отдыха в Калининской области также сообщали, что отпускники стали охотно посещать исторические места — монастыри, колокольни — и ездили на автобусе в Великий Новгород, чтобы увидеть отреставрированные храмы XI века. В еще одном доме отдыха «новинкой» сезона 1959 года стали вечерние посиделки у костра, во время которых ветераны рассказывали о военных действиях в этих краях. Директор дома отдыха «Голубое озеро» в 1961 году уделил еще более пристальное внимание традициям, превратив заведение в нечто вроде русского этнопарка. Отдыхающим подавали хлеб да соль на вышитых

---

[25] ЦГАМО. Ф. 7223. Оп. 1. Д. 1252. Л. 12, 9; СГА. Ф. 24. Оп. 1. Д. 498 (переписка с редакцией сочинской газеты «Красное знамя», 1954). Л. 99; ГАРФ. Ф. 9493. Оп. 8. Д. 326. Л. 229–241. Эта цель содержалась в программе, принятой XXII съездом КПСС [Программа коммунистической партии 1962] (см. следующую главу).

[26] О культе войны см. [Tumarkin 1994: 134–146]. О писателях-«деревенщиках» см. [Parthé 1992].

полотенцах, «символ русской дружбы», а после тихого часа можно было выпить чаю из самовара. На спортивных площадках устраивались русские народные игры и катание на лошадях — предполагалось, что всем русским нравится ездить на лошади. На пляже имелись катящаяся бочка и ручной медведь, а именинникам дарили особый пирог под звуки русских народных песен. Постройки тоже были выполнены в соответствии со «славными традициями русского народа»[27].

Обещание, которое в 1961 году дал Хрущев — «Нынешнее поколение советских людей будет жить при коммунизме!», — определило курортную повестку 1960-х годов. Жители коммунистического государства должны были отличаться высокой культурой, и профсоюзные санатории и дома отдыха стали уделять особое внимание повышению культурного и эстетического уровня отдыхающих. Слушать музыку стали заметно больше, так как проигрыватели стали доступнее. Слушание «Евгения Онегина» или «Травиаты», писал один отпускник в 1961 году, как бы переносит его в иной мир — в Большой театр. Устраивались концерты с помощью проигрывателя, лекции, встречи с приглашенными актерами и музыкантами, исполнялись «любимые песни Ленина». В 1975 году отдыхающие в провинциальном Иваново могли слушать концерты в исполнении певцов и музыкантов местной филармонии; в Краснодарской области (к которой относился Сочи) гастролировал Свердловский оперный театр, ставивший «Риголетто» и «Паяцев», и кроме того, читались лекции о композиторах и исполнителях (Дмитрии Шостаковиче, Давиде Ойстрахе)[28].

Экономический рост, наблюдавшийся в СССР в конце 1950-х — начале 1960-х годов, облегчал финансирование культурной программы, приобретшей заметную важность для режима, а повышение стандартов потребления дало советским гражданам доступ к этой культурной продукции. Увеличивался выпуск книг об ис-

---

[27] ЦГАМО. Ф. 7223. Оп. 1. Д. 1567. Л. 109, 46, 40; ГАРФ. Ф. 9493. Оп. 8. Д. 227. Л. 124–131.

[28] ГАРФ. Ф. 9493. Оп. 8. Д. 326. Л. 234–237 (цитата: Л. 237); Д. 428. Л. 76; ЦГАМО. Ф. 7223. Оп. 1. Д. 1603. Л. 114; ГАРФ. Ф. 9493. Оп. 8. Д. 2258 (отчет о культурно-массовой работе, 1975). Л. 18–20.

кусстве, что способствовало более тесному знакомству с ним. В одном из саратовских санаториев проходили «дни искусств», в рамках которых лекторы рассказывали о художниках (Илье Репине, Викторе Васнецове, Василии Сурикове), о том, как понимать живопись, о «марксистско-ленинской эстетике». Отдыхающие из Тулы в 1975 году бурно восхищались возможностями такого рода, указывая, что они редко посещают Москву и Ленинград и не имеют возможности видеть работы русских и советских мастеров, на выставки же в своем родном городе не ходят, так как по будням слишком устают, а по выходным занимаются другими делами. Но в санатории у них появилось время и желание для того, чтобы знакомиться с искусством [Roth-Ey 2011][29].

«Тематические дни», лекции, презентации, выставки, викторины — количество всех их постоянно росло — придавали социальную и политическую содержательность лечебному отдыху на курорте. Вечера, на которых каждый пациент рассказывал о родном городе, помогали растопить лед и ближе познакомиться друг с другом — но кроме того, узнать больше о своей родине. Чиновники от культуры признавали, что в санатории и дома отдыха Московской области приезжают отпускники с самыми различными интересами и по этой причине надо обеспечить полный набор мероприятий: каждый сможет выбрать что-нибудь для себя. В 1968 году список включал вечера, посвященные литературе и искусству, празднование 50-летия комсомола, клуб любителей головоломок, экскурсии по местам боевых действий Великой Отечественной войны, выставки цветочных композиций, собрания филателистов. Во время лихорадочной подготовки к 100-летию со дня рождения В. И. Ленина — которое отмечалось в 1970 году — ленинская тематика стала присутствовать на музыкальных вечерах, литературных мероприятиях, в планах экскурсий, многосерийных фильмах[30]. В общественных местах домов отдыха и санаториев все чаще ставили телевизоры, и ве-

---

[29] См. также: ГАРФ. Ф. 9493. Оп. 8. Д. 2258. Л. 21.
[30] ГАРФ. Ф. 9493. Оп. 8. Д. 428. Л. 27, 16; ЦГАМО. Ф. 7223. Оп. 1. Д. 1603. Л. 102–126.

черние программы санаторных клубов на протяжении 1960-х и 1970-х годов во многом повторяли содержание телепередач. Отдыхающие давно оценили викторины; теперь же они могли смотреть популярные телеконкурсы и воспроизводить их во время отпуска. В середине 1970-х годов советские социологи начали выражать озабоченность тем, что молодежь выбирает «не те» специальности. Советское телевидение внесло свой вклад в решение этой проблемы, показав телевикторину с участием представителей разных профессий; затем и на курортах стали выбирать «лучшую официантку», «лучшего повара» и т. д., отмечать профессиональные праздники (День шахтера, День учителя) — виновники торжества давали по этому случаю самодеятельное представление. В Туапсе на День моряка устраивали «праздник Нептуна» и парад на главной улице города [Yanowitch 1977: chap. 4; Shlapentokh 1989: 41; Roth-Ey 2011: chap. 5][31].

В первые послевоенные годы культурное содержание курортного отдыха определялось в основном старыми кинофильмами, самодеятельными концертами, танцами и играми, взятыми из книги «В часы досуга». Теперь же советские отпускники могли рассчитывать на куда более насыщенную культурную программу — как, впрочем, и медицинскую[32]. Но все новые виды времяпровождения были подвижными и образовательными, направленными на лечение и расширение кругозора. Идея чистого развлечения — в противовес постоянной мобилизованности граждан на работе — не отражалась в повестке дня, предлагавшейся курортным начальством. Потребление досуга при социализме должно было быть рациональным и содержательным, а сам досуг — сочетать в себе развлекательность и содержательность.

Советские отпускники, со своей стороны, рассчитывали, как и прежде, на комфортные условия проживания, внимательное обслуживание, вкусную еду. Они стали также уделять больше

---

[31] См. также: ГАРФ. Ф. 9493. Оп. 8. Д. 2258. Л. 15–16.

[32] О жалобах на скучные вечера см. СГА. Ф. 24. Оп. 1. Д. 498 (1954). Л. 99; ЦГАМО. Ф. 7223. Оп. 1. Д. 1252. Л. 134–135 (1956); ГАРФ. Ф. 9493. Оп. 3. Д. 1982 (совещание культработников санаториев и домов отдыха, июнь — июль 1949). Л. 31; Труд. 1958. 18 апреля.

внимания всему, что помогало наслаждаться отпуском. Рестораны самообслуживания позволяли сберечь деньги и время, но отдыхающие хотели, чтобы их обслуживали официанты: «Мы один раз в год приезжаем отдыхать, так пусть нам подадут на стол обед, не будем мы сами носить на стол тарелки». Им требовались парикмахерские, мастерские по ремонту обуви, кабинеты междугородной телефонной связи, прачечные, слышались и высказывания о желательности организовать прокат велосипедов, посуды, надувных принадлежностей для плавания, музыкальных инструментов, телевизоров, радиоприемников. Когда питание было однообразным, они начинали жаловаться, и при этом все больше ценили местный колорит в еде. Повара, обсуждавшие в 1950 году расширение кулинарных предпочтений, поработали на славу. Один из одесских домов отдыха гордился популярностью салатов собственного приготовления и фаршированных овощей; дом отдыха в Татарстане устроил (1961) конкурс на лучшее новое блюдо и затем постоянно добавлял что-нибудь в меню — тушеное мясо со сливами, азу. Отпускники начали предъявлять спрос и на «товары для отдыха»: купальники, солнечные очки, летние мужские рубашки, запахивающиеся сарафаны[33]. Солнечных ванн, свежего воздуха, восстановления здоровья было уже недостаточно: новый советский потребитель хотел получить настоящий отдых, приобретая не только лишние килограммы, но и вполне материальные блага.

Эти растущие ожидания питались обещаниями партийных руководителей относительно пути к коммунизму, пролегающему через потребление: заполнив собой всю публичную культуру, они транслировались в печати, на телевидении, по радио, в кинофильмах. Хрущевский семилетний план, выполнение которого началось в 1959 году, содержал четкие целевые показатели роста производства предметов потребления. Книги жалоб издавна

---

[33] ГАРФ. Ф. 9493. Оп. 8. Д. 238. Л. 180; СГА. Ф. 24. Оп. 1. Д. 712. Л. 33, 59; ЦГАМО. Ф. 7223. Оп. 1. Д. 1567. Л. 18; ГАРФ. Ф. 9493. Оп. 8. Д. 957 (совещания в управлении курортами, июнь 1967). Л. 14; Д. 326. Л. 112, 389; Труд. 1973. 19 июня; 1960. 30 июня; 1974. 20 сентября.

Рис. 5.6. Увеселительная поездка на моторной лодке. Сочи, 1962. Цветная иллюстрация из книги: Курорты СССР / Под ред. С. В. Курашова, Л. Г. Гольдфайля, Г. Н. Поспеловой. М.: Медгиз, 1962. С. 208

представляли собой волшебное средство, позволявшее донести чаяния потребителей до властей, и продолжали служить руководством для чиновников: в чем они добились успехов, где потерпели неудачу [Лебина, Чистиков 2003; Reid 2006; Nove 1972: 354–356; Hilton 2009][34]. Местные чиновники собирали такие жалобы и направляли их в центр. Каждую жалобу следует рассмотреть, а виновных наказать, поучал в 1976 году И. И. Козлов, председатель Центрального совета по управлению курортами профсоюзов[35]. Газета «Труд», орган профсоюзов, постоянно изучала письма отпускников и размещала сведения о том, что есть хорошего, но по большей части о том, что необходимо изменить. Самые серьезные жалобы Козлов транслировал в своих ежегодных отчетах перед руководителями курортов, чтобы побудить последних вносить улучшения в свою деятельность, и эти речи регулярно публиковались в прессе. Итак, недовольство советских отдыхающих уровнем обслуживания или качеством питания вовсе не было государственной тайной: более того, из этих речей они могли заключить, что достойны большего. Постепенное изменение статуса отпуска — из бесплатной льготы, предоставляемой государством, он становился досуговым предметом потребления, приобретаемым за деньги, — привело, пусть и с опозданием, к трансформации лечебной по своей сути советской отпускной инфраструктуры в некое подобие коммерческого предприятия, производящего услуги, а не продукцию.

---

[34] См. также главу первую.
[35] ГАРФ. Ф. 9493. Оп. 8. Д. 2303. Л. 65.

Советский отпуск как коммерческий проект

После окончания войны в 1945 году советские профсоюзные и медицинские чиновники прилагали усилия к расширению сети здравниц и упрощению доступа к ним, чтобы правом отпуска могли воспользоваться как можно больше заслуживающих его граждан. Из табл. 5.1 видно, что инвестиции в курорты были эффективными. Согласно официальным данным, в 1950 году их посетили 3,7 миллиона жителей СССР, в 1970-м — 16,8 миллиона, в 1980-м — 40 миллионов. Наибольший рост, в количественном и процентном отношении, пришелся на 1960–70-е годы. Возможно, этим цифрам, которые варьируются в зависимости от источника, не стоит доверять безоговорочно, но они говорят о том, что ежегодные поездки в места организованного отдыха становились все более привычным элементом советской жизни. Однако профсоюзные деятели год от года отмечали, что это расширение, похвальное само по себе, не успевает за спросом, который растет еще быстрее[36]. Уровень жизни в СССР поднимался по мере миграции населения в города, где зарплаты были выше. Возрастала продолжительность стандартного оплачиваемого отпуска: с 12 рабочих дней до 15 в 1968 году (тогда же были введены два выходных в неделю). Типичный советский трудящийся мог теперь рассчитывать каждый год на трехнедельный отпуск. Развитие авиасообщения сократило время поездки до отдаленных курортов, сделав их доступнее большему числу граждан [Азар 1972а: 6–9]. Советские потребители из числа горожан приобрели вкус к путешествиям, а также необходимые для них культурные и финансовые возможности.

---

[36] ГАРФ. Ф. 9228. Оп. 1. Д. 916. Л. 16, 95; ЦГАМО. Ф. 7223. Оп. 1. Д. 1252. Л. 121; ГАРФ. Ф. 9493. Оп. 8. Д. 4 (переписка и отчеты о развитии курортов, июль — декабрь 1960). Л. 10; ГАРФ. Ф. 9493. Оп. 8. Д. 227. Л. 6, 218; ГАРФ. Ф. 9493. Оп. 8. Д. 326. Л. 104, 309; ГАРФ. Ф. 9493. Оп. 8. Д. 698 (совещания в управлении курортами профсоюзов, июнь 1965). Л. 20–24; ГАРФ. Ф. 9493. Оп. 8. Д. 1669. Л. 95, 158.

Таблица 5.1. Отдыхающие на курортах и население СССР, 1950–1986

Год	Отдыхающие	Население	Отдыхающих на 1000 человек
1950	3 785 000	181 600 000 (1951)	20,8
1960	6 744 000	208 800 000 (1959)	32,3
1970	16 838 000	241 700 000	69,7
1980	40 040 000	262 400 000 (1979)	152,6
1986	50 306 000	278 800 000	180,4

Источники: Данные об отдыхающих за 1950 год [Народное хозяйство СССР в 1974 году: 616–617]. Данные об отдыхающих за 1960–1986 годы [Народное хозяйство СССР за 70 лет 1987: 602]. Данные о населении [Народное хозяйство СССР за 70 лет 1987: 303; Народное хозяйство СССР в 1973 году: 7].

Экономика дефицита

Отдых на курорте стал еще одной составляющей, в растущей социалистической экономике дефицита. Возраставший спрос потребителей наталкивался на структурную неспособность экономики удовлетворить его. История советской экономики дефицита хорошо изучена экономистами и современными социологами, а кроме того, засвидетельствована в карикатурах сатирического журнала «Крокодил», громогласных официальных речах, изобличавших виновников, и спорах между представителями недавно народившейся интеллигенции, привлеченных к решению проблем центрального планирования [Lewin 1974; Millar 1981; Ledeneva 1998][37]. Коммерческая сторона курортного отдыха позволяет выяснить на отдельном примере, что представляла собой эта фундаментальная особенность советской экономики, порождаемая планированием.

---

[37] Кроме того, недавно вышел роман, центральное место в котором занимает советская экономика конца 1950-х годов: Spufford F. Red Plenty. London, 2010.

Соотношение спроса и предложения, когда речь шла об отпуске, ухудшали два обстоятельства: сезонность и географическая концентрация потребительских предпочтений. Еще в 1920-е годы ведавшие отпуском чиновники старались поощрять использование домов отдыха и санаториев в зимнее время, а не только в летнее. Простаивание сложной инфраструктуры в течение трех, четырех или шести месяцев было непозволительным разбазариванием ресурсов для рационально спланированной экономики. На сезонную работу было не найти квалифицированного персонала; строительство жилья для сотрудников, работающих лишь три месяца в году, выглядело неоправданной роскошью. Но советские потребители хотели проводить свой отпуск летом. Исследование 1965 года показало, что около половины жителей городов берут отпуск в июле и августе, еще 20 % — в мае и июне [Азар 1972а: 48][38]. Такое скопление людей в летние месяцы влекло за собой дополнительные трудности, а именно очереди, которые были практически везде, от железнодорожных касс до минеральных ванн.

Больше всего народу скапливалось в излюбленных местах отдыхающих по берегам Черного моря: от Одессы до Крыма и на Кавказе — от Анапы до южной границы Грузии. Строительство прибрежных гостиничных комплексов на Балтийском море привело к тому, что поток отдыхающих потянулся также в Латвию и Литву, но это не уменьшило популярности юга с его солнцем и морем. В 1970-е годы власти поощряли развитие курортного дела в новых регионах — Сибирь, Дальний Восток, Средняя Азия, — а также стали уделять особое внимание строительству курортных комплексов в лесных массивах вблизи крупных промышленных городов. До 1960-х годов озеро Селигер, центр обширного района со множеством рек и лесов (Калининская область между Москвой и Ленинградом), было доступно только самым отважным туристам; затем были одобрены планы по строительству там домов отдыха и санаториев. В 1961 году огром-

---

[38] См. также: СГА. Ф. 24. Оп. 1. Д. 498. Л. 80; ГАРФ. Ф. 9493. Оп. 8. Д. 227. Л. 35–37; Д. 238. Л. 188; Д. 2303. Л. 110.

ный неудовлетворенный спрос на отдых в Сочи привел к образованию Большого Сочи, протянувшегося на 140 километров вдоль моря: от южных окраин Туапсе до границы РСФСР и Грузии. Это дало толчок развитию курортных городков на побережье и инфраструктуры для горного отдыха в Старом Сочи, нагрузка на который заметно снизилась [Азар 1972а: 53][39]. И еще одна важная деталь: теперь намного больше советских граждан могли с гордостью заявить, что они отдыхали в Сочи.

Теоретически, система выдачи путевок регулировала распределение отдыхающих по месяцам и направлениям. Московские чиновники, отвечавшие за курорты, вычисляли пропускную способность здравниц и выдавали соответствующее число путевок профсоюзам и другим организациям, чтобы каждое место использовалось по максимуму. Для работы этой системы требовался предельно эффективный обмен информацией. На практике же ведомства ограничивали доступ в свои санатории и дома отдыха, занижая число мест в них: таким образом, всегда можно было поселить нужного человека [Азар 1972б: 35]. Руководство других здравниц, напротив, опасалось наказания в случае, если не все номера будут заняты, и завышало их число, рассчитывая, что кто-нибудь не приедет, опоздает или будет отправлен домой, так как медицинские показания не оправдывают его лечения в этом конкретном месте. Если расчеты оказывались неверными, что часто случалось летом, отдыхающих селили в кабинеты врачей и в коридоры — разместить всех обладателей законных путевок было невозможно. Зимой же, наоборот, путевки часто оставались неиспользованными — отдыхающие не приезжали, и дома отдыха и санатории несли убытки[40].

Чиновники прекрасно понимали, что мест в здравницах намного меньше, чем желающих отправиться в них летом. Ответы на экономические вызовы выглядели по-разному. В дискуссиях,

---

[39] Также ГАРФ. Ф. 9493. Оп. 8. Д. 1669. Л. 198; Д. 2303. Л. 43; Д. 227. Л. 91–92; Д. 326. Л. 276; Литературная газета. 1962. 3 февраля.

[40] ГАРФ. Ф. 9493. Оп. 8. Д. 428. Л. 68; Д. 227. Л. 35–37; Д. 2303. Л. 61; Труд. 1966. 20 августа; 1973. 4 июля.

которые проходили с 1940-х годов внутри Главного управления курортов и санаториев (с 1962 года — Центральный совет по управлению курортами профсоюзов) и до последних дней существования СССР, громче всего звучали предложения вкладывать в отрасль больше средств — стоить здравницы в традиционных курортных областях или же за их пределами, а также расширять и реконструировать существующие. Но где было взять эти средства? Сельское хозяйство находилось в кризисе, требовались все новые инвестиции в науку, новые технологии, производство товаров народного потребления. У предприятий и ведомств имелись денежные резервы, которые они могли использовать по своему усмотрению для повышения жизненного уровня сотрудников, пуская их в том числе на жилищное строительство и на субсидирование отпуска. В марте 1960 года ЦК КПСС и Совет министров переподчинили курорты — от Министерства здравоохранения они перешли к ВЦСПС. Предприятия, построившие собственные здравницы, были вынуждены передать их в ведение профсоюзов, но могли сохранять для себя 75 % путевок в них. Это побуждало ведомства и предприятия тратить свои средства на возведение новых санаториев и домов отдыха[41].

Планировщики также предлагали ввести новую классификацию направлений, чтобы перенаправить спрос с финансово- и сервисноемких санаториев на разнообразные другие заведения, более простые по устройству. Стандартный срок пребывания в санатории — двадцать шесть дней — не изменился. Дома отдыха, как и прежде, обслуживали сотни тысяч человек, обычно приезжавших на 12 дней, чтобы вести в отпуске здоровый и активный образ жизни — зачастую недалеко от дома. Начиная с 1960-х годов, бурно строились пансионаты — многофункциональные комплексы, состоявшие из жилых корпусов, столовых и помещений для развлекательных мероприятий; медицинские услуги в них могли предоставляться (по соглашению с поликлиникой курорта), но это было далеко не всегда. Пансионат вмещал

---

[41] ГАРФ. Ф. 9493. Оп. 8. Д. 4. Л. 10–15. О «частных» здравницах: Труд. 1960. 24 апреля.

до 4000 гостей одновременно, длительность пребывания составляла от одной до четырех недель [Азар 1972а: 33][42]. В художественном фильме 1980 года «Из жизни отдыхающих» показана жизнь черноморского пансионата осенью, в межсезонье: уставшие от всего отдыхающие придумывают себе развлечения в промежутках между утренней гимнастикой (под непрестанный аккомпанемент аккордеона), однообразными завтраками («опять каша?») за столами с белой скатертью, между которыми снуют официантки в форменной одежде, и вечерами цыганской музыки в клубе. Дома отдыха были еще меньше и предоставляли еще более скромные услуги. Они теряли привлекательность для советских потребителей, становившихся все более разборчивыми: огромные спальни, крайне скверное питание, отсутствие комфорта... В 1970 году дома отдыха и пансионаты приняли 4,77 миллиона отпускников, в санаториях лечились 3,38 миллиона. Только санатории получали дотации из страховых и медицинских фондов. Пансионаты и дома отдыха были вынуждены сводить баланс доходов (от тех обладателей путевок, кто воспользовался ими) и расходов. Справляться с избытком спроса помогала также дифференциация по виду и ценовой категории: 12-дневное пребывание в обычном доме отдыха стоило в 1960-е годы 30 рублей, но дома отдыха высшей ценовой категории брали вдвое больше. Отдых такой же продолжительности в самом дорогом пансионате обходился в 80 рублей [Азар 1972а: 14, 30–34][43].

Переход здравниц к профсоюзам создавал новые возможности для предприятий и организаций, решавших создавать собственную отпускную инфраструктуру. Экономическая реформа, направленная на рациональное использование общественных ресурсов, открывала перспективы для появления новых видов престижного потребления. Многие творческие союзы (композиторов, писателей, архитекторов и т. д.) строили в самых привлекательных местах «дома творчества»: те же самые дома отдыха,

---

[42] См. также: ГАРФ. Ф. 9493. Оп. 8. Д. 4. Л. 13.

[43] См. также: Из жизни отдыхающих. Реж. Николай Губенко. Мосфильм, 1980; Труд. 1966. 25 мая; ГАРФ. Ф. 9493. Оп. 8. Д. 326. Л. 381.

но в индивидуализированной и более изысканной версии[44]. Руководство фабрик и заводов договаривалось также с местными властями и строительными управлениями о возведении пансионатов, домов отдыха и санаториев с ограниченным доступом. В середине 1960-х годов наряду с пансионатами стали использоваться гостиницы, где приехавшие по лечебной путевке размещались и получали питание, а за процедурами отправлялись в ближайший санаторий. Обычно те, кто хотел получить медицинский уход, не приобретая путевки в санаторий, — «курсовники» — снимали комнаты в частном секторе таких городов, как Ялта и Сочи. Гостиницы, выстроенные социалистическим государством, должны были покончить с этим частным бизнесом[45]. На противоположном конце «шкалы роскоши» располагались базы отдыха предприятий и учреждений, скромные, но доступные для рабочих и служащих, которые не могли достать путевку в более престижное место. Ленинградская обувная фабрика «Скороход» построила такую базу в Луге, и сообщения оттуда регулярно появлялись в «Скороходовском рабочем».

Околорыночные игры

Для решения проблемы неудовлетворенного спроса на отпускные услуги предлагалась еще одна, более спорная, мера — эхо экономических инноваций, дебатировавшихся в 1960-е годы. Речь шла о внедрении квазирыночных механизмов, которые позволят частично удовлетворить спрос и снабжать планировщиков более качественной информацией. Экономисты нового поколения изучали работу капиталистической экономики и призвали использовать понятие «прибыли», чтобы улучшить планирование

---

[44] Для архитектора М. И. Рудомино дом творчества Союза архитекторов был «вторым домом» [Рудомино 2005: 302]. См. также [Вертинская 2004: 321–323; Лазарев 2005: 419–420].

[45] Труд. 1963. 9 февраля. В статье критиковались новые гостиницы за планировочные и эстетические недостатки. См. также: Труд. 1965. 12 ноября; ГАРФ. Ф. 9493. Оп. 8. Д. 326. Л. 66–70; Д. 428. Л. 22.

и создать дополнительные стимулы для руководителей. В 1965 году харьковский экономист Е. Г. Либерман привлек к себе внимание всего мира — партийное руководство согласилось провести некоторые предложенные им реформы [Lewin 1974: chap. 6][46]. Оценка себестоимости путевки всегда была непростым делом, так как на издержки, связанные с отпуском, влияло множество факторов. По мысли реформаторов, гибкое ценообразование или система скидок увеличили бы спрос на путевки в малопривлекательное время года. Некоторые чиновники, однако, сопротивлялись: их больше заботила воображаемая «недополученная прибыль» от уцененной путевки, чем возможность заполнить все места в межсезонье [Азар 1972б: 130][47].

Предложения внести элементы коммерции в процесс распределения путевок звучали во время передачи Главного управления курортов и санаториев в ведение профсоюзов. ВЦСПС направлял путевки отраслевым профсоюзам, а те — профкомам предприятий. Из них 20 % раздавались бесплатно (наиболее заслуженным рабочим), остальные продавались за 30 % от номинальной стоимости. Разницу выплачивал фонд социального страхования, существовавший на каждом предприятии. В начале 1960-х годов такие фонды дотировали 85–90 % стоимости путевок, хотя все признавали, что работники и предприятия, которым путевки доставались бесплатно, скорее всего, не воспользуются ими — явное разбазаривание ресурсов [Азар 1972б: 144][48]. Растущий спрос на отдых заставлял чиновников думать о получении дополнительных доходов путем продажи большего количества путевок за наличные средства. У советских граждан эти средства имелись. По оценкам одного западного экономиста, в 1975–1985 годах сбережения выросли на 9,3 %, а потребление — лишь на 4,6 %. Причина этого понятна: купить было почти нечего. В 1961 году прозвучали два предложения: одно — выделить

---

[46] Либерман появился на обложке номера «Тайм» за 12 февраля 1965 года.
[47] См. также: ГАРФ. Ф. 9493. Оп. 8. Д. 227. Л. 35–37; Д. 1669. Л. 108; Д. 326. Л. 255, 317; Д. 238. Л. 14.
[48] См. также: ГАРФ. Ф. 9493. Оп. 8. Д. 1088. Л. 34.

группу из девяти санаториев и 20 домов отдыха, чтобы продавать в них путевки за полную стоимость, другое — реализовывать 25 % всех путевок за наличные. Полученные деньги можно было бы использовать для расширения курортов [Hewett 1988: 88][49].

Оба они, как и предложение о дифференциации цен в зависимости от сезона, выглядели едва ли не «капиталистическими» и встретили враждебное отношение со стороны некоторых профсоюзных деятелей: последним удалось сорвать планы по превращению профсоюзных здравниц в коммерческие предприятия. Среди ведущих экономистов имелись сторонники возвращения к смешанной государственно-частной экономике 1920-х годов, но хозяйственные и профсоюзные руководители были решительно против [Lewin 1974][50]. Вместо того чтобы организовать доступ в немногочисленные учреждения отдыха, основываясь на факторе цены, чиновники продолжали предоставлять его согласно социалистическим принципам, которые считались более справедливыми. Советские потребители относились к этому с пониманием: опрос 1966 года на тему «Нужно ли привлекать для расширения материальной базы отдыха денежные средства населения?» дал такие результаты: 30 % участников считали, что население должно участвовать в этом, но 45 % полагали, что все необходимые средства обязано предоставлять государство [Грушин 2003: 159]. Но поскольку государство своих обязанностей не выполняло, платежеспособная публика все чаще искала возможности за пределами профсоюзной системы; это привело к росту популярности «неорганизованного», или «дикого», отдыха, о чем будет рассказано далее.

Наряду с квазирыночными реформами это время ознаменовалось появлением новых методов исследования рынка: теперь советские планировщики могли правильнее определять вкусы и предпочтения потребителей, число которых возрастало. В 1966 году Центральный научно-исследовательский и проектный институт типового и экспериментального проектирования лечеб-

---

[49] См. также: ГАРФ. Ф. 9493. Оп. 8. Д. 4. Л. 14; Д. 227. Л. 226.
[50] См. также: ГАРФ. Ф. 9493. Оп. 8. Д. 1669. Л. 154.

но-оздоровительных и санаторно-курортных зданий (ЦНИИЭП лечебно-курортных зданий) заказал Институту общественного мнения «Комсомольской правды» опрос — единственный «коммерческий» опрос, когда-либо проведенный им. Результаты показали, что советские граждане хотят расширения возможностей для семейного отдыха и большинство из них предпочитает, проводя отпуск вне дома, находиться на одном месте. «Труд» провел собственное исследование предпочтений в сфере отдыха. В обоих случаях читатели добровольно присылали свои ответы. Если 72 % опрошенных командой «Комсомольской правды» отдали предпочтение турпоездкам, то 76 % читателей «Труда» желали бы провести отпуск в пансионате или доме отдыха [Грушин 2003: 154][51]. Это подкрепило позицию профсоюзов, которые настаивали на увеличении сети учреждений традиционного типа, склонив их к игнорированию мнения читателей «Комсомольской правды» — более образованных и молодых, проживавших в городах.

Собственники здравниц также нередко втягивались в квазирыночную деятельность: то были первые признаки «теневой экономики», которая все больше восполняла нехватку тех или иных товаров, обусловленную недостатками централизованного планирования. Дома отдыха, не получавшие нужного финансирования, сдавали места за наличные: это усугубляло проблему переполненности здравниц, но приносило такие необходимые им оборотные средства. Один дом отдыха использовал свои накопления, чтобы построить небольшие домики для рыбаков и охотников, — тем самым освобождалось место для других отдыхающих и улучшалось качество обслуживания. В Сочи директора гостиниц по своей инициативе реорганизовывали сервис, устраняя должность дежурных — женщин, заведовавших ключами от номеров и следивших за порядком на каждом этаже.

---

[51] См. также: Труд. 1967. 21 июня. Сами вопросы были опубликованы 10 июля 1966 года. Подобные опросы проводились также Московским институтом народного хозяйства имени Г. В. Плеханова и Государственным комитетом цен Совета Министров СССР: они использованы в [Азар 1972б: 4–5; Азар 1972а: 4].

Таким образом, высвобождались деньги для оказания услуг (а кроме того, постояльцы теперь могли свободно уходить и приходить, когда им заблагорассудится). В городе открывались тематические рестораны, вроде «Старой мельницы», где официанты представали в костюмах мельника и его дочерей, и «Кавказского аула», где подавали шашлык и грузинское вино. Говоря об этих туристических достопримечательностях, первый секретарь горкома партии замечал, что нужно еще кое-что: «Я бы добавил: предприимчивости. Не надо бояться этого слова. Предприимчивость, которая приносит доход государству и радость его гражданам, надо приветствовать во всех сферах» [Медунов 1967: 16–18][52].

В конечном счете такое примитивное социалистическое накопление не могло создать значительных сумм, необходимых для удовлетворения постоянно возраставшего спроса на летний отдых у моря. Профсоюзные деятели, как и раньше, ожидали от государства выделения ресурсов для удовлетворения всех нужд, независимо от их масштаба. Руководители провинциальных курортов ежегодно ездили в Москву и выпрашивали у центра дотации. Услышав предложение изыскать в Латвии средства на развитие здравниц на берегу Балтики, председатель Латвийского республиканского Совета по управлению курортами профсоюзов заявил, что, поскольку большинство отдыхающих прибывает из других республик, платить за это должна вся страна, а не только Латвия. Председатель Дальневосточного территориального Совета по управлению курортами профсоюзов вызвал аплодисменты, сказав, что деньги, предназначенные для расширения курортов, должны поступать прежде всего в небольшие здравницы — например, дальневосточные, — а не в традиционные центры отдыха, такие как Сочи, Кисловодск, Пятигорск. Последние, указал он, вполне могут делать это за счет собственных ресурсов. Но на следующий год главврач одного кисловодского санатория ответил на это, что его учреждение нуждается в средствах, как и любое другое. Каждый год запросы росли: больше денег на

---

[52] См. также: ЦГАМО. Ф. 7223. Оп. 1. Д. 1252. Л. 92; ГАРФ. Ф. 9493. Оп. 8. Д. 428. Л. 30–32.

оплату труда, оборудование, ремонт, расширение, питание, бассейн, аэропорт…[53]

Когда в 1960 году здравницы перешли в ведение ВЦСПС, его руководители очень надеялись, что это позволит увеличить инвестиционные накопления в результате сотрудничества предприятий, располагавших средствами, с местными управлениями курортов. Но последние сразу же воспротивились этому, и, хотя в стране уже шли «либермановские» реформы, директора здравниц твердо и недвусмысленно высказывались в пользу командно-административной системы, которая, по их мнению, могла решить проблему растущего спроса. Специалисты, выступавшие за создание «индустрии отдыха», хотели лишь слегка подправить централизованную систему, а не вводить рыночные механизмы в виде ценообразования и кредита. «Министерство отдыха» — как и, например, Министерство тяжелого, энергетического и транспортного машиностроения СССР — должно было располагать собственными источниками продовольствия, таксопарками, судами, заправками, вагонами, а не взаимодействовать с другими ведомствами для получения всего этого [Шеломов 1966][54].

В 1972 году И. И. Козлов, председатель Центрального совета по управлению курортами профсоюзов, с уверенностью говорил, что при реализации намеченных планов расширения курортов спрос советских граждан на ежегодный отдых — идет ли речь о всесоюзных, республиканских или областных здравницах — будет удовлетворен к 1990 году. Но он также отметил признаки новых проблем, которые в последующие годы становились все острее: многие инвестиции в строительство не давали плодов, поскольку сооружение новых здравниц шло медленно. В 1976 году Козлов указывал, что некоторые комплексы возводятся по восемь или десять лет и, неоконченные, начинают разрушаться — как, скажем, сочинский пансионат «Светлана», который к 1980 го-

---

[53] ГАРФ. Ф. 9493. Оп. 8. Д. 326. Л. 104, 90, 248; Д. 227. Л. 111; Д. 957. Л. 30–32; Д. 2303. Л. 79, 175.

[54] Н. П. Шеломов был архитектором, работавшим в плановом институте, который заказал исследование потребительского спроса. См. также [Азар 1972б: 170–173].

ду стоял недостроенным уже 15 лет⁵⁵. В «Труде» стала постоянной рубрика «Ускорить строительство здравниц». Кто виноват? Долгострои стали характерной чертой советской экономики, и индустрия отдыха не была исключением⁵⁶. Профсоюзные руководители возлагали вину на местные советы по делам курортов, не спрашивавшие по всей строгости со строительных управлений, и архитектурные бюро, запаздывавшие с представлением проектов. Итак, чиновники упрекали друг друга, не учитывая факторов более общего порядка: экономика страны выдыхалась, будучи основанной на устаревших принципах, которые не позволяли эффективно распределять ресурсы.

Плохая организация, плохое планирование, нехватка мест

И все же советские граждане хотели проводить отпуск летом и у моря. Растущее расхождение между потребительским спросом и способностью профсоюзов его удовлетворить привело к резкому увеличению числа «неорганизованных» отдыхающих. Инфраструктура для организованного отдыха расширялась, но таких отпускников все равно было в три-четыре раза больше «организованных». В других странах их назвали бы «туристами», но в СССР по-прежнему проводили различие между «отдыхом» и «туризмом». На курортах давно уже обслуживали «посторонних» через систему амбулаторного лечения. Тот, кто хотел пройти лечение, но не имел путевки, мог приехать за свой счет, снять жилье у частника, обратившись в местное курортное бюро, и зарегистрироваться в поликлинике, которая прикрепляла его к санаторию: там он получал питание и проходил медицинские

---

[55] ГАРФ. Ф. 9493. Оп. 8. Д. 1669. Л. 199; Д. 2303. Л. 45; Труд. 1979. 23 февраля; 1980. 24 января.

[56] Почти каждый доклад председателя Центрального совета по управлению курортами профсоюзов И. И. Козлова содержал жалобы на задержки строительства: Труд. 1973. 27 апреля; 1974. 27 декабря; 1976. 14 апреля; 1977. 13 апреля; 1978. 22 февраля, 29 декабря; 1979. 23 февраля; 1981. 10 апреля; 1982. 2 февраля. См. также [Hewett 1988: 89].

процедуры, включая минеральные ванны. В 1954 году сочинское курортное бюро подыскало почти 3000 коек для амбулаторных пациентов и втрое больше — для тех, кто приезжал без путевок или вообще не собирался проходить лечение [Азар 1972а: 13–20][57].

Реальный размер этого сектора сложно установить именно потому, что он был неорганизованным. Крымские чиновники, ведавшие курортами, в 1960 году полагали, что из 1,4 миллиона человек, прибывавших на полуостров ежегодно, лишь 560 тысяч имели путевки. В том же году в Сочи насчитывалось 225 тысяч организованных отдыхающих, но при этом более 400 тысяч приехали без путевок. В 1971 году лишь один из пяти отдыхающих в Сочи прибыл туда по путевке. По оценкам экономистов, истинное число «дикарей» можно было бы определить по данным паспортной регистрации или через потребление хлеба; эти оценки использовались для того, чтобы обосновать необходимость строительства и расширения пансионатов и курортных городов ввиду растущего спроса на отдых. Согласно прикидкам одного экономиста (1979), девять из десяти отдыхающих на юге были «дикарями» [Азар 1972а, 1972б][58].

Массовый приток неорганизованных отдыхающих ставил под угрозу планы упорядоченного расширения отпускной инфраструктуры. Анапа, куда ежегодно прибывали тысячи пионеров, с 1960-х годов стала одним из главных направлений для неорганизованных туристов [Noack 2006; Аванесов 2001]. Последние конкурировали с «законными» отдыхающими за места в транспорте (хотя все чаще приезжали на собственных автомобилях), искали возможности снять жилье и развлечься — а главное, источники потребляемого ими продовольствия были теми же, что у посетителей санаториев и домов отдыха. Чтобы удовлетворить спрос на жилье со стороны таких туристов, местные курортные бюро заранее, перед началом сезона, договаривались с владель-

---

[57] См. также: СГА. Ф. 24. Оп. 1. Д. 460 (переписка с редакцией сочинской газеты «Красное знамя», 1953). Л. 30, 37; Д. 498. Л. 62.

[58] См. также: ГАРФ. Ф. 9493. Оп. 8. Д. 227. Л. 23, 91–92; Д. 1669. Л. 110; Труд. 1979. 10 апреля.

цами частных домов, указывая, какую плату те должны взимать и сколько можно брать за услуги сверх этой суммы, устанавливая минимальный размер жилой площади в расчете на человека и минимальные санитарные нормы. Принимать отдыхающих могли только те, чье жилье отвечало этим требованиям[59]. Бюро определяло и правила поведения. В художественном фильме «Будьте моим мужем» (1982) хозяйка частного дома в Крыму отказывается сдать комнату матери-одиночке с ребенком, поскольку та приехала без мужа. Между тем молодой мужчина, врач-педиатр, приехавший на юг для лечения, не может найти комнату в гостинице. Он соглашается притвориться ее мужем: женщина получает комнату, а он ночует рядом на веранде. (Конечно же, все заканчивается хорошо: несмотря на заполненные туристами пляжи и разные происшествия, свойственные романтическим комедиям, они действительно становятся парой.) У отдыхающих не было выбора, приходилось брать ту комнату, которую предлагали. Так как спрос превышал предложение, находились те, кто был готов платить больше, и домовладельцы, готовые сдавать жилье по такой цене. В 1954 году официальная месячная плата за комнату равнялась 170 рублям, но некоторые брали с постояльцев по 600. Хозяева сами встречали жильцов на вокзале и заключали с ними неофициальные соглашения: согласно одному исследованию, в Евпатории, на западе Крыма, лишь 81 тысяча неорганизованных отдыхающих из 480 000 пользовалась услугами местного квартирно-посреднического бюро. Если владельца и постояльца все устраивало, такие соглашения могли действовать много лет [Азар 1972а: 19; Noack 2006: 296][60].

Сложнее было с питанием: только «организованные» отдыхающие могли получать его в санаторских столовых, а мест в ресторанах и кафе не хватало на всех «неорганизованных». В Крыму

---

[59] СГА. Ф. 24. Оп. 1. Д. 927 (вырезки из газет, 1959). Л. 11 (статья в «Адлерской правде» от 15 апреля 1959).

[60] См. также: СГА. Ф. 24. Оп. 1. Д. 498. Л. 106; Д. 712. Л. 78. Уроженец Сочи вспоминал, что в подростковом возрасте его посылали на станцию, чтобы привести в дом туристов, пока семейство не устало от этих летних жильцов. Личное сообщение, 8 апреля 2011 года.

в разгар сезона, согласно одному исследованию, приходилось по 40 человек на каждое место в заведениях общепита, если же брать рестораны — то по 100 человек. Чиновники отрасли говорили о необходимости создавать разнообразные предприятия питания для «неорганизованных» отдыхающих: увеличивать количество кафе самообслуживания, закусочных, чайных, буфетов, киосков, а также магазинов, складов и холодильных камер. Исследования временно́го бюджета, проводившиеся с конца 1960-х годов, показывали, что неорганизованные отдыхающие тратили 25 % времени на получение питания, в основном стоя в очередях, а «организованные» — лишь 15 %, получая возможность наслаждаться едой как таковой. Упоминавшийся выше И. И. Козлов, председатель Центрального совета по управлению курортами профсоюзов, в 1976 году наконец признал наличие этого незапланированного ответа на колоссальный спрос, которым пользовался отдых у моря, и отчитывал власти Украины и Грузии, по старинке уделявшие внимание «организованным» отпускникам: «Право на здоровый отдых имеют и те советские люди, которым не удалось получить путевку. А ведь их большинство. Обеспечить им нормальный отдых — общегосударственная задача, задача советских профсоюзов» [Азар 1972б: 99, 101, 22][61]. Попытки перенаправить «дикарей» в другие регионы страны потерпели неудачу: их мечтой оставался юг. Чтобы разместить их, началось — но так и не было закончено — строительство 12- и 15-этажных пансионатов в Адлере и других местах Черноморского побережья.

Право на отдых — но чье?

Как указывалось ранее, советская экономика оказалась неспособна обеспечить конституционное право на отдых для каждого; таким образом, доступ к санаториям и домам отдыха регулировался через систему распределения путевок. Приоритет в их получении официально имели рабочие, нуждавшиеся в лечении,

---

[61] См. также: ГАРФ. Ф. 9493. Оп. 8. Д. 227. Л. 215–220; Д. 2303. Л. 53 (цитата).

затем прочие граждане, нуждавшиеся в лечении, и, наконец, рабочие без проблем со здоровьем. Привилегии рабочих, имевшие символическое значение, сохранялись еще долго после смерти И. В. Сталина: в 1961 году Президиум ВЦСПС постановил, что 75 % путевок должны распределяться промышленным рабочим, и чиновники продолжали следить за социальным составом отдыхающих в здравницах[62]. Поскольку советское общество после войны превратилось из общества производства в общество потребления, потребление отдыха было не только медицинской необходимостью, но и средством обозначения социального статуса и положения в обществе. Чиновники распределяли путевки, чтобы укрепить статус привилегированных групп, и следовательно, рабочие официально получали наибольший почет и привилегии. Потребитель осуществлял свое право способами, демонстрировавшими — для него самого и всех прочих — его общественное положение. Поэтому отпускные практики стали фактором, позволяющим судить о развитии советского общества.

Низкий уровень развития советской экономики усугублял проблему неравенства в социалистическом обществе. Как известно, Сталин в 1931 году восстановил неравенство в оплате труда, чтобы создать стимулы, обеспечивающие рост производства; официально общество состояло из социальных групп с различными функциями и экономическим положением, но при этом «неантагонистичных». Лидеры, пришедшие на смену Сталину в 1953 году, критически относились к привилегиям 1930-х годов и обязались восстановить уравнительную систему, существовавшую в первые революционные годы: по мере развития экономики возникнет «общенародное государство», социально однородное, где царит экономическое равенство. Выполнение этой задачи осложнялось ростом числа лиц, занятых интеллектуальным трудом, — один из результатов экономического развития. В сталинские времена общество официально состояло из двух правящих классов, рабочих и крестьян, а также «прослойки» в виде

---

[62] ГАРФ. Ф. 9493. Оп. 8. Д. 238. Л. 168. См. ниже о попытках статистиков учесть социальный состав отдыхающих.

интеллигенции. Распространение образования и новых технологий в 1950-е годы тем не менее способствовало количественному росту интеллигенции и дифференциации внутри нее. Необходимость определить ее место в общенародном государстве вынудила власти разработать политику, подразумевавшую важность новой прослойки без ущерба для принципа социального равенства. Это вызвало сложности с принятием политических решений во многих областях, включая обеспечение отдыха на курортах и в домах отдыха. В 1970-е годы, пишет социолог М. Янович, режим столкнулся с «необходимостью учитывать эгалитарные настроения низших слоев (неизменно подтверждая приверженность концепции "социально однородного общества"), не угрожая материальным благам — пусть порой и очень скромным — и общественному уважению, которые связывались со статусом интеллигенции» [Yanowitch 1977: 18].

В ряде важных научных работ и опросов советские социологи исследовали такое явление, как «социальная стратификация», и в их работах подчеркивалась роль нематериальных благ, получаемых работниками умственного труда. Становление потребительской экономики создало для различных слоев общества возможность выразить свои — неодинаковые — ценности через предпочитаемые ими предметы потребления. Экономический и культурный капиталы вместе помогали сделать стратегический выбор, принять решение о том, что нужно приобрести: холодильник, автомобиль, кооперативную квартиру, путевку к морю [Yanowitch 1977][63]. Право отдыха превращалось в борьбу за право выбора, и отпуск делался возможностью продемонстрировать свое социальное положение.

В официальных заявлениях приоритет рабочих, когда речь шла о праве на отдых, не подвергался сомнениям. Еременко в 1955 году настаивал, что, ввиду избыточного спроса на места в здравницах, следует отдавать предпочтение рабочим важнейших профессий из важнейших отраслей экономики, рабочих совхозов

---

[63] Цитируются исследования О. И. Шкаратана и Ю. В. Арутюняна, p. 40–44; [Titma 1986; Shkaratan 1986].

и машинно-тракторных станций, инвалидам и ветеранам войны. Интеллигенция была совершенно явным образом исключена из этого перечня. Главной обязанностью Минздрава было увеличение числа рабочих и колхозников, прибывавших «не только на второстепенные курорты, но и на ведущие, и прежде всего на кавказские и крымские курорты». За ними следовали те, кто имел проблемы со здоровьем. В 1961 году профсоюзные чиновники, ведавшие курортами, жаловались, что рабочим не достается путевок на лучшие курорты в летнее время. Однако уже в 1963 году представители интеллигенции стали числиться среди тех, кто заслуживал отдых на курорте, — если они имели медицинские показания. И. И. Козлов, председатель Центрального совета по управлению курортами профсоюзов, цитировал Хрущева: «Часто в наших курортных местах набираются здоровые люди, которых можно назвать "вечно отдыхающими". Наши здравницы должны быть предоставлены только трудящимся: рабочим, колхозникам, интеллигенции». В 1964 году «Труд» поместил статью, где утверждалось, что места на курортах должны быть отведены основным «производителям» (рабочим и инженерно-техническим работникам), а также нуждающимся в лечении[64]. Таким образом, авторы текста включали в перечень лиц интеллектуального труда, но исключали из него представителей «неосновных» отраслей — работников сферы услуг, рабочих, занятых на менее престижных производствах, включая предприятия по выпуску потребительских товаров. Потребление товаров и услуг стало признаком статуса — но их предоставление не давало никаких отличий.

Постоянное стремление делать акцент на привилегированном положении рабочих и нуждающихся в лечении резко расходилось с реальностью, отражавшейся в анекдотах и статистике. Обладатели наибольшего социального, политического и культурного капитала — интеллигенция и чиновники — ездили на отдых каждый год, причем летом. Те, у кого этот капитал был не так велик, — промышленные рабочие — ездили на отдых лишь время

---

[64] ГАРФ. Ф. 9228. Оп. 1. Д. 916. Л. 17. Л. 26; Ф. 9493. Оп. 8. Д. 227. Л. 12; Труд. 1963. 4 мая; 1964. 2 июля.

от времени и чаще всего зимой[65]. Наконец, те, у кого он был минимальным, — колхозники — не ездили почти никогда. Вот данные по домам отдыха Московской области за 1959 год: рабочие составляли 56,5 % отдыхающих — намного ниже официальных целевых показателей, — а служащие — 34,2 %. Колхозников, вероятнее всего, включили в категорию «другие» — 1 % от общего числа. К 1968 году в Москве колхозников начали выделять в отдельную категорию, и они составляли всего 2,1 % от всех, кто отправлялся в дома отдыха, тогда как рабочие — 43,2 %, служащие — 24,9 %, инженерно-технический персонал — 12,2 %. Чтобы понять, в какой степени были недопредставлены бывшие правящие классы, рабочие и крестьяне, посмотрим на их долю в населении страны. В 1970 году, по данным переписи, рабочие составляли 58,6 %, крестьяне — 20,5 %. Формально колхозники имели право на отпуск, но из-за своего небольшого культурного капитала не знали об этом, и даже если бы знали, то не могли бы им воспользоваться [Народное хозяйство СССР в 1973 году][66]. Странности колхозников стали сюжетом для фильмов. Василий Шукшин в своем фильме «Печки-лавочки» (1972) показывает мужа и жену, работающих в колхозе, — лишь один из супругов получает путевку на курорт; режиссер с симпатией относится к этим людям, показывая их простодушие, отсутствие изворотливости, свойственной горожанам. Фильм «Любовь и голуби» Владимира Меньшова (1984) — еще одно обращение к этой же теме: простодушный колхозник попадает на черноморский курорт с его житейскими хитросплетениями[67].

[65] Преобладание рабочих в зимнее время отмечалось в 1953 году для сочинского санатория для работников угольной промышленности: СГА. Ф. 214. Оп. 1. Д. 72. Л. 17. В 1959 году «Труд» писал (11 апреля) о том, что 60 % путевок, которые получают пермские рабочие, — «зимние» и только 31 % — «летние». Летом 1961 года в некоторых крымских санаториях рабочие составляли от 2,8 до 24 % отдыхающих: ГАРФ. Ф. 9493. Оп. 8. Д. 227. Л. 12, 67.

[66] Также ЦГАМО. Ф. 7223. Оп. 1. Д. 1567. Л. 7, 10; Д. 1603. Л. 201; ГАРФ. Ф. 9228. Оп. 1. Д. 916. Л. 17.

[67] Печки-лавочки. Реж. Василий Шукшин. Киностудия имени М. Горького, 1972; Любовь и голуби. Реж. Владимир Меньшов. Мосфильм, 1984.

Махинации с лечебными путевками были еще одним способом, благодаря которому право на отдых становилось по преимуществу достоянием интеллигенции и служащих. Существовали правила, согласно которым потенциальный отпускник должен был пройти медкомиссию на предприятии. Но, несмотря на это, «Труд» в 1959 году указывал на существование известного лозунга: «Была бы путевка, а диагноз найдется». Автору статьи вторил (1962) главврач кардиологического санатория в Подмосковье: «Ведь это дорогостоящие койки, а столько людей стоит в очереди на получение путевок в кардиологические санатории, в то же время в этих санаториях находятся люди, которые в ряде случаев могли бы поехать в дом отдыха или провести отпуск в деревне». Лишь немногие женщины, прибывавшие в дом отдыха для беременных (Московская область), выглядели беременными, жаловался его руководитель, более того, одна из них оказалась мужчиной![68] Как и в 1930-е годы, злоупотребления, связанные с распределением путевок, показывали, насколько большую ценность приобрел предоставляемый государством отдых, ставший источником удовольствий и признаком высокого положения.

По мере становления культуры потребления досуга больше всего стал цениться отдых в санаториях: уровень комфорта, питание, не говоря уже о лечебных процедурах и длительности пребывания, — все это намного превосходило то, что получали пациенты домов отдыха или те, кто обитал на частных квартирах и в пансионатах[69]. Государство тратило миллионы рублей на медицинское обслуживание и персонал, которые являлись несущественными элементами отдыха. Для интеллигенции и служащих проведение отпуска на черноморском курорте подчеркивало их социальный статус. М. Мэтьюз в своем труде о привилегиях

---

[68] Труд. 1959. 11 апреля. Другие упоминания подобных случаев в «Труде»: 1958. 30 декабря; 1965. 31 марта, 15 октября; 1966. 23 июля, 8 сентября; 1967. 1 августа; 1971. 2 июня, 19 августа; 1974. 12 мая; 1980. 1 августа. См. также: ГАРФ. Ф. 9493. Оп. 8. Д. 326. Л. 314; ЦГАМО. Ф. 7223. Оп. 1. Д. 1252. Л. 42.

[69] Выступление Малова (заместителя председателя Государственного научно-экономического совета при Совете министров СССР) на конференции, посвященной курортам, в 1962 году; ГАРФ. Ф. 9493. Оп. 8. Д. 326. Л. 381.

в СССР (1978) отмечал, что тринадцатая зарплата, выдаваемая высокопоставленным чиновникам, часто называлась «санаторно-курортные» — возможно, она предназначалась для покупки путевки на желаемый курорт. Самым привилегированным организациям принадлежали комфортабельные пансионаты в лучших местах. Так, Союз писателей СССР мог награждать своих членов путевками в один из 17 домов творчества. Отчет, составленный в 1963 году, подтверждал, что рабочие были недопредставлены среди пациентов санаториев, в том числе «посторонних» пациентов: если они вообще выезжали куда-нибудь во время отпуска, то, скорее всего, в дом отдыха. Служащие (в эту категорию входили интеллигенция и чиновники) были, напротив, перепредставлены [Matthews 1978: 49][70]. Из табл. 5.2 можно сделать вывод о статусе черноморских курортных направлений, исходя из процента рабочих, получавших туда путевки. Всего рабочие составляли 45,3 % отдыхающих в санаториях и домах отдыха, но их доля была существенно меньше в таких излюбленных местах отдыха, как Кавказские Минеральные Воды (Пятигорск, Кисловодск) и Сочи. Если определять статус по обратной зависимости — чем меньше рабочих, тем он выше, — получается, что Кисловодск сохранил свой статус, впервые отмеченный в 1930-е годы.

Не следует предполагать, будто привилегии были одинаковыми для всех социальных групп. Развитие социалистической потребительской экономики давало некоторый простор для разнообразия вкусов, будь то выписывание газет, покупка товаров или планирование досуга. Неодинаковая доля рабочих, в зависимости от направления и вида оздоровительного учреждения, могла являться отражением их собственных вкусов. Возможно, рабочие предпочитали дома отдыха, не желая подвергаться жесткому режиму санаториев, но данных относительно таких предпочтений недостаточно. Проводившиеся в 1960-е годы исследования рын-

---

[70] См. также: ГАРФ. Ф. 9493. Оп. 8. Д. 502 (статистика по социальному составу и результатам лечения, 1963). Л. 1–3. Данные о 447 700 отдыхающих по Московской области за 1968 год показывают то же самое: рабочие реже попадали на отдых в места, где производилось лечение. ЦГАМО. Ф. 7223. Оп. 1. Д. 1603. Л. 201.

Таблица 5.2. Доля промышленных рабочих среди отдыхающих (для некоторых курортных регионов), % в порядке возрастания, 1963

Курортный регион	Доля рабочих среди отдыхающих, %
Все курорты	45,3
Десять наименее «пролетарских»	
Кисловодск	26,3
Молдавия	31,5
Сочи	31,9
Грузия	32,9
Дагестан	35,0
Армения	37,1
Казахстан	37,2
Пятигорск	39,9
Литва	40,6
Сахалин	41,7
Десять наиболее «пролетарских»	
Татарская АССР	51,0
Саратов	51,1
Иваново	51,4
Киргизия	52,5
Челябинск	52,8
Красноярск	54,1
Ленинград	54,6
Пермь	54,6
Архангельск	56,9
Новосибирск	59,7

Источник: ГАРФ. Ф. 9493. Оп. 8. Д. 502. Л. 1–3

ка уделяли больше внимания стратификации по возрасту и региональным различиям, чем разнице в социальном положении — по крайней мере, если брать опубликованные результаты. Опрос, устроенный газетой «Труд», продемонстрировал, что предпочтение тех или иных занятий во время отдыха зависит от социальной группы: рабочим хотелось охотиться, рыбачить, заниматься греблей — всего этого санаторий им предложить не мог. В отличие от них, служащие желали читать, совершать прогулки, играть в шахматы и кегли, что было легко делать в санаториях с их библиотеками и уютными клубами. Как предпочитали проводить отпуск рабочие и интеллигенция — вместе с людьми своего круга или же нет? Таких данных не имеется. Комментарий к опросу 1969 года показывает, что представители всех слоев и групп в основном занимались «неорганизованным» туризмом: рабочие и интеллигенция, состоящие в браке и незамужние / неженатые [Павлов 1969][71]. И вновь отсутствие определенной склонности отражает и материальную реальность, и потребительские предпочтения, так как «неорганизованные» были куда многочисленнее обладателей путевок.

Право на семейный отдых

Одно из предпочтений, касавшихся отдыха, советские потребители высказывали дружнее и громче всех остальных. Система распределения путевок были почти целиком ориентирована на взрослых, отдыхающих в одиночку, но в течение всего советского периода, а особенно в 1960–70-е годы, граждане выражали желание проводить отпуск с семьей. Чиновники, ведавшие курортами, проявляли поразительное упорство в нежелании откликаться на эти запросы: во-первых, они были убеждены, что взрослым следует отдыхать без детей, а во-вторых, размещение целых семей потребовало бы коренного изменения всей профсоюзной отпускной инфраструктуры.

«Медицинское» и «производственное» происхождение отпусков также порождало равнодушие к проблемам семей. Государство было неспособно обеспечить здоровый отпуск всем гражданам, и поэтому преимуществами пользовались обладатели медицинских показаний и рабочие, как самые достойные. Главное управ-

---

[71] См. также: Труд. 1967. 21 июня.

ление курортов и санаториев в 1955 году заявляло: «В летние месяцы при остром дефиците в путевках, все еще много на курортах неработающих членов семей, домохозяек. На курортах прежде всего должны лечиться и отдыхать производители материальных благ — рабочие и колхозники». Отпуск организовывался в интересах и на благо производителя материальных ценностей, а не его жены или детей. Кроме того, дети угрожали тишине и спокойствию, необходимым для эффективного лечения, и создавали дополнительные медицинские риски. Существовали — в небольшом количестве — здравницы, рассчитанные на матерей с детьми и на беременных, но и в этих случаях оберегалось здоровье и благополучие женщин, а удовлетворять их эмоциональные нужды никто не собирался. Имеющие детей женщины, чье здоровье требовало лечения на курорте, отказывались от него, если им не позволялось взять с собой ребенка. Дом отдыха для беременных был школой материнства, а не местом для развлечений[72].

Кроме того, были взрослые, которые изо всех сил стремились сбежать от надоевшей рутины семейной жизни. «Это выдумки, что мать хочет месяц пробыть с ребенком. Это совершенно ничем не обосновано», — утверждал в 1965 году председатель Ялтинского территориального совета по управлению курортами профсоюзов. Дети мешали некоторым практикам, специфичным для курортов: «Все-таки человек на отдыхе ведет себя не так, как на работе». Как было сказано в главе первой, еще в 1920-е годы курорты ассоциировались со случайными внебрачными связями. Пропагандистские фильмы поддерживали этот «романтический» образ: камеры операторов долго задерживались на верандах, где сидела молодежь, на пейзаже и главное — на видах заката[73].

---

[72] ГАРФ. Ф. 9228. Оп. 1. Д. 916. Л. 26, 34; ГАРФ. Ф. 9493. Оп. 3. Д. 1955. Л. 75; ГАРФ. Ф. 5528. Оп. 4. Д. 132 (совещание, посвященное отдыху рабочих, май 1932). Л. 88; СГА. Ф. 24. Оп. 1. Д. 498. Л. 120 (письмо в редакцию сочинской газеты «Красное знамя», 16 мая 1954); ЦГАМО. Ф. 7223. Оп. 1. Д. 1252. Л. 41–43.

[73] Письмо А. Антоненковой. Знамя Трехгорки. 1964. 20 июня: «Особенно радуюсь я, что отдохну от всех домашних хлопот»; ГАРФ. Ф. 9493. Оп. 8. Д. 698. Л. 109 (цитата), 116; Здоровье народа. Немой фильм. 1940. РГАКФД, № 4074; Мы едем в Сочи. Цветной звуковой фильм. 1959. РГАКФД, № 15475.

Формально курортный режим должен был исключать романтические отношения, прежде всего благодаря известному всем одиннадцатичасовому отбою; за нарушение этого правила человека могли выгнать с курорта и к тому же пожаловаться его начальству на работе. Авторы письма в сочинскую газету «Красное знамя» выражали беспокойство по поводу любовных связей, процветавших в санатории, где они лечились: большинство отдыхающих, писали они, домохозяйки, которые «подыскивают себе удобных мужчин», а «мужчины ищут в первую очередь женщин» (директор санатория заявил после этого, что не отвечает за поведение отдыхающих вне территории здравницы) [Лиходеев 1968][74]. Как ясно из фильма «Старые стены», вышедшего в 1973 году, к этому времени курортные романы воспринимались как обычная, хотя и не выставляемая напоказ, часть отпуска. Об этом свидетельствует сцена, в которой группа женщин возвращается в свои номера на рассвете, чтобы не нарушать правило отбоя, так как провели ночь за пределами санатория. В рассказе «Местный хулиган Абрамашвили» В. П. Аксенов выводит 18-летнего грузинского юношу, взбирающегося на балкон второго этажа, чтобы получить свой первый интимный опыт с опытной замужней русской женщиной — посетительницей санатория [Аксенов 1966]. Возьмем «Любовь и голуби», картину, о которой уже говорилось: деревенский житель, уставший от упреков жены, увлекается чиновницей, которую встречает во время лечения на курорте[75].

Из-за давнего советского табу на обсуждение любых сексуальных вопросов о таких романах известно мало. Исследователи расходятся во мнениях относительно того, почему в СССР так неохотно говорили о сексе на публике: идеологические императивы, направленные на деиндивидуализацию личности, крестьянское отношение к сексу как к чему-то нечистому, недостаток

---

[74] См. также: СГА. Ф. 24. Оп. 1. Д. 368 (переписка с редакцией сочинской газеты «Красное знамя», 1951). Л. 200–200 об.

[75] См. также: Старые стены. Реж. Виктор Трегубович. Ленфильм, 1973; Любовь и голуби. Реж. Владимир Меньшов. Мосфильм, 1984.

знаний, отсутствие возможности уединиться? «Секс был глубокой и постыдной тайной, о которой не следовало говорить», — пишет Е. Горохова, выросшая в Ленинграде в 1960-е годы; несмотря на активную сексуальную жизнь, такие отношения вызывали у нее «чувство глубокого стыда». В результате советская молодежь до 1980-х годов не получала никакого сексуального образования, что лишь усиливало ассоциацию секса со странностями и отклонениями. Но отношение к случайным внебрачным связям в целом было терпимым. Советский физик-эмигрант упоминает об одном опросе: 50 % женщин, удовлетворенных своим замужеством, считали внебрачные отношения нормальным явлением [Gorokhova 2009: 226, 228; Stern 1979: 145; Rotkirch 2004].

Опираясь на свидетельства относительно сексуальных практик, оставленные советскими эмигрантами в 1970-е годы, писатель М. А. Поповский предполагает, что, собираясь провести стандартный двухнедельный отпуск в доме отдыха, женщины преследовали единственную цель — «найти себе мужчину». Лихорадочное образование пар происходило в первый же день; иногда связь длилась все две недели, но некоторые отдыхающие периодически меняли партнеров. Как признавали информанты Поповского, такой отпуск давал возможность одиноким женщинам получить свою «долю человеческого счастья» [Поповский 1985: 138–139]. Советский сексолог-первопроходец И. С. Кон заключает:

> О турбазах и домах отдыха и говорить нечего: вырвавшись из-под контроля родителей или супруга, молодые и не очень молодые люди пускались во все тяжкие, лихорадочно и вместе с тем уныло, как будто они выполняли и перевыполняли производственный план, наверстывали то, что было недоступно в повседневной жизни. На этот счет был тоже анекдот. Иностранца, вернувшегося из СССР, спрашивают: «А публичные дома у них есть?» — «Есть, но почему-то они называются домами отдыха» [Кон: 2010 275–276].

Отпуск мог порождать и более «законные» романтические отношения — ухаживание, которое заканчивалось браком. Повсеместные танцевальные вечера на курортах и турбазах, разумеется, облегчали знакомства, завязываемые с этой целью, но руководители курортов, с их традиционной советской сексофобией, не обращали внимания на этот аспект [Russia's Sputnik Generation 2006: 169][76]. Несмотря на расхожее выражение «в СССР секса нет», дети (или супруги) не должны были узнать о похождениях, имевших место на курортах и в домах отдыха. То, что случилось в Сочи, оставалось в Сочи.

Советские здравницы всегда строились исходя из принципа разделения по полу и возрасту. На протяжении 1950-х годов в большинстве из них, будь то санатории или дома отдыха, прибывающих размещали в больших комнатах или палатках, рассчитанных на 6–12 человек; даже если среди них были муж и жена, им приходилось обитать в разных местах. В более современных заведениях имелись двухместные номера для супругов, но отсутствовала комната для ребенка, а кровати были всегда одноместными и узкими. Весь режим советского отдыха был ориентирован на интересы и нужды взрослых. Для детей нужно организовывать отдельные культурные мероприятия и устанавливать другие нормы питания, и за ними необходимо присматривать, настаивали чиновники. Чужие дети могли испортить отдых советским взрослым гражданам. Взрослые могли принимать солнечные ванны обнаженными, но не в присутствии подростков, и руководитель одного из ялтинских курортов получал немало жалоб на этот счет. Считалось, что детей и подростков лучше всего отправлять в пионерские лагеря и на комсомольские турбазы, где они живут со сверстниками, а не со взрослыми, у которых есть свои особые потребности[77].

Некоторые наблюдатели полагали, что семейный отдых идеологически неприемлем для социалистического общества, в котором коллектив важнее семьи, а буржуазное потребительство должно уступить место аскетическому образу жизни и упорному труду. Существование двух различных систем учреждений отды-

---

[76] Об официальной сексофобии см. [Кон 2010].
[77] ГАРФ. Ф. 9493. Оп. 8. Д. 428. Л. 111, 79; Д. 698. Л. 108–109; СГА. Ф. Р-24. Оп. 1. Д. 498. Л. 119–120 (письмо в «Красное знамя» от 16 мая 1954).

ха — для детей и взрослых — отчасти отражало утопические мечты об исчезновении семьи (которое, с точки зрения отдельных теоретиков, влекло за собой и исчезновение секса), а официальное восстановление семейных ценностей в 1930-е годы не означало реабилитацию семьи как эмоциональной единицы. Государственная идеология не позволяла публично признать наличие сексуальных отношений и не находила никаких оправданий для романтических поездок законных супругов: курортный роман был одним из порождений этого двусмысленного отношения к здоровому супружескому сексу [Кон 2010; Field 2007: chap. 4; Bernstein 2007: 191][78]. Кроме того, отношения между мужем и женой грозили подрывом отношений внутри рабочего коллектива, более значимых для общества. Отпуск в доме отдыха, как он выглядел в 1950–60-е годы, приводил к вхождению отдельных людей в новый коллектив, усиливал соотнесение человека с рабочим местом, укреплял привычки, нацеленные на сотрудничество и солидарность, вызывал к жизни дружеские отношения, не связанные с семьей и окружением по месту жительства[79].

Наконец, семейный отдых (муж и жена или родители с детьми) мог ассоциироваться с буржуазными излишествами, недопустимыми при социализме. Большинство семей не могли достать путевки для такого отдыха, что вызывало зависть и злобу по отношению к тем, кому они доставались: показаться в Сочи с ребенком означало навлечь на себя раздражение плохо оплачиваемого медицинского персонала, возмущенного тем, что «богатенькие» позволяют себе такую роскошь[80]. Подлинно социалистический отдых был рациональным и утилитарным, направленным на то, чтобы все члены коллектива — молодые, старые,

---

[78] Как показала Д. Филд, сексуальная жизнь частных лиц была доступна для государственного надзора и правоохранительных органов, и даже если граждане расходились во взглядах на моральные нормы, они обычно не подвергали сомнению право государства на вмешательство.

[79] Мартеновка. 1954. 11 мая; Знамя Трехгорки. 1960. 16 августа; ЦАГМ. Ф. 28. Оп. 2. Д. 151 (книга отзывов о речном круизе, 1956). Л. 62.

[80] СГА. Ф. Р-24. Оп. 1. Д. 1044 (вырезки из газет, 1960). Л. 46 (письмо в «Красное знамя», 21 августа 1960).

женатые (замужние), одинокие — получали то, что предписывалось им исходя из медицинских показаний и нужд производства.

В 1950–60-е годы отношение к семье, любви и эмоциональным потребностям советских граждан начало меняться. Потребление становилось все более важным элементом «хорошей жизни» по-советски, что толкало людей на отход от официальных представлений о семейном отдыхе. «Жить стало лучше, жить стало веселее», — повторил вслед за Сталиным лозунг 1930-х годов секретарь ВЦСПС А. И. Шевченко (1961). И далее: «Денег у трудящихся много, и они могут купить путевки за свои собственные сбережения». Опрос общественного мнения, проведенный Б. А. Грушиным, — результаты опубликовала «Комсомольская правда» — показал, что 45 % респондентов желают ездить на «отдых с семьей» [Грушин 2003: 158]. В том же году свой опрос устроил и «Труд» на такой же выборке (но респонденты были старше и среди них было больше рабочих): выяснилось, что две трети опрошенных предпочитают именно такой отпуск [Грушин 2003: 158][81]. Но режим неохотно удовлетворял эти запросы.

По моему мнению, в 1970-е годы главным препятствием к проведению семейного отдыха в СССР были логистические и физические ограничения самой системы, а не идеология или менталитет. Эти ограничения проистекали из подхода, ориентированного на лечение и производственные нужды. Получение путевок было тесно связано с профессиональным статусом: они выдавались по месту работы, и семейной паре было очень непросто получить две путевки в одно и то же место, на одно и то же время, если только оба не работали на одном предприятии. На Всемирной ассамблее здравоохранения (1961) советские чиновники интересовались, как обстоит дело в братских странах. Один из них спросил представителя Монголии об организации семейного отдыха в этой стране: допустим, сказал он, что муж работает на одном предприятии, жена — на другом или не работает вообще. Что делается в этом случае? Оказалось, в Монголии можно согласовать время отпуска для мужа и жены: «Как можно

---

[81] См. также: ГАРФ. Ф. 9493. Оп. 8. Д. 238. Л. 173; Труд. 1967. 21 июня.

большее число трудящихся было обеспечено совместным отдыхом, чтобы супруги не скучали друг о друге»[82]. Во многих случаях семья приезжала по одной путевке в надежде, что места удастся получить уже по прибытии. В одном таком случае ничего не удалось сделать: по словам супругов, «председатель завкома или месткома сказал: "Езжай, тебя не выгонят"», но все же для ребенка не нашлось места[83]. Даже если для детей приобретались «взрослые» путевки, им могли отказать в размещении как несовершеннолетним[84].

В 1960-е годы профсоюзные деятели наконец признали наличие растущего спроса на семейный отдых и принялись строить новые здравницы, а также пускать больше путевок в свободную продажу. «Хотим мы этого или не хотим, но трудящиеся приезжают со своими семьями», — говорил один из чиновников в январе 1962 года. Но строительство велось в основном по традиционной схеме: проект плана на 1960–1965 годы предусматривал увеличение мест в санаториях, домах отдыха и пансионатах, создание новых домов отдыха специально для молодежи, матерей с детьми и беременных — все эти категории существовали с 1930-х годов. Однако в том же 1960 году в списке появились и семейные дома отдыха[85]. В следующие два десятилетия инфраструктура для семейного отдыха расширялась медленно, и к тому же процесс шел с перебоями.

«Мы вынуждены принимать детей… жизнь заставляет идти навстречу желаниям людей», — признавал еще один чиновник в 1965 году, но при этом настаивал на том, что детей следует

---

[82] СГА. Ф. Р-24. Оп. 1. Д. 845 (вырезки из газет, 1958). Л. 50; ГАРФ. Ф. 9493. Оп. 8. Д. 238. Л. 154–159.

[83] ГАРФ. Ф. 9493. Оп. 3. Д. 1955. Л. 56. В неформальных беседах со мной почти каждый вспоминал о такого рода отказах. См. также фильм «Печки-лавочки», где тракторист из Сибири добирается до Черного моря на автобусе и поезде, твердо вознамерившись отвезти туда жену и детей, хотя у них нет путевок. Сценарий фильма [Шукшин 1988: 226–289].

[84] ГАРФ. Ф. 9493. Оп. 8. Д. 698. Л. 107–108, 117–118, 128–129, 142.

[85] ГАРФ. Ф. 9493. Оп. 8. Д. 326. Л. 164–65; Д. 4. Л. 14 (письмо в Совет министров СССР от председателя ВЦСПС В. В. Гришина, 20 июля 1960 года).

размещать отдельно. Центральный совет по управлению курортами профсоюзов в 1972 году обещал увеличить количество мест для семей до 54 000 в течение пятилетки, притом что в конце 1960-х годов их насчитывалось 28 000. В это же время общее число мест в санаториях составляло 475 000, в домах отдыха — 320 000. Таким образом, эти обещания едва ли соответствовали потребностям граждан страны, от 45 (согласно опросу «Комсомольской правды») до 66 % (согласно опросу газеты «Труд») которых хотели проводить отпуск с семьей. Председатель Центрального совета по управлению курортами профсоюзов И. И. Козлов к тому же предупреждал, что для выполнения планов потребуется большая подготовительная работа: можно было сразу же готовиться к задержкам и проволочкам. Многоэтажные курортные комплексы, которые начали проектироваться, предназначались прежде всего для удовлетворения потребности в семейном отдыхе. В Сочи пансионаты для родителей с детьми строились с 1968 года: в них дети могли посвящать свое время плаванию, изготовлению поделок, музыке, прогулкам, играм и спорту. Каждая семья обедала вместе три раза в день, для детей готовили особые блюда. За пляжем следил медицинский персонал, прошедший специальное обучение. Но в 1976 году плавательный бассейн, столовая для детей, библиотека и детский парк развлечений все еще находились на стадии проектирования[86].

Даже в 1980-е годы советская отпускная инфраструктура лишь в очень ограниченной степени могла удовлетворять спрос на какой-либо вид семейного отдыха. В 1982 году, через 22 года после того, как глава ВЦСПС Гришин призвал расширять соответствующие возможности для семей с детьми, председатель Центрального совета по управлению курортами профсоюзов Козлов провозгласил новый подход: «Хотя эта форма отдыха ‹семейный отдых› появилась сравнительно недавно, популярность ее огромна», — заявил он. Центральный совет начал выда-

---

[86] ГАРФ. Ф. 9493. Оп. 8. Д. 698. Л. 108; Д. 1669. Л. 30. Совокупные данные по санаториям: [Народное хозяйство СССР в 1973 году: 642]; ГАРФ. Ф. 9493. Оп. 8. Д. 2303. Л. 106–109.

вать по одной путевке на целую семью, в номера на двух, трех, четырех человек, независимо от места работы родителей. «Семейные» уже вызвали бум «неорганизованного» отдыха на черноморском побережье. Согласно одному исследованию, на которое ссылались в 1969 году, в Анапе, лучшем месте для семейного отдыха, приходилось 103 ребенка на 100 взрослых, в Туапсе, недалеко от Анапы, — 96 на 100, и даже в Ессентуках, в более «солидном» регионе Кавказских Минеральных Вод, 3 из 4 отдыхающих были «дикарями», а на 100 взрослых приходилось 43 ребенка. Кроме того, выяснилось, что отдыхающие предпочитают останавливаться в одно- и двухэтажных зданиях, небольших домиках, даже в палатках, а не в многоэтажных пансионатах, на которые профсоюзы тратили так много денег [Павлов 1969][87]. Советские граждане выражали свои потребительские предпочтения, чиновники старались прислушиваться к ним. Но в планы расширения инфраструктуры, как и в 1930-е годы, закладывалось лишь ограниченное количество параметров: мест становилось больше с каждым годом, но распределялись они по тем же принципам, что и раньше.

Социалистический режим потребления, возникший в послесталинские годы, существенно отошел от иерархической модели 1930-х годов, даже если официальная политика по-прежнему состояла в том, чтобы награждать путевками самых достойных, а затем — нуждающихся в лечении. С ростом уровня жизни и количества свободных средств все больше советских граждан получали возможность выбирать способ проведения досуга, особенно ежегодного отпуска, на который они имели право. Один журналист писал в «Литературной газете» (1967): «Появляются "лишние" деньги — появится и привычка к курортам, как уже появилась привычка к мотоциклам, телевизорам, городским костюмам» [Жуховицкий 1967]. Из-за ограничений экономики дефицита советские потребители выбирали отпуск, полезный в медицинском плане, с разнообразными видами лечения — сол-

---

[87] См. также: Труд. 1982. 2 февраля.

нечными и воздушными ваннами, приемами у стоматолога и психиатра. Отпуск старались брать летом, когда можно было в полной мере использовать природные лечебные средства, — кроме того, это считалось более престижным. Люди стремились сами выбирать направления, насколько это было возможно, предпочитая забитые отдыхающими пляжи Анапы уединению в лесной глуши в окружении северных рек и озер. Это ценное время, посвященное восстановлению сил, они хотели проводить с членами семьи, накапливая воспоминания и извлекая максимум из возможностей для лечения и отдыха, которые предоставлял отпуск. Такой выбор во многом заставляет вспомнить о довоенных годах — но теперь у советских потребителей появились свободные средства, а с ними и власть, позволяющая настоять на своем выборе, режим же признавал, что обязан удовлетворять их предпочтения.

Советский отпуск оставался при этом во многом утилитарным. Курорты как места лечебного или оздоровительного отдыха оставались «ремонтными мастерскими для восстановления здоровья трудящихся», их психологического равновесия и физической способности к работе. Даже лишенный медицинской составляющей, отдых подразумевал приобретение знаний, повышение культурного уровня, рациональное использование свободного времени. В самых дорогих санаториях все это сопровождалось превосходным питанием, многочисленным обслуживающим персоналом, лучшими пейзажами. Интеллигенция и служащие отдавали предпочтение лечебному отдыху, что придавало ему символическое значение, свидетельствуя о привилегиях и престиже. Отпуск, проведенный в августе, в ялтинском или сочинском санатории, не только был полезным с медицинской и культурной точки зрения, но и наделял потребителя статусом того, кому доступен отдых наивысшего уровня.

В описаниях советского отпуска говорилось о том, что послесталинский режим потребления был демократичным и массовым. Чиновники год за годом обещали расширить предложение, чтобы удовлетворить спрос, и делали это «фордовскими методами»: снижали удельную себестоимость, поощряли научное исследование спроса, увеличивая число вариантов проведения отпуска. Даже если на основной составляющей курортов — персонале: врачах, поварах, медсестрах, массовиках — много сэкономить было невозможно, чиновники обещали внедрить новые методы обеспечения питанием (например, через продажу полуфабрикатов) и использовали стандартные проекты зданий для ускорения работ по сооружению новых комплексов. Стоит обратить внимание на заметное сходство между советскими пансионатами и гостиницами 1970-х годов и мотелями сети «Ховард Джонсон» того же времени, с их оранжевыми крышами[88]. Но если в капиталистических странах все решала «невидимая рука рынка», то характер советского потребления открыто и целенаправленно задавался профессионалами: врачами, архитекторами, социологами. Советский отпуск, в том виде, какой он приобрел в 1970-е годы, отражал непрочное равновесие между экспертным мнением и свободой потребителей в выражении своего выбора, между пользой для государства и удовлетворением физических, культурных и социальных потребностей, сопряженным с удовольствием. Социалистическая экономика могла быть успешной при условии устранения нерациональности в потреблении и производстве. Новый советский режим потребления, начиная с 1960-х годов, мог бы процветать не только благодаря росту национального дохода, но и благодаря триумфу системы образования, порождающей грамотных планировщиков и искушенных потребителей.

В западных капиталистических странах отпуск, проводимый на одном месте (по-французски — «villégiature»), слился с турпоездками, все это стало называться одним словом «туризм». В СССР эти два вида досуговых поездок оставались отделенными друг от друга в концептуальном и административном отношениях, золотым стандартом по-прежнему являлся «отдых», Меккой для поклонников которого был Сочи. Но некоторые — прежде всего самые привилегированные — получали и то,

---

[88] Этот вывод сделан после просмотра фотографий в журнале «Турист» (1966–1980) и газете «Труд» (1965–1982).

и другое. Путешествие стало знаком статусного потребления, таким же заметным и важным, как синие джинсы, транзисторные приемники, автомашины. Хорошо одетые отпускники в фильме «Из жизни отдыхающих» представляют советскую интеллигенцию: математик, дипломат, пожилая женщина аристократической наружности, знавшая в молодости — в 1920-е годы — поэтов Владимира Маяковского и Сергея Есенина, профессор, играющий на гитаре. Скука такого октябрьского отпуска во многом являлась следствием того, что все было знакомо и повторялось из года в год. «В прошлом году в Сочи я был на лечении, — говорит один из персонажей, — за двадцать четыре дня ни одного лекарства, ни одной процедуры». Двое сравнивают впечатления от Италии, вспоминая «этот Пентагон, то есть Ватикан»[89] и перечисляя города, которые посетили. Поскольку туризм, в современном его понимании, после 1955 года стал более доступным и популярным, двум видам отпуска суждено было пересекаться и сливаться, как будет показано в следующей главе, — но отпуск на курорте оставался и будет оставаться и впредь самым значимым и самым престижным: «В Сочи, я думаю, хоть раз в жизни отдыхает каждый человек».

---

[89] Из жизни отдыхающих. Реж. Николай Губенко. Мосфильм, 1980.

Глава шестая
Постпролетарский туризм

«Новый советский человек» отправляется в дорогу

Когда «Комсомольская правда» в 1966 году устроила среди своих читателей опрос о том, как они предпочитают проводить отпуск, специалисты по изучению общественного мнения были удивлены, узнав, что 72 % респондентов — приверженцы «онегинской охоты к перемене мест» [Грушин 2003: 154, 165]. Один из них, механик из Ульяновска, писал: «Из всех видов отдыха я считаю наиболее полноценным туризм. Достоинства его неоспоримы. Здесь ты совершенно свободен в выборе местожительства и способа отдыха. Даже "дикари"-курортники не могут похвастаться такими преимуществами»[1]. Ему вторил инженер из Харькова: туризм — самый полезный вид отдыха.

Принимая на вооружение старый лозунг туристского движения: «Туризм — лучший вид отдыха», читатели газеты подчеркивали тем самым необходимость строительства новых — и более совершенных — комплексов для отдыха, издания карт и путеводителей, становления новой культуры отпуска, которая позволила бы им путешествовать рациональным и комфортным способом. Туризм, ранее остававшийся уделом физически активной части населения и рассматриваемый остальными как второсортный отдых, внезапно получил новый статус, став пользоваться уважением.

---

[1] Анкета появилась в «Комсомольской правде» от 23 июня 1966 г.; Комсомольская правда. 1966. 8 июля.

Респонденты в особенности противопоставляли отпуск, проводимый в дороге, малоподвижному пребыванию в санаториях и домах отдыха. Все цели, которые преследовал человек, отправляясь в ежегодный отпуск, — восстановить трудоспособность для очередного рабочего года, поправить здоровье, порвать с обычной рутиной, расширить свой кругозор, узнать что-нибудь новое — эффективнее достигались во время путешествия, чем при сидении на месте. Космонавт К. П. Феоктистов отмечал: «Когда приходится бывать в доме отдыха или санатории, чувствую: это не то, к чему я стремлюсь. Хочется совсем другого — побывать возможно в большем количестве мест, познакомиться с новыми людьми, просто побродить по земле[2].

В данной главе изучаются возникновение и развитие этого нового туристского сознания, ставшего важнейшим элементом жизни советской интеллигенции и показателем экономического и социального прогресса СССР.

Попытки руководителей КПСС преодолеть ее сталинистское прошлое привели к изменению целей и методов экономического развития страны. Как было показано в предыдущей главе, потребление признали достойным и законным устремлением советского гражданина. XX съезд КПСС и в еще большей мере — новая программа, принятая на XXII съезде, предсказывали неизбежные перемены в нравственных и культурных ценностях. Настоящий коммунизм, утверждалось в программе, будет построен в течение 20 лет: благодаря достигнутому изобилию и процветанию возникнет материальная база, которая обусловит появление советской личности нового вида. В 1960-е годы, указывают П. Вайль и А. Генис, советские граждане уверенно смотрели в будущее, отмеченное прогрессом, и вполне могли себе представить, как сбывается коммунистическая утопия [Программа коммунистической партии 1962: 62–65, 119; Вайль, Генис 1998: 15]. Туризм сыграл свою роль в формировании этого «нового человека». На протяжении 1960-х годов он окончательно избавился от репутации «бедного родственника» ку-

---

[2] Комсомольская правда. 1966. 23 ноября.

ортного времяпровождения и сделался постоянно набирающим популярность видом активного отдыха, не отменявшим отпуска на курорте, но предлагавшим новые формы активного передвижения и новые направления. Туризм не случайно обрел новый статус в то время, когда число горожан превысило число сельских жителей, а образовательный уровень населения стал как никогда высоким. Советский туризм подходил обществу, взявшему курс на строительство полноценного коммунизма, и должен был, как раньше, служить более масштабной государственной цели: воспитанию «нового советского человека». Дети и внуки пролетариев 1920–30-х годов должны были стать зодчими нового порядка — постпролетарской утопии, в основе которой лежали знание и процветание, выражавшиеся через отдых так же, как через работу.

Управление туризмом по пути к полноценному коммунизму

Как бы оптимистично они ни смотрели на коммунистическое будущее, чиновники, ведавшие туристическим движением, и его участники подошли к концу 1950-х годов с рядом нерешенных вопросов — итогом сложной и неоднозначной истории советского туризма. Был ли он массовым движением энтузиастов, в традициях добровольного Общества пролетарского туризма? Могли ли профсоюзы, «социальные» организации, разобраться в сложной экономике туризма, которому были нужны транспортные средства, новые базы, снаряжение, сувениры? Как следовало откликаться на растущую потребность в туристических услугах — содержать платных инструкторов или добровольцев? Несмотря на звучавшие все чаще призывы к созданию индустрии отдыха, со своими транспортом и строительным комплексом, советский туризм так и не обрел внятного институционального воплощения внутри более обширного сектора досуговых поездок [Азар 1972б; Генс 1970: 11; О дальнейшем развитии 1981: 1][3].

---

[3] См. также: Турист. 1969. № 9.

Отношение между туризмом и посещением здравниц продолжало создавать проблемы, связанные с полномочиями и финансированием. Чиновники, отвечавшие за туризм, остро чувствовали свою неполноценность по сравнению с теми, кто занимался курортами внутри того же ВЦСПС. Центральное туристско-экскурсионное управление и Главное управление курортов и санаториев были независимы друг от друга и обслуживали одних и тех же потребителей, располагая при этом параллельными структурами. Административная же структура ВЦСПС была такой, что эти два управления не видели больших возможностей для сотрудничества в деле обеспечения отдыха советских граждан.

В середине 1950-х годов произошли два поворотных события, ознаменовавших кардинальное изменение статуса туризма. Во-первых, в 1955 году советским гражданам разрешили заграничные поездки: сначала в братские социалистические страны, позже — в капиталистические и в страны третьего мира [Gorsuch 2011: 10–11]. Во-вторых, судьбоносный XX съезд КПСС породил надежды на изменение всего строя жизни. В апреле один из сотрудников ТЭУ настаивал на том, что съезд велел идти в ногу со временем, но туристы-активисты, перед которыми он выступал, выглядели скорее подавленными и разделившимися во мнениях, чем воодушевленными. Чиновники, как и раньше, спорили о том, надо ли направлять основные усилия на независимый массовый туризм или же увеличивать число туров, доступных по путевке. Из-за хронической нехватки средств не удавалось толком наладить ни одно, ни другое, у ЦТЭУ не было денег даже на то, чтобы привезти своих сотрудников с мест на всесоюзное совещание; это приводило к обвинениям в том, что Управление проявляет излишнюю скрытность, строя новые базы и открывая маршруты без учета местного спроса и местных условий. В ЦТЭУ между тем выражали недовольство режимом особого благоприятствования по отношению к Главному управлению курортов и санаториев: на сооружение новых домов отдыха субсидии выделялись напрямую, тогда как ЦТЭУ финансировало свои базы за счет продажи путевок. В итоге последние заметно уступали домам отдыха в том, что касалось удобств и комфорта[4].

Как было указано, с лета 1960 года ВЦСПС нес полную ответственность за управление здравницами; они стали объектом вложения дополнительных средств и приложения немалых организационных усилий. Туризму также уделили внимание. Ведавшие им чиновники в ноябре 1959 года подверглись настоящему разносу со стороны ВЦСПС, требовавшего улучшить руководство туризмом и организацию работы на турбазах[5]. Но областные профсоюзы делали все неспешно и неохотно, когда речь шла о туристах. В сентябре 1961 года ЦТЭУ наконец созвало всесоюзное совещание, и делегат недавно созданного Владимирского ТЭУ затянул знакомую песню: у местного управления нет собственных турбаз и теплоходов, профсоюзы и предприятия не перечисляют средства, единственный вид деятельности — это продажа путевок, присылаемых из Москвы. Другие делегаты снова указывали на второстепенное положение туризма внутри досуговой отрасли. Передача профсоюзам курортов и домов отдыха поглощает все внимание чиновников, туризму не достается ничего, жаловался представитель из Куйбышева. Делегат из Перми заявил, что деньги, получаемые из областного фонда социального страхования, составляют лишь 10–12 % от сумм, направляемых на дома отдыха. Из-за недостаточного финансирования туристические организации не могли обеспечить привлекательного уровня обслуживания, а это еще больше снижало спрос на туристические поездки и походы[6].

---

[4] ГАРФ. Ф. 9520. Оп. 1. Д. 318 (совещания чиновников, ответственных за туризм, 1956). Л. 11–14 (цитата: Л. 11), 46, 35. ВЦСПС в 1957 и 1958 годах выпустил два постановления, обязав ЦТЭУ усилить работу по развитию массового, самодеятельного туризма — например, выпускать больше снаряжения и улучшить условия на турбазах. Труд. 1957. 10 марта; 1958. 19 августа.

[5] Труд. 1959. 16 декабря. Сам текст, однако, не был опубликован.

[6] ГАРФ. Ф. 9520. Оп. 1. Д. 381 (совещание лиц, ответственных за туризм, сентябрь 1961). Л. 15, 30, 62–69.

Постоянная неудовлетворенность качеством туристических услуг привела в 1962 году к более радикальной реформе. Толчком к ней, возможно, послужило принятие новой программы КПСС за год до того, делавшей акцент на демократии и «коммунистическом самоуправлении» [Программа коммунистической партии 1962: 109]. Профсоюзные и партийные деятели решили, что ТЭУ, координировавшее туристические мероприятия с 1936 года, стало слишком централизованным, бюрократизированным и слишком профессиональным, оторванным от интересов туристических организаций и ведомств. Неспособное предложить новые возможности, ТЭУ не смогло сделать туризм массовым движением, как мечтали активисты. В июле 1962 года ВЦСПС распустил как ЦТЭУ, так и областные ТЭУ, работавшие под руководством местных профсоюзных советов. Вместо них создавались «советы по туризму», куда входили представители всех заинтересованных организаций: профсоюзов, комсомола, предприятий, спортивных обществ, в том числе добровольных, туристических ячеек на предприятиях, ДОСААФ, детских экскурсионных станций, туристических клубов. Министерство просвещения, некогда активно продвигавшее «совтуровский» проект, не получило представительства, хотя играло большую роль в организации экскурсий, местных и музейных, — возможно, потому, что было слишком тесно связано с государственной бюрократией. Теперь решения относительно туризма предстояло принимать не бюрократам на ставке, а энтузиастам и добровольцам, представленным в новых советах: это помогло бы оживить массовый туризм и увеличить популярность групповых туров. Разнообразные по составу советы могли устраивать любые туристические мероприятия — субботние и воскресные вылазки на природу, многодневные походы, групповые туры, — заниматься строительством новых турбаз и гостиниц. На деле же, если посмотреть, как обстояло дело в Москве, выясняется, что смена вывески не привела к смене лиц, принимавших важнейшие решения, и представители общественных организаций имели незначительное влияние в туристической отрасли[7]. Советы, как ранее ТЭУ, должны были финансироваться за счет взносов участвовавших в них организаций, а также доходов от путевок. Когда речь шла о турпоездках и турпоходах, централизованное государство полагалось на инициативу, энтузиазм, предприимчивость и средства местных деятелей [Абуков 1978: 22].

Как было сказано в предыдущей главе, на 1960-е годы пришлась потребительская революция в СССР — несмотря на заметный дефицит продуктов питания, который вызвал массовые беспорядки в последние годы правления Н. С. Хрущева. Расходы на потребление росли с 1950-х годов, согласно зарубежным оценкам, а объем потребления в 1964–1973 годах увеличивался на 5,2 % ежегодно [Козлов 2009; Baron 1962; Hanson 2003: 65, 99, 114–115]. Несмотря на осторожность бюрократов от туризма, последний играл определенную роль в этом росте, причем речь шла как об международном, так и о внутреннем туризме. Как показано в табл. 6.1, число туристов, останавливавшихся на турбазах и в гостиницах, выросло на протяжении 1960-х годов в 10 раз, а доля туристов среди отдыхающих увеличилась втрое (исключая, разумеется, «неорганизованных» туристов и отдыхающих, сведений о числе которых нет). Авторы научных исследований стали уделять серьезное внимание оценке спроса на туризм и отдых, чтобы можно было наилучшим образом применять средства, направляемые на их развитие. Принятый в 1968 году закон увеличивал ежегодный оплачиваемый отпуск с 12 до 15 рабочих дней, и спрос как на дальние путешествия, так и на поездки выходного дня должен был резко повыситься [Азар 1972а: 6–8]. ВЦСПС учел все эти новые возможности в своем самом амбициозном плане (май 1969 года), который нашел поддержку у ЦК КПСС и Совета министров СССР. Совместное Постановление предусматривало массивное вливание государственных средств в «строительство туристско-экскурсионных учрежде-

---

[7] ЦАГМ. Ф. 28. Оп. 3. Д. 2 (пленумы Московского совета по туризму, 1962). Л. 1–2, 27–35 (пленумы Московского совета по туризму, 1963). См.: Турист. 1969. № 9. С. 2 (четкое определение роли Министерства просвещения СССР).

ний»: республики должны были выделить для этого земельные участки, а соответствующим министерствам СССР следовало наладить сотрудничество с советами по туризму для надлежащего претворения закона в жизнь[8]. Туризм впервые получил статус полноценной отрасли, но, в соответствии с целями общества, строившего коммунизм, новая модель туристической деятельности основывалась на взаимодействии между государством, партией и общественными организациями. Образование этого союза, порой неповоротливого в своих действиях, ознаменовало начало периода самого бурного роста в истории советского туризма. В 1957 году те, чей отдых зависел от советов по туризму, составляли более половины зарегистрированных граждан, отправившихся в досуговые поездки.

Таблица 6.1. Рост числа отдыхающих на турбазах, 1950–1980

Год	Отдыхающие на турбазах	Отдыхающие на всех курортах, домах отдыха и турбазах	Отдыхающие на турбазах (%)
1950	40 000	3 785 000	1,1
1960	562 000	6 744 000	8,3
1965	1 997 000	11 316 000	17,6
1970	5 041 000	16 838 000	29,9
1975	16 604 000	31 532 000	52,7
1980	22 503 000	40 040 000	56,2

Источники: [Народное хозяйство СССР в 1974 году: 616–617; Народное хозяйство СССР в 1975 году: 606–607; Народное хозяйство СССР за 70 лет: 602]

---

[8] Труд. 1969. 26 июня (текст постановления). Его выполнение повлекло за собой длительную и откровенную дискуссию на пленуме Центрального совета по туризму 16 июля 1969 года: ГАРФ. Ф. 9520. Оп. 1. Д. 1272 (пленум Центрального совета по туризму, июль 1969). Турист. 1970. № 6. С. 11.

Самодеятельный туризм — лучший вид туризма

В 1960-х годах самодеятельный туризм стал ассоциироваться с «романтикой», и голоса таких туристов звучали в туристической прессе на протяжении 1960–70-х годов громче всего — особенно после того, как начал выходить специализированный журнал «Турист» (1966). В прессе того времени часто появлялись статьи под заголовком «Романтика дальних дорог» или похожими, призывавшие туристов свободно перемещаться по стране[9]. Туризм означал для советских граждан, особенно для интеллигенции, именно это: путешествие с рюкзаком, палаткой, картой, компасом. Дорога была ответом на все жизненные противоречия, указывают Вайль и Генис в своей книге о поколении шестидесятых [Вайль, Генис 1998: 128]. Врач из Мордовии И. Кулябко писал в журнале «Турист» (1971): «Туризм, настоящий туризм, это не только отдых и не только средство познания окружающего мира; туристский поход — это еще и проверка своих физических и духовных сил, это в некотором роде способ самоутверждения»[10].

Сам термин «романтика» предполагает субъективную позицию, соединение утопических мечтаний с активным передвижением — не только бегство от суеты больших городов, но и совершенное существование: работа и дорога делают человека целостной личностью.

Как указывалось ранее, в 1930-е годы активисты и пропагандисты туризма не могли прийти к согласию относительно определения «пролетарский турист»: если туризм призван расширять горизонты, давать знания о великих достижениях страны и ее граждан, учить любить природу, восстанавливать здоровье и физическую форму, должен ли турист самостоятельно определять свой маршрут и активно передвигаться по нему? Или основ-

---

[9] Эта точка зрения озвучивалась и в ведущих печатных изданиях: Труд. 1959. 10 июня; 1960. 18 июня; 1964. 30 апреля; 1966. 20 сентября; 1969. 25 ноября; 1972. 7 марта; 19 сентября; 1973. 3 июня; 1974. 22 января; 1975. 15 июля; 1976. 29 мая; 1977. 19 июня; 1979. 7 сентября; 1981. 28 апреля.

[10] См. также: Турист. 1971. № 8. Еще одна длительная дискуссия: Турист. 1973. № 12. С. 20.

ных целей туризма можно достичь менее суровыми методами, в рамках заранее спланированных групповых поездок, сидя на мягком сиденье автомобиля или автобуса?[11] Развитие советского туризма от смерти И. В. Сталина до краха режима служило отражением этого принципиального спора.

Для многих чиновников и сотен тысяч участников турпоходов только самодеятельный, прикладывающий физические усилия турист был настоящим туристом. Полностью оценить красоту и мощь природы можно было только при активном передвижении по местности, а не с крыльца турбазы или из окна автобуса. Туристы, прибывавшие на 20 дней на турбазу в Кисловодске у подножья могучих Кавказских гор, никогда не увидели бы эти горы, если бы не совершили ночного перехода. «Туризм... это все-таки путешествие, движение, а не сидение на месте», — настаивала одна активистка в 1965 году. Слишком многие турбазы являлись, по сути, альтернативой домам отдыха, совершить пеший или лодочный поход было можно, но необязательно. «Какой процент там настоящих туристов, вам виднее, — говорила все та же активистка. — Это называют "матрацным туризмом"»[12]. Самодеятельного туриста узнавали по рюкзаку, который был неизменным символом еще «пролетарского туризма»; он должен был справляться с трудностями. Истинный турист преодолевал громадные препятствия и в процессе этого обретал уверенность в себе. Шесть молодых женщин с одной из ленинградских фабрик проявили себя как истинные туристки — прошагали целый день под дождем с рюкзаками и гитарами, а затем разбили лагерь в кромешной темноте. Если у кого-нибудь при переходе через ручей намокал сахар — запас на всю группу, — если кто-нибудь

---

[11] Все эти характеристики туризма были упомянуты на сессии Московского городского совета по туризму и экскурсиям в 1965 году. ЦАГМ. Ф. 28. Оп. 3. Д. 6. Л. 1.

[12] ГАРФ. Ф. 9520. Оп. 1. Д. 352 (совещания лиц, ответственных за туризм, 1957). Л. 50; ЦАГМ. Ф. 28. Оп. 3. Д. 2. Л. 55; ГАРФ. Ф. 7576. Оп. 30. Д. 170 (отчеты Центрального комитета по делам физической культуры и спорта о состоянии турбаз, август — сентябрь 1956); ГАРФ. Ф. 9520. Оп. 1. Д. 750 (пленум Центрального совета по туризму и экскурсиям, май 1965). Л. 190–192.

забывал взять кашу на завтрак, это были всего лишь временные неприятности, и коллективное пение у костра возвращало всем хорошее настроение [Архангельский 1959: 101–105][13].

Дубна, закрытый город ядерщиков к северу от Москвы, где проживало множество физиков и инженеров, стал центром активности самодеятельных туристов-романтиков, поклонников костра, гитары и паруса [Фролов 1969: 10–11][14]. Такие туристы прославляли дружбу и вместе с тем — самодостаточность. Инженер Н. Петров утверждал на страницах газеты «Труд» (1966):

> Туризм — это чудесный мир отдыха, новые интересные люди, новая дружба. Просто замечательно, когда люди разных профессий и наклонностей, культурного уровня и характеров сплачиваются в коллектив. О своих приключениях я мог бы говорить бесконечно. Туризм, как ни один другой вид спорта, воспитывает гармонично развитого, физически сильного человека с высокими моральными качествами... Среди туристов вы не встретите плохого человека[15].

Участник независимой автомобильной поездки по Карелии восхищался яростной бурей, «как будто какой-то не останавливающийся перед затратами режиссер решил поставить здесь третий акт "Короля Лира"», и одновременно описывал быт туристического братства: «Поднимались к небу дымки костров, перекликались люди и транзисторы, на рассвете отваливали от берегов флотилии разборных байдарок... На лесных опушках складывался свой, никем не организуемый, но имеющий неписаные правила походный быт». Новоприбывшие просили у тех, кто уже расположился лагерем, поставить свои палатки, снабжали их новыми газетами, спрашивали, где ближайший родник, как ловить рыбу, где здесь грибные места. По вечерам туристы бродили из лагеря в лагерь, узнавая, какая дорога ждет их впереди, показывая свое снаряжение [Львов, Львова 1964: 2].

---

[13] См. также: Скороходовский рабочий. 1968. 14 мая.

[14] О связи между туризмом и песнями под гитару см. [Noack 2013].

[15] Труд. 1966. 20 сентября.

То было саморегулирующееся общество равных, основанное на знании и взаимоуважении, — коммунистическая мечта.

Самодеятельных туристов побуждали, как и раньше, создавать группы на основе уже сложившихся дружеских отношений, чтобы с самого начала путешествия в них царила атмосфера доверия и взаимопомощи. Туристические клубы в университетах и научных институтах, на предприятиях играли важную роль в умножении числа поклонников самодеятельного туризма, существовавшие там доски объявлений помогали найти совместимых по характеру партнеров для путешествия [Спутник туриста 1959: 15–17][16]. Но даже для самодеятельной группы было важно зарегистрировать свой будущий поход в местном турклубе и турбазах, которые располагались вдоль маршрута. Безопасность была главной заботой. При регистрации группа доказывала свою квалификацию и готовность пройти любой маршрут. Альпинисты, которых подстерегало множество опасностей, должны были придерживаться графика и сообщать о своих передвижениях, чтобы при необходимости могли быть приняты меры для их спасения. Местным туристическим агентствам также требовались точные сведения о числе самодеятельных групп — чтобы составить план оказания услуг и послать запрос о дополнительном финансировании. По оценке одного чиновника, лишь 10 % самодеятельных групп официально регистрировали свои программы: власти беспокоились, что по мере роста туристического движения оно станет ускользать из-под их надзора и опеки[17]. Парадокс самодеятельного туризма никуда не исчез: туризм — школа взаимопомощи и самодостаточности, но кто будет определять, достаточны ли умения группы, чтобы быть самодостаточной? Рост числа несчастных случаев при восхождении в 1960-е годы заставил восьмерых ветеранов напомнить молодому поколению о важности соблюдения правил. «Сорок-пятьдесят

---

[16] См. также: Труд. 1957. 6 июня; 1958. 22 ноября; 1960. 18 июня; 1974. 22 января.
[17] ЦАГМ. Ф. 28. Оп. 3. Д. 6. Л. 5, 110; см. [Maurer 2006: 149]; ГАРФ. Ф. 7576. Оп. 14. Д. 123 (отчет о прохождении квалификационного маршрута, октябрь 1955). Л. 37.

лет назад мы сами были молодыми, — вспоминали они, — и, учась на своих ошибках, составили свод правил. Не нужно самоуверенности. Тот, кто пренебрегает Правилами, вырабатывавшимися всей общественностью, это не турист, а антитурист»[18].

Туризм, требовавший активного передвижения, был полезнее для здоровья и позволял соприкоснуться с природой, открывавшейся во всей своей силе. Самодеятельный туризм, практиковавшийся небольшими группами с минимальным снаряжением, был доступнее для широких масс, так как не требовал дорогостоящей инфраструктуры — гостиниц, кафе, транспорта. Но даже «пуристы» не сходились во мнении относительно наилучшей организационной формы. Как и в 1930-е годы, немало активистов настаивало, что туризм — не просто один из видов отдыха: скорее, утверждали они, это разновидность спорта — «спорт миллионов»[19]. Все это требовало подготовки, соблюдения правил и дисциплины, успехи же следовало измерять при помощи соревнований и наград. Значок «Турист СССР» и звание мастера спорта были конкретными целями для туриста и средствами оценки его мастерства. Чтобы получить значок, нужно было пройти по квалификационному маршруту не менее 180 километров пешком или на гребной лодке. В таких походах туристы утром и вечером собирались на линейки, посредством которых поддерживалась почти военная дисциплина: им приходилось слушать лекции о спорте, туризме, физической готовности, сдавать устные экзамены по технике туризма (разжигание костра в дождь, меры безопасности при восхождении, способы перехода через реку). Горячие сторонники спортивного туризма, начиная с 1953 года, постоянно жаловались на ослабление этих норм

---

[18] «Законы, священные для всех нас»: открытое письмо О. Архангельской, А. Власова, Б. Делоне, А. Гусева, А. Малеинова, Е. Симонова, М. Шмелева, А. Ярова // Турист. 1972. № 1. С. 11. Правила были опубликованы в «Спутнике туриста», продолжавшем традицию аналогичных изданий 1930-х — 1940-х годов. Несчастные случаи обсуждались в частном порядке: ГАРФ. Ф. 9520. Оп. 1. Д. 750. Л. 25; Д. 921. Л. 20, и в печати: Турист. 1972. № 4. С. 22.

[19] Труд. 1961. 27 марта.

и были довольны восстановлением звания «Мастер спорта по туризму» в 1966 году[20].

Наиболее активные туристы-спортсмены собирались на ежегодные слеты, чтобы проверить свои навыки в соревновании с другими энтузиастами. Обычно слеты проводились летом, по выходным и праздникам. Командам приходилось преодолевать различные препятствия — болота, озера, реки — и проходить через контрольные пункты. Очки начислялись за скорость прохождения и за успехи в отдельных соревнованиях: установка палатки, приготовление пищи, эстафета с рюкзаками, где находился полный комплект снаряжения, волейбол (традиционное времяпровождение на отдыхе). Во время июньских белых ночей состязания могли затягиваться до вечерней зари, все заканчивалось большим костром в два часа ночи. Некоторые московские слеты в 1950-е годы собирали до 10 000 человек [Долженко 1988: 137–140][21].

Слеты были событием из области любительского спорта, подконтрольным предприятию или местному отделению добровольного спортивного общества. Туризму приходилось конкурировать за внимание и денежные средства с такими популярными видами спорта, как футбол и хоккей. Постепенно организацией слетов занялись местные турклубы; что еще важнее, они стали готовить инструкторов, призванных обучать начинающих туристов навыкам, необходимым на слете и далее — в турпоходе. «Туризм — это прежде всего спорт, которым занимается молодежь, а молодежь должна заниматься спортом смелым, сильным», — настаивал работник одного из московских клубов[22].

Лучший туризм был, кроме того, «массовым туризмом»: не массовые экскурсии 1930-х годов с духовыми оркестрами и на-

---

[20] ГАРФ. Ф. 7576. Оп. 14. Д. 123. Л. 6–40; ГАРФ. Ф. 9520. Оп. 1. Д. 381. Л. 96; Труд. 1966. 27 января; ГАРФ. Ф. 9520. Оп. 1. Д. 578 (совещание лиц, ответственных за туризм, апрель 1963). Л. 94, с предложением восстановить степень «Заслуженный мастер спорта по туризму».

[21] См. также: Скороходовский рабочий. 1958. 13 июня; Мартеновка. 1954. 29 июля; ГАРФ. Ф. 9520. Оп. 1. Д. 381. Л. 23, 51, 80; Труд. 1966. 20 сентября.

[22] ЦАГМ. Ф. 28. Оп. 3. Д. 6. Л. 111–113.

зидательными речами, а массовое участие граждан, путешествующих малыми группами по выходным, а также во время летнего отпуска. Рост числа туристов, о котором отчитывались центральные органы, происходил за счет популяризации походов выходного дня: это было одной из задач массового туризма, поставленной еще в 1920-е годы. В 1964 году многодневные путешествия совершили 2,2 миллиона туристов, и в то же время официальная статистика зарегистрировала 15,1 миллиона человек, надевавших свои рюкзаки ради однодневных походов. В 1967 году число последних выросло до 27,6 миллионов (при 3,4 миллионах участников продолжительных походов)[23]. Эти путешественники каждую субботу и воскресенье оставляли пыльные города и садились в так называемые «поезда здоровья», беря с собой палатки, рюкзаки, гитары и часто — к огорчению активистов — бутылки со спиртным. Они разбивали свои лагеря где угодно и повсюду, часто без всякого контроля, и тогда их число не поддавалось учету. Наиболее организованные из них создавали турсекции на своих предприятиях и участвовали в официальных слетах, где оттачивались туристические навыки[24]. Менее организованные создавали все больше проблем — их вылазки по выходным нередко заканчивались пьянством и всяческой «аморалкой». Особое беспокойство вызывал колоссальный вред, который туристы наносили пригородным лесам, разбивая там палатки и разжигая романтические костры[25].

---

[23] ГАРФ. Ф. 7576. Оп. 30. Д. 176 (материалы о туристских базах и лагерях, июнь — сентябрь 1958). Л. 54–58; ГАРФ. Ф. 9520. Оп. 1. Д. 1297 (статистика по туризму, 1961–1969). Л. 1.

[24] Одним из них был известный математик и альпинист Б. Н. Делоне, который направил письмо в «Турист» (1974. № 4), указывая, что в настоящий момент ему 84 года и последние 30 лет он каждое воскресенье выбирается за город в 30-километровый поход. О слетах: Труд. 1978. 19 сентября; 1981. 24 мая; Мартеновка. 1960. 2 июня; Скороходовский рабочий. 1958. 13 июня; 1960. 15 июля; 1968. 22 мая, 19 июня; 1970. 19 июня; 1974. 19 июня; Знамя Трехгорки. 1960. 25 августа; 1976. 9 июня.

[25] ГАРФ. Ф. 9520. Оп. 1. Д. 578. Л. 136, 138; Д. 921 (пленум Центрального совета по туризму и экскурсиям, март 1966). Л. 19; Труд. 1975. 14 сентября.

Рис. 6.1. Отдыхающие летом на пляже в Серебряном Бору, Москва. 1954. Фото Н. Рахманова. РГАКФД г. Красногорска. Публикуется с разрешения архива

Походы и поездки выходного дня стали ассоциироваться со стилем жизни городского интеллигента, что видно по таким фильмам, как «Июльский дождь» (1966) и «Москва слезам не верит» (1980): хорошие друзья выезжают компанией за город, в свои любимые места, разводят костры, жарят шашлык на углях, поют песни, разговаривают о жизни. Я путешествовала однажды таким образом в 1973 году: зимой в выходные ученые, редакторы, художники ехали на пригородном поезде до станции «Турист» к северу от Москвы и проводили два дня, катаясь на лыжах, готовя еду, обмениваясь партнерами, употребляя водку из спирта лабораторной перегонки, играя в «Монополию». К счастью для меня, за нами никто не следил — иностранцам не разрешалось отъезжать так далеко от города. По выходным электрички были забиты такими туристами.

Туризм подобного рода не приносил никакой выгоды профсоюзным советам по туризму, и активисты постоянно жаловались, что центральные власти игнорируют интересы туристов выходного дня и «самодеятельных». Неизменные нарекания вызывал дефицит качественных легких палаток и рюкзаков[26]. Чиновники от

---

[26] ГАРФ. Ф. 9520. Оп. 1. Д. 1272. Л. 243; Д. 632 (пленум Центрального совета по туризму и экскурсиям, декабрь 1964). Л. 22; ЦАГМ. Ф. 28. Оп. 3. Д. 2. Л. 65–66.

туризма, в свою очередь, надеялись, что рост сети туристических клубов приведет к возрождению прежнего волевого духа советского туризма и позволит им самим сосредоточиться на предоставлении услуг, приносящих прибыль. В 1960 году по всей стране насчитывалось уже 70 таких клубов. Они служили в первую очередь источниками информации: опытные туристы давали консультации, черпая сведения из многочисленных походных дневников, принесенных ранее участниками тургрупп. Клубы изучали и утверждали новые местные маршруты, осуществляли контроль над тургруппами, удостоверяясь, что те готовы к планируемым поездкам. Помимо этого, в клубах хранилось некоторое количество снаряжения: группы могли арендовать его на выходные или для более продолжительного похода [Пахомова 1958: 198–202][27].

Групповые поездки: второсортный, но прибыльный товар

В 1983 году «Турист» провел опрос, желая узнать о туристическом опыте своих читателей. Выяснилось, что 19 % практикуют самодеятельный туризм, выбирая сложные маршруты, включая спортивный туризм в его самых экстремальных проявлениях. Кроме того, 20–30 % занимались таким самодеятельным туризмом, которые позволял совмещать «хороший отдых» с определенными физическими нагрузками, при этом получение знаний об окружающем мире было важнее спорта. Остальные — 60–70 % — покупали путевки на организованные турпоездки в сопровождении инструкторов и руководителей групп[28]. В туристическом коллективе незнакомцы становились друзьями и сообща преодолевали трудности: социалистический коллективизм в действии.

---

[27] См. также: ЦАГМ. Ф. 28. Оп. 2. Д. 101 (отчет Московского ТЭУ, 1953). Л. 85–86; ЦАГМ. Ф. 28. Оп. 2. Д. 117 (отчет Московского ТЭУ, 1954). Л. 118–125.

[28] Турист. 1983. № 4. С. 20–21 (участники групповых туров жаловались, что журнал посвящен исключительно туризму первых двух видов, спортивные туристы утверждали обратное).

Дух взаимопомощи внутри коллектива мог проявляться по-разному, и туризм поощрял все его разновидности. Люди могли поодиночке прибыть на турбазу, далее, слушая лекции и практикуясь, они проникались доверием друг к другу и начинали работать вместе. Самое важное, что ей довелось узнать на турбазе, писала одна туристка, — то, что двадцать незнакомых друг с другом людей прибывают туда и становятся коллективом, готовым преодолеть любые трудности во время похода[29].

Повседневная жизнь на турбазе создавала много возможностей для того, чтобы чужие друг другу люди встречались, совместно выполняли небольшие задания и совершали тренировочные прогулки; затем они образовывали, по своему желанию, небольшие группы для дальних походов, пеших или байдарочных. Один турист писал для газеты «Труд»: «Сближают людей туристские походы выходного дня. Подчас бок о бок работаем, а друг друга не знаем. А тут за двое суток друзьями становимся, радости и трудности — все пополам»[30].

Режим, которому подчинялись туристы, был призван стимулировать социализирующую роль коллектива. По прибытии на базу инструкторы показывали имеющиеся там объекты, рассказывали о том, какие походы можно совершить. На второй день туристы начинали объединяться в небольшие группы и тренироваться для долгих переходов. В базовом лагере шла отработка необходимых техник, но можно было также плавать, загорать, заниматься спортом. По вечерам, так же как в санаториях и домах отдыха, проходили кинопросмотры, самодеятельные выступления, танцы. Предполагалось, что несколько часов в неделю туристы убирают территорию лагеря или помогают жителям окрестных деревень в сельскохозяйственных работах. Во время похода происходило разделение обязанностей, но группа имела горизонтальную организацию: «В походе все начальники, нет рядовых туристов — кто группорг, кто культорг, и др., сколько туристов, столько начальни-

---

[29] ГАРФ. Ф. 7576. Оп. 30. Д. 170. Л. 3.
[30] ЦАГМ. Ф. 28. Оп. 1. Д. 6 (отчеты турбаз, 1959). Л. 154; Труд. 1966. 20 сентября.

Рис. 6.2. Туристы выходят в ночной поход с Енисейской турбазы, Красноярский край, Сибирь. Турист. 1968. № 8. С. 11

ков»[31]. Обстановка на советской турбазе очень напоминала ту, что я наблюдала в лагере для девочек-скаутов в 1960-е годы, где была скаутом, а затем вожатым: главной целью считалась социализация, навыки имели второстепенное значение[32].

В некоторых походах упор делался на физические усилия, но чаще всего организаторы рассчитывали на туристов, менее склонных к риску. Так, Кахетинский маршрут — № 79 — давал возможность «повидать большое количество самых разнообразных районов Кавказа». Из Орджоникидзе туристы проезжали на грузовике по южному участку Военно-Грузинской дороги, затем пешком поднимались к деревне и располагались лагерем в местной

---

[31] ГАРФ. Ф. 9559. Оп. 1. Д. 860 (семинар для сотрудников лагерей здоровья, апрель 1966). Л. 47–50, 95 (цитата); ЦАГМ. Ф. 28. Оп. 1. Д. 6. Л. 44–45, 47; ГАРФ. Ф. 9520. Оп. 1. Д. 361 (отчеты об обслуживании на турбазах, 1958). Л. 11–12.

[32] В США были и такие лагеря, где поощрялась соревновательность: Notes on Camp // This American Life, особенно примеч. 6; Color Days, 28 августа 1998, http://www.thisamericanlife.org/radio-archives/episode/109/notes-on-camp (дата обращения: 26.10.2021). См. также [Van Slyck 2006].

школе. После завтрака в хижине чабана они продолжали путешествовать то в кузове грузовика, то пешком: во время переходов им открывались впечатляющие горные виды, а машина служила для поездок в музеи, старые церкви, крепости. Проведя одну ночь в Тбилиси, столице Грузии, группа затем направлялась поездом на прибрежную турбазу «Зеленый мыс», где туристы проводили четыре дня на пляже и получали значки «Турист СССР»[33].

Вечерние посиделки у костра, как хорошо известно, сплачивали группу. Костер — загадочный источник света и тепла, защищающий от темноты и отсылающий к первобытному миру, — притягателен для каждого, и организации по всему миру, в том числе Служба национальных парков США и скаутское движение, используют его в своих подчас сложных ритуалах [Van Slyck 2006: 183–188][34]. Для некоторых вечерний костер, с игрой на гитаре, песнями, шутками, романтикой пламени, символизировал сущность туризма. Вайль и Генис напоминают, что даже индивидуалист Иосиф Бродский поддался очарованию костра и увековечил его в одном из стихотворений. Те, кто пускался в путь без особой охоты, соглашаясь лишь на однодневный поход, были покорены огненным ритуалом и обещали совершать с товарищами по группе длительные путешествия [Вайль, Генис 1998: 128][35]. Одна женщина, ветеран самодеятельного туризма, в 1966 году говорила о том, что ей запомнилось больше всего: «Водно-пеший переход через нехоженые реки Карелии, тяжесть рюкзака, перетаскивание лодок от речушки к речушке, а потом костер и песни, песни, песни…»[36]. Советские туристы, побывавшие в Чехословакии, от-

---

[33] Этот тур описывался в [Туристские маршруты по СССР 1958: 224–231], в 1958 году ему дал оценку представитель ТЭУ: ГАРФ. Ф. 9520. Оп. 1. Д. 361. Л. 16–20.

[34] Вечерние программы, на которых я присутствовала в национальных парках, неизменно включали «основополагающий костер», путешественники по Йеллоустону утверждали, что такая красота должна принадлежать всему американскому народу.

[35] См. также: Скороходовский рабочий. 1966. 14 июня; 1970. 25 июня; Мартеновка. 1960. 9 июля; ЦАГМ. Ф. 28. Оп. 1. Д. 6. Л. 39.

[36] Труд. 1966. 20 сентября.

мечали, что костер, разведенный ими вместе с местными жителями, стал одним из самых памятных событий групповой поездки[37].

Советский туризм был массовым, но его финансовая база с 1930-х годов обеспечивалась по преимуществу за счет продажи путевок в групповые туры. В отличие от курортов и домов отдыха, которым уделялось первоочередное внимание, туристические поездки и походы редко дотировались из профсоюзных фондов социального страхования, и обычно туристы оплачивали свое путешествие по полной стоимости. Благодаря этим доходам центральные и местные туристические управления (с 1962 года — советы по туризму) платили заработную плату сотрудникам, пропагандировали самодеятельный туризм, расширяли инфраструктуру, которая в 1950–60-е годы существовала в условиях строгого учета издержек. В 1965 году А. Х. Абуков, председатель Центрального совета по туризму, сообщал, что 80 % операционного бюджета его ведомства образуется за счет продаж путевок[38]. Разумеется, чем больше вариантов могли предложить советы по туризму, тем больше выручки они получали, и на протяжении 1950–60-х годов центральное и местные управления занимались разработкой новых маршрутов и направлений, а также новых разновидностей туризма, о чем будет сказано ниже.

Помимо хорошо известных туров на Кавказ и в Крым, многие новые маршруты в 1950-х годах появлялись почти случайно: из закрытого монастыря можно было сделать турбазу, куда прокладывали маршруты, не очень заботясь о том, будет ли он интересным или привлекательным для туристов. Постепенно процесс разработки стал более систематизированным: чиновники от

---

[37] ГАРФ. Ф. 9520. Оп. 1. Д. 865 (отчеты руководителей групп, выезжавших за рубеж, 1965). Л. 37. (У венгров, конечно, имелись свои традиции, связанные с костром, кроме того, они жарили лук со шпиком на шампурах: ГАРФ. Ф. 9520. Оп. 1. Д. 1115 (отчеты руководителей групп, выезжавших за рубеж, 1967). Л. 39.)

[38] ГАРФ. Ф. 9520. Оп. 1. Д. 167 (отчеты о состоянии турбаз, 1950 год). Л. 7 (о положении в 1930-х годах); ГАРФ. Ф. 9520. Оп. 1. Д. 631 (пленум Центрального совета по туризму и экскурсиям, апрель 1964 года). Л. 11, 27; ГАРФ. Ф. 9520. Оп. 1. Д. 750. Л. 63.

туризма отсылали в центральные органы паспорт маршрута, где указывались вид передвижения (пешком, на велосипеде, автомобиле или автобусе), начальный и конечный пункты, длина, категория сложности, достопримечательности вдоль маршрута, места, рекомендованные для ночевки[39]. Ежегодный Справочник «Туристские маршруты по СССР», выпущенный в 1958 году, содержал 122 тура, предлагавшихся ЦТЭУ, продолжительностью от пяти до 20 дней, стоимостью от 280 рублей (10-дневное пребывание в Бородино под Москвой) до 1700 рублей (20-дневный круиз Москва — Астрахань и обратно в каюте класса люкс) [Туристские маршруты по СССР 1958][40]. При этом средняя месячная зарплата в 1954 году составляла около 700 рублей. В 1968 году туристы могли выбирать из 192 всесоюзных маршрутов и 721 местных. Десять дней в Бородино теперь обходились в 28 рублей (после деноминации 1961 года; средняя зарплата теперь равнялась 113 рублям), а такой же, как раньше, круиз по Волге — в 165 [Туристские маршруты на 1968 год][41].

Впечатляющее разнообразие, демонстрируемое справочниками, не отвечало спросу со стороны туристов. Председатель Башкирского областного совета по туризму и экскурсиям Е. К. Шишкин признавался в 1964 году: «Не секрет, что туристские путевки за полную стоимость берут только на Черноморское побережье и в Ленинград, а на местные маршруты, к нашему сожалению, за полную стоимость путевки пока берут неохотно»[42].

Кроме того, хотя многие путешествия могли совершаться круглый год и существовали специальные лыжные маршруты, спрос на туристические путевки (как и на курортные) был сезонным.

---

[39] ГАРФ. Ф. 9520. Оп. 1. Д. 318. Л. 11, 16, 20; ЦАГМ. Ф. 28. Оп. 1. Д. 6. Л. 208–234 об.

[40] Это издание, подготовленное О. А. Архангельской, заслуженным туристическим активистом, содержит подробные описания и фотографии некоторых самых популярных маршрутов; книга вышла тиражом в 50 000 экземпляров.

[41] Издание вышло тиражом в 50 000 экземпляров (предыдущий справочник на 1967 год — 75 000 экземпляров). Данные о заработной плате взяты из [Chapman 1963: 109; Народное хозяйство СССР в 1973 году: 586].

[42] ГАРФ. Ф. 9520. Оп. 1. Д. 632. Л. 85. См. также: Д. 632. Л. 56; Д. 381. Л. 32, 118; Д. 631. Л. 151.

Метод распределения путевок — как и в случае с курортами — еще больше усиливал несоответствие предложения спросу. В начале каждого туристического года местные ТЭУ (позднее — советы) заказывали определенный набор путевок по всесоюзным и местным маршрутам. Затем профсоюзы покупали их для перепродажи своим членам или выдачи в качестве поощрения за безупречную работу. Таким образом, отправка человека в турпоходы и турпоездки происходила на рабочем месте. Нельзя было просто написать, к примеру, на сочинскую турбазу и заказать радиальный тур № 32 с 20-дневным пребыванием в Сочи: все такие путевки давно отошли к местным советам по туризму и профсоюзным организациям. Но так как большинство других направлений пользовались малым спросом, многие путевки оказывались невостребованными. В 1965 году Московский городской совет по туризму и экскурсиям сообщил, что профсоюзы выкупили лишь около 60 % путевок, на которые имели право, и что совет, если он хочет свести концы с концами, должен продать оставшиеся напрямую туристам. Непроданные путевки означали убытки для совета[43].

Чиновники, ведавшие туризмом, жаловались на нежелание органов социального страхования дотировать туристические путевки на 70 %, как путевки на курорты и в дома отдыха. Поэтому единственным выходом был маркетинг. В апреле 1957 года ЦТЭУ поместило в газете «Труд» рекламу: «Туристское путешествие по родной стране доступно каждому». Далее перечислялись доступные маршруты и адреса местных ТЭУ, где можно было приобрести путевки. В том же году вышел плакат В. И. Говоркова «Всей семьей на отдых» с изображением поезда (хотя возможности для семейного отдыха предоставлялись крайне редко). Ежегодные справочники по маршрутам, тиражом 50 тысяч экземпляров и больше, также информировали население о потенциальных турпоездках. Поощрялось устройство «туристических вечеров», на которых участники поездок рассказывали о своих

---

[43] ЦАГМ. Ф. 28. Оп. 3. Д. 6. Л. 17; ГАРФ. Ф. 9520. Оп. 1. Д. 632. Л. 12; Д. 2077 (совещание Центрального совета по туризму и экскурсиям, апрель 1975 года). Л. 191.

впечатлениях и побуждали других следовать своему примеру. Для рекламы служили и туристические клубы, сеть которых расширялась: они организовывали вечера с просмотром слайдов и любительскими фильмами, посвященными туристическому отдыху. Кроме того, маршруты рекламировались по радио, телевидению, в газетах и брошюрах [Лебина, Чистиков 2003: 285][44].

Число туристов в эти годы, несомненно, росло, хотя точные цифры вычислить трудно. В 1964 году было реализовано примерно 610 000 путевок на групповые туры, еще 2,2 миллиона туристов отправились в путешествие самостоятельно: одни пользовались турбазами, другие разбивали палаточные лагеря. Как сообщал Центральный совет по туризму, в 1963 году он отправил за границу 50 000 человек (это меньше других оценок, касающихся зарубежного туризма). В 1974 году границы между категориями туристов оказались размытыми: секретарь ВЦСПС докладывал, что в 1969 году насчитывалось 7,2 миллиона туристов, в 1974 году их оказалось уже 20 миллионов, кроме того, 50 миллионов человек путешествовали по выходным и 300 000 выезжали за границу[45].

Трудности с подсчетом туристов отчасти стала следствием децентрализации туристической деятельности и все более частых проявлений инициативы со стороны местных советов, той самой инициативы, которую должны были поощрять реформы 1962 и 1969 годов. Помимо составления местных маршрутов, областные турагентства дотировали дальние поездки. С почином выступило московское ТЭУ, в 1960 году запустившее специальные туристические поезда на Кавказ и к Черному морю. В середине 1960-х годов многие местные советы по туризму финансировали собственные поезда и начали разрабатывать крупномасштабные программы речных круизов. В 1967 году турист мог приобрести путевку на 20-дневный круиз по Волге от Москвы до Астрахани и обратно в совете любой из десяти областей, лежавших вдоль

---

[44] См. также: Труд. 1957. 3 апреля, 6 июня; ГАРФ. Ф. 9520. Оп. 1. Д. 525 (пленум Центрального совета по туризму, апрель 1963). Л. 60; Д. 632. Л. 30, 82–83.

[45] ГАРФ. Ф. 9520. Оп. 1. Д. 1297. Л. 72; Д. 631. Л. 16; Д. 1910 (совещание чиновников от туризма, декабрь 1974). Л. 25. В другом источнике указывается, что в 1970 году за рубеж выехали 1,85 миллиона человек [Азар 1972а: 41].

маршрута. Сочинский совет по туризму начал предлагать с 1964 года собственные круизы по Черному морю, а с 1969-го — и зарубежные (в Румынию и Болгарию). Путевки продавались туристам не только из Краснодарского края, но и со всей страны [Туристские маршруты на 1967 год][46]. Неслучайно инициативу проявили прежде всего в Москве и Сочи: это были два самых привлекательных направления, и у местных советов по туризму образовались запасы средств.

Инициатива порой вела к конфликтам, поскольку каждый орган, реализуя путевки, прямо или косвенно конкурировал с другими. Директор сочинской турбазы отказался предоставлять какие-либо услуги туристам, прибывавшим с 1960 года на пресловутом поезде из Москвы. Владимирский областной совет по туризму, небольшой и плохо финансируемый, напрасно пытался вовлечь Москву в совместный проект по привлечению туристов в старинные города области, в начале 1960-х годов ставшие особенно популярными у московской интеллигенции. Сибирские советы по туризму были недовольны попытками москвичей создать собственные маршруты, пролегающие по Сибири. Критики утверждали, что более крупные советы могли устанавливать более выгодные расценки, договариваясь о железнодорожных и теплоходных перевозках с транспортными министерствами[47]. Стоимость 10 различных круизов направления Москва — Астрахань в 1967 году составляла от 160 до 170 рублей в каюте первого класса и от 86 до 100 рублей в каюте четвертого класса; самый дорогой 170-рублевый билет продавался в Москве — слабый признак рыночного принципа ценообразования. В Москве наблюдался наибольший спрос на турпоездки, и местные туристы могли позволить себе путешествовать с роскошью [Туристские маршруты на 1967 год].

---

[46] См. также: ЦАГМ. Ф. 28. Оп. 1. Д. 9 (отчет о маршруте № 187, 1960); СГА. Ф. 261. Оп. 1. Д. 3 (отчет сочинской турбазы, 1964). Л. 1–2; Д. 89 (книги отзывов о речных путешествиях, 1969–1970).

[47] ЦАГМ. Ф. 28. Оп. 1. Д. 9. Л. 3; ГАРФ. Ф. 9520. Оп. 1. Д. 381. Л. 75; Д. 750. Л. 48; Д. 632. Л. 177–180; Д. 1272. Л. 112.

Поездом, морем, самолетом: расширение географии туризма

Рост рекреационных и досуговых поездок граждан можно считать одним из главных достижений советского государства в послесталинскую эпоху. Как оздоровительный отдых, так и туризм приносили пользу потребителю — помимо приятного перерыва в каждодневной рабочей рутине. На протяжении 1960-х годов расширение возможностей происходило по многим направлениям: строились новые гостиницы и турбазы, разрабатывались новые маршруты, пропагандировались поездки выходного дня. По сравнению с первыми послевоенными годами советские отпускники гораздо сильнее желали открывать для себя новые горизонты, а многие туристические маршруты подразумевали неподвижный отдых вроде курортного. Притягательность юга с его морем и солнцем оставалась велика и в 1960-е годы, и впоследствии, однако новые направления и виды поездок были призваны сделать туризм более доступным для тех, кто с энтузиазмом искал таких возможностей — доля их в населении неуклонно возрастала. Но советская экономика, которая не сумела выполнить многие другие обещания относительно «хорошей жизни» при социализме, не смогла и обеспечить отдых для членов общества, подвергавшегося непрерывной урбанизации: образованных наемных работников, обладавших средствами для того, чтобы выбрать вариант проведения досуга.

Городские маршруты

Хотя большинство туристов мечтало когда-нибудь оказаться на Черном море или Кавказе, Москва с 1930-х годов оставалась маршрутом № 1 [Путешествия по СССР 1938; Gorsuch 2011: 36–38 (о значении Москвы)]. Привлекательность города как столицы Советского Союза была чрезвычайно высока. Для туристов, пишет Ж.-Д. Урбен, «Москва была средоточием ценностей данной цивилизации», и чиновники от туризма разделяли это убеждение. В справочнике для туристов, изданном в 1959 году, говорилось:

> Все дороги ведут в Москву. Где бы ты ни путешествовал, если ты не москвич, все равно мечтаешь побывать в Москве, на Красной площади, в Кремле, пройтись по ее улицам, ознакомиться с ее грандиозным всесторонним богатством… Для туриста Москва, бесспорно, самый драгоценный источник познания [Urbain 1991: 145; Спутник туриста 1959: 11].

В том, что касается услуг, Москва также являлась воплощением городского туризма в СССР: размещение оставляло желать лучшего — туристов привозили на импровизированные базы, расположенные далеко от центра. Но в Москве с ее многочисленными социалистическими, патриотическими и культурными памятниками было на что посмотреть. В 1959 году на Московской турбазе остановились 20 000 туристов, все они посетили Мавзолей Ленина — Сталина, почти все побывали в Оружейной палате, заново открытой для посещения после XX съезда КПСС, и на ВДНХ. В числе самых популярных достопримечательностей столицы оказались также Третьяковская галерея, Центральный музей Ленина и Шереметьевский дворец в Останкино. Более 12 000 человек посетили с индустриальными экскурсиями заводы «Динамо», «Серп и Молот», фабрику игрушек. Вечером можно было сходить в театр[48]. Почти все турпоездки за рубеж начинались с Москвы, о чем будет сказано далее; для многих советских туристов это было первое посещение столицы, и они просили сделать поездку более продолжительной, чтобы осмотреть достопримечательности (и побегать по магазинам). Из Сибири очень трудно добраться до центра, жаловался один турист[49]. После реорганизации туристической отрасли в 1962 году Московский городской совет по туризму и экскурсиям использовал получаемую им немалую прибыль от продажи путевок для строительства новых гостиниц и баз, где могли бы останавливаться гости столицы. Первой стала 14-этажная гостиница «Дружба» на юго-западе го-

---

[48] ЦАГМ. Ф. 28. Оп. 1. Д. 6. Л. 112–134.

[49] ГАРФ. Ф. 9520. Оп. 1. Д. 407 (отчеты руководителей групп, 1961). Л. 153, 155; Д. 701 (отчеты руководителей групп, 1964). Л. 86 (цитата). В «Печках-лавочках» одной из точек притяжения для супругов из Сибири, едущих на южный курорт через Москву, становится ГУМ.

рода. В 1964 году Московский городской совет по туризму и экскурсиям обслужил 650 000 приезжих и отправил 40 000 москвичей в другие города — Ленинград, Киев, Волгоград, Ригу, Вильнюс. «Эти поездки на автобусах и самолетах завоевывают все бо́льшую популярность», — отмечали московские чиновники[50].

Развитие пассажирского авиасообщения открыло новые возможности для городского туризма: теперь не всегда было обязательно размещать гостей города. Туристы хотели увидеть также Ленинград, но, как и в Москве, все упиралось в нехватку спальных мест. До 1980 года Ленинградский областной совет по туризму и экскурсиям располагал лишь одной гостиницей в самом городе и несколькими турбазами в пригородах[51]. Киевский городской совет по туризму и экскурсиям также не мог обслужить всех, кто хотел остановиться в городе и осмотреть его. Но авиаперелеты позволяли ограничиться однодневной поездкой. В мае 1960 года группа работников ленинградской фабрики «Скороход» прилетела в Москву на один день; полет в одну сторону на борту Ту-104 занимал всего час. Туристы посетили Кремль и Мавзолей В. И. Ленина — И. В. Сталина, увидели из окна автобуса витрины магазинов, бульвары и сады, а также «гордость Москвы» — высотное здание университета. Вечером они сели в самолет и вернулись в Ленинград. Такую же поездку, что называется, «галопом по Европам», устроили в 1962 году для ударников московской Трехгорной мануфактуры: они осмотрели достопримечательности Ленинграда и фонтаны Петродворца, а вечером отправились в аэропорт. Работники фабрики «Скороход» в 1960-е годы, кроме того, все чаще выезжали в столицы прибалтийских республик на автобусе, что обходилось дешевле[52].

---

[50] ЦАГМ. Ф. 28. Оп. 3. Д. 6. Л. 18–20.

[51] ЦГА СПб. Ф. 2683. Оп. 1, гл. 3 (Ленинградский областной совет по туризму и экскурсиям, 1972–1976), описание инвентаря. Гостиница «Мир» была построена в 1964 году на улице Гастелло, недалеко от Московского проспекта, в девяти километрах от центра города.

[52] ГАРФ. Ф. 9520. Оп. 1. Д. 525. Л. 54; Скороходовский рабочий. 1960. 20 мая; 1962. 1 июня; 1964. 28 июля; 1966. 15 июля; 1968. 20 августа; 1972. 18 августа; Знамя Трехгорки. 1962. 14 июля.

«Обширное пространство»: увеличение числа внутренних направлений

Центральные и местные органы, ведавшие туризмом, были государственными учреждениями, операционная прибыль которых зависела от удовлетворения клиентского спроса, уделяли самое пристальное внимание развитию туристической инфраструктуры на самых популярных направлениях. Поскольку их функция, помимо прочего, включала просвещение и активное передвижение, эти органы стремились популяризировать альтернативные направления, вне «избитых путей», чтобы открыть для досугового туризма наименее посещаемые путешественниками регионы Советского Союза. И не случайно: частичное перенаправление туристического потока из южных и приморских областей помогло бы разгрузить задыхавшееся от приезжих черноморское побережье. В 1930-е годы ТЭУ попыталось сделать рекламу Уралу, новому экзотическому направлению, но война и послевоенные трудности стали преградой для попыток географического расширения туризма. В 1958 году ЦТЭУ предлагало только девять групповых туров на Урал и Алтай и три — в Среднюю Азию, причем все три подразумевали отдых на недавно созданном курорте у озера Иссык-Куль. В 1950-е годы официальный туризм так и не нанес на свои карты ни городов Средней Азии, ни заповедников в Сибири, в том числе на берегах Байкала [Туристские маршруты по СССР 1958][53]. Статистика по туристическим дням за 1962 год (табл. 6.2) показывает, что туризм оставался сконцентрирован в традиционных для него регионах. Добрая половина туристических дней была проведена в Российской Федерации, к которой относились Москва и Ленинград, Черноморское побережье Кавказа, Северный Кавказ.

Реформы 1960 и 1962 годов были нацелены среди прочего на расширение географии туризма. В том же отчете 1962 года, где

---

[53] В 1956 году предложение было еще более скудным: три маршрута по Уралу, три — по Алтаю, два — по Казахстану [Туристские маршруты по СССР 1956].

Таблица 6.2. Число туристических дней
для всесоюзных маршрутов. 1962

Регион	Туристические дни	Процент от общего числа
Российская Федерация	1 779 412	50,1
Грузия	674 687	19,2
Украина	661 687	18,9
Азербайджан и Армения	199 711	5,7
Эстония, Латвия, Литва	174 736	5,0
Всего	3 505 474	100,0

Источник: ГАРФ. Ф. 9520. Оп. 1. Д. 521 (статистические данные, 1962). С. 1–4

содержались обещания о замене постоянными сооружениями палаточных городков турбаз в Крыму, в Закарпатье и на Кавказе, председатель Центрального совета по туризму озвучил планы создания новых баз и маршрутов в Белоруссии, Молдавии, Киргизии, Таджикистане, Узбекистане, Туркмении, на Сахалине и в материковой части Дальнего Востока. В справочнике «Туристские маршруты на 1968 год» значились уже 11 туров в Сибири и на Урале, 12 — в Средней Азии, включая шесть отдельных маршрутов по столицам среднеазиатских республик. После того как в 1969 году было принято решение о вложении государственных средств в развитие туризма, Центральный совет по туризму объявил о намерении построить туристические гостиницы в Ташкенте, Братске и Тольятти, городе при автомобильном заводе, недавно возникшем на берегах Волги. В 1979 году число мест в гостиницах и на турбазах Урала, Сибири и Дальнего Востока достигало 19 % от общесоюзного значения[54]. Как некогда журнал «На суше и на море», «Турист» активно рекламировал эти непри-

---

[54] См. также: ГАРФ. Ф. 9520. Оп. 1. Д. 447 (пленум Центрального совета по туризму, сентябрь 1962). Л. 27, 31; Д. 1272. Л. 15.

вычные направления, уделяя мало внимания хорошо знакомому всем черноморскому побережью [Туристские маршруты на 1968 год: 20–21; Recreational Geography 1982: 50–51][55].

Туристические поезда

Введение особых поездов для участников групповых туров стало следствием, с одной стороны, роста потребительского спроса, а с другой — увеличившейся автономии местных советов по туризму. Москва была самым населенным городом страны, где проживало много представителей интеллигенции, получавших длинные отпуска в летние месяцы, и поэтому местное ТЭУ активнее прочих рекламировало различные направления и туры. В 1960 году оно запустило первый групповой тур с передвижением исключительно на поезде — маршрут № 187, продолжительность которого составляла 20 дней: от Москвы на Кавказ и обратно. Тем летом состоялось четыре таких поездки с 1600 туристами. Большинство последних проживали в Москве и Московской области, но 300 человек были гражданами социалистических и неприсоединившихся стран; отсюда название — «поезда дружбы». Отзывы туристов в отношении этого нового формата были хвалебными: в рамках одного тура можно было посетить пять республик, включая столицы, совершить поход в горы, искупаться в двух морях, встретить представителей разных народностей СССР. (Однако отношения между советскими и зарубежными туристами не всегда отличались сердечностью, первые часто были недовольны предпочтением, которое оказывалось вторым.)[56]

---

[55] Э. Горсач анализирует образ Эстонии как «западного» направления, экзотически-заграничного и одновременно привычно-советского, «пространство с отличительными чертами Запада, надежно советизированное» [Gorsuch 2011: 55]. Туристические публикации содержат богатый материал для дальнейшего изучения образа СССР как «экзотического» и «восточного», но вместе с тем социалистического направления, однако ограниченный объем книги не позволяет остановиться на этом.

[56] ЦАГМ. Ф. 28. Оп. 1. Д. 10 (отчеты о туристических поездах, 1960). Л. 3.

Рис. 6.3. Туристы в открытом автобусе направляются к озеру Рица в горах близ Сухуми. Иллюстрация из книги: Курорты СССР / Под ред. С. В. Курашова, Л. Г. Гольдфайля, Г. Н. Поспеловой. М.: Медгиз, 1962. С. 545

Программы таких туров включали весь необходимый набор достопримечательностей и полноценный отдых. В крупных городах туристов — если все шло как надо — встречали экскурсоводы, проводившие обзорные автобусные экскурсии. В Киеве члены группы осматривали Национальный художественный музей и Софийский собор, затем по очереди садились в теплоходы, совершавшие прогулки по Днепру. В живописном средневековом Ужгороде, среди Карпатских гор, туристы с поезда вместе с размещенными на местной турбазе принимали участие в общем вечере с танцами и играми. Кроме того, они высоко оценивали природные красоты мест, через которые проезжал поезд, и высказывали пожелания, чтобы программа тура в будущем содержала больше физической активности и спорта. На Кавказе 250 из 443 пассажиров участвовали в ночном переходе через живописный перевал; 350 выразили желание посетить озеро Рица — поездка туда уже была одним из основных элементов любого группового тура по Кавказу[57]. Предусматривалась также возможность отдохнуть на пляже и выкупаться — на берегу моря, озера или реки, мимо которых пролегал путь. Как и туристы на стационарных турбазах, участники туров участвовали в спортивных состязаниях, занимались танцами и хоровым пением.

Пассажиры питались в несколько смен в вагонах-ресторанах, предоставленных железнодорожниками. Желающих было больше, чем мест, кроме того, туристы жаловались на однообразие пищи и особенно на отсутствие свежих овощей: примерное меню на один из туров 1960 года включало гуляш на завтрак и обед и нерегулярно — салат из помидоров и огурцов. Участникам поездки в Карпаты особенно понравилась экскурсия в старый винный погреб, сопровождавшаяся дегустацией. В своих отзывах туристы просили разнообразить меню кафе и ресторанов, чтобы

---

[57] ЦАГМ. Ф. 28. Оп. 1. Д. 17 (отчеты о туристических поездах, август-сентябрь 1961). Л. 2; ГАРФ. Ф. 9520. Оп. 1. Д. 386 (книги отзывов о туристических поездах, 1961). Л. 72–72 об.; ЦАГМ. Ф. 28. Оп. 1. Д. 31 (отчеты о туристических поездах, 1962). Л. 67, 73.

можно было попробовать блюда местной кухни[58]. Туристам хотелось не только увидеть различные части страны, но и «распробовать» их разнообразие.

Это были первые эксперименты в области масштабных групповых поездок, поэтому организаторы применяли те же правила, которые действовали на турбазах, включая режим дня. Но одно дело — поддерживать дисциплину в стационарном туристском лагере, и совсем другое — в движущемся поезде. Туристы, путешествующие на поезде, должны были сами формировать группы, выбирать руководителя и его заместителя. В их обязанность входила уборка спальных мест утром и после непременного тихого часа; выходить наружу можно было только с разрешения начальника поезда; купаться следовало в специально отведенных местах. Если кто-то опаздывал, поезд отправлялся без него. Нарушителей правил ссаживали с поезда, и, таким образом, оставшиеся дни тура для них пропадали. Эти правила были применены на практике в одной из первых поездок, когда две женщины отстали от группы в Тбилиси, оказавшись в компании четырех местных мужчин. Приятное поначалу времяпровождение обернулось кошмаром — женщины стали жертвами группового изнасилования. Пытаясь скрыть происшествие, одна из туристок догнала поезд на автобусе, но другая случайно забрела в запретную военную зону и была задержана. В другом случае власть группы оказалась сильнее правил, установленных для поездки. Во время путешествия по Украине поезд остановился в одном из городов, и вечером две туристки вернулись пьяными, под конвоем милиционеров. Группа стала защищать их, требуя не применять обычное наказание — ссаживание с поезда. Благодаря туристической солидарности молодые женщины отделались выговором и смогли продолжить поездку[59].

Туристы, путешествующие на поезде, оставляли положительные отзывы, как и большинство обитателей санаториев и домов

---

[58] ЦАГМ. Ф. 28. Оп. 1. Д. 12 (отчет о туристическом поезде, 1960). Л. 5. Д. 17. Л. 3; ГАРФ. Ф. 9520. Оп. 1. Д. 386. Л. 26 об.

[59] ЦАГМ. Ф. 28. Оп. 1. Д. 9. Л. 12; Д. 10. Л. 14–15; Д. 17. Л. 3.

отдыха. Члены одной группы отмечали: «Мы не только отдохнули и укрепили свои мускулы, но также узнали многое о культуре и духе разных народностей, познакомились с талантливыми дагестанцами, грузинами, аджарцами, абхазами». Еще один турист писал, что путешествие было интересным, способствовало расширению горизонтов, города и курорты Кавказа оставили яркое впечатление. Но при этом эти туристы без стеснения предлагали внести усовершенствования и изменения в режим дня. Они хотели больше удобств, таких как радио, чтобы прослушивать объявления, душ, крючки для одежды, переходники для электробритв, прачечная, ремонтные мастерские и «утюг — мечта туриста»[60]. Уверенность в себе, приобретенная во время поездки, позволяла им делиться своими идеями относительно надлежащего туристического отдыха.

Просмотрев отзывы о туристических поездах, отправлявшихся из Москвы, за первый год, ЦТЭУ объявило эксперимент успешным, и эта разновидность туризма стала быстро развиваться. Если начало в 1960 году выглядело скромным, то в 1963 году были пущено уже 138 поездов, а в 1966-м — 460, которые перевезли 110 000 пассажиров[61]. Все эти поездки устраивались советами по туризму, которые договаривались с Министерством путей сообщения насчет поездов, а со своими коллегами на местах — насчет экскурсий и других услуг, оказываемых во время остановок по пути. Поездки по железной дороге обходились туристам недешево, но в эту цену входила транспортировка из родного города, и отсутствовали неудобства, связанные с покупкой обратного билета. (В стоимость других групповых туров, включая круизы, не входила доставка пассажира до места отправления.) Путевка на 20-дневную поездку из Ленинграда в Среднюю Азию и обратно в 1968 году стоила 175 рублей, а круиз такой же продолжительности по Волге (также из Ленинграда) в каюте первого класса — 160 рублей. Для большинства туристов железнодорожные маршруты были альтернативным способом добраться до моря

---

[60] ГАРФ. Ф. 9520. Оп. 1. Д. 386. Л. 8, 10, 53, 63.
[61] ГАРФ. Ф. 9520. Оп. 1. Д. 750. Л. 40; Д. 1297. Л. 20.

и гор, которые оставались самыми желанными местами отдыха. В 1969 году поездов было 2700, в 1974-м — 6200, и бо́льшая их часть направлялась на юг по маршрутам: Пенза — Кавказ — Пенза, Владивосток — Кавказ — Владивосток, Ташкент — Кавказ — Ташкент и т. д. [Туристские маршруты на 1968 год: 126–153][62].

Круизы

Речные и океанские круизы предназначались для иной публики — для тех, кто предпочитал меньше двигаться во время отпуска, но при этом хотел расширить свои географические и культурные горизонты. Один из пассажиров в 1956 году упоминал о незабываемых приволжских городах и других местах, связанных с биографией В. И. Ленина, но, кроме того, отмечал: «Виды, пейзажи красавицы-Волги, беспрерывно меняющиеся перед взором, развивают эстетическое восприятие природы, приносят много душевной радости». Организация речных круизов менялась медленно, но тем не менее они уже не походили на неудачные плавания 1930-х годов. Тесные, зависевшие от графика работ грузовые пароходы, характерные еще для начала 1950-х годов, сменились пассажирскими судами специальной постройки. Туристы называли их «плавучими домами отдыха» и считали особенно подходящими для пожилых людей, которые могли, сидя в шезлонгах, наблюдать за постоянной сменой пейзажей. Для более подвижных туристов во время каждой остановки предлагались экскурсии по городу (в основном пешие, из-за постоянной нехватки туристических автобусов), волейбол, походы за грибами, плавание[63]. Число этих речных круизов, которые организо-

---

[62] См. также: ГАРФ. Ф. 9520. Оп. 1. Д. 1910. Л. 21.

[63] ЦАГМ. Ф. 28. Оп. 2. Д. 150 (книги отзывов о речных круизах, 1956). Л. 21 (цитата); Д. 151 (книги отзывов о речных круизах, 1956). Л. 28 об.; ГАРФ. Ф. 9520. Оп. 1. Д. 385 (книги отзывов о речных круизах, 1960–1961). Л. 264а. «Скороходовский рабочий» опубликовал подробный рассказ о круизе, совершенном одним ленинградцем в 1970 году: 1970. 29 июля; 6, 14 августа. См. также: Труд. 1970. 8 июля.

вывались местными советами по туризму, возрастало, начиная с 1960-х годов. В 1963 году групповые туры на поезде заказали 55 000 туристов, при этом 274 000 совершили речные круизы по 48 направлениям. В 1968 году 38 местных советов предлагали 85 различных круизов более чем по 12 рекам. Цены зависели от класса каюты, но обычно составляли от 90 до 160 рублей за 20-дневную поездку. Существовали и непродолжительные круизы выходного дня, также позволявшие насладиться природой. Правда, совершавшие их теплоходы были известны как «плавучие дома любви» — незарегистрированные пары могли провести выходные внутри каюты, в полном уединении, и обычно любовники никуда не выходили за все время круиза [Туристские маршруты на 1968 год: 110–125; Поповский 1985: 131][64].

Суда, совершавшие рейсы по Черному морю, первоначально служили для перевозки пассажиров между портами — до того, как эти недавно возникшие курорты были связаны с Центральной Россией железными, а затем и автомобильным дорогами [Советское Черноморье 1955: 331]. В фильме «Запасной игрок» (1954) хорошо показана такая поездка: удовольствие от предвкушения прибытия в нужное место сочетается с удовольствием от морского плавания. Одному из пассажиров, садящемуся на борт «России» в Ленинграде, чтобы направиться в Сухуми, советуют в полной мере воспользоваться всем, что дает судно: «Прогулки, экскурсии, походы, танцы, хороводы, беседы, лекции, доклады, кино, концерты, викторины, шарады и все процедуры», «Не ленись!»[65] В 1957 году был спущен на воду пассажирский пароход «Адмирал Нахимов», предназначенный для того, чтобы совершать рейсы по Крымско-Кавказской линии: с 1200 спальными местами, он был втрое больше «России». Маршруту, по которому он следовал, был присвоен номер 250: 18-дневное путешествие начи-

---

[64] См. также: ГАРФ. Ф. 9520. Оп. 1. Д. 631. Л. 28–30.

[65] Запасной игрок. Реж. Семен Тимошенко. Ленфильм, 1954 (в американском прокате шел под названием «The Boys from Leningrad»). Более реалистичным вариантом было добраться на поезде до Одессы и сесть на судно там, а не в Ленинграде.

Рис. 6.4. Отдыхающие в салоне «плавучего дома отдыха» «Ворошилов», 1947. Обратите внимание на гитариста на палубе. РГАКФД г. Красногорска. № 0-143434. Публикуется с разрешения архива

налось в Одессе, судно заходило в Севастополь, Сочи, Сухуми, Батуми и, наконец, прибывало в Ялту. Пользуясь тем, что наверху поощряли местную инициативу, Сочинское и другие экскурсионные бюро организовывали собственные рейсы между Черноморским побережьем Кавказа и Крымом. Комментарии пассажиров говорят о том, насколько популярными были круизы, во время которых человек мог пользоваться удобствами, как на курорте, и наслаждаться видами. «Мы набрались сил и здоровья и отлично отдохнули», — писали двое супругов в 1971 году. Другие пассажиры с удовольствием вспоминали превосходную игру оркестра и отличное выступление певца, конкурсы красоты («Мисс Россия», «Мисс Абхазия»), устроенные ответственным за культурные мероприятия, интересные экскурсии на берегу, во время которых никто не скучал [Туристские маршруты на 1968 год: 49][66].

---

[66] См. также: СГА. Ф. 261. Оп. 1. Д. 91 (книги отзывов о круизах по Черному морю, 1969–1970). Л. 4, 4 об., 13, 25, 40–42, 56, 77–77 об.; Д. 167 (отчеты об океанских круизах, 1971). Л. 39; Д. 41 (книги отзывов о круизах по Черному морю, 1967–1969). Л. 2 об., 10 об., 13 об., 12, 14; Труд. 1957. 26 июля.

Океанские круизы, с их богатой культурной программой, обильным питанием, профессиональными выступлениями артистов и экскурсиями, представляли собой верх роскоши, доступной советскому туристу. 18-дневный круиз на «Адмирале Нахимове», «Абхазии» и «России» стоил от 90 до 230 рублей, в зависимости от класса услуг и времени года. Каюта класса люкс в высокий сезон (июнь — сентябрь) стоила 230 рублей, каюта третьего класса — от 110 до 140. Если сравнивать их с другими видами поездок (см. табл. 6.3), выясняется, что стоимость была примерно такой же, как у речных круизов, но когда в цену включалась доставка до места отправления, такие круизы обходились дороже путешествия на поезде.

Таблица 6.3. Сравнительная стоимость групповых туров в расчете на один день, 1968

Вид тура	Продолжительность в днях	Общая стоимость в рублях	Стоимость в расчете на один день
Круизный рейс по Черному морю, каюта класса люкс, высокий сезон	18	230	12,78
Круизный рейс по Черному морю, каюта третьего класса, высокий сезон	18	110	6,11
Круизный рейс по Волге, каюта первого класса	20	170	8,50
Круизный рейс по Волге, каюта четвертого класса	20	95	4,75
Туристический поезд Москва — Кавказ	20	150	7,50
По Кавказу на автобусе	20	110	5,50
По Западному Кавказу пешком	20	60	3,00
Ялта, радиальный тур	20	65	3,25

Источник: [Туристские маршруты на 1968 год: 49, 118, 138, 48, 33, 50]

Рис. 6.5. Туристы принимают воздушные ванны на борту круизного судна в Арктике. «Турист». 1967. № 2. С. 5

Автомобильный туризм

С увеличением производства пассажирских автомобилей в 1960-е годы и далее многие советские граждане получили возможность доехать до места отдыха на собственной машине, еще больше было тех, кто желал этого, но пока не мог себе позволить [Siegelbaum 2008]. Как и в случае с другими видами путешествий, чиновники стремились осуществлять контроль над самой концепцией автомобильного туризма, включая то, что сами туристы выносили из своих поездок. Следует привлечь широкие массы к автомобильному туризму, указывал в 1965 году С. С. Волькенштейн, председатель Московского клуба автотуристов. И добавлял: «Но и нацеливать их путешествия в правильное русло — на знакомство с историческими местами, скажем, с местами, связанными с победой над фашистской Германией». В то же время чиновники пытались создать надлежащий сервис для этого бурно развивающегося сегмента туризма. Помимо дорог автотуристы, разумеется, нуждались в местах для остановок, оборудованных всем необходимым: парковочными местами, заправками, ремонтными мастерскими. В 1955 году Министерство внутренней и внешней торговли предложило развернуть сеть пансионатов для автотуристов; ЦТЭУ также признавало важность обслуживания этой категории населения, но, как всегда, предложение не успевало за спросом. Один из пионеров автотуризма писал в «Труд» (1959) о том, что сотни путешественников, как и он сам, хотели бы быстро собраться и тронуться в путь, но им не хватает карт и путеводителей с указаниями, где можно купить бензин и продукты питания в городах, лежащих на их пути. Если им и удавалось снять на ночь номер в гостинице, поставить машину было некуда, и многие спали прямо в салоне своего автомобиля. Гостеприимный придорожный мотель из фильма «К Черному морю» (1957) — чистые номера, снабженные всеми удобствами, светлый ресторан с отличным меню, — можно сказать, не имел реальных прототипов. В Справочнике-путеводителе по пансионатам 1959 года имелась глава об автомобильном туризме, где прямо советовалось совершать шестидневное путешествие из Москвы на Кавказ, предварительно сформировав караван не менее чем из шести автомобилей — лучше всего одной марки, чтобы создать запас одинаковых запчастей и затем делиться ими. Никогда не следует путешествовать в одиночку, предупреждали авторы Справочника [Справочник-путеводитель по пансионатам 1959; Гартенберг 1959: 302–303][67].

Туристы — по необходимости и по собственному выбору — обычно были более независимыми и менее организованными, чем их товарищи, выбравшие групповой тур. Журнал «За рулем» наставлял читателей, как превратить «Победу» или «Москвич» в дом на колесах, что решало проблему ночлега и позволяло отдыхать в любом живописном месте, на лоне природы. Другие ставили перед собой более серьезную цель — поднять автотуризм до

---

[67] См. также: ЦАГМ. Ф. 28. Оп. 3. Д. 6. Л. 32 (цитата).

уровня спортивного туризма; некоторые советы и клубы имели автомобильную секцию, и автотуристы также могли получить значок «Турист СССР». Один энтузиаст язвительно шутил, что тот, кто выдержал поездку из Москвы в Ленинград и обратно, уже достоин считаться туристом в спортивном смысле. Но, наверное, было бы неплохо также делать остановки и любоваться видами?[68] Туризм отличался от спорта именно тем, что физическая активность сочеталась в нем с созерцанием видов, давая иной физический, культурный, социальный и эмоциональный опыт.

Автостоп

Рост производства автомобилей (включая грузовые) привел к появлению другой разновидности туризма, рассчитанной прежде всего на молодежь с ограниченными средствами, — путешествию на попутных машинах. Советское законодательство запрещало водителям грузовиков брать пассажиров, но советские туристы, ездившие в Польшу, познакомились там с «автостопом», системой, вносившей в это дело элементы порядка и контроля[69]. Будущий автостопщик покупал книжку с купонами, каждый на определенное расстояние, и оплачивал ими проезд подбиравшим его водителям. Сдав купоны, водитель получал шанс выиграть какой-либо товар. Таким образом, деньги не переходили из рук в руки, черного транспортного рынка не существовало, а мобильность молодежи повышалась. Сначала автостоп распространился в Ленинградской области, затем в прибалтийских республиках, где в начале 1960-х годов обрел немалую популярность. В 1965 году 90 000 туристов приобрели и использовали купоны, но автостоп все еще вызывал нарекания у ГАИ, кроме того, существовали опасения, что он породит черный транспортный рынок. Транспортные ор-

---

[68] За рулем. 1956. № 1 (апрель). С. 22–23; № 3 (июнь). С. 1; ГАРФ. Ф. 7576. Оп. 14. Д. 63 (пленум туристской секции, май 1953). Л. 51–53, 96; ЦАГМ. Ф. 28. Оп. 3. Д. 6. Л. 11–12.

[69] Труд. 1959. 16 декабря; 1964. 18 июня.

ганизации тревожились из-за возможной потери прибыли в результате снижения числа пассажиров автобусов и поездов. Сторонники же системы заявляли, что она имеет успех, особенно среди студенческой молодежи. «Рабочий класс зарабатывает деньги и может куда-то поехать на автобусе или по железной дороге, на самолете, а студенты — самые веселые, энергичные люди, для них удобен автостоп», — настаивал один из них в 1966 году[70]. Автостоп был еще одним способом сегментирования туристического рынка — по платежеспособности и ожидаемым удобствам.

Туристические оздоровительные лагеря

По всему Советскому Союзу были разбросаны туристические лагеря еще нескольких видов — небольшие и в значительной мере независимые от центральных органов, профсоюзных и туристических. Рыбацкие и охотничьи избы, стоявшие, соответственно, на берегах рек и озер и в лесах, были примитивными укрытиями для любителей вылазок на природу. В 1965 году ими воспользовались 1,4 миллиона человек, тогда как в групповые туры отправились 613 000. Начиная с середины 1950-х годов, местные коллективы начали создавать неформальные «туристические оздоровительные лагеря», где студенты, рабочие, семьи могли провести отпуск на природе, не тратя больших денег. В начале 1960-х годов ВЦСПС поощрял создание таких лагерей под флагом развития туризма, следил за увеличением их числа и включал их посетителей в общую статистику, свидетельствовавшую о росте туризма[71].

В целом же на эти лагеря, как правило, тратилось мало организационных усилий и еще меньше ресурсов. Самые успешные из них сначала были скоплением палаток и постепенно обзавелись

---

[70] ГАРФ. Ф. 9520. Оп. 1. Д. 447. Л. 116; Д. 631. Л. 90; Д. 1051 (совещание по автостопу, май-июнь 1966 года). Л. 13 (цитата).

[71] ГАРФ. Ф. 9520. Оп. 1. Д. 381. Л. 54–55, 81; Д. 452 (материалы по массовому туризму, 1962); Д. 1297. Л. 72. В этих делах содержатся более подробные данные о посещении таких лагерей, по отдельным категориям туристов.

постоянными столовыми и жилыми домами. Фабрика «Скороход» в 1960 году расширила свой довоенный дом отдыха, превратив его в спортивную базу; рабочие сами строили домики. Некоторые лагеря очень напоминали официальные турбазы, со строгой дисциплиной и обязательной утренней гимнастикой; ночью устраивались походы по местам боевых действий; администрация выдавала значок «Турист СССР». Отдельные базы пользовались таким успехом, что рабочие с предприятий, которые содержали их, предпочитали проводить там отпуск вместе с друзьями, а не брать путевку на юг. Кое-какие лагеря функционировали лучше, если принимали только студентов, другие же извлекали пользу из того, что сводили вместе отдыхающих разных возрастов. Один лагерь, принадлежавший техническому вузу, был рассчитан на весь его контингент: студенты занимались активными видами спорта, преподаватели играли в шашки и рассказывали о своих поездках за границу[72]. Обстановка в них была примерно такой же, как в «летних лагерях» шатокуа (Америка в конце XIX века) и в «деревнях для семейного отдыха» (послевоенная Франция), где отдыхающим предоставлялись скромные средства проведения досуга, нацеленного на образование и самосовершенствование [Aron 1999: chap. 4; Furlough 1998]. В целом советские оздоровительные лагеря представляли собой доступную и недорогую альтернативу в плане отдыха для сотен тысяч советских граждан, которые не могли или не хотели добывать путевку в местный дом отдыха или на дальнюю поездку.

Путешествия за границу

Мечтой советских туристов всегда был выезд за границу, позволявший приумножить знания. В 1930-е годы зарубежному туризму препятствовали финансовые трудности, а после войны — государственная политика [Gorsuch 2003]. В первое послевоенное

---

[72] Скороходовский рабочий. 1960. 6 мая; ГАРФ. Ф. 9559. Оп. 1. Д. 1193 (материалы по спортивным лагерям отдыха, 1969); Д. 977 (семинар для директоров лагерей отдыха, апрель 1967 года). Л. 30, 85.

десятилетие только военным и чиновникам разрешалось покидать страну. Все резко изменилось в 1955 году, когда Н. С. Хрущев впервые появился за рубежом (Женевское совещание глав правительств четырех держав, 18–23 июля 1955 года), что привело к большей открытости в отношениях с Западом — тогда это называли «духом Женевы». Одним из последствий стала возможность совершать туристические поездки за границу. Центральное туристско-экскурсионное управление ВЦСПС и «Интурист» принялись формировать группы из тщательно подобранных советских граждан. Сначала поездки совершались в братские социалистические страны, что не требовало расходования скудных валютных запасов. Но были подготовлены и туры в капиталистические страны. Большей частью речь шла о Европе, хотя жители Дальнего Востока могли посетить азиатские страны — Монголию, Китай, Корею, Вьетнам. Советские туристы выезжали и в неприсоединившиеся страны. 8 марта 1957 года газета «Труд» сообщала об отбытии в Индию «тринадцатой группы советских туристов» за этот год [Gorsuch 2011: introduction][73]. Интерес к Индии, возможно, вызывался бешеной популярностью индийского кинематографа, с которым советские зрители познакомились на кинофестивале 1954 года: экзотическая обстановка, жизнерадостная музыка и неизменно счастливый конец. Вокруг индийских звезд, посещавших СССР в середине 1950-х годов, собирались толпы поклонников [Rajagopalan 2008].

В 1959 году «Труд» указывал на рост зарубежного туризма в статье под заголовком: «Пятьдесят стран ждут советских туристов». Помимо привычных уже социалистических стран, туристы в том году могли отправиться в Индию, Пакистан, Объединенную Арабскую Республику, появились и новые направления — Эфиопия, Гана, Индонезия, Ирак. В 1960 году предлагались поездки в Мексику, Аргентину, США, Канаду, круиз вокруг Азии с остановками в портах Японии, Китая, Индонезии, Цейлона, Индии, Сомали, Египта, Греции и Турции[74]. Путеводителей, аналогичных

---

[73] См. также: Труд. 1957. 9 марта.

[74] Труд. 1959. 28 ноября.

«внутренним», не существовало, не было и общих данных по числу туристов, но, судя по отчетам, сохранившимся в профсоюзных архивах, количество и охват туров росли.

Советский зарубежный туризм был осмотром достопримечательностей, не имея в себе почти ничего от спорта или отдыха, но оставался безусловно содержательным и привязанным к интересам режима и задачам экономии средств. Теоретически должны были создаваться «специализированные» группы из представителей одной отрасли или тех, кто выполнял схожую работу; туры разрабатывались таким образом, чтобы посетить своих коллег за границей, обменяться знаниями о производстве и рабочих процессах. Это подводило бы экономическую базу под дружбу и братство. Счастливчики, отправлявшиеся за рубеж, впоследствии делились бы на своем предприятии сведениями о методах производства и технологиях[75]. В таких турах обычно находилось мало места для осмотра природных красот и спорта; в 1970-е годы поездка за границу часто подразумевала пассивный отдых на курорте (например, черноморском) и знакомство с кое-какими городскими достопримечательностями.

Заграничные поездки изменили культуру советского туризма, открыв советским гражданам глаза не только на разницу культур, режимов питания, представлений об истории, но и на новые нормы и практики туризма. Те, кто оказывался в Восточной Европе (и те немногие счастливчики, которые попадали на Запад), встречали там систему, пришедшую на смену хорошо развитой предвоенной туристической индустрии: наличие гостиниц со всем комплексом услуг, ресторанов, хорошо обученных экскурсоводов было обычной практикой. Советские чиновники от туризма также учились кое-чему, путешествуя за границу, и пытались применять полученные знания дома. Результаты этого стали видны в 1970-е годы, о чем будет рассказано в заключительной главе.

Путешествия за границу с самого начала стоили дорого и влекли за собой массу сложностей. Э. Горсач рассказывает о том, как

---

[75] ГАРФ. Ф. 9520. Оп. 1. Д. 375 (совещание лиц, ответственных за внешний туризм, сентябрь 1960 года).

шел отбор кандидатов для первых поездок: каждому следовало заполнить анкету, которую проверяли на предприятии, в профсоюзных и партийных органах — чтобы турист вернулся из-за рубежа, объясняли чиновники. Последние хотели убедиться, что участники поездок будут достойными представителями Советского Союза, и считали, что лучше посылать однородные по составу, а не разношерстные группы: это обеспечивало более крепкую дисциплину. Когда кандидата утверждали, он, как правило, должен был оплачивать из своих средств сам тур и поездку в Москву, место отправления, и эти расходы вряд ли были мелкими. В 1960 году 12-дневный тур в Чехословакию с отправлением из Москвы стоил 1250 рублей, а для туристов с Дальнего Востока путешествие в Европу могло обойтись в 500 рублей. Даже четырехдневная автобусная поездка по Финляндии стоила 800 рублей, что равнялось среднемесячной зарплате советского рабочего [Gorsuch 2011: 82–86][76]. Обычно туристам приходилось довольствоваться тем, что предлагали на рабочем месте, но к концу 1950-х годов выявились стойкие предпочтения: большинство стремилось попасть в хорошо знакомые славянские страны, такие как Чехословакия и Болгария, а от поездок в Германию и Польшу многие уклонялись. Были и те, кто после прохождения всех формальностей, получив разрешение, приходили к выводу, что поездка не стоит таких расходов, и предпочитали ей спокойное времяпровождение в доме отдыха [Долженко 1988: 154; Gorsuch 2011: 18–19; Bushnell 1980: 192][77].

Несмотря на стоимость, эти поездки высоко ценились, все больше советских граждан выезжало за границу, скромные цифры 1955 года были далеко превзойдены. Надежную статистику найти особенно трудно, так как туристов посылали различные организации — профсоюзы, «Интурист», Бюро международного

---

[76] См. также: ГАРФ. Ф. 9520. Оп. 1. Д. 375. Л. 51 (цитата), 74, 56, 108.

[77] ГАРФ. Ф. 9520. Оп. 1. Д. 375. Л. 1–13, 41, 26; Мартеновка. 1960. 21 июля. Г. П. Долженко [Долженко 1988: 154] также указывает на Болгарию как на самое популярное направление, но согласно цифрам, приводившимся «Туристом» в 1968–1976 годах, в Польшу — по крайней мере, в это время — отправлялось вдвое больше туристов. Я не могу объяснить причину такого расхождения.

молодежного туризма «Спутник» ЦК ВЛКСМ. Российский историк Г. П. Долженко утверждает, что только в 1956 году за рубежом побывали полмиллиона человек, но Э. Горсач полагает, что на этом первом этапе цифры были не такими внушительными: по ее подсчетам, полмиллиона человек выехали за пределы СССР в течение 1955–1964 годов. Тем не менее рост был взрывным. Долженко считает, что в 1970 году за границу отправились 1,8 миллиона туристов, что подтверждается публикацией в «Туристе» (где дается разбивка: 1 миллион посетивших социалистические страны и 816 000 — капиталистические). Дж. Бушнелл, собравший данные из многочисленных источников, пришел к выводу, что в 1960–1976 годах только в Восточной Европе побывали 11 миллионов советских туристов. Это впечатляет — и туристов становилось все больше. Согласно более поздней (1989 год) оценке, в тот период всесоюзные внутренние маршруты ежегодно выбирали от 700 до 800 000 туристов. Между тем «Турист» писал о том, что в 1976 году зарубежные поездки совершили 2,6 миллиона советских туристов[78]. Если говорить о путешествиях в рамках системы центрального планирования, получается, что участников зарубежных групповых туров было больше, чем участников внутренних.

Но, несмотря на свою популярность — а может, благодаря ей, — зарубежные поездки вызывали большое беспокойство у режима, озабоченного тем, какое впечатление советские граждане произведут на иностранцев. Каждой группе численностью от 30 до 60 человек полагался проверенный руководитель, отвечавший за дисциплину среди туристов и за их поведение: по возвращении он составлял отчет вместе с туристическими и профсоюзными функционерами. В архивах «Интуриста» и профсоюзов сохранились сотни таких отчетов — неоценимые свидетельства, позволяющие судить о поступках и взглядах советских туристов в послевоенные годы. Мы как бы смотрим на окружающий мир глазами туриста (правда, при этом есть фильтр в виде руководителя группы). В отличие от дневников самодеятельных туристов,

---

[78] См. также: Турист. 1971. № 6. С. 14; 1989. № 12; 1977. № 6. С. 23.

полных эпических описаний встреч с природой, отчеты этих руководителей посвящены в основном покупкам туристов и их взаимодействию с местными жителями и между собой. Это уникальная возможность познакомиться с тем, как советские туристы представляли себе свое движение по туристическому пространству, пользуясь выражением Э. Горсач [Gorsuch 2011: 22–24]. По внутреннему туризму у нас нет подобных источников, но некоторые нормы и взгляды, отраженные в этих документах, могут применяться для характеристики послевоенного советского туризма в целом[79]. Однако использовать отчеты следует с осторожностью, предостерегает Горсач: большинство их авторов хорошо представляли себе границы дозволенного и понимали, что от того, как они исполняют ответственные обязанности руководителя группы, зависят их будущие заграничные поездки. Поэтому в отчетах много говорится о поведении членов группы. Но они посвящены не только надзору за туристами: чиновники получали из них много сведений о том, как организован туризм в других странах и как проходят там туристические поездки. Таким образом, поездки в Восточную Европу (и не только), пропущенные через фильтр этих отчетов и дополненные данными, которые собирались официальными делегациями, помогали изменить облик советского туризма: из добровольного предприятия энтузиастов он становился индустрией отдыха, в основе которой лежало рациональное, приносящее удовольствие и организованное потребление[80].

---

[79] Отчеты вплоть до 1970 года сохранились в архивах Центрального совета по туризму и, в меньшей степени, «Интуриста». По всей видимости, после 1970 года они сохранялись только в архивах местных советов по туризму. См. [Попов 2008].

[80] Я намеренно ограничилась отчетами о поездках в Восточную Европу и некоторые неприсоединившиеся страны, так как стремилась понять, как советские туристы, граждане социалистической страны, ощущали себя в социалистических странах. Взаимодействие с реальностью капиталистических стран — сложная тема, которую я не затрагиваю в своем исследовании. Горсач в [Gorsuch 2011] проводит комплексный анализ тревог советских туристов и эпизодов из их заграничных поездок при правлении Хрущева, включая поездки в «почти заграницу» (Эстония), Восточную Европу и на Запад.

Те, кто выезжал за границу — даже в социалистические страны, — везли с собой объемный багаж. Выполняя свои служебные обязанности, руководитель группы и сотрудники безопасности под прикрытием тщательно контролировали их. Каждая группа проходила долгий инструктаж — чего следует ожидать, как вести себя, — и только самые грамотные в политическом отношении могли разъяснять суть советской политики, отвечая на вопросы местных жителей[81]. Советские туристы не просто занимались осмотром достопримечательностей — они являлись представителями старейшей страны социализма с самой развитой политической системой и поэтому старались дистанцироваться от «обычных» экскурсантов. Глава «Интуриста» в 1962 году подчеркивал, что они — собиратели фактов и послы доброй воли (как и ударники, путешествующие в 1930 году на «Абхазии» вокруг Европы). Объединенные в группы по профессиональному признаку, они делились специальными знаниями, и кульминацией тура часто являлась дружеская встреча с рабочими той же профессии[82]. Вращаясь среди туристов из других стран, капиталистических и социалистических, советские туристы, как предполагалось, должны были быть в состоянии рассказать о достижениях своего государства, привести наглядные примеры успехов СССР. Горсач рассказывает о том, что от советских туристов требовалось выполнять определенную программу, что было особенно важно в первое десятилетие после разрешения заграничных поездок. Туристы в Западной Европе находились на отдыхе, но то был отдых, совмещенный с работой. Советские туристы за рубежом, прежде всего в капиталистических странах, «были единым целым, призванным воплощать новую, интернационалистскую, послесталинскую советскую идентичность» [Gorsuch 2011: 109, 110].

Особенно серьезные обязанности возлагались на представителей нерусских народов. Туристов из Средней Азии «отправля-

---

[81] А. Попов в [Попов 2008] описывает процесс формирования «идеологической» группы, которой предстояло находиться на передовой международного взаимодействия.

[82] ГАРФ. Ф. 9520. Оп. 1. Д. 468 (совещание лиц, ответственных за внешний туризм, март 1962). Л. 47, 491, 161; Д. 407. Л. 59.

ли в страны социалистического лагеря и в капиталистические страны с целью показать, что среднеазиатские республики подлинно независимы и больше не являются отсталыми, как сорок лет назад»[83].

Для этих граждан-дипломатов пределы допустимого поведения за границей были намного у́же, чем дома, а наказание — более суровым: нарушившие правила туристы могли потерять право выезда за границу. Группа вместе с руководителем устанавливала правила поведения и следила за их выполнением: отсутствие пунктуальности или потеря документов приводили к трате драгоценного времени каждого туриста и обычно отмечались в отчетах, как и случаи, когда кто-нибудь откалывался от группы[84]. Оставлять группу за границей было вдвойне опасно: это нарушало свод правил туристического коллектива, и, кроме того, неопытный турист, предоставленный сам себе в чужой стране, мог попасть в компрометирующую его ситуацию. Многие туристы охотно принимали приглашения новых знакомых, звавших их к себе в гости или в ресторан; в некоторых случаях это могло быть искреннее желание завязать дружбу с гражданином другой страны, но нередко советские туристы, особенно женщины, искали романтических знакомств или секса. Внебрачные связи были составной частью удовольствия от отпуска и туристических поездок внутри страны; в отчетах о путешествиях часто с неодобрением говорится о романах между членами одной группы, но наибольшую опасность представляли интимные отношения с иностранцами. Отмечались как случаи «половой распущенности», так и их отсутствие («поведение группы было отличным»). Пьянство, «веселие Руси», всегда вызывало порицание как про-

---

[83] ГАРФ. Ф. 9520. Оп. 1. Д. 390 (семинар по туризму, март 1961). Л. 56 (цитата), 16, 17, 33.

[84] В отчетах о поездках указывались туристы, которых не следовало больше выпускать в заграничные туры. См., напр., ГАРФ. Ф. 9520. Оп. 1. Д. 1115. Л. 29; [Gorsuch 2011: 119]. Когда турист из киевской группы в Болгарии нарушил правила дисциплины, вся группа собралась, чтобы обсудить его поведение. ГАРФ. Ф. 9520. Оп. 1. Д. 1109 (отчеты руководителей групп, 1967). Л. 63; Д. 1104 (отчеты руководителей групп, 1967). Л. 4.

явление бескультурья, но за границей оно было особенно опасным, так как могло привести к ссорам и дракам, сексуальным контактам и слишком вольным речам. Так, турист по фамилии Смирнов, напившись, получил нагоняй за недозволенное ночное купание, но еще больше — за то, что заявил: когда он решил сделать что-нибудь, то сделает, даже если «сам Хрущев» будет против[85]. Такое поведение, терпимое внутри страны, могло навредить репутации советских туристов за рубежом.

Итак, на туристах лежала нелегкая обязанность — представлять свою страну, а опыта международных поездок они не имели и поэтому выражали беспокойство: как следует себя вести, как нужно одеваться, каковы правила поведения за столом?[86] Некоторые — следуя практическим традициям «пролетарского туризма» — хотели знакомиться с социалистическим настоящим, а не с прошлым буржуазной Европы. Узнав программу своей поездки в Румынию, члены одной группы были недовольны: «Предложенная программа нас очень удивила, она не предусматривала ни одной встречи с трудящимися, ни одного посещения промышленного предприятия или сельскохозяйственного кооператива, это была обычная туристская программа». Во многих случаях предусматривались посещения заводов и фабрик, и туристам было особенно интересно обменяться опытом с коллегами из братской страны[87]. Здесь можно задаться вопросом, отражали ли эти рассказы желания самих туристов или предназначались для чиновников, читающих отчет. Я допускаю, что интерес к социалистическому настоящему был неподдельным. Индустриальный туризм издавна занимал почетное место в советском туристическом движении, хотя исключительно индустриальные маршруты не пережили первой пятилетки. Глава ЦТЭУ в 1961 году с тепло-

---

[85] ГАРФ. Ф. 9520. Оп. 1. Д. 491 (отчеты руководителей групп, 1962). Л. 3, 88, 89; ГАРФ. Ф. 9520. Оп. 1. Д. 390. Л. 7; Д. 409 (отчеты руководителей групп, 1961). Л. 151, 3, 101, 121; Д. 421 (отчеты руководителей групп, 1961). Л. 1, 20, 25; Д. 716 (отчеты руководителей групп, 1964). Л. 2.

[86] ГАРФ. Ф. 9520. Оп. 1. Д. 701. Л. 2, 139.

[87] ГАРФ. Ф. 9520. Оп. 1. Д. 381. Л. 103.

той вспоминал свое первое посещение Горьковского автозавода, когда он в 1936 году, еще школьником, отправился в круиз по Волге[88]. Формирование групп по профессиональному признаку делало такие заграничные поездки максимально полезными. В 1961-м советская группа, состоявшая из работников химической промышленности, посетила аналогичные предприятия в Чехословакии и узнала о размере заработной платы, обучении, производственных процессах: все эти сведения можно было с пользой применить дома. Перед советскими туристами ставились определенные задачи: собирать информацию и затем применять ее на практике. Поездка без встреч с рабочими и посещения предприятий считалась неполноценной[89].

Знакомясь с историческими достопримечательностями за рубежом, советские туристы в первую очередь также хотели видеть места, связанные с величайшими достижениями социализма. Мемориалы в честь событий Второй мировой войны занимали особое место в маршрутах, каждая советская группа возлагала на них цветы. Туристы ожидали также рассказов о главных событиях социалистической революции: в 1962 году туристы, отправившиеся в Венгрию и явно не знавшие о яростном антисоветском восстании 1956 года, были разочарованы, когда экскурсоводы отказывались отвечать на вопросы о «революционной борьбе венгерского народа» и экономических достижениях Венгерской Народной Республики. Точно так же члены группы, прибывшей в Румынию с Алтая (1963), сожалели, что узнали мало о строительстве социализма в современной Румынии[90]. Руководители

---

[88] ГАРФ. Ф. 9520. Оп. 1. Д. 381. Л. 103. На мою субъективную оценку может влиять особенность совершенных мной поездок: я прекрасно помню, как посещала промышленные предприятия — завод «Квакер-Оутс» в Сидар-Рапидсе, Айова («овес, растущий из пушек»), завод Форда в Ривер-Руж, Мичиган, роботизированный завод компании «Perrier» на юге Франции, — хотя это не было единственной целью путешествий.

[89] ГАРФ. Ф. 9520. Оп. 1. Д. 409. Л. 167–170; Д. 1104. Л. 19.

[90] ГАРФ. Ф. 9520. Оп. 1. Д. 488 (отчеты руководителей групп, 1962). Л. 2; Д. 701. Л. 16; Д. 875 (отчеты руководителей групп, 1965). Л. 2; Д. 491. Л. 52; Д. 598 (отчеты руководителей групп, 1963). Л. 35.

групп регулярно выражали недовольство тем, сколько времени уделяется рассказам о королях, правивших в старину, и осмотру «памятников прошлого». Самым худшим было «чрезмерное» количество времени, отведенного на церкви и часовни: на это чаще всего жаловались в Польше. Членов одной группы неприятно поразили вездесущий религиозный дух и громадное влияние католической церкви: польские экскурсоводы, жаловались они, не рассказывают о новой жизни страны, о большой работе, которая проделана там[91].

Не исключено, что в отчетах отражались предпочтения верных партии товарищей, пользовавшихся достаточным доверием, чтобы возглавить группу, и прошедших основательный инструктаж относительно содержательного характера советского туризма. Однако не все руководители групп жаловались на программу осмотра достопримечательностей. Во многих отчетах и рассказах туристов слышится неподдельное восхищение всем, что им показывали, — церквями, музеями, вокзалами. И действительно, хотя у советских туристов имелись свои, особые ожидания относительно правильной социалистической турпоездки, эти путешествия за границу — намного больше, чем обычные внутренние туры, — учили советских граждан тому, как надо быть туристом: что смотреть, как слушать экскурсовода и читать путеводитель, как усваивать полученные знания.

Отправляясь в поездку — по стране или за границу, в место, которое социолог О. Лёфгрен называет «Страной Куданибудией», — советский турист становился частью широкого туристического движения современности, целью которой было расширение социального взаимодействия. «Турист получает удовольствие от встречи с необычным», — пишет антрополог Дж. Урри. Как предполагает Д. Маккеннелл, «все туристы желают глубже погрузиться в общество и культуру; это является одной из основ-

---

[91] ГАРФ. Ф. 9520. Оп. 1. Д. 409. Л. 134; Д. 491. Л. 51; Д. 878 (отчеты руководителей групп, 1965). Л. 149; о Венгрии: Д. 699 (отчеты руководителей групп, 1964). Л. 93; о Польше: Д. 1104. Л. 4; Д. 407. Л. 124, 169, 110 (цитата); Д. 691. Л. 35; Д. 721 (отчеты руководителей групп, 1964). Л. 51.

ных причин для поездки». Далее он рассуждает о том, что глубокое погружение достигается при помощи системы знаков, известных как туристические объекты. Пункты туристического маршрута — соборы, сталепрокатные заводы, военные мемориалы — наполняются смыслом через «церемониальное подтверждение» самого маршрута [Löfgren 1999: 1–5; Urry 1990: 11; MacCannell 1999: 10, 14]. Туристический объект — пункт маршрута — это не просто точка на карте, но культурный продукт. Туристы учатся истолковывать значение этих продуктов при помощи экскурсовода и путеводителя, а также через обмен впечатлениями с другими туристами.

Отчеты советских туристов, побывавших за границей, дают возможность понять, как возникало это туристическое знание. Зарубежные поездки усиливали интерес туристов к культурным продуктам именно потому, что они настолько отличались от привычных туристических объектов внутри страны, знаки которых интерпретировались с помощью понятных всем советских идеологических кодов. Туристы учились тому, как следует реагировать на такие объекты, друг у друга, а также у экскурсоводов. Возьмем, к примеру, реакцию на посещение нацистских лагерей смерти. В Освенциме польские экскурсоводы рассказывали об уравнивающем всех страдании — здесь, говорили они, были убиты военнопленные и граждане многих стран. Несмотря на то что о масштабе и значении трагедии евреев не было сказано ни слова, советские туристы единодушно отмечали «потрясающее» впечатление от места, где физически присутствовала память обо всем этом. «Молча стоят люди у ворот, у страшных ворот с колючей проволокой...»[92]. Руководитель одной группы так писал о посещении другого лагеря смерти, возле Гданьска: «Нельзя без волнения и чувства глубокого негодования смотреть на чудовищные газовые камеры, крематории, бараки»[93]. Некоторые отчеты содержали такие же глубокие размышления о других увиденных

---

[92] Скороходовский рабочий. 1966. 23 августа.
[93] ГАРФ. Ф. 9520. Оп. 1. Д. 421. Л. 3; также Д. 691. Л. 36; Д. 721. Л. 21; Д. 407. Л. 33; ГАРФ. Ф. 9520. Оп. 1. Д. 597 (отчеты руководителей групп, 1963). Л. 46.

объектах, некоторые же содержали лаконичное перечисление посещенных мест — в таком количестве, которое только удавалось поместить в отчет (возможно, для того, чтобы по возвращении домой кураторы убедились в выполнении плана поездки). Но и такие перечни закрепляли значение метода производства туристического знания: каждый объект обладал историческим и культурным смыслом — иначе его не включили бы в тур: задачей туриста было выслушать экскурсовода, усвоить этот смысл и принять его толкование.

Туризм такого рода — путешествие в сочетании с осмотром объектов — был нелегким делом, и во время заграничных поездок советские туристы приобретали еще одно знание: как справиться с предложенной программой. Они отмечали, что плотное расписание вызывает усталость. «Этот "галоп по Европе" весьма трудно переносится физически», — признавался один из руководителей. Усталость усиливалась из-за сложно составленных маршрутов с долгим ожиданием пересадок. Многие жаловались на то, что они выматываются, так как поздно приезжают и рано встают. Утомительным мог быть даже круиз на судне — туристы были вынуждены много ходить и нести свой багаж[94]. Помимо физической усталости, наблюдалось нервное истощение, поскольку люди ежедневно сталкивались с чем-то незнакомым. Члены одной группы автотуристов (15 человек на пяти автомобилях) беспокоились, что изменение маршрута с заездом в Чехословакию может стоить им драгоценных запасов бензина: хватит ли его до конца поездки? Еще один путешественник тревожился, ожидая первого в жизни пересечения границы. Кто-то боялся выдать свое незнание элементарных норм поведения за столом, некоторые по этой причине даже воздерживались от принятия пищи. Если тур предусматривал отдых на курорте и вместе с тем осмотр достопримечательностей, туристы просили, чтобы их показывали в первую очередь и можно было затем отдохнуть от физических

---

[94] ГАРФ. Ф. 9520. Оп. 1. Д. 716. Л. 121, 28, 12, 18, 37; Д. 504 (материалы о внешнем туризме, 1962). Л. 72; Д. 487 (отчеты руководителей групп, 1962). Л. 25; Д. 407. Л. 68, 86; Д. 421. Л. 5; Д. 893 (отчеты руководителей групп, 1965). Л. 65–66.

нагрузок[95]. По мере того как все больше людей отправлялось за границу, программы корректировались так, чтобы участники поездок меньше уставали, а последние учились быть туристами, заранее узнавая о потенциальных трудностях.

Однако не все советские туристы находили визиты в другие страны — даже в братские социалистические, — настолько расширяющими горизонты и познавательными, насколько, вероятно, рассчитывали активисты и теоретики туризма. Для некоторых чужая культура и незнакомое окружение были барьером, который сводил на нет всю радость от встреч с неизведанным. Руководитель одной группы, отдыхавшей на черноморском курорте Болгарии, замечал: «Вообще — хотелось бы заметить — наши туристы за границей во время отдыха вынуждены проводить время не так, как мы привыкли в соответствии с нашими традициями, привычками, воспитанные у нас, и от чего нам не хотелось бы отказываться и за границей, т. е. — в коллективе, с нашей музыкой, нашими играми и танцами».

И продолжал: «Волей-неволей наши туристы должны были проводить вечера в довольно чуждой и не всегда приятной обстановке», в местных ресторанах и барах[96]. Особое неприятие и даже отвращение вызывал рок-н-ролл. В Польше туристы отказывались учиться твисту у местных женщин, вместо этого они начали учить поляков украинским народным танцам. Демонстрация твиста последнего образца, которую устроили отдыхавшие в Болгарии алжирцы, также вызвала оскорбленный отзыв: «Движения и жесты запоминали что-то сексуальное». В ответ советские туристы опять же исполнили народный танец. «Даем понять, что плохое в западной культуре мы не признаем»[97].

---

[95] ГАРФ. Ф. 9520. Оп. 1. Д. 491. Л. 50–51; Скороходовский рабочий. 1976. 20 августа; ГАРФ. Ф. 9520. Оп. 1. Д. 597. Л. 152–53; Д. 422 (отчеты руководителей групп, 1961). Л. 37, 38.

[96] ГАРФ. Ф. 9520. Оп. 1. Д. 866 (отчеты руководителей групп, 1965). Л. 43.

[97] ГАРФ. Ф. 9520. Оп. 1. Д. 407. Л. 125; Д. 597. Л. 5–6; цитата: Д. 866. Л. 156. Одна немка находила таких советских туристов «скучными», утверждая, что им также надо научиться современным танцам (запрещенным в СССР): Там же. Д. 487. Л. 24.

Самым же неприемлемым за границей оказывались тамошние пищевые привычки. Те же туристы, которые охотно знакомились с достопримечательностями социалистической Польши или ГДР, не проявляли склонности к познанию нового за обеденным столом. Советские граждане ожидали, что им будут подавать такую же «здоровую пищу», как дома: сытный завтрак и обед, легкий ужин. Во многих отчетах отмечалось, что еда была превосходной, но некоторым туристам было трудно привыкнуть к количеству еды и особенностям той или иной национальной кухни. Больше всего отрицательных отзывов вызывали немецкие блюда: сэндвичи и сосиски на завтрак и на ужин не подходили советским туристам. Венгры клали в еду слишком много перца, чехословацкое меню — неизменное тушеное мясо с вареной картошкой — было однообразным. Многие хотели бы получать больше хлеба, кроме того, туристы ожидали «приятных сюрпризов» в виде русских щей или украинского борща[98]. Даже дома, в СССР, еда часто вызывала нарекания, но, как мы видели, туристы и там проявляли немалый консерватизм, отказываясь пробовать новые блюда. Тем более важно было получать знакомую и безопасную пищу за границей.

Некоторые туристы были так недовольны, что требовали досрочного возвращения на родину. Хотя зарубежная поездка становилась для них «большим событием в жизни», не все советские путешественники овладели современными приемами знакомства с достопримечательностями[99]. Среди туристов (включая руководителей групп) встречались самодовольные патриоты, стремившиеся лишь подтвердить свои первоначальные впечатления, но были и те, кто проявлял неподдельный интерес к получению нового опыта, стараясь подходить ко всему непредвзято

---

[98] ГАРФ. Ф. 9520. Оп. 1, 491. Л. 106 (Болгария). Д. 699. Л. 65 (Венгрия); Д. 598. Л. 25 (Румыния), 79; Д. 865. Л. 4, 13 (Чехословакия); Д. 1104. Л. 27 (ГДР); Д. 487. Л. 25; Д. 592 (отчеты руководителей групп, 1963). Л. 4; Д. 701. Л. 123; Д. 878. Л. 35, 51, 69, 75, 102, 111, 146, 147; Д. 468. Л. 80; Д. 1315 (отчеты руководителей групп, 1969). Л. 44; Д. 701. Л. 123; Д. 1342 (отчеты руководителей групп, 1969). Л. 32. Д. 597. Л. 55.

[99] ГАРФ. Ф. 9520. Оп. 1. Д. 421. Л. 5; Д. 426. Л. 175; цитата: Д. 1315. Л. 4.

и жадно впитывая впечатления. Высокомерный, гордый, патриотичный турист, выезжая за пределы родной страны, находился как бы в раковине советской идентичности и раскладывал все по категориям. Глядя на мир через очки советского патриотизма, они прославляли достижения СССР и оскорблялись по малейшему поводу, реальному или воображаемому. Для некоторых целью турпоездки было не столько расширение горизонтов, сколько подтверждение собственного превосходства как гражданина страны социализма. За этим имперским высокомерием могло скрываться и чувство неполноценности, что вызывает в памяти конфузливых туристов из книги Маккеннелла, боящихся не увидеть всего того, что «нужно» увидеть [MacCannell 1999: 10].

Восхваляя советские достижения, прошлые и настоящие, туристы порой напоминали себе о своем привилегированном положении в мире. Те, кто посещал Чехословакию во время полета Юрия Гагарина (1961), с радостью присоединялись к шествиям и обедам в честь дня, обозначившего триумф советской науки. Делясь производственным опытом, советские туристы с гордостью отмечали, что некоторые производственные процессы в социалистических странах заимствованы у СССР. Каждый тур включал посещение памятников советским воинам, и это усиливало ощущение того, что та или иная страна обязана своим освобождением советской армии и советскому народу[100].

Точно так же, когда местные жители проявляли равнодушие к этим достижениям (указывая, например, что Америка тоже принимала участие в освобождении), гости из СССР чувствовали себя оскорбленными[101]. В Польше их возмущали посещения могилы маршала Ю. Пилсудского, командующего войсками во время Советско-польской войны и известного им только в этом качестве. Роль Пилсудского в создании польского государства их мало волновала. Членов многих групп раздражало, когда на обеденных столах не стояло советских флажков, особенно если

---

[100] ГАРФ. Ф. 9520. Оп. 1. Д. 409. Л. 171; Д. 491. Л. 3; Д. 597. Л. 55; Д. 504. Л. 69.
[101] ГАРФ. Ф. 9520. Оп. 1. Д. 504. Л. 69; только болгары выражали признательность, отмечал руководитель одной группы. Там же. Д. 893. Л. 68.

имелись флажки каких-нибудь других стран. Вызывала удивление откровенная враждебность — например, в 1964 году польский лифтер отказался отправить туристку на ее этаж со словами: «Русская свинья сама дойдет». В Чехословакии одна группа добилась извинений от местного турагентства «Чедок», так как водитель автобуса обозвал пассажиров свиньями[102].

Туристы из СССР замечали, что с ними обходятся хуже, чем с другими группами из социалистических стран, и порой связывали это с нехваткой у них денег на расходы, о чем было известно всем. Так, в Венгрии экскурсовод презрительно отнесся к туристам, покупавшим вещи со скидкой: «Это прозвучало так, что мы люди второго сорта и все, что является уцененным, нам подходит». Советские чиновники от туризма приписывали это частично невоспитанности самих туристов, одетых неподобающе и не умеющих вести себя за столом [Gorsuch 2006: 221–225][103]. Впрочем, к восточноевропейским туристам в СССР относились еще хуже: болгарин Г. Марков вспоминал, что в ленинградском отделении «Интуриста» ему объяснили (дело было в 1959 году), что туристы вроде него, прибывающие из социалистических стран, — люди третьего сорта, поскольку они не привозят валюты [Markov 1983: 89]. Участие в международном туризме приводило к столкновению советских практик с рынком, и рынок побеждал.

Советская гордость, как средство защиты и нападения, заставляла туристов тосковать по знакомому окружению даже за границей. Предпочтения советских блюд и народных танцев — свидетельства этой идентичности, которую советские граждане возили с собой в отпуск. Им было приятнее петь ночные песни у костра вместе с туристами из Чехии, чем сидеть для проформы в ночном клубе, где они не могли позволить себе заказать коктейль. Им также было спокойнее, когда они могли смотреть советские

---

[102] ГАРФ. Ф. 9520. Оп. 1. Д. 597. Л. 124, 131; Д. 407. Л. 155; Д. 488. Л. 4–5; Д. 721. Л. 30 (цитата); Д. 598. Л. 88–89. О советско-чехословацких отношениях в области туризма, до и после советского вторжения в августе 1968 года, см. [Applebaum 2013].

[103] См. также: ГАРФ. Ф. 9520. Оп. 1. Д. 893. Л. 65–66 (цитата); Д. 721. Л. 24; Д. 1115. Л. 5; Д. 468. Л. 51–54.

телепрограммы и советские фильмы в кино, следить за новостями из Москвы по радио и в советских газетах. «Наши туристы из Чувашии, Баку, Читы буквально истосковались без вестей с Родины»[104]. Когда джаз-банд в Греции или Италии играл «Подмосковные вечера», туристы чувствовали себя не так далеко от дома. Болгария к концу 1960-х годов стала основным направлением для советских туристов именно потому, что там все казалось знакомым. Горы напоминали о Северном Кавказе, улицы и площади носили имена соотечественников — Гагарина, Скобелева, Ленина. Кроме того, болгары с большим уважением относились к советскому народу[105]. И опять же, можно поставить под сомнение искренность советского патриотизма — чувства, отражаемые в отчетах, явно должны были понравиться профсоюзным и партийным функционерам, которые их читали. Но нет оснований утверждать, что все советские туристы (или граждане) являлись тайными противниками режима, жаждавшими выбрать свободу. К тому же для туриста за рубежом является нормой поиск не только необычного, но и знакомого, будь то «Геральд трибюн» в Париже, «Макдоналдс» в Пекине или «Правда» в Праге.

Противоположностью были советские туристы, также сознававшие, что им, как туристам, не хватает искушенности и знаний, но интересовавшиеся окружающим миром и стремившиеся приобрести туристские навыки. Многие высказали предложения относительно того, как становиться лучше в качестве туристов, констатируя, что им следует больше знать о местных практиках, ценах и обычаях. Они просили издавать больше путеводителей, карт и разговорников, чтобы заранее подготовиться к поездкам

---

[104] ГАРФ. Ф. 9520. Оп. 1. Д. 865. Л. 37, 51; Д. 407. Л. 48; Д. 866. Л. 66, 42 (цитата); Д. 716. Л. 50; Д. 878. Л. 84. К 1976 году тургруппы были обеспечены советскими источниками информации, согласно исследованию А. Попова о крымском турбюро. Возможно, это было ответом на поступавшие запросы, или же попыткой изолировать советских туристов от неконтролируемых источников новостей из Восточной Европы в контексте, сложившемся после 1968 года, или тем и другим [Попов 2008].

[105] Мартеновка. 1958. 14 августа; 1964. 28, 30 июля; Скороходовский рабочий. 1968. 5 июня; Знамя Трехгорки. 1976. 4 августа.

и встречам. Многие выражали благодарность за уроки туристского этикета, которые они получали до и во время путешествий на Запад[106].

Посылая советских туристов за границу, власти (в традициях Петра Великого, совершившего заграничное путешествие, чтобы освоить кораблестроение в Голландии) среди прочего рассчитывали, что они получат там полезные знания и применят их на родине. Ударники, отправившиеся в 1930 году на «Абхазии», видели, что оправдываются их худшие страхи по поводу капиталистического неравенства, но также отметили образцовую чистоту на гамбургских верфях. Советские туристы в 1960–70-е годы, особенно входившие в специализированные группы, делали подробные записи о предприятиях, которые посетили. Сравнивать, оценивать, учиться — такой была их работа. Туристы, выезжавшие в послевоенное время за границу, также обращали внимание на то, как устроена повседневная жизнь, и по приезде сообщали, что их восхитило и что можно заимствовать. Московская текстильщица, посетившая ГДР в 1958 году, отметила, что метро там не такое глубокое, как в советской столице[107], но ей понравилось, что почтовые ящики располагаются на первых этажах зданий, а жильцы вместе моют лестницы[108].

Потребительская культура в других социалистических странах также удостаивалась восхищенных замечаний: вежливость продавцов, эффективное обслуживание в универсамах. Приезжавших в Чехословакию особенно впечатляли организация торговли, большое количество специализированных магазинов, вежливое обслуживание, приятные для глаз и информативные витрины, постоянное наличие товаров. «Очевидно, там нет таких характерных моментов для нашей торговли, когда "выбрасывают" хороший товар и он быстро исчезает. Покупатель уверен, что нужный ему товар будет и сегодня, и завтра, и в Брно, и в Брати-

---

[106] ГАРФ. Ф. 9520. Оп. 1. Д. 701. Л. 30; Д. 716. Л. 37; Д. 878. Л. 84; Д. 1115. Л. 41; Д. 426. Л. 203.

[107] Знамя Трехгорки. 1958. 5 августа.

[108] ГАРФ. Ф. 9520. Оп. 1. Д. 598. Л. 133, 141, 148.

славе, и в других местах. Поэтому он может не торопиться с покупкой "впрок", на всякий случай, а вдруг не будет».

Один руководитель группы, попав в Венгрию, еще более простодушно описывал свой опыт совершения розничных покупок, указывая, что члены его группы пришли в недоумение, сравнивая материальную культуру в Венгрии и СССР.

> Конечно, многим нашим туристам бывает трудно понять, почему в таких странах, как Венгрия, в магазинах можно всегда купить то, что тебе нужно, а у нас нет, почему здесь продавцы так внимательны и вежливы с покупателями, а у нас часто можно встретить с их стороны оскорбительное равнодушие и хамство? Это, пожалуй, единственное отрицательное впечатление, которое произвела экскурсия по Венгрии на наших туристов[109].

Оказываясь в капиталистических странах, советские туристы, пожалуй, испытывали еще большее потрясение от разницы культур, но их было меньше по сравнению с теми, кто выезжал в братские демократические республики Восточной Европы, а кроме того, оборотной стороной более высокой потребительской культуры могло выступать фундаментальное неравенство, возникающее в результате капиталистических излишеств. Как и участники круиза 1930 года, советские туристы, посещавшие капиталистическую Европу, непременно упоминали о трущобах и забастовках и хвалили что-нибудь с большой осторожностью [Gorsuch 2011: chaps. 4–5].

Чем являлся советский постпролетарский туризм?

Умножение возможностей содействовало исполнению мечты активистов — сделать туризм подлинно массовым движением. Молодые туристы могли проводить отпуск в туристических

---

[109] ГАРФ. Ф. 9520. Оп. 1. Д. 592. Л. 73; Д. 426. Л. 221; Д. 1323 (отчеты руководителей групп, 1969). Л. 15–16; Д. 1342. Л. 31; Д. 598. Л. 149–150; Д. 488. Л. 5.

оздоровительных лагерях и ездить автостопом, те, кто постарше, могли направляться в место назначения на своей машине или совершить круиз по Волге. Активные люди из числа молодежи порой устраивали свои собственные турпоездки, полные приключений, отправлялись в турпоход по Военно-Грузинской дороге или объезжали на поезде столицы союзных республик.

Когда профсоюзные деятели говорили о туризме как о массовом движении, они по-прежнему исходили из того, что образованный средний класс естественно и охотно выберет туризм в качестве отпускного времяпровождения, но рабочие и колхозники нуждались в повышении культурного уровня и внешних стимулах — только тогда они могли расширять свои горизонты при помощи туризма. «Было время, когда туризмом у нас в стране занимались преимущественно служащие, представители интеллигенции, студенты. Среди туристов встречалось мало рабочих, а труженики села практически вообще отсутствовали» [Абуков 1983: 72].

Интеллигентским занятием в особенности считался самодеятельный туризм. Уже в 1930-е годы ученые часто практиковали альпинизм. По оценке одного туриста-ветерана, в 1950-е годы 98 % самодеятельных туристов и участников слетов представляли интеллигенцию, эта ассоциация была настолько сильной, что уже никто не помнил, как изначально расшифровывалось сокращение ОПТЭ, — тот самый турист считал, что это «Объединение путешествий, туризма и экскурсий». Слово «пролетарский» выпало [Новиков 1997][110].

Хотя имеющиеся данные далеко не полны, отчеты об индивидуальных поездках и походах содержат сведения о социальном составе групп, особенно для конца 1950-х — начала 1960-х годов, времени принятия новой партийной программы, содержавшей смелое заявление о том, что социально-экономическое развитие неизбежно уничтожит последние остатки классовых различий [Вайль, Генис 1998: 13; Программа коммунистической партии 1962: 62–63]. Пассажиры отправлявшихся из Москвы туристи-

---

[110] См. также: http://bards.ru/press/press_show.php?id=993&show=topic&topic=9&page=1 (дата обращения: 26.10.2021).

ческих поездов (1960) были в основном служащими и студентами. В двух поездках, по которым имеются данные, рабочие составляли 12 и 14 % всех пассажиров; студенты — около одной трети в каждом случае. А двумя годами позже, если брать семь поездок по маршруту № 187, рабочие составляли 40 % всех туристов, специалисты и интеллигенция (включая студентов) — 47 %, служащие и чиновники — 16 %[111].

Несмотря на отрывочность данных, они подтверждают заявления туристических функционеров. Туристические путевки не дотировались из фондов социального страхования, в отличие от путевок в дома отдыха и на курорты. «Рабочий не в состоянии приобрести путевку за полную стоимость на юг, она 65–70 р. стоит, да на дорогу надо столько же», — указывал представитель Пермского ТЭУ на совещании 1961 года. Разница в заработной плате уменьшилась в 1960-е годы, но чиновники, как и раньше, полагали, что нежелание рабочих заниматься туризмом вызвано стоимостью путевок, а не предпочтениями самих рабочих [Hanson 2003: 65; Hewett 1988: 48][112].

Еще большее беспокойство вызывали стоимость путевок за границу и ее влияние на социальный состав туристов. Судя по разрозненным местным отчетам, в 1960 году рабочие составляли от 9 до 25 % участников тургрупп, отправлявшихся в социалистические страны, но среди тех, кто посещал капиталистические страны, их было совсем немного[113]. Эти цифры тревожили профсоюзных деятелей, особенно по той причине, что туристы, выезжающие за рубеж, должны были возвращаться с новыми предложениями насчет организации производства. Чиновники обсуждали между собой, как можно повысить этот процент (давать путевки передовикам в качестве награды?). Но они при-

---

[111] ЦАГМ. Ф. 28. Оп. 1. Д. 9; Д. 10; Д. 31.

[112] См. также: ГАРФ. Ф. 9520. Оп. 1. Д. 381. Л. 60 (цитата).

[113] ГАРФ. Ф. 9520. Оп. 1. Д. 379 (материалы по внешнему туризму, 1960); Д. 374 (отчеты руководителей групп, 1960). Л. 27–28, 37–38, 40–41, 82, 90–91, 114–116; Д. 631. Л. 16. См. также [Gorsuch 2011: 82–86] о рабочих, посещавших Восточную Европу, и [Gorsuch 2011: 109–113] о поездках в капиталистические страны.

знавали, что высокая цена путевок оказывала сдерживающее действие. В то же время рабочие составляли 60 % тех, кто отправлялся за рубеж на отдых и лечение (цифра, подозрительно близкая к целевым показателям 1930-х годов). Поскольку такие поездки проводились из медицинских соображений, участники оплачивали только 30 % стоимости путевки. По мере того как число заграничных поездок увеличивалось и они становились привычным делом, а также по мере роста уровня жизни, возрастал и процент рабочих среди членов тургрупп. А. Х. Абуков сообщал, что в 1977 году среди туристов, выехавших за рубеж, фабричные и заводские рабочие и колхозники составляли более 40 %, причем многие группы были посланы конкретными предприятиями для обмена производственным опытом с зарубежными коллегами [Абуков 1983: 244][114].

Существовала тесная связь между уровнем образования и участием в туризме, выпускники средних школ — их становилось все больше — пополняли ряды советских туристов. Абуков отмечал — похоже, с удовлетворением, что в 1980 году рабочие образовывали самую многочисленную группу туристов (28 %), за ними следовали инженерно-технические работники (25 %), служащие (23 %), студенты (13 %), представители творческих профессий (5 %). Он указал также, никак не комментируя этот факт, что лишь 0,5 % туристов были сельскохозяйственными рабочими [Абуков 1983: 72]. Как говорилось в предыдущей главе, рабочие в 1963 году составляли 45,3 % отдыхающих в санаториях и домах отдыха (табл. 5.2). Итак, лишь 28 % туристов были рабочими — сыновья и дочери пролетариев были недостаточно представлены среди советских туристов. Дело пролетарского туризма продолжил образованный средний класс — советская интеллигенция.

Все бо́льшая часть советского населения вовлекалась в туризм, но это необязательно способствовало увеличению однородности общества. Напротив, в дискуссиях о заграничных турах упоминалось о желательности формировать группы в соответствии

---

[114] См. также: ГАРФ. Ф. 9520. Оп. 1. Д. 375. Л. 4; Д. 390. Л. 34; Д. 422. Л. 3.

с социальным положением — отправку рабочих вместе с интеллектуалами признали не вполне удачным решением. Руководители групп постоянно говорили о том, что у представителей различных профессий не совпадают интересы и привычки и поэтому нужно разрабатывать разные программы. У нас не хватает удовлетворительных данных о социальной стратификации советских отдыхающих, но кое-что можно установить благодаря отрывочной информации из источников. Лучшие места и месяцы доставались элите общества — руководителям высокого ранга, творческой интеллигенции, ведущим ученым, — которые получали в преимущественном порядке право отдыхать на юге в июле-августе. Работники ручного труда чаще проводили отпуск неподалеку от дома. Согласно исследованию 1985 года, интеллигенция и инженерно-технические работники больше других были заинтересованы в активном отдыхе на турбазах, рабочие же предпочитали более пассивное времяпровождение, выбирая туристические поезда [Иващенко 1985: 7][115]. Туристические путевки, внутренние и заграничные, чаще приобретали представители образованного среднего класса, чем рабочие.

Была ли эта стратификация результатом выбора или экономической реальности? Дискомфорт, возникавший внутри смешанных в социальном отношении групп во время зарубежных поездок, заставляет предполагать, что интеллектуалы и рабочие были не слишком рады обществу друг друга. Но существовали места — охотничьи и рыбачьи избы, суда для речных круизов, дома отдыха предприятий, — где социальные различия значили не так много[116]. В конце 1950-х годов американский журналист Р. Миллер не обнаружил в стране классовых различий и отметил, что эгалитарная культура пользовалась большим почетом.

Таким образом, интеллигенция имела меньше оснований чувствовать классовое превосходство, исходя из своих интересов и способностей. Быть специалистом, как считалось, доступно

---

[115] См. также: ГАРФ. Ф. 9520. Оп. 1. Д. 468. Л. 155, 166, 216; Д. 491. Л. 84; Д. 878. Л. 150; Д. 865. Л. 30; Д. 1315. Л. 55.

[116] Личное сообщение Галины Янковской, 2004.

почти каждому; в самой легкой из современных комических пьес («Дикари» Михалкова) дипломат и ветеринар, отправляющиеся на машине к Черному морю, завязывают знакомство с женщиной-милиционером и укротительницей львов, также приехавшими туда на машине; имеются функциональные различия в статусе каждого из них, но ни на что большее нет ни малейшего намека[117].

В фильме «Москва слезам не верит» (1980) подчеркивается отсутствие классовых различий: слесарь Гоша изображен как соль земли и одновременно — как равный ученым, с которыми работает [Miller 1961: 139][118]. Во время выезда на шашлыки интеллигенты восхваляют его «золотые руки». Перед нами — идеал массового туризма: представители разных классов общаются, невзирая на различия в происхождении и образовании.

Однако были и другие различия — между мужчинами и женщинами. Среди постпролетарских туристов — по крайней мере, если говорить о групповых турах по СССР и Восточной Европе, — вторых было вдвое больше первых[119]. Гендерный дисбаланс частично объяснялся послевоенной демографической обстановкой: в 1959 году женщин было 55 % от всего населения, в 1987-м — все еще 53 % [Народное хозяйство СССР за 70 лет 1987: 379]. Но доля женщин в тургруппах была еще выше: часто две трети или даже больше. Исследование, проведенное в Казани (1966), продемонстрировало, что мужчины и женщины выбирают разные виды отдыха: 25 % женщин в выборке провели последний отпуск, посещая другие города, среди мужчин таких оказалось всего 10 %. На море ездили 10 % женщин и лишь 1 % мужчин. Мужчины чаще отправлялись в деревню (24 и 11 %), в санатории и дома отдыха (16 и 7 %), на природу или в плавание по Волге (14 и 5 %) [Журавлев 1969: 388]. Специалисты по планированию и чиновники, похоже, не учитывали последствий этого дисбаланса в своих предложениях по расширению туристической инфра-

---

[117] По пьесе Михалкова был поставлен фильм «Три плюса два».

[118] Москва слезам не верит. Реж. Владимир Меньшов. Мосфильм, 1980.

[119] О составе тургрупп, отправлявшихся в Восточную Европу, и отличиях от групп, выезжавших в капиталистические страны, см. [Gorsuch 2011: chap. 3].

структуры: ни одно опубликованное исследование не уделяет внимания разнице в потребительском спросе между мужчинами и женщинами.

Ясно, что туризм не обсуждался и с точки зрения предоставления условий для сексуальных отношений. Турпоездка, как и пребывание в доме отдыха, была для женщины шансом найти мужчину — временного или постоянного спутника. Сексуальные аппетиты туристок почти не находили отражения в отчетах о внутренних турах (исключая случай, когда две женщины сбежали с компанией грузин). За границей же такое поведение вызывало беспокойство, когда женщины вступали в связь с местными жителями: отчеты руководителей групп часто содержат неодобрительные высказывания в адрес женщины, которая уехала на машине с мужчиной из числа местных или провела с ним ночь в отеле. Но некоторые порицали и практику, когда двое советских граждан занимали один номер, как если бы были мужем и женой. Э. Горсач замечает, что чиновников также пугали слишком «потребительские» устремления туристок: «Возможно, в Восточную Европу чаще путешествовали женщины именно потому, что это было прекрасное место для покупок». Если женщины вызывали недовольство из-за своего чрезмерного потребительства и горячего желания вступить в связь, мужчины были склонны к пьянству — двойное преступление, так как в этом случае они не могли следить за поведением женщин [Gorsuch 2006: 221][120]. В 1930-е годы некоторые чиновники полагали, что включение женщин в группы самодеятельных туристов окажет воспитательное воздействие на мужчин и будет сдерживать антисоциальное поведение, но в послевоенных дискуссиях по данному вопросу женщинам, похоже, уже не отводилась эта роль.

В действительности групповые туры во второй половине XX века стали привлекательными для женщин по всему миру, независимо от экономической системы. Говоря об американских туристах в послевоенной Франции, Х. Левенстайн подчеркивает:

---

[120] См. также: ЦАГМ. Ф. 28. Оп. 1. Д. 10. Л. 14–15; ГАРФ. Ф. 9520. Оп. 1. Д. 1323. Л. 40; Д. 1315. Л. 53, 67, 43; Д. 878. Л. 43, 102.

«Для женщин, путешествующих в одиночку, [групповые туры] решали насущную проблему: чем заняться за обедом и вечером» [Levenstein 2004: 143]. Группа предоставляла защиту от потенциальных ухаживаний любвеобильных мужчин: «[Женщины] отважно ступали на новые, неизведанные территории, так как осмотр достопримечательностей, ланчи, размещение в номере, пользование туалетом значительно облегчились благодаря успокаивающе-знакомому "нашему автобусу", с его особым запахом и неповторимыми мелкими деталями» [Löfgren 1999: 171].

Это ощущение чего-то успокаивающе-знакомого, видимо, было более приятным и физически необходимым для одиноких женщин, чем для мужчин. В Западной Германии женщины, путешествующие в одиночку, выбирали групповые туры, стремясь избежать маргинализации, которая грозила им на курортах — более традиционных, ориентированных на состоятельную публику и семьи, местах отдыха [Kopper 2009].

Следовательно, типичный член советской тургруппы выглядел как образованная женщина, если же брать независимые спортивные тургруппы — как образованный мужчина. Семьям же, как было указано ранее, лучше было вообще не отдыхать вместе, и вплоть до последних лет существования СССР — о чем будет сказано в заключительной главе — им было доступно немного вариантов.

Смысл советского туризма: создание «нового социалистического человека»

К 1960-м годам советский туризм оторвался от своих пролетарских корней, теперь он предлагал виды досуга, рассчитанные на образованных горожан, число которых выросло. Но если по своему устройству он был постпролетарским, его теоретики продолжали настаивать, что туризм в СССР отражает и формирует особые социалистические ценности: содержательность, познавательность, коллективизм. Отправлялся ли советский турист в составе небольшой компании друзей или обширной группы участников тура, на теплоходе или на поезде, его путешествие отличалось от того, что предпринимали люди во всем мире, так как было содержательным и целеполагающим. Прикладывая усилия в качестве туриста, он приобретал преимущества — физические, умственные, культурные. В отличие от якобы проводящих время в праздности западных туристов, советский человек осваивал мир, внутри страны и за ее пределами, чтобы стать лучше, как работник и как гражданин. Турпоездка в СССР предполагала личностное развитие — через физическую подготовку, расширение культурных горизонтов, появление веры в свои способности справляться с новыми необычными ситуациями. Турист делал первый шаг по пути саморазвития, хорошо зная, какая задача стоит перед ним: быть сознательным туристом означало понимать смысл туризма как такового. Кандидаты на получение значка «Турист СССР» среди прочего должны были ответить на вопросы о движении пролетарского туризма и его целях[121]. Содержательность по-прежнему занимала центральное место в предписаниях для туристов 1960-х и 1970-х годов, кое-как сосуществуя с лишь недавно признанной целью — получением потребительского удовольствия.

Базовой установкой для турпоездки оставалось получение пользы в физическом и медицинском отношениях. Социалистический отдых, где бы его ни проводили — в доме отдыха, на курорте, в дороге, — исцелял и укреплял организм, восстанавливал работоспособность отдыхающего. Хорошее здоровье являлось целью для каждого члена общества и способствовало индивидуальному благосостоянию, но право на отдых никогда не теряло связи с обязанностью трудиться. Болезнь была не только личным бедствием: она означала потерю рабочих дней и снижение выпуска продукции. Секретарь ВЦСПС Н. Н. Романов указывал в 1962 году, что ежедневно отпуск по болезни берут 2 миллиона работников; активное занятие туризмом могло бы уменьшить

---

[121] ГАРФ. Ф. 9520. Оп. 1. Д. 467 (планы экскурсий для экскурсоводов, 1962), содержит текст обязательной вступительной лекции, посвященной туристскому движению. О требованиях для получения значка: ЦАГМ. Ф. 28. Оп. 1. Д. 6.

этот колоссальный ущерб для экономики. В одном исследовании начала 1960-х годов говорилось, что туристы болеют вполовину меньше работников, которые не занимаются туризмом: возможно, этот факт был призван побудить руководство предприятий выделять больше средств тургруппам, так как они делали это неохотно[122].

Туризм давал знания, знания способствовали росту личности и усиливали способность человека вносить свой вклад в общественное благо. Неповторимая ценность советского туризма, настаивали его поборники, определялась идеологическими и политическими преимуществами от получения знаний во время путешествия. Советский турист посещал новые для себя места, чтобы ознакомиться с их флорой и фауной, жизнью и достижениями местных жителей, славными историческими событиями, которые там происходили. «Отдыхать нужно, но туризм должен стать активной формой воздействия на умы молодежи, воспитывая в них чувство патриотизма и гордости за свою Великую Родину». Туризм расширял горизонты и развивал чувство гражданственности, и лишь содержательный туризм был достоин называться социалистическим. Функционер спортивного общества «Спартак» рассуждал в 1966 году:

> Правильно организованная и хорошо проведенная экскурсия, прогулка, путешествие, поход обеспечивают активный отдых, укрепляют и закаляют здоровье, развивают и расширяют кругозор, воспитывают мужество, силу, ловкость, выносливость, обогащают духовно. Одним словом, воспитывают все те качества, которые необходимы строителю коммунизма[123].

Подлинно советский туризм, нацеленный на приобретение знаний, подразумевал также уважение к природе и обогащал науку. На озере Селигер, где располагалась одна из старейших, крупнейших и самых популярных турбаз, ученые ежедневно

---

[122] ГАРФ. Ф. 9520. Оп. 1. Д. 447. Л. 117; Д. 921. Л. 185–186.
[123] ГАРФ. Ф. 9520. Оп. 1. Д. 632. Л. 110; Д. 921. Л. 123.

возглавляли пешие прогулки, в ходе которых обитатели базы знакомились с флорой и водной средой тех краев. Подготовленные таким образом туристы лучше понимали особенности местности, когда отправлялись в поход для получения значка «Турист СССР». Специальные геологические туры по Сибири и Уралу позволяли туристам собрать образцы, необходимые для научных исследований, — совсем как в 1930-е годы [Туристские тропы 1960: 222–230][124].

Знание местных условий играло важную роль, когда речь заходила о целях советского туризма и о маршрутах. Плавая на круизном корабле, путешествуя в туристическом поезде, совершая поход в горы, турист знакомился с окружающими территориями и, таким образом, лучше узнавал страну в целом. В поезде «Дружба», направлявшемся на Кавказ, звучали радиотрансляции (вместо путеводителей) с описанием областей, через которые предстояло проехать, советами насчет музеев и выставок, которые стоило посетить. Знания затем закреплялись при помощи фотографий и дневников. Члены одной группы в 1968 году совершили увлекательное путешествие по Черному морю с целью изучения родной страны, «пополнили свой багаж знаний, набрались сил, впечатлений и в то же время прекрасно отдыхали». Чиновники от туризма поощряли освоение туристами новых регионов вместо привычных Кавказа и Крыма: все советские граждане должны побывать в Сибири для расширения кругозора, утверждал один челябинский чиновник. Жителям Средней Азии, гордившимся своими великолепными пейзажами, следовало увидеть красоты Кавказа и Черного моря[125].

Туризм воспитывает патриотические чувства, напоминало эпохальное Постановление ЦК КПСС, Совета министров СССР и ВЦСПС «О мерах по дальнейшему развитию туризма и экскурсий в стране». «...Знакомство с памятниками истории и культуры,

---

[124] См. также: ЦАГМ. Ф. 28. Оп. 1. Д. 6. Л. 39; ГАРФ. Ф. 9520. Оп. 1. Д. 578. Л. 22.

[125] ЦАГМ. Ф. 28. Оп. 1. Д. 31. Л. 73; СГА. Ф. 261. Оп. 1. Д. 41. Л. 10 об., 20 об., 22, 24 (цитата); ГАРФ. Ф. 9520. Оп. 1. Д. 381. Л. 25; СГА. Ф. 261. Оп. 1. Д. 1 (книги отзывов о туристических поездах, 1964). Л. 81.

с природой родного края, с достижениями в экономике, науке и культуре способствуют воспитанию у советских людей… любви к <своей> Родине, верности революционным, боевым и трудовым традициям нашего народа»[126].

В 1960-е годы появилось много политически окрашенных маршрутов, особенно ближе к 100-летнему юбилею В. И. Ленина. Так, в 1968 году предлагались поездки по местам жизни и деятельности Ленина, расположенным под Ленинградом и в Карелии, а также походы по партизанским тропам Крыма, напоминавшие о военных подвигах советского народа. Шестеро работников Ивановского мясокомбината в 1971 году решили провести отпуск, отправившись в велопоход по местам боев местной дивизии: туристы посещали военные мемориалы и беседовали с ветеранами [Туристские маршруты на 1968 год][127].

В 1960-е годы образовательные и патриотические задачи туризма начали заслонять приносимую им пользу для здоровья. Туристы проникались патриотизмом множеством способов, находясь в поезде или гребя на байдарке. Ранее теоретики настаивали: «Сущность туризма — содержательный, разносторонний, оздоравливающий отдых в движении, в осмысленном перемещении на местности». Новую сущность туризма в 1967 году сформулировал главный редактор журнала «Турист»: создать советского человека, воспитывая в нем лучшие моральные качества. Он не соглашался с традиционной позицией «пролетарских туристов», согласно которой туристом считался лишь тот, кто совершал сложные путешествия на большие расстояния с целью получить степень мастера спорта по туризму. «Всех тех, кто едет из Москвы в Ульяновск или в Брест с тем, чтобы своими глазами увидеть дорогие сердцу каждого человека места, считают пижонами, экскурсантами, но не туристами», — жаловался он. Это неправильно, соглашался другой функционер: цель путеше-

---

[126] Труд. 1969. 26 июня (цитата); ГАРФ. Ф. 9520. Оп. 1. Д. 1746. Л. 24–25. Один комсомольский секретарь из Сибири в 1962 году говорил, что патриотические маршруты сейчас необходимы больше, чем когда-либо: ГАРФ. Ф. 9520. Оп. 1. Д. 447. Л. 88.

[127] См. также: ГАРФ. Ф. 9559. Оп. 1. Д. 1448 (отчет о велопоходе, 1971).

ствия — смотреть и познавать, и неважно, какую форму оно принимает — самодеятельный байдарочный или велосипедный поход, альпинизм, групповое восхождение в горы, 20-дневная экскурсия на поезде, вылазка за город на выходные, с рюкзаком или без него[128]. Главное — содержание, а не вид перемещения. Но советский туризм, кроме того, отличался тем, что поощрял коллективные, общественные практики осмотра достопримечательностей. Если постпролетарский турист выбирался в поход, лучше было делать это в составе группы.

Крайне важное значение коллектива оставалось одной из самых характерных черт советского туризма. Внутри группы незнакомые люди становились друзьями и сообща преодолевали препятствия. Отвечая на опрос «Труда» (1966), инженер Н. Петров писал: «Туризм — это чудесный мир отдыха, новые интересные люди, новая дружба. Просто замечательно, когда люди разных профессий и наклонностей, культурного уровня и характеров сплачиваются в коллектив»[129].

Тургруппа также предоставляла механизмы для взаимного привития норм и дисциплины, что, как указывалось ранее, было особенно важно за границей. Кроме того, групповая поездка давала преимущества с точки зрения логистики: для турбаз и транспортных организаций было намного легче планировать и осуществлять прием групп в 25, 30, даже 40 человек, чем проявлять внимание к каждому из нескольких миллионов самодеятельных туристов. «Интурист» не разрешал индивидуальных поездок за границу до 1963 года [Salmon 2008: 228–229]. Даже в 1989 году, когда наша семья отправилась в Узбекистан, она официально считалась «группой четырех туристов из США».

В 1960–70-е годы туризм в СССР по-прежнему считался второсортным вариантом проведения отпуска, по сравнению с отдыхом на курорте, хотя возможности как для стационарного

---

[128] ГАРФ. Ф. 9520. Оп. 1. Д. 1061 (пленум Центрального совета по туризму, июнь 1967). Л. 163–165 (цитата); ЦАГМ. Ф. 28. Оп. 3. Д. 6. Л. 16.

[129] Труд. 1966. 20 сентября.

времяпровождения, так и для активного перемещения после XX съезда КПСС постоянно расширялись. По качеству услуг туристические объекты не выдерживали сравнения со здравницами, и так как они не могли претендовать на субсидии из фондов социального страхования, туристическая поездка или поход обходились дороже пребывания в доме отдыха или на курорте. Однако, по мере повышения уровня жизни в 1960-е годы и знакомства с более развитой туристической отраслью других стран, представители численно растущего образованного класса все больше стремились проводить отпуск так, чтобы активно получать знания, любоваться разнообразными пейзажами, приобретать новый опыт. Благодаря выбору из множества средств перемещения и огромному количеству направлений туризм предоставлял новые возможности для знакомства с родной страной и соприкосновения с зарубежными культурами. Отдых в виде туризма не требовал таких затрат государственных средств, как отпуск на курорте, поскольку не предусматривал дорогостоящего медицинского обслуживания. В 1975 году число советских граждан, проводивших отпуск на турбазах, превысило число отдыхающих в здравницах — впервые в истории. Если прибавить к этому тех, кто путешествовал самостоятельно, и участников зарубежных поездок, можно утверждать, что на седьмом десятилетии советского эксперимента туризм наконец стал массовым явлением.

Условия отдыха — на новых турбазах, напоминавших гостиницы, на круизных лайнерах, в поездах — становились все более комфортными, но советский туризм оставался содержательным. Предполагалось, что туристы, выезжающие за границу, будут привозить оттуда новые идеи и подходы к работе, а те, кто путешествует внутри страны, — глубже проникаться ее прошлым и лучше оценивать достижения социализма. Советский туризм по-прежнему был коллективной практикой: поездка или поход не только приносили новые впечатления и позволяли пополнить багаж знаний, но и укрепляли связи внутри группы, учили извлекать пользу и получать радость от совместной встречи с новым.

Число туристов увеличивалось в абсолютном выражении, но кроме того, умножалось и количество видов поездок, которые могли выбирать советские граждане. Не каждый мог добыть заграничную путевку, но возможностей для посещения городов и отдаленных республик становилось все больше. Эти процессы шли параллельно с возрастанием численности образованных профессионалов. Советская интеллигенция, более не являвшаяся элитой, сделала туризм своим излюбленным занятием. Достоинства, которые приписывались «пролетарскому туризму», — содержательность, укрепление здоровья, приобретение знаний, личностный рост — перенеслись на путешествия постпролетарских туристов-интеллектуалов, членов нового правящего класса. Сохранялось неравенство в распределении путевок на курорты, высшие партийные органы располагали собственными закрытыми домами отдыха и санаториями, а зарубежные поездки в высшей степени зависели от заслуг и надежности человека, как и от его платежеспособности; однако внутренний туризм стал широко доступен тем, кто обладал лишь деньгами, но не связями. С ростом уровня жизни у представителей нового класса советских интеллектуалов стали образовываться накопления, и многие тратили их на турпоездки.

Растущий спрос на туризм и расширение инфраструктуры вызвали к 1970-м годам новые экономические проблемы. Советский туризм зародился в 1920-е годы как общественное движение, подчиненное нуждам производства, но к 1960-м годам превратился скорее в предмет потребления и сложную экономическую систему. В заключительной главе рассматривается это превращение — из движения в индустрию, — происходившее в 1970-е годы и позже, и демонстрируется, как туризм и отдых на курорте, по-разному выражавшие право советского человека на отдых, все больше уподобляются друг другу.

Глава седьмая
Модернизация советского туризма

В 1978 году председатель Центрального совета по туризму и экскурсиям ВЦСПС А. Х. Абуков выделил в истории развития советского туризма три этапа. Первый (1920–1936) ознаменовался зарождением и развитием добровольного движения энтузиастов. В качестве движения, писал Абуков, туризм не соответствовал растущему спросу советских граждан на содержательные и доставляющие удовольствие досуговые поездки, поэтому туризм в 1936 году передали в ведение ВЦСПС. Эта организация считала туризм общественно полезным явлением, расширяла возможности для туризма в 1950–60-е годы, но в конце концов спрос на различные направления сделался таким высоким, а обслуживание — настолько сложным, что все это превысило возможности профсоюзов. Современная эпоха советского туризма началась в 1969 году, с постановления о его «дальнейшем развитии»; только тогда, указывал Абуков, туризм сделался «индустрией», полноценной отраслью развитой социалистической экономики [Абуков 1978: 16–38].

Такое развитие — добровольное движение, общественно полезное явление, индустрия — привело в 1960–70-е годы к нивелированию различий между классическим курортным отдыхом и современным туристическим. Знакомство с новыми заграничными моделями туризма и повышение уровня жизни породили разборчивого потребителя, которому нужен был комфорт здравницы — но также развлечения, культура и выбор. Обучение туризму, которым занимались активисты, перестало быть актуальным: советские туристы — мобильные, образованные, в большинстве своем горожане — приобретали эти знания во время внутрисоюзных и зарубежных поездок. Советский режим поощрял туризм как средство самореализации и теперь мог наблюдать за успехом своего проекта: советский потребитель был способен делать самостоятельный выбор. Профсоюзные чиновники, ведавшие туризмом, признавали, что в эру развитого социализма их главной обязанностью стало не продвижение туризма как общественного блага, а приведение возможностей для отдыха в соответствие со спросом потребителей. Обращаясь к своим подчиненным в 1969 году, Абуков напоминал: «Не турист для нас, а мы для туриста»[1]. Этот концептуальный сдвиг довершил трансформацию туризма из общественного движения в социалистическую индустрию досуга и его окончательное сближение с отдыхом: так возникла новая модель советского отпуска.

Когда ЦК КПСС в 1955 году разрешил заграничные поездки, одной из целей было пополнение багажа знаний относительно методов производства и профессиональных практик в других странах[2]. Постепенно эти поездки породили у советских туристов новые ожидания относительно самих туристических практик. В 1956 году чиновники признавали, что туристы, возвращающиеся из-за рубежа, потребуют лучших условий по сравнению с теми, которые существовали на большинстве советских турбаз[3]. Советские путешественники находили, что отели социалистических стран с номерами на двоих далеко превосходят то, что предлагалось на родине, — общие спальни

---

[1] ГАРФ. Ф. 9520. Оп. 1. Д. 1272 (пленум Центрального совета по туризму, июль 1969). Л. 33.

[2] ГАРФ. Ф. 9520. Оп. 1. Д. 374 (отчеты руководителей групп за рубежом, 1960). Один чиновник заявлял, что туризм должен существовать не ради туризма, а для того, чтобы туристы могли узнать что-либо ценное для своего предприятия. ГАРФ. Ф. 9520. Оп. 1. Д. 375 (совещание лиц, ответственных за зарубежный туризм, сентябрь 1960). Л. 15.

[3] ГАРФ. Ф. 9520. Оп. 1. Д. 352 (совещание лиц, ответственных за туризм, 1957).

и палатки, — отмечали, что к туристам из других стран зачастую относились лучше, чем к ним, и задавались вопросом, почему им отказывают в таких же комфорте и уважении[4]. Эти сравнения мало-помалу формировали более высокие ожидания относительно внутреннего туризма.

Заграничные поездки отражали иную модель туризма: человек мог путешествовать и знакомиться с достопримечательностями, но при этом каждый вечер останавливаться в комфортабельном отеле. «Нужно от туристских баз и точек переходить к туристским путешествиям по стране. Перейти на их организацию. Зарубежная практика туризма также говорит об этом», — заявлял один сотрудник ТЭУ еще в 1956 году[5]. Рассказывая о поездках за границу, советские туристы выделяли разнообразие, многочисленность и новизну достопримечательностей, с которыми они познакомились, а также организацию обслуживания — питание, перевозки, развлечения, отели. Они научились давать оценку качествам экскурсоводов и становились более разборчивыми в тратах[6]. Туристы стали возить с собой фотоаппараты, которые продавали, чтобы получить дополнительные деньги на покупки, начали приобретать сувениры и товары, отсутствовавшие в СССР[7]. От них можно было услышать похвалы в адрес болгарских «курортов XXI века» с современной архитектурой, сувенирными магазинами, разнообразными развлечениями, тематическими прибрежными ресторанами (такими, как «Робинзон», где официанты были одеты пиратами). Жители социалистических стран Европы, замечали они, часто отдыхают семьями на болгар-

---

[4] ГАРФ. Ф. 9520. Оп. 1. Д. 491 (отчеты руководителей групп, 1962). Л. 162; Д. 597 (отчеты руководителей групп, 1963). Л. 83.

[5] ГАРФ. Ф. 9520. Оп. 1. Д. 318 (совещание лиц, ответственных за туризм, 1956). Л. 11.

[6] Скороходовский рабочий. 1962. 10 августа; Мартеновка. 1956. 11, 20 сентября 1958 года. 9, 14, 16, 30 августа, 2 сентября; ГАРФ. Ф. 9520. Оп. 1. Д. 318. Л. 17; Д. 632 (пленум Центрального совета по туризму, декабрь 1964 года). Л. 183; ГАРФ. Ф. 9520. Оп. 1. Д. 409 (отчеты руководителей групп, 1961). Л. 32.

[7] Эта практика подтверждается многими отчетами о поездках; см. [Gorsuch 2011] и [Попов 2009].

ских и румынских курортах — почему это недоступно нам в СССР[8]?

Международная туристическая культура, в рамках которой они получали эти уроки, в то время также претерпевала изменения. Исследователи в целом сходятся на том, что массовый туризм в Европе возник в конце 1950-х — начале 1960-х годов. Для ФРГ переломным годом стал 1958-й, когда число ее граждан, выехавших за границу, превысило число зарубежных туристов, въехавших в страну. Благодаря увеличению количества автомобилей в личной собственности примерно треть жителей Западной Германии в конце 1950-х годов проводила отпуск вне дома. В конце 1970-х годов две трети граждан ФРГ — 41,3 миллиона человек — выезжали за границу, а для таких малых стран, как Австрия, Нидерланды, Бельгия, этот процент приближался к ста. Во Франции переход к массовому туризму растянулся на несколько десятилетий: в 1930-х годах 5–10 % населения уезжало куда-нибудь во время отпуска, в 1980-х — 60 %. Поступления от иностранного туризма выросли с 1950 по 1984 год в 47,6 раз. Что касается СССР, то в 1980 году 40 миллионов человек выбрали организованный отдых, из них 22,5 миллиона остановились на турбазах (см. табл. 6.1 в предыдущей главе). Как полагали экономисты, неорганизованных туристов было вдесятеро больше, и, если согласиться с их оценкой, выходит, что общее число выезжавших в отпуск достигало примерно 188 миллионов человек. Кроме того, в 1979 году 4,3 миллиона туристов совершили заграничные поездки. Население СССР в 1979 году составляло 262,4 миллиона человек, а значит, в 1980 году 80 % советских граждан провели отпуск вдали от дома. Если принять более консервативную оценку некоторых чиновников (соотношение организованных и неорганизованных туристов как один к четырем), мы получим 114,3 миллиона отдыхающих — 43,6 % населения. Считается, что массовый туризм начинается тогда, когда

---

[8] Скороходовский рабочий. 1974. 23 августа; ГАРФ. Ф. 9520. Оп. 1. Д. 866 (отчеты руководителей групп, 1965). Л. 18; ГАРФ. Ф. 9520. Оп. 1. Д. 592 (отчеты руководителей групп, 1963). Л. 22; Труд. 1975. 25 октября.

30 % взрослого населения страны выезжает в отпуск; в таком случае советские досуговые поездки стали массовыми, по мировым меркам, в конце 1970-х годов [Koshar 2000: 172–175; Lundberg 1985; Furlough 1998; Urry 1990; Kopper 2009][9].

Все эти цифры, безусловно, преувеличены (двойной счет, неверные оценки, прочие бюрократические ухищрения), но нельзя отрицать резкого увеличения масштабов советского туризма, которое шло параллельно этим же процессам в капиталистических странах Запада. Пассажирская реактивная авиация радикально изменила экономику международного туризма, сделав дальние перелеты доступными для новых слоев населения. Коммерческая эксплуатация советского двухмоторного Ту-104 началась в 1956 году. «Боинг-747» в 1959 году открыл новую эпоху трансатлантических перелетов. Недорогой отдых на солнечном Средиземноморье стал приговором для старых приморских курортов Великобритании, упадок которых начался с появлением реактивных лайнеров. Курортный комплекс в Ла Гранд-Мотт (Франция), спланированный по решению центральной власти и начавший работу в 1968 году, был призван обеспечить доступный отдых всему населению страны и одновременно подстегнуть экономику малоразвитого региона Лангедок [Kaiserfeld 2010; Furlough, Wakeman 2001][10]. Важно отметить, что при строительстве новых туристических объектов в послевоенном СССР исходили из интересов потребителей, а не соображений развития местной экономики.

Повышенные ожидания относительно комфорта и обслуживания, свойственные обществу массового туризма, побуждали чиновников видоизменять принятые ими модели. Начиная с 1960-х годов, постоянные палатки на турбазах заменялись капитальными строениями, небольшими сборными домами или — в наиболее популярных «зонах отдыха» — комфортабельными гостиницами. Ранее считалось, что туристические гостиницы

---

[9] См. также: Турист. 1981. № 2. С. 23.
[10] См. также: Ту-104: http://en.wikipedia.org/wiki/Tupolev_Tu-104; «Боинг-707»: http://en.wikipedia.org/wiki/Boeing_707 (дата обращения: 26.10.2021).

нужны лишь в городах, теперь же они возводились и на побережье. Планировалось обустройство новых зон, предназначенных для туризма и активного отдыха, с инфраструктурой для горнолыжного и парусного спорта. В таких зонах предусматривались дороги, комфортабельные гостиницы, пансионаты, базы для спортивного туризма, мотели, рестораны, фуникулеры и канатные дороги. Абуков с гордостью отмечал в 1967 году, что палатки заменены капитальными зданиями на 80 %. Увеличение числа туристических поездов и круизных судов также было прямым ответом на требования потребителей, связанные с комфортом, транспортом и обслуживанием[11].

Профсоюзные функционеры поняли, что существующая организация туризма неспособна удовлетворить эти требования. Действовавшие на добровольных началах советы по туризму, куда входили представители профкомов, спортивных обществ, туристических клубов и комсомольских организаций, были плохо подготовлены к тому, чтобы управлять индустрией с оборотом во много миллионов рублей. Туристические организации находились на самофинансировании, вся их деятельность обеспечивалась доходом от продажи путевок. После 1969 года их фонды пополнялись и за счет прямых вливаний от государства, что, в свою очередь, привело к росту выручки. В 1974 году поступления от путевок составили 64 миллиона рублей — слишком большая сумма для того, чтобы профкомы предприятий могли распоряжаться ею в рамках оказания социальных услуг, как утверждал тогда же один чиновник. Другой функционер указывал, что туризм стал многосторонней экономической системой, включавшей турбазы, гостиницы, рестораны, сувенирные магазины, парикмахерские, кинотеатры, отделения банков и почты; туристы путешествовали на поездах, судах, самолетах; были налажены планирование, строительство, снабжение, идеологи-

---

[11] ГАРФ. Ф. 9520. Оп. 1. Д. 750 (пленум Центрального совета по туризму, май 1965 года). Л. 51–52; Д. 1061 (пленум Центрального совета по туризму, июнь 1967 года). Л. 78–82, 19; Д. 631 (пленум Центрального совета по туризму, апрель 1964 года). Л. 56–57; Труд. 1964. 14 января, 27 ноября; 1970. 21 мая.

ческая работа [Кривошеев 1965][12]. После того как в 1969 году было решено направить на развитие туризма государственные средства, чиновники все чаще говорили о нем как об «индустрии» [Азар 1972а, 1972б; Балдыш 1965; Гавриленко 1966; Пачула 1966; Возвращаясь к напечатанному 1966–1967][13].

Индустрия требовала привлечения экспертов. Сторонники применения рыночных по своей сути принципов в туристической индустрии начиная с 1970-х годов подчеркивали важность снижения издержек и отходов, что было основой «хозрасчетного» элемента плановой экономики. К примеру, один сотрудник транспортного ведомства в 1969 году указывал, что использование туристических поездов в качестве гостиниц неэффективно, вагоны целесообразнее применять для перевозки пассажиров[14]. Высказывались и предложения о введении гибкой ценовой политики — например, об установлении различных цен для летнего и зимнего отпускных периодов, чтобы добиться баланса спроса и предложения, а также более рационального использования инфраструктуры. Один чиновник даже ратовал за принятие «западной практики» назначения более высокой цены за номера с видом на море. Возникшее в 1964 году кооперативное общество «Отдых» занималось строительством отпускных апартаментов, предоставлявшихся на основе, как мы бы сказали сейчас, таймшеринга: члены кооператива могли отдыхать в любом из построенных им зданий, от Черного моря до Балтики [Азар 1972б][15]. Все эти инициативы отражали цели тех, кто пришел к власти вместе с Л. И. Брежневым в 1964 году; последние, кроме

---

[12] См. также: ГАРФ. Ф. 9520. Оп. 1. Д. 1910 (совещание лиц, ответственных за туризм, декабрь 1974 года). Л. 55, 63.

[13] См. также: Труд. 1970. 21 мая. В. Г. Кривошеев, давний сторонник превращения туризма в индустрию, в 1981 году все еще продолжал свою кампанию: Туризм. Становление отрасли // Труд. 1981. 5 сентября.

[14] ГАРФ. Ф. 9520. Оп. 1. Д. 1272. Л. 21, 41, 234.

[15] См. также: ГАРФ. Ф. 9520. Оп. 1. Д. 2077 (совещание Центрального совета по туризму, апрель 1975 года). Л. 57–58. Кривошеев в 1965 году предложил устанавливать более низкие цены на размещение в гостиницах, расположенных в пригородах [Кривошеев 1965: 139]. ГАРФ. Ф. 9520. Оп. 1. Д. 631. Л. 204.

того, молчаливо признавали за советскими потребителями способность к выбору варианта отдыха и, как всегда, вели дискуссии относительно социальных и идеологических целей путешествия. Но нечего было и думать о том, чтобы попытки «подкрутить» ценовые механизмы привели к классовому разделению в том, что касается отпуска. Целью по-прежнему оставалось обеспечение права на отдых для всех граждан, ценообразование же должно было поощрять рациональное пользование услугами.

Современная туристическая индустрия подразумевала планирование с участием экспертов и профессиональное обучение. Здесь инициативу проявляли не столько в центре, сколько на местах. Абхазский совет по туризму в 1964 году открыл первый институт, занимавшийся научным планированием в сфере туризма; среди сотрудников были историки, искусствоведы, этнографы, агрономы, врачи. Помимо исследований и публикаций по экономическим проблемам туризма, институт разрабатывал новые маршруты по республике, создавал оригинальные сувениры на местные темы, проектировал новые туристические комплексы. В середине 1960-х годов журналисты начали призывать к набору руководителей групп и экскурсоводов из числа профессионалов. В середине 1970-х годов была создана Всесоюзная научно-исследовательская лаборатория туризма и экскурсий, предоставлявшая экспертные услуги, проводившая собственные опросы и дававшая рекомендации Центральному совету по туризму и экскурсиям. Вследствие роста спроса на квалифицированный обслуживающий и руководящий персонал Высшая школа профсоюзного движения ВЦСПС открыла (1973) отделение туризма, первый выпуск которого состоялся в 1977 году. В 1982 году произошло объединение учебных программ по всей стране — появился институт, готовивший специалистов в области туризма, где обучались 18 000 профессиональных и добровольных инструкторов, экскурсоводов, администраторов [Глушкова 1968; Абуков 1978][16].

---

[16] См. также: ГАРФ. Ф. 9520. Оп. 1. Д. 632. Л. 92–97; Труд. 1968. 21 мая; 1970. 21 мая; 1976. 3 декабря; 1982. 14 января.

Чиновники признавали, что современные маркетинговые методы могут способствовать повышению привлекательности советского туризма — необходимо эффективнее информировать широкую публику о его достоинствах с образовательной и социальной точек зрения. Советы по туризму в 1960-е годы помещали в центральных газетах объявления о маршрутах, доступных в следующем году; плакаты подчеркивали привлекательность туризма с помощью визуальных образов. На одном из них можно было видеть фотографию Медного всадника в Ленинграде и надпись: «Туризм: богатые впечатления»[17]. В это же десятилетие, как указывалось выше, начались маркетинговые исследования — публичные опросы в центральных газетах, научные опросы Института общественного мнения «Комсомольской правды» и Плехановского института [Грушин 2003; Азар 1972а: 4; Азар 1972б: 5][18]. В 1969 году Центральный совет по туризму создал Центральное рекламно-информационное бюро «Турист», которому предстояло размещать объявления, распространять сувениры и путевки, снабжать местные туристические организации путеводителями[19].

Венцом всех этих рекламно-пропагандистских усилий стал новый ежемесячный журнал «Турист», долгожданный наследник журнала «На суше и на море». Активисты, которым остро не хватало такого издания, жаловались, что подобных журналов не издают только в СССР и Люксембурге[20]. Наконец, в 1966 году Центральный совет по туризму нашел нужные для этого средства. Для тех, кто ценил физическую сторону туризма, публиковались статьи о самых интересных направлениях, советы о развитии туристических навыков (ориентирование, установка непромокае-

---

[17] Труд. 1965. 24 января, 24 апреля.

[18] См. также: Труд. 1966. 10 июля.

[19] ГАРФ. Ф. 9520. Оп. 1. Д. 1272. Л. 40.

[20] ГАРФ. Ф. 9520. Оп. 1. Д. 750. Л. 160; ЦАГМ. Ф. 28. Оп. 3. Д. 2 (пленумы Московского городского совета по туризму, апрель, сентябрь 1962 года). Л. 67; ГАРФ. Ф. 9520. Оп. 1. Д. 447 (пленум Центрального совета по туризму, сентябрь 1962 года). Л. 140; Д. 578 (совещание лиц, ответственных за туризм, апрель 1963 года). Л. 50; Д. 631. Л. 155.

мой палатки). В журнале помещались полосные цветные фотографии и статьи, призванные привлечь путешественников в отдаленные уголки Советского Союза, полные экзотики. Судя по отзывам чиновников и читателей, «Турист» не сумел сделаться таким же популярным, как его предшественник: плановый тираж составлял 200 000 экземпляров, подписчиков же в 1967 году насчитывалось всего 82 000; большинство участников групповых туров даже не слышали о нем, а горячие сторонники самодеятельного туризма жаловались, что он ориентирован в первую очередь на «пижамников». Наибольший тираж — чуть более 200 000 — был достигнут в 1972 году, к 1984 году он упал до 81 000[21]. В то же время для потенциальных туристов были доступны другие источники информации, позволявшие спланировать отпуск, — «сарафанное радио», туристические клубы, регулярные публикации во всех ежедневных газетах, а также в других периодических изданиях. Так, «Литературная газета», выражавшая интересы городской интеллигенции, публиковала многочисленные рассказы о путешествиях, редакционные статьи, результаты опросов на тему туризма и отпуска начиная с 1960-х годов.

Сближение: потребление советского отдыха

К 1970-м годам советский туризм существовал в разнообразных формах: он мог быть внутренним и зарубежным, «суровым» и «спокойным». Миллионы «туристов выходного дня» в конце недели устремлялись прочь из городов с рюкзаками на спине, желая отдохнуть на природе. Но чем дальше, тем больше туристы ожидали от отпуска комфортных условий и дополнительных стимулов — экскурсий, возможностей для разного рода занятий, осмотра достопримечательностей. Одновременно, как уже говорилось в главе пятой, характерный для курортов медицинский

---

[21] ГАРФ. Ф. 9520. Оп. 1. Д. 921 (пленум Центрального совета по туризму, март 1966 года). Л. 36–37; Д. 1061. Л. 161–169. Максимальный тираж журнала «На суше и на море» составлял 75 000 экземпляров (1931), тираж последнего выпуска (июнь 1941 года) — 45 000.

режим уступил место более разнообразным практикам: развлечениям, восстановительному отдыху, воздушным и солнечным ваннам, качественному питанию, новым впечатлениям. Туристы рассчитывали, что в обмен на свои рубли получат столько же комфорта и удобств, сколько ранее предоставлялось лишь курортникам, — и государственный бюджет корректировался с учетом растущей привлекательности туризма. Расходы на туризм выросли с 260 миллионов рублей в 1970 году до 1 миллиарда в 1975-м; число участников групповых туров за эти пять лет утроилось [Абуков 1983: 27][22]. В 1975 году газета «Труд», орган ВЦСПС, впервые отвела под материалы о туризме больше места, чем под материалы о курортном отдыхе[23]. Фотографии новых «туристических» гостиниц, возводившихся как в отдаленных районах, так и в популярных местах отдыха, теперь появлялись рядом со снимками сравнительно современных многоэтажных корпусов санаториев. Чиновники от туризма рассуждали о «туристических комплексах», которые предоставляли бы различные услуги — размещение, экскурсии, восстановительный отдых, культурные программы. Как указывал в 1975 году один специалист по строительству, понятия отдыха и туризма все больше сливались друг с другом[24].

В свидетельствах самих туристов и дискуссиях среди чиновников теперь подчеркивалась важность того, чтобы во время туристических поездок предоставлялись те же удобства, что и во время пребывания на курорте или в доме отдыха — исключая медицинский уход. Вспоминая о поездках, организованных Сочинской турбазой в 1965 году, туристы оставляли десятки комментариев, хваля внимательное и эффективное обслуживание,

---

[22] См. также: Труд. 1975. 14 сентября.

[23] Это видно из ряда статей, публиковавшихся в 1957–1982 годах. Так, в 1960 году появились 42 статьи о здравницах и 22 о туризме, в 1974-м — соответственно 17 и 15, в 1975-м — 16 и 62. Туризму отныне была посвящена еженедельная колонка.

[24] Труд. 1965. 6 октября; 1969. 29 ноября; 1970. 6 января, 21 февраля; 1976. 22 января. О новом санатории в Крыму: Труд. 1975. 9 июля. Дворец или палатка? // Турист. 1975. № 10. С. 13–14.

Рис. 7.1. Вид турбазы «Горизонт» в Алуште, Крым, 1973. Фото Денисова. РГАКФД г. Красногорска. № 0341214. Публикуется с разрешения архива

хорошее питание, дружелюбность персонала — но указывая порой и на отсутствие комфорта. Те же самые чувства испытывали отдыхающие на курортах и в домах отдыха. Как отмечал один чиновник в 1963 году, туристы с каждым годом становились все более требовательными, ожидая, что номера будут чистыми и уютными, с зеркалами, шторами, горячей водой, что в гостинице они найдут парикмахерскую и другие учреждения бытового обслуживания. Туристы рассчитывают найти комфорт, вторил ему еще один чиновник, из Сочи: зачем платить 60 рублей за кровать в палатке, если за те же деньги можно получить современную комнату на турбазе «Сокол»?[25]

Круизы, в наибольшей степени сочетавшие элементы отдыха и туризма, высоко ценились возрастными путешественниками, которых больше не влекла романтика дорог. Школьный учитель, оставивший запись в книге отзывов круизного теплохода «Россия» (1970), писал, что он преследовал две цели: во-первых,

---

[25] СГА. Ф. 261. Оп. 1. Д. 1 (книги отзывов о туристических поездах, 1964). Л. 81; ГАРФ. Ф. 9520. Оп. 1. Д. 525 (пленум Центрального совета по туризму, апрель 1963 года). Л. 38–39; Д. 784 (пленумы региональных советов по туризму, 1965). Л. 144.

Рис. 7.2. Строительство турбазы «Сокол» в Сочи, 1971. Турист. 1971. № 9. Передний форзац

подвергнуться целебному воздействию морского воздуха и морской воды, во-вторых, познакомиться с такой прекрасной частью родины, как черноморское побережье. Первоначально он испытывал беспокойство: подходит ли это для туристов со слабым здоровьем? Но беспокойство вскоре прошло: о нем заботились так, словно он был дома. Другая запись гласила: «Мы набрались сил и здоровья и отлично отдохнули», — напоминая уже знакомый нам отзыв пациента здравницы. Директора турбаз старались успокоить немолодых туристов, волновавшихся из-за того, что турпоездка может оказаться для них слишком обременительной. Турбазы также могли обеспечить спокойное и комфортабельное пребывание: днем — домино, вечером — киносеансы[26].

В ответ на эти ожидания чиновники старались применять к турбазам те же стандарты, что и к курортам. Один инженер-проектировщик представил план нового комплекса, постройки которого могли использоваться и под базу отдыха, и под турбазу.

---

[26] СГА. Ф. 261. Оп. 1. Д. 91 (книги отзывов о круизах по Черному морю, 1969–1970). Л. 77 об.; Д. 167 (материалы об океанских круизах, 1971). Л. 39; ГАРФ. Ф. 9520. Оп. 1. Д. 1272. Л. 202.

Такой комплекс, состоявший из пятиэтажных зданий, мог существовать в двух вариантах — на 250 и на 500 человек. В каждом номере стояло две-три кровати и имелась ванная комната. В 1975 году чиновники обещали, что туристическая инфраструктура будет удовлетворять нужды любого отдыхающего:

> На каждом маршруте, в каждой туристской базе надо создать такие условия отдыха, которые могли бы удовлетворить самые разнообразные вкусы, отвечать самым высоким требованиям. При покупке туристической путевки каждый трудящийся должен быть уверен, что получит первоклассное обслуживание и не будет иметь поводов для жалоб, он может доверять сотрудникам туристических учреждений.

По утверждению другого чиновника, туристы, приезжавшие на Черное море, хотели останавливаться в многоэтажных гостиницах со всеми удобствами. И действительно, изданный в 1978 году справочник «Туристские путешествия по СССР», посвященный Кавказу, в том числе черноморскому побережью, открывался описанием 10 маршрутов, каждый из которых ограничивался одним приморским городом. Почетное место занимал маршрут № 32 по Сочи — о нем говорилось так, чтобы подчеркнуть роскошь идиллического курорта:

> Туристы, прибывающие в Сочи, живут на туристской базе «Сокол», расположенной на тихой, зеленой улице в центре города, неподалеку от городского пляжа. Они размещаются в благоустроенных корпусах или уютных летних коттеджах, в их распоряжении спортивные и танцевальная площадки, библиотека, киноконцертный зал, летний кинотеатр, бар. За 20 дней пребывания здесь туристы хорошо отдохнут, совершат ряд экскурсий [Лупандин, Пеунов 1978: 11–14].

Сам город обладал большой привлекательностью для туристов «не только из-за благоприятных климатических факторов, но и потому, что в нескольких километрах от центра города находится Мацестинский сероводородный источник, воды которого широко и эффективно используются для лечения различных заболеваний». При желании туристы могли совершить «несложный, но увлекательный поход вверх по долине реки Сочи» продолжительностью от двух до пяти дней[27]. На цветных фотографиях можно было видеть белые здания приморских гостиниц, детей, играющих на песчаных пляжах, чистые горные озера, руины старинных сооружений, заснеженные горные вершины, лыжников на подъемнике высоко над склоном.

Зарубежные поездки также сочетали в себе — чем дальше, тем больше — осмотр достопримечательностей и отдых; последний оказался не менее привлекательным, чем знакомство с другими странами. В 1960-е годы многие поездки предусматривали как осмотр достопримечательностей, так и пребывание на курорте или в доме отдыха для «восстановления здоровья». Советские туристы лечились на давно известных чехословацких курортах — Марианске-Лазне, Карловы Вары, вместе с отпускниками из других социалистических стран останавливались в домах отдыха на венгерском озере Балатон, все чаще приезжали в новопостроенные здравницы на черноморском побережье Болгарии и Румынии[28]. Болгария вскоре сделалась еще более престижным направлением, чем даже Крым и Черноморское побережье Кавказа. Инженер московского завода «Серп и Молот» сообщал, что очень волновался, отправляясь на 20 дней в болгарский дом отдыха (1960), но поездка превзошла все его ожидания, в том числе благодаря осмотру достопримечательностей и дружелюбию местных жителей. «Но больше всего нас поразило, как болгарские

---

[27] ГАРФ. Ф. 9520. Оп. 1. Д. 751 (пленум Центрального совета по туризму, октябрь 1965 года). Л. 46–47; Д. 2077. Л. 185; Труд. 1976. 16 сентября.

[28] ГАРФ. Ф. 9520. Оп. 1. Д. 1315 (отчеты руководителей групп, 1969). Л. 43; Д. 865 (отчеты руководителей групп, 1965). Л. 35, 61, 3–4, 50–52; Д. 390 (семинар-совещание по туризму, март 1961). Л. 43; Мартеновка. 1956. 22 мая; Знамя Трехгорки. 1962. 25 июля; ГАРФ. Ф. 9520. Оп. 1. Д. 1115 (отчеты руководителей групп, 1967). Л. 17, 28–29, 36–41, 46, 54–55, 66, 76–78; Д. 699 (отчеты руководителей групп, 1964). Л. 75–76, 81, 92, 102, 110; Д. 488 (отчеты руководителей групп, 1962). Л. 42–43; Д. 426 (отчеты руководителей групп, 1961). Л. 181–184; Д. 878 (отчеты руководителей групп, 1965). Л. 82–84; Знамя Трехгорки. 1962. 27 июня; ГАРФ. Ф. 9520. Оп. 1. Д. 1342 (отчеты руководителей групп, 1969). Л. 1–2, 13, 21, 34; Труд. 1957. 5 сентября.

Рис. 7.3. Автобусная экскурсия. Турист. 1972. № 10. С. 6

товарищи за три года в тех местах, где были сплошные леса и пустыри, создали первоклассный европейский курорт»[29].

Были, разумеется, и такие туристы, которых притягивал исключительно «первоклассный европейский курорт». Некоторые члены группы, отправившейся в Варну, сдали свои путевки на советские курорты, чтобы провести отпуск на знаменитых Золотых Песках, и были разочарованы, когда их разместили в самом городе, а не на побережье. Одна женщина, отдыхавшая на Золотых Песках, отказалась участвовать в каких бы то ни было туристических меро-

---

[29] Мартеновка. 1960. 21 июля (цитата); о болгарских «курортах XXI века» см. также: Скороходовский рабочий. 1974. 19 июля. В то же время болгарин Г. Марков осуждал уничтожение девственной природы, предпринятое по капризу Н. С. Хрущева, решившего развивать туризм [Markov 1983: 92].

приятиях, настаивая, что приехала в Болгарию на отдых[30]. Такого рода поездки на курорты способствовали осознанию того, что отдых и туризм не должны отделяться друг от друга: человек мог называть себя туристом, даже если приехал на пляж.

Об окончательном сближении туризма с курортным отдыхом говорили рост популярности семейного туризма и строительство новых комплексов, предназначенных для поездок родителей вместе с детьми. Как показано в главе пятой, чиновники, ведавшие курортами, не хотели обслуживать семьи. Движение за включение детей в туристические маршруты, предусматривавшие активное перемещение, встречало еще большее сопротивление: считалось, что дети неспособны выдерживать трудности пешего или байдарочного похода. Ввиду сближения туризма и отдыха, начавшегося в конце 1960-х годов, идея о создании условий для семейного туризма наконец получила одобрение, свидетельством чему стало решение 1969 года о строительстве новых по своему характеру туристических объектов. По определенным маршрутам теперь могли путешествовать дети возрастом от 12 лет, за ту же цену, что и взрослые, причем предприятия и профсоюзы должны были оплачивать половину стоимости. Но даже в середине 1970-х годов, несмотря на распоряжения сверху, чиновники все еще сокрушались, что наконец-то «настало время» решить проблему семейного туризма, начать сооружение новых баз, приспособленных к потребностям детей. Число баз и маршрутов, на которые допускались дети, выросло к 1974 году, когда 300 000 детей с родителями совершили поездки по всесоюзным маршрутам; кроме того, теперь дети возрастом от 12 лет могли путешествовать поездом и морем. Однако в том же году турбазами воспользовались 13 218 000 человек. Кроме того, структура ценообразования в сфере реализации путевок по-прежнему препятствовала семейному отдыху. Глава Совета по туризму Украины упоминал о случае в Ялте: автотурист прибыл на базу, зарегистрировался, получил ключи и только тогда открыл чемоданы: из них выско-

---

[30] ГАРФ. Ф. 9520. Оп. 1. Д. 491. Л. 106; Д. 421 (отчеты руководителей групп, 1961). Л. 20.

чили двое детей, прятавшиеся там в течение всей регистрации [Народное хозяйство СССР в 1974 году: 617][31].

При этом советские родители, не считаясь с расходами, все чаще стремились выехать «всей семьей на отдых», как советовал плакат, выпущенный в 1957 году — задолго до принятия соответствующие государственной политики (см. главу шестую). Краснодарский краевой совет по туризму и экскурсиям, чьи полномочия распространялись на Сочи и на туристский лагерь в Анапе, в 1975-м открыл семьям двери 11 пансионатов и 14 турбаз, в качестве «эксперимента». Страхи относительно того, что дети испортят взрослым отдых, были опровергнуты: как выяснилось, отдыхающие всех возрастов мирно сосуществовали друг с другом, при условии правильной организации пространства. В 1981 году 11 турбаз и гостиниц, от Абхазии до Минска, также в виде «эксперимента», стали предлагать номера для родителей и детей возрастом от пяти лет. Доступ семей на турбазы способен даже улучшить нравственную атмосферу, заявлял председатель Владимирского областного совета по туризму. Старые схемы — родители путешествуют сами по себе, дети отправляются в пионерлагеря — в 1980-е годы уступили место совместному семейному отдыху. Согласно исследованию, проведенному в Краснодарском крае (1985), 80 % туристов на базах приветствовали дальнейшее развитие семейного туризма и лишь 9 % предпочитали отправлять своих детей в пионерлагеря. Трудно сказать, что стояло за этими предпочтениями, не изучив эволюцию самих лагерей. К. Келли полагает, что политическая составляющая отдыха там в 1960-е годы стала малозаметна, а бытовые условия оставались элементарными [Иващенко 1985: 6; Kelly 2007: 556–560][32]. Таким образом, явное предпочтение семейного отдыха в 1970-е годы отражало не столько неприятие официальной идеологии, уже утратившей былую силу, сколько приоритет советской семьи: именно в ее кругу жители СССР предпочитали заниматься потреблением,

---

[31] См. также: Труд. 1969. 15 марта; ГАРФ. Ф. 9520. Оп. 1. Д. 1910. Л. 316; Д. 2077 (пленум Центрального совета по туризму, апрель 1975). Л. 20, 57; Труд. 1973. 4 августа.

[32] См. также: Труд. 1975. 25 октября; 1981. 13 февраля; Турист. 1981. № 7. С. 20–21.

Рис. 7.4. Семейный палаточный лагерь на Новоафонской турбазе. Абхазия, Грузинская ССР, 1971. Фото М. Альперта. РГАКФД г. Красногорска, № 1–1650цв. Публикуется с разрешения архива

получать удовольствие, открывать новое. И в этом отношении советский туризм также сближался с курортным отдыхом и с туризмом, практиковавшимся в других развитых странах.

Расхождение: суть замысла размывается

По мере того как советские туристические и отпускные практики на протяжении 1960-х и 1970-х годов становились все более зрелыми и к ним приобщались новые миллионы граждан, предпочтения туристов и отдыхающих в том, что касается выбора варианта отпуска, становились все более отчетливыми и разнообразными. Содержательность была по-прежнему важна, но туристы ставили перед собой самые разные цели. Постановление 1969 года гласило: «Туристские походы и путешествия... способствуют воспитанию у советских людей... любви к Советской Родине, верности революционным, боевым и трудовым традициям нашего народа»[33].

Даже став индустрией, туризм должен был сохранять заложенное некогда в него содержательное начало.

По мере развития туризма становилось все труднее не утратить идеологический смысл, который вкладывал в него режим. На туристических маршрутах насчитывалось множество исторических памятников, но после XX съезда КПСС сама история стала источником конфликта и двусмысленности. Профессиональные историки принялись оспаривать клише сталинской эпохи и факты, считавшиеся несомненными, туристы же получали все больше возможностей для того, чтобы выбрать собственный маршрут и собственный нарратив[34]. Прославление прошлых достижений СССР, указывал Абуков в 1973 году, способствует выполнению задач в сфере патриотического туризма, содержащихся в Постановлении 1969 года. Но советское прошлое становилось неоднозначным. Возрождение интереса к Древней Руси, которое подпитывали новообразованные общества по охране памятников, угрожало подорвать антирелигиозные установки Коммунистической партии. Чиновники беспокоились: прикрываясь «исторической культурой», некоторые экскурсоводы показывали слишком много монастырей, церквей и мечетей, пренебрегая памятниками советской культуры. Приводился пример того, как исторический туризм лишается социалистической составляющей: в Оренбурге туристы выслушали рассказ о посещении города Александром II. Экскурсоводы по всей стране, от Смоленска до Барнаула, начали упоминать о местах, связанных с последним императором — Николаем II. Худшими для тех, кто не видел в досоциалистическом прошлом ничего хорошего, были экскурсии, восхвалявшие достижения капиталистов XIX века: одна из них, к примеру, называлась «Улан-Удэ — купеческий город»[35].

---

[33] Труд. 1969. 26 июня.

[34] Об исторических противоречиях начала 1960-х гг. см. [Heer 1971; Бурджалов 1967; Markwick 2001].

[35] ГАРФ. Ф. 9520. Оп. 1. Д. 1746. Л. 29–31.

Были и те, кто стремился уберечь старинные русские памятники от порчи толпами туристов. С 1960-х годов чиновники в центре начали создавать сеть маршрутов по «Золотому кольцу» — древнерусским городам, окружающим Москву, — имея в виду как зарубежный, так и отечественный туристический рынок[36]. Центральным пунктом маршрута стал старинный город Суздаль с его кремлем и церквями; чиновники и архитекторы составили планы реставрации зданий и сооружения туристического комплекса, который сделал бы город важной точкой притяжения для туристов. В 1966 году Суздаль посетили 300 000 туристов, несмотря на полное отсутствие нужной инфраструктуры. Планировщики и архитекторы предложили создать сеть мотелей, гостиниц, ресторанов, рекреационных сооружений (спортплощадки, кинотеатры), чтобы город превратился в первоклассное туристическое направление, в «Мекку российского туризма». В старинных зданиях должны были разместиться тематические рестораны, воссоздающие атмосферу Древней Руси с ее кухней (тушеная медвежатина, медовуха). «Пуристы» возражали: открытие этих городов для массового туризма приведет к уничтожению уникальных памятников культуры. Специалисты в области архитектуры признавали, что туристы хотели бы знакомиться с этими выдающимися ансамблями самостоятельно, а не в составе группы, чтобы они открывались только их «взгляду», но государство не могло позволить себе дорогостоящих реставрационных проектов без доходов, приносимых массовым туризмом. Туристам же, настаивали они, требуются не только новые знания, но также комфорт и развлечения [Орлов 1967; Волков 1968; Орлов 1968; Выборный 1968].

Массовый туризм оказывал воздействие не только на исторические города, но и на природу; возникло беспокойство, что нашествие туристов на природу может нанести вред экологии. Один турист в письме, направленном в «Литературную газету»,

---

[36] В статье, помещенной в «Труде» от 17 декабря 1970 года, подробно описывались достопримечательности на двадцатидвухдневном маршруте, пролегавшем по этим городам.

рассказывал, что на озере Селигер туристы ставят палатки, используя в качестве кольев молодые деревца, оставляют пустые банки, разбитые бутылки, бумагу, вырванные с корнем деревья. Один спортивный чиновник в 1966 году говорил так: «Нечего греха таить, не все путешествия, походы отвечают задачам советского туризма. Немало имеем случаев плохого отношения к природе, поджогов леса, бессмысленного уничтожения растительности. Имеются случаи, когда походы и путешествия превращаются в бесцельные пикники»[37].

Представители Всероссийского общества охраны природы — негосударственной организации — с 1960-х годов участвовали в работе Центрального совета по туризму, чтобы защищать экологию от туристов-вандалов[38].

Как и во время борьбы с бродяжничеством в 1930-е годы, чиновники от туризма опасались, что неорганизованные группы «дикарей» исповедуют неверные ценности — гедонизм и индивидуализм, угрожая тем самым коммунистическому проекту. Те, кто чуждался групп, кроме того, нарушали правила советского туризма. В начале 1930-х годов журналисты клеймили их как «бродяг», и такое явление, как бродяжничество — бесцельные путешествия или, хуже того, пикники, устраиваемые в одиночку, — критиковалось и в 1950-е, и в 1960-е годы[39]. Отрыв от коллектива в заграничных поездках был серьезным прегрешением против групповых ценностей и к тому же создавал проблемы с безопасностью. Руководители групп в своих отчетах критически высказывались о подобном поведении. Запрещалось даже навещать живущих за рубежом родственников, но все же многие покидали свои группы, чтобы увидеться с родными, служащими в советской армии, друзьями, с которыми завязали отношения в их родной стране или в СССР, другими знакомыми. Обычно

---

[37] Литературная газета. 1961. 25 ноября; ГАРФ. Ф. 9520. Оп. 1. Д. 921. Л. 123, 127 (цитата).

[38] Труд. 1968. 23 мая.

[39] ГАРФ. Ф. 9520. Оп. 1. Д. 921. Л. 18; Д. 447. Л. 122; Д. 578. Л. 137; Турист. 1969. № 8. С. 2.

руководители групп обладали безупречными партийными характеристиками, но один из этих видных деятелей тем не менее сбежал с поздравительного банкета, чтобы провести вечер в болгарском городе. Чем больше турист привыкал к заграничным поездкам, тем с большей вероятностью он хотел «увидеть все своими глазами», путешествуя самостоятельно, а не в составе группы. Во время круиза по Дунаю муж и жена, чье поведение вызвало критику, возразили, что они за поездку заплатили и будут уходить и приходить, когда им заблагорассудится[40]. Перед нами классический парадокс: путешествие должно приводить к самореализации, которая является общественным благом, но уверенность в себе ведет к нарушению норм социалистического коллективизма. Выше всего были ставки в зарубежных поездках, но противоречия между дисциплиной, навязываемой членами группы друг другу, и дисциплиной, усваиваемой через социальные нормы, были свойственны советскому туризму в целом, как внутреннему, так и заграничному. В то же время одиночный велопоход Г. Л. Травина приобрел в 1960-е годы широкую известность и явился подтверждением того, что путешествие в одиночку также способно развить уверенность в своих силах и внушить любовь к родине [Харитановский 1960, 1965; Травин 1975].

Акцент на уверенности в себе и самостоятельности отражался в повсеместном предпочтении, отдаваемом семейному отдыху, и все чаще звучавших требованиях обеспечить для него условия. Самодеятельных туристов издавна поощряли собираться в группы согласно их предпочтениям, чтобы поход оказался успешным. Все больше советских туристов получали опыт и уверенность, позволявшие им самостоятельно передвигаться по родной стране, и им хотелось делать это внутри избранной ими группы — семьи, а не утруждать себя установлением отношений с незнакомцами. Группа, с ее духом товарищества, коллективной дисциплиной и взаимным надзором, утратила свою привлекательность.

---

[40] ГАРФ. Ф. 9520. Оп. 1. Д. 421. Л. 20, 30; Д. 597. Л. 4, 20, 84; Д. 407 (отчеты руководителей групп, 1961). Л. 19; Д. 422 (отчеты руководителей групп, 1961). Л. 9; Д. 893 (отчеты руководителей групп, 1965). Л. 112; Д. 390. Л. 6–7.

На практике советский туризм в 1970-е годы растерял идеологический багаж, приданный ему в пору его «пролетарской» молодости, и превратился в набор возможностей — можно было путешествовать куда угодно, осматривать что угодно. Социологические исследования, объектом которых стали турбазы в популярных туристических зонах (1974), выявили существование 34 вариантов проведения отпуска, в зависимости от различных факторов (виды перемещения, отпуск с семьей или отдельно, основные цели путешествия). Все респонденты соглашались, что отпуск должен принести новые знания и одновременно помочь восстановить здоровье, но расходились относительно того, должно ли получение знаний являться главным ориентиром, как было с 1920-х годов. Путешествие преимущественно с целью приобретения знаний (посещение музеев, осмотр историко-культурных и архитектурных памятников) — основной вид туристического отпуска — предпочитали 26 %, но при этом 22,7 % выступали за равное соотношение познавательных экскурсий и минимального медицинского ухода, 21,9 % выступали за сочетание экскурсий с физическими нагрузками (ночными походами, занятиями спортом), 23,6 % хотели бы не заниматься в отпуске ничем особенным, разве что каждый день участвовать в коротких экскурсиях — классический курортный отпуск. Лишь 4,6 % высказывались за пешие прогулки и спорт — то были отголоски физкультурного движения: этот вариант можно назвать «приключенческим туризмом». Итак, заключали авторы исследования, две трети советских граждан желают отпуска, который расширял бы их кругозор. Одновременно большинство их, даже сторонники активного туризма, хотят останавливаться в комфортабельных гостиницах [Прилуцкий 1974: 19].

Таким образом, советский туризм и отпуск, как и первоначально, выполняли две задачи, сочетая в себе содержательность и удовольствие. Как мы видели в главе шестой, противоречие между этими задачами продолжало разделять планировщиков в сфере туризма, однако последние все чаще признавали, что истинный советский туризм может выбирать любой из этих вариантов и даже — в течение своей жизни — испробовать каждый из них. Модернизирующаяся советская туриндустрия старалась откликаться на предпочтения зрелых и знающих потребителей досуга, увеличивая вложения и рационализируя организацию. Ее руководители стремились удовлетворять нужды семей, одновременно облегчая групповые путешествия на поездах, судах и автобусах, развивали зарубежный туризм. Но предложение по-прежнему отставало от спроса: объявляя о пятилетке, которая должна была начаться в 1985 году, — последней, как выяснилось потом, — профсоюзный секретарь В. И. Смирнов признавал, что туристическая инфраструктура способна удовлетворить лишь 20 % спроса на путевки в высокий сезон[41]. А. Х. Абуков в 1986 году обещал, что объем туристических услуг к 2000 году вырастет на 48 %, но признавал — не в первый раз и, видимо, не в последний, — что это потребует времени.

Эпилог
Путешествие продолжается

Принятая вскоре после распада Советского Союза Конституция Российской Федерации 1993 года подтверждала право на отдых (статья 37). Статья 27 добавляла нечто новое: каждый гражданин теперь мог «свободно передвигаться <по стране>... и свободно выезжать за пределы Российской Федерации»[42]. Как и само право на отдых, семантическое различие между туризмом и отдыхом пережило Советский Союз. Пеший поход по Карелии — который совершали многие советские студенты — относился к «туризму», но семейное путешествие к Каспийскому морю на машине явно было «отдыхом», как мне объяснили в 2001 году[43]. Однако представители более молодого постсовет-

---

[41] Турист. 1985. № 12. С. 2–3.
[42] Конституция Российской Федерации 1993 года.
[43] Личное сообщение Е. И. Пивовара.

ского поколения все чаще ориентировались на новый стандарт отпуска, в котором делался упор на услуги, комфорт и удовольствие. Так же, как жители Западной Европы с 1960-х годов «колонизировали» Средиземноморье, постсоветские туристы в 2000-х годах ринулись в новые курортные комплексы за границей, особенно на средиземноморском побережье Турции и Крита. Сериал «Туристы» (2005) отражал этот новый синтез туризма и отдыха: зрители могли почувствовать разницу между досуговой поездкой советского и постсоветского образца[44]. Согласно сюжету, туристы приобретали 12-дневный групповой тур, останавливаясь в современном и просторном турецком отеле, с бассейнами, теннисными кортами, тренажерами, песчаным пляжем, шведским столом, экскурсиями по выбору. Скандальная жена одного из них (другие туристы применяют в ее отношении термин «совок») постоянно недовольна высокими ценами и плохим сервисом. Она добивается того, что дорогостоящую экскурсию в сказочный замок заменяют дешевой автобусной поездкой в «сказочный» район сувенирных лавок. Стареющему известному актеру, которому предложили сняться в рекламном ролике об отеле, надоедают условия проживания и назойливые туристы, пачкающие его модную западную рубашку поло авторучками, когда просят дать автограф. Переодевшись в простую футболку, он взрывается перед камерой: «Это отель или проходной двор? Все, хватит с меня!» Его тирада входит в рекламный ролик, который начинается со вспышки гнева, затем за кадром звучит вкрадчивый женский голос: «Не хотите так отдыхать? Тогда вас ждут курорты Турции!» За этим следует снятый ранее эпизод: актер в своей рубашке поло, еще чистой, вкрадчиво перечисляет достоинства отеля. Остальные атрибуты классического советского отдыха на курорте остаются неизменными: взрослые пьют и ищут сексуальных побед, сын разведенного отца видит то, что не полагается видеть детям, мешая отцу хорошо проводить время. Турецкий аниматор, сочащийся фальшивым дружелюбием, организует

---

[44] Туристы: сериал в 12 частях. Реж. Александр Замятин. Рен-ТВ, 2005.

экскурсии и вечерние программы, взятые чуть ли не из пресловутой книги «В часы досуга», включая «Битву полов» и конкурс костюмов «Мистер и миссис отель». По крайней мере некоторые из гостей отеля рассчитывают вернуться в Москву хорошо отдохнувшими, готовыми вновь приступить к работе. Медицинская составляющая же полностью выпала из жизни отпускников. Единственные врачи в гостинице — два пластических хирурга из московской частной клиники, купившие путевку в этот тур. В новой России доктора потребляют досуговые услуги, а не оказывают их.

Заключение
Советский отдых и современный мир

В послевоенной Европе расцвел «социальный туризм»: то была особая категория отдыха, появившаяся в 1936 году, когда Международная организация труда приняла Конвенцию № 52 относительно ежегодных оплачиваемых отпусков[1]. Социальный туризм был призван предоставить недорогой и содержательный отдых для представителей всех классов общества, но стал неявной привилегией для рабочего класса, которому были недоступные прочие досуговые поездки. В 1936 году, после победы на выборах Народного фронта, во Франции приняли закон Лагранжа, предусматривавший скидки при поездке по отпускным направлениям, стала развиваться сеть учреждений социального туризма, поощрявших коллективизм, содержательность, выбор политической позиции. В послевоенный период эстафету подхватили комплексы для семейного отдыха, заведование которыми с 1960-х годов перешло к Французской коммунистической партии: они предлагали досуг, ориентированный на семьи, коллективные мероприятия, общественные и культурные [Cross 1989: 611–612; Furlough 1998].

Социалистическая Югославия с конца 1940-х годов также старалась предоставить своим недавно эмансипированным рабочим возможности, связанные с социальным туризмом: путешествия

---

[1] Информация взята с сайта Всемирной организации социального туризма, созданной в 1963 году, чтобы объединить независимые туристические организации, от профсоюзов до рабочих советов. URL: http://www.bits-int.org/en/index.php?menu=1&submenu= (дата обращения: 26.10.2021).

со скидками, специальные помещения для проживания, отпускные выплаты — чтобы группы с низким доходом могли войти в мир туризма [Duda 2010: 33–68]. Но даже в Югославии социальный туризм существовал наряду с коммерческим и нередко конкурировал с ним. А в начале 1950-х годов все соответствующие объекты были переданы коммерческой по преимуществу организации, нацеленной прежде всего на прием туристов из-за рубежа, но помимо этого, чем дальше, тем больше обслуживавшей растущий средний класс страны [Duda 2010: 10; Yeomans 2010: 72].

В СССР от начала и до конца весь туризм был социальным. В 1922 году государство на законодательном уровне предоставило гражданам возможности для отдыха, приняв закон об оплачиваемых отпусках. Отдых субсидировался путем предоставления инфраструктуры, установления особых цен на пассажирские перевозки, выплат по линии социального страхования, производимых профсоюзами. В силу своей направленности и организационной структуры советский туризм и отдых поощряли коллективизм, повышение культурного и образовательного уровня, участие в общественных делах. От появления новой культуры отдыха и туризма больше других выиграла советская интеллигенция, но в 1960–70-е годы возможностями для отдыха стали пользоваться и рабочие, отправляясь в государственные санатории и дома отдыха, на турбазы, морские прогулки и базы отдыха, в рыбацкие и охотничьи избы, спортивные лагеря, принадлежавшие предприятиям. Для сельскохозяйственных рабочих, доля которых в населении СССР была существенно больше, чем в населении промышленно развитых стран Запада, отдых и туризм оставались чем-то чуждым, а доступ к ним был затруднен. То и другое оставалось привилегией городских жителей. Но в отличие от социального туризма на Западе, советский туризм и отдых были ориентированы на одиноких взрослых граждан, которые уже на месте сплачивались в коллектив. Чиновники по-прежнему не поддерживали идею создания «комплексов для семейного отдыха», и семьи не могли воспользоваться этой возможностью. Лишь в позднесоветское время, да и то неохотно, власти признали наличие спроса на семейный отдых, а значительная часть населения выступала по-прежнему за отдых «отдельно от семьи». Семейный отдых в СССР происходил вне системы организованных, дотируемых досуговых поездок, опираясь на неформальные связи и нелегальные рыночные отношения.

Принимаясь за эту книгу, я ставила целью исследовать, каким образом советский режим и его граждане взаимодействовали с целью обеспечить «хорошую жизнь» в виде досуговой поездки. Также я хотела выяснить, как выглядела реальная жизнь при социализме через призму отдыха и значения, которое придавалось путешествиям. Советская система с ее коммунистической идеологией, централизованной плановой экономикой и ужасными проявлениями политического насилия может показаться уникальной исторической формацией, но по большей части история отдыха в СССР соответствует тому, что наблюдалось на протяжении XX века в остальном мире. Что можно узнать, глядя на эту историю протяженностью в несколько десятилетий, о сущности и историческом пути системы в целом? История туризма позволяет выявить ряд факторов, которые привели к краху режима: неспособность экономики удовлетворить растущие ожидания городских потребителей, желание свободно путешествовать по стране и миру, не встречавшее понимания, усиление трений между этническими группами и другими сообществами, интеграции которых система так и не добилась. Изучение туризма может многое рассказать о столкновениях различных народов СССР и квазиимперских взаимоотношениях, которые привели в конце 1980-х — начале 1990-х годов к вспышкам сепаратизма, сопровождавшимся насилием. В то же самое время эта история говорит о живучести системы и о том, как досуговые институции (наряду со многими другими) создавали ощущение материального и культурного благополучия, формировали спаянные коллективы и в какой-то мере удовлетворяли стремление граждан к расширению горизонтов.

История советского туризма и отдыха подчеркивает правоту тех, кто признает противоречивость советского режима — двуликого Януса, — к которому применима поговорка о наполовину пустом и наполовину полном стакане. Можно настаивать на том, что эта история высвечивает нелиберальный характер режима, при котором интересы индивида была подчинены нуждам коллектива и государства. Советские отдых и туризм задумывались как государственное дело, как здоровая альтернатива иному времяпровождению, и были призваны дисциплинировать необузданную молодежь и восстанавливать здоровье рабочих, чтобы те могли трудиться продуктивнее. Помимо содержательных задач медицинской профилактики, имелась и культурная составляющая: ежегодный отпуск становился частью всеобъемлющей цивилизаторской миссии советского режима.

История нелиберального Советского Союза убеждает в устойчивости социальной стратификации и способов, при помощи которых привилегированные побеждают эгалитаризм. Последние по-прежнему обеспечивали свое положение, получая доступ к туризму и курортному отдыху; досуговые поездки во многих отношениях усиливали социальные различия, которые эгалитарная идеология намеревалась стереть. Право на ежегодный туристический или курортный отдых стало одной из привилегий новой советской элиты, что противоречило изначальным установкам социалистического общества. История туризма и отдыха, кроме того, указывает на провал централизованной плановой экономики, ее неспособность адекватно управлять потребительским сектором и сектором услуг. Эта неспособность усугублялась структурными барьерами внутри административно-командной системы и инерцией бюрократии с ее ментальностью, которую прекрасно иллюстрируют ежегодные шаблонные речи руководителей турбаз и курортов. Историки экономики не раз задавались вопросом, кто был виновен в провалах плановой экономики при Сталине: «жокей» — негодные руководители — или «лошадь» — система как таковая [Gregory 2003]? Ясно, что ответственность лежит на обоих.

Исследование нелиберального аспекта советского туризма способна дать представление о том, какими методами режим контролировал и ограничивал мобильность граждан — от системы путевок, дозировавшей доступ к туристическому и курортному отдыху, до контрольно-надзорного аппарата, ограничивавшего поездки жителей СССР за рубеж. Постоянную опасность для путешествующих представляли враги и «другие» — праздношатающиеся, которых клеймили как «бродяг», вызывающие беспокойство спутники склонных вступать в интимные отношения с иностранцами советских туристок за границей, исполнители неприемлемых в культурном отношении танцев, которые наблюдали туристы. Медицинский персонал и экскурсоводы, правила и режимы — все это ограждало участников досуговых поездок от ответственности, которую влечет за собой независимость, и укрепляло позиции «государства-няньки», в котором отношения дисциплины и зависимости воспитывали послушное население.

В книге показано, как советские путешественники и отдыхающие существовали в этой сфере принуждения и идеологии, однако сложно сказать, основывалось ли их участие во всем этом на согласии, сопричастности и лояльности, или же отпускники чувствовали отчуждение и питали молчаливое недовольство. Были ли путешествия и отдых возможностью ненадолго сбежать от материальных трудностей и политического контроля? Или усиливали лояльность к режиму, предоставлявшему такую возможность? В своих впечатляющих воспоминаниях Е. С. Гинзбург, бывшая политзаключенная, прошедшая через тюрьмы, лагеря и ссылку, открыто говорит о чувстве свободной радости, которое доставляли отдых и туризм в СССР. Вспоминая свой путь на свободу, проходивший по колымской дороге, она пишет:

> ...когда я прикидываю, встречалась ли я когда-нибудь с настоящим безумным счастьем, то только и могу вспомнить два коротких эпизода. Один раз это было в Сочи. Совсем беспричинно. Просто мне было двадцать два, и я танцевала вальс на открытой террасе санатория с профессором по диамату, который был старше меня лет на двадцать пять и в которого весь наш курс был влюблен. А вот вторично мне удалось ухватиться за хвост Жар-птицы именно в тот день, который я сейчас описала. Пятнадцатого февраля 1947 года, на трассе Эльген-Таскан во время бурана [Гинзбург 2008: 123][2].

---

[2] О близости поездок, совершаемых с целью удовольствия, и тех, которые организовывали карательные органы, см. [Koenker 2012].

Можно также обратить внимание на то, каким образом отпускные поездки развивали способность советского гражданина действовать в качестве независимого индивида и превращали его советскую личность в современную личность. Это также являлось частью официального проекта режима. Развитие советской потребительской экономики позволяло осуществлять выбор, оттачивало вкус, давало возможность использовать потребительские товары и услуги, чтобы выделяться на фоне других. Советские туристы и отдыхающие высказывали совершенно определенные предпочтения относительно условий, в которых хотели бы провести отпуск, и ожидали ответа от чиновников. «Не потребитель для нас, а мы для потребителя». Хотя заграничные поездки заставили по-новому посмотреть на пользу активных путешествий, во время которых есть чем заняться, нормой в СССР оставался малоподвижный отдых на курорте или в доме отдыха, и различия между отдыхом и туризмом сохранялись в течение всей советской эпохи. Выбор потребителей закреплял эти различия. Лишь меньшинство советских отпускников участвовали в активных туристических поездках, например с целью физической закалки или организованного осмотра достопримечательностей. В 1970-е годы туристическую инфраструктуру расширяли, чтобы облегчить доступ к нормативным стационарным учреждениям, особенно для семей. По мере сближения туризма и отдыха идеалом в СССР становился отпуск, проведенный в месте вроде Сочи, с большими гостиницами, солнцем, морем, разнообразной деятельностью, хорошим питанием, вечерними развлечениями. Даже уклон советского отпуска в сторону медицины имел для отдыхающих положительную сторону в личном плане. Государство выигрывало от поправки здоровья работников, но отдых, восстановление сил, улучшение физической формы были привлекательны для советских граждан как индивидов и членов семей, не только как рабочих. Как указывает Д. Маккеннел, турист — это «современный человек в целом», и советские туристы участвовали в этом проекте, выбирая, куда и каким образом путешествовать, приобретая в поездках знания о мире и познавая себя. Как отмечалось ранее, этими возможностями в особенности пользовались советские женщины — их стремление к освобождению часто отходит на второй план, поскольку главное внимание уделяется двойному бремени, которое несут женщины при социализме.

История отдыха свидетельствует о провале плановой экономики как средства обеспечения экономического роста, но одновременно о том, что система отличалась приспосабливаемостью и обладала потенциалом для изменений. Режим сознательно моделировал советские курорты в соответствии с аристократическими стандартами больших масштабов и роскоши: советскому пролетариату следовало обитать во дворцах, а не обычных домах. Целый ряд административных решений должен был обеспечить массовый доступ к досуговым поездкам. Добровольное Общество пролетарского туризма и экскурсий не смогло примирить интересы туристов и государства, и ответственность за туризм возложили на профсоюзы, более влиятельные и способные мобилизовать больше ресурсов. Кроме того, в 1960 году курорты передали от Министерства здравоохранения, сосредоточенного на медицинских задачах, все тем же профсоюзам — не только из-за их организационных возможностей, но и потому, что они представляли более широкий спектр общественных интересов. Чиновники не торопились признавать наличие спроса на семейный отдых, но система сама по себе могла оценивать этот спрос и пытаться вносить изменения. Вместе с тем она же создавала условия для возникновения трудностей, и перемены шли медленно.

При периодизации советской истории обычно выделяют сталинскую эпоху, за которой последовала хрущевская, нередко противопоставляемая, как время экономической либерализации — что спорно — брежневской эпохе с ее экономическим застоем и политическими преследованиями (с середины 1960-х до середины 1980-х годов). Советский туризм и отдых развивались по своим особым законам, и границы между эпохами в этом случае выглядят далеко не такими жесткими. Туризм и курортный отдых возникли в 1920-е годы с содержательной, имеющей медицинский уклон и ориентированной на государственные интересы повесткой, но к середине 1930-х годов потребители этих услуг превратили досуговую поездку в нечто другое — сочетающее индивидуальное удовольствие, комфорт, приобретение знаний и даже бегство от окружающей действительности. Ни война, ни смерть И. В. Сталина почти ничего здесь не изменили. Неспособность экономики мобилизовать ресурсы, необходимые, чтобы расширить возможности для досуговых поездок, была куда более серьезным ограничением. Важным поворотным пунктом стал 1955 год, когда разрешили поездки за границу. Это решение было признаком совпадения государственных и частных интересов. Разрешая гражданам выезжать за рубеж, государство демонстрировало доверие к ним, убежденность, что знакомство с другими культурами пойдет им на пользу, а сравнение не пошатнет их взглядов. Условием для непрерывного развития советской системы было накопление знаний, включая знания об окружающем мире. Частью этого были содержательные контакты между работниками предприятий — но также и способы, при помощи которых заграничный туризм учил людей учиться. Обеспечение интересов советских граждан как потребителей с середины 1950-х годов все больше составляло смысл существования режима, что и было закреплено в Программе КПСС, принятой в 1961 году.

В драматичные перестроечные годы брежневская эпоха казалась временем стагнации. На деле же потребительская экономика продолжала оставаться объектом первоочередного внимания режима, и после 1968 года — в период, отмеченный репрессиями против диссидентов в культуре и политике, — инфраструктура для туризма и отдыха расширилась как никогда ранее. Сторонники теории полупустого стакана могут объяснить это циничной попыткой отвлечь граждан путем предоставления им товаров и услуг, чтобы они не замечали собственной несвободы[3]. Если же

---

[3] Дж. Миллар полагает, что брежневский режим заключил «маленькую сделку» с гражданами, разрешив нарождавшийся нелегальный частный рынок, помогавший удовлетворять нужды потребителей, в обмен на политическую пассивность.

стакан кажется наполовину полным, расширение возможностей для досуговых поездок означало «хорошую жизнь» для многих, а не для некоторых, стало выполнением обещания, которое с самого начала лежало в основе социалистического революционного импульса.

Право на отдых (включая право свободно путешествовать, чтобы отдохнуть) представляло собой лишь одно из восхваляемых преимуществ Конституции СССР 1936 года, и все же возможность путешествовать стала одной из самых запоминающихся деталей советского прошлого. Почти в каждом рассказе участников устного исследования по истории советской средней школы — выпускников 1967 года — встречаются воспоминания о поездках за границу и по стране вместе с сожалением по поводу того, что новые границы разделили некогда единое пространство [Russia's Sputnik Generation 2006][4]. Государство регулировало перемещения, совершаемые с производственными и карательными целями, а также ради удовольствия, но в то же время активно поощряло мобильность, и в процессе этого создавало независимого индивида из «парадокса Лефора». В повествованиях советских туристов нескольких поколений, с 1920-х по 1980-е годы, отражены освобождающие — и формируемые государством — ценности путешествия: туристы лучше узнают родину (в том числе путем сопоставления с другими странами), приобретают новых друзей, укрепляют семейные связи, восстанавливают физическое и умственное здоровье. Они хорошо проводят время. Это было наградой от государства для его граждан (пока они сохраняли лояльность государству), и с развитием советской экономики доступ к досуговым поездкам все больше становился нормой и все чаще ускользал из-под государственного контроля.

В июне 2008 года Нью-Йорк Таймс опубликовала материал с цитатой русского писателя В. В. Ерофеева, говорившего о преображающем воздействии путешествий:

---

[4] Когда я собирала материалы для исследования, это сожаление не раз высказывалось в различных местах и обстоятельствах — от читальных залов архивов до посиделок на кухне за обеденным столом.

Из-за всех этих путешествий происходит изменение ментальности внутри страны. Люди теперь стремятся к удовольствиям, будь то в московских ночных клубах или в ресторанах. В путешествиях они находят продолжение этих удовольствий. Просто для того, чтобы вести приятную жизнь, не болеть, хорошо себя чувствовать. Жизненные ориентиры россиян меняются, смещаются от «Мне вообще все равно» к «Я бы хотел жить лучше». Часть этой тенденции — путешествия. Мир становится частью их жизни[5].

Внутри этой действительности интересы советского государства и граждан совпадали: экономический рост вел к умножению знаний и удовольствий, к мобильности по свободному выбору человека. Но, кроме того, во время путешествия граждане становились свободными от государства, сами разрабатывали маршруты, требовали для себя автономии. Однако в конечном счете — может быть, именно из-за улучшения жизни — они оставались лояльными государству, которое сделало для них возможным самопознание через путешествия.

---

[5] Цит. по: URL: https://1prime.ru/Politics/20100719/754879124.html (дата обращения: 31.20.2021).

Источники

Архивные источники

Сочинский городской архив (СГА)
Фонд 5: Sanatorium association Sochi of the Fourth Main Department of the USSR Ministry of Health
Фонд 24: Sochi sanatorium-kurort association Sochikurort
Фонд 120: Sanatorium Metallurg of the Sochi territorial council for the administration of trade union kurorts
Фонд 178: Sanatorium Raduga of the Sochi territorial council for the administration of trade union kurorts
Фонд 195: Krasnodar tourist-excursion authority of the All-Union Central Trade Union Council
Фонд 214: Sanatorium Ordzhonikidze of the Sochi territorial council for the administration of trade union kurorts
Фонд 242: Excursion bureau of the Sochi city executive committee department of culture
Фонд 261: Sochi travel and excursion bureau of the city soviet for tourism and excursions

Государственный архив Российской Федерации (ГАРФ)
Фонд 3263: Rest Home № 2 of the Supreme Central Executive Committee of Soviets (Suuk-Su Karl Marx)
Фонд 5528: USSR People's Commissariat of Labor: Main Department of Social Security, 1922–33
Фонд 7576: USSR Council of People's Commissars: Committee for Physical Culture and Sport, 1921–80
Фонд 9228: USSR Ministry of Health Main Department of Kurorts and Sanatoria, 1937–56
Фонд 9493: Central Council for the Administration of Trade Union Kurorts, 1933–79
Фонд 9520: Central Council for Tourism of the All-Union Central Trade Union Council, 1928–77

Фонд 9559: All-Union Council of Voluntary Trade Union Sports Societies, 1957–91

Фонд 9612: USSR Institutions for the Management of Foreign Tourism (Inturist)

Фонд А-483: RSFSR People's Commissariat of Health: Health Resorts, 1922–40288 Bibliography

Фонд А-2306: RSFSR People's Commissariat of Enlightenment

Фонд А-8042: RSFSR People's Commissariat of Health: Main Department for Health Resorts, 1931–36

Российский государственный архив экономики
Фонд 7458: USSR People's Commissariat of Water Transport, 1931–39

Российский государственный архив кинофотодокументов (РГАКФД)

Российский государственный архив социально-политической истории (РГАСПИ)
Фонд М-1. Опись 3: Komsomol Central Committee bureau
Фонд М-1. Опись 4: Komsomol Secretariat
Фонд М-1. Опись 23: Central Committee departments 1919–41

Центральный архив города Москвы (ЦАГМ)
Фонд 28: Moscow TEU, predecessors, and successors

Центральный государственный архив историко-политических документов Санкт-Петербурга (ЦГАИПД СПб)
Фонд 435. Опись 1: Communist Party fraction of the Leningrad guberniia section of the Trade Union of Workers in the Printing and Cardboard Industries, 1918–29

Центральный государственный архив Московской области (ЦГАМО)
Фонд 4179: Moscow oblast trade union of military-metal industry workers
Фонд 7223: Moscow oblast department of kurorts, sanatoria, and rest homes of the All-Union Central Trade Union Council

Центральный государственный архив Санкт-Петербурга (ЦГА СПб)
Фонд 4410: Leningrad oblast council of All-Union Voluntary Society for Proletarian Tourism and Excursions (OPTE)

Фонд 4804: Leningrad guberniia department of All-Russian Union of Workers in the Printing Industry
Фонд 6276: Leningrad Trade Union Council

Газеты

Вечерняя Москва
Знамя Трехгорки
Комсомольская правда
Литературная газета
Мартеновка
Правда
Правда полиграфиста
Скороходовский рабочий
Сочинская правда
Труд

Журналы

Бюллетень Центрального Совета Общества Пролетарского Туризма
Вопросы курортологии
Всемирный турист
За рулем
Литературная газета
Московский печатник
На суше и на море
Наша страна
Огонек
Печатник
Советская Прибалтика
Турист
Турист-активист
Физкультура и спорт

Фильмы

Бриллиантовая рука. Реж. Леонид Гайдай. Мосфильм, 1968
Будьте моим мужем. Реж. Алла Сурикова. Мосфильм, 1982
Волга-Волга. Реж. Григорий Александров. Мосфильм, 1938

Девушка спешит на свидание. Реж. Михаил Вернер. Белгоскино, 1936
Запасной игрок. Реж. Семен Тимошенко. Ленфильм, 1954
Из жизни отдыхающих. Реж. Николай Губенко. Мосфильм, 1980
Июльский дождь. Реж. Марлен Хуциев. Мосфильм, 1966
К Черному морю. Реж. Андрей Тутышкин. Мосфильм, 1957
Кавказская пленница, или Новые приключения Шурика. Реж. Леонид Гайдай. Мосфильм, 1967
Любовь и голуби. Реж. Владимир Меньшов. Мосфильм, 1984
Москва слезам не верит. Реж. Владимир Меньшов. Мосфильм, 1980
Моя морячка. Реж. Анатолий Эйрамджан. Новый Одеон, 1990
Однажды летом. Реж. Ханан Шмаин и Игорь Ильинский, сценарий Ильи Ильфа и Евгения Петрова. Украинфильм, 1936
Печки-лавочки. Реж. Василий Шукшин. Киностудия имени Горького, 1972
Пловец. Реж. Ираклий Квирикадзе. Грузия-фильм, 1981
Советская империя. Сочи. Реж. Елена Калиберда. Телеканал Россия, 2004
Старые стены. Реж. Виктор Трегубович. Ленфильм, 1973
Три плюс два. Реж. Генрих Оганесян. Киностудия им. М. Горького, Рижская киностудия, 1963
Туристы, сериал в 12 частях. Реж. Александр Замятин. Рен-ТВ, 2005

Опубликованные источники

Абуков 1978 — Абуков А. Туризм сегодня и завтра: Туристско-экскурсионная работа профсоюзов. М.: Профиздат, 1978.
Абуков 1983 — Абуков А. Туризм на новом этапе: Социальные аспекты развития туризма в СССР. М.: Профиздат, 1983.
Абуков 1986 — Абуков А. Требует время // Турист. 1986. № 1. С. 1–3.
Аванесов 2001 — Аванесов В. Н. Анапа: Судьба и жизнь моя. Краснодар: Северный Кавказ, 2001.
Азар 1972а — Азар В. И. Отдых трудящихся СССР. М.: Статистика, 1972.
Азар 1972б — Азар В. И. Экономика и организация туризма (Методологические вопросы). М.: Экономика, 1972.
Аксенов 1966 — Аксенов В. Местный хулиган Абрамашвили // Аксенов В. На полпути к луне. М.: Советская Россия, 1966. С. 43–61.
Антонов-Саратовский 1930а — Антонов-Саратовский В. Долой бродяжничество! // На суше и на море. 1930. № 7.

Антонов-Саратовский 1930б — Антонов-Саратовский В. Туризм и физкультура // На суше и на море. 1930. № 5.

Антонов-Саратовский 1933 — Антонов-Саратовский В. Беседы о туризме: Азбука советского (пролетарского) туризма. 2-е изд. М.: Физкультура и спорт, 1933.

Архангельская 1935 — Архангельская О. А. Работа ячейки ОПТЭ по самодеятельному туризму. (Инструктивно-методические указания для ячеек ОПТЭ). М.: ЦС ОПТЭ, 1935.

Архангельская 1939 — Архангельская О. А. Самодеятельное путешествие. М.: Туристско-экскурсионное управление ВЦСПС в помощь туристу, 1939.

Архангельская 1947 — Архангельская О. А. Как организовать туристское путешествие. М.: Профиздат, 1947.

Архангельский 1959 — Архангельский В. Два рассказа // Туристские тропы. Альманах. Т. 2. М.: Физкультура и спорт, 1959.

Балдыш 1965 — Балдыш Г. Приглашение к путешествию // Литературная газета. 1965. 20 февраля.

Бархаш 1927 — Бархаш Л. Спутник туриста. М.: Московский рабочий, 1927.

Белобородов 1923 — Белобородов Л. Я. Принципы // Дома отдыха. Сборник статей и материалов (1920–1923 гг.). М.: Госиздат, 1923.

Бергман 1927а — Бергман Г. Отдых летом. М.: Молодая гвардия, 1927.

Бергман 1927б — Бергман Г. Первая книга туриста. М.: Молодая гвардия, 1927.

Велосипедный туризм 1998 — Велосипедный туризм / Сост. А. А. Булгаков. М.: Ключ, 1998.

Вертинская 2004 — Вертинская Л. Синяя птица любви. М.: Вагриус, 2004.

Власов 1935 — Власов А. Дарг-Кох — Сочи на велосипеде // На суше и на море. 1935. № 10.

Власов, Власов 1938 — Власов А., Власов М. По горам и степям Кавказа // На суше и на море. 1938. № 3.

Возвращаясь к напечатанному 1966–1967 — Возвращаясь к напечатанному. Еще раз о туризме // Литературная газета. 1966. 3 декабря. 1967. 8 февраля.

Волков 1968 — Волков О. Снова о Суздале. Реставрация или реставрация? // Литературная газета. 1968. 10 апреля.

Всесоюзная перепись 1926 — Всесоюзная перепись населения 17 декабря 1926 года. Краткие сводки. М.: Центральное статистическое управление, 1927–1929.

Всесоюзная перепись 1937 — Всесоюзная перепись населения 1937 г. Краткие итоги. М.: Наука, 1991.

Всесоюзная перепись 1939 — Всесоюзная перепись населения 1939 года. Основные итоги. М.: Наука, 1992.

Выборный 1968 — Выборный В. Издержки полемики и издержки практики // Литературная газета. 1968. 1 мая.

Гавриленко 1966 — Гавриленко В. А если всем вместе? // Литературная газета. 1966. 28 апреля.

Гартенберг 1959 — Гартенберг Б. Автомобильный туризм // Спутник туриста. М.: Физкультура и спорт, 1959.

Генс 1970 — Генс В. Доходы туризма — прибыль здоровью // Турист. 1970. № 6.

Гинзбург 2008 — Гинзбург Е. Крутой маршрут. М.: АСТ, 2008.

Глушкова 1968 — Глушкова Т. Искусства не было, был инвентарь // Литературная газета. 1968. 20 ноября.

Гольдфайль, Яхнин 1928 — Гольдфайль Л., Яхнин И. Курорты, санатории и дома отдыха СССР. М.: Гос. изд-во, 1928.

Данишевский 1933 — Данишевский Г. Проблема массового рабочего отдыха во второй пятилетке // Здравоохранение и рабочий отдых во второй пятилетке. Труды I всесоюзной конференции по планированию здравоохранения и рабочего отдыха. М.: Совет Труда и Обороны. Государственная Общеплановая комиссия Госплан СССР, 1933.

Дома отдыха 1920–1923 — Дома отдыха. Сборник статей и материалов (1920–1923 гг.). М.: Госиздат, 1923.

Дома отдыха 1924–1925 — Дома отдыха. Сборник статей и материалов 1924–1925 гг. (К установке режима в домах отдыха). Вып. 2 / Сост. Л. Е. Фединская. М.: Мосздравотдел, 1925.

Егоров 1929 — Егоров И. Задачи советского туриста // Экскурсант и турист. Сборник по экскурсионному делу и туризму, 1–10. М.: Советский турист, 1929.

Журавлев 1969 — Журавлев Г. Свободное время и культурная жизнь работников промышленного предприятия // Социальные проблемы труда и производства. Советско-польское сравнительное исследование / Отв. ред. Г. В. Осипов, Я. Щепаньский. М.: Мысль, 1969.

Жуховицкий 1967 — Жуховицкий Л. Фешенебельность стучится в дверь // Литературная газета. 1967. 20 сентября.

Здравницы профсоюзов 1957 — Здравницы профсоюзов СССР. Курорты, санатории, пансионаты и дома отдыха профсоюзов. 3-е изд / Сост. И. И. Козлов. М.: Профиздат, 1967.

Здравоохранение в СССР 1957 — Здравоохранение в СССР. Статистический справочник. М.: Гос. изд-во медицинской литературы, 1957.

Здравоохранение и рабочий отдых 1933 — Здравоохранение и рабочий отдых во второй пятилетке. Труды I всесоюзной конференции по планированию здравоохранения и рабочего отдыха. Т. 4. М.: Совет Труда и Обороны. Государственная Общеплановая комиссия Госплан СССР, 1933.

Иващенко 1985 — Иващенко А. Изучаем спрос // Турист. 1985. № 8.

Ильф, Петров 1997 — Ильф И., Петров Е. Двенадцать стульев. М.: Вагриус, 1997.

История Сочи 2006 — История Сочи в открытках и воспоминаниях. Ч. 1. Старый Сочи. Забытые страницы, конец XIX — начало XX в. Майкоп: Афиша, 2006.

Корабль ударников 1931 — Корабль ударников: Сборник очерков участников первой заграничной экскурсии рабочих ударников на теплоходе «Абхазия» / Сост. М. Лиас. М.: Гос. изд-во художественной литературы, 1931.

Корзун 1940 — Корзун В. Горная болезнь // На суше и на море. 1940. № 9.

Котельников 1941 — Котельников Б. Спутник туриста. 2-е изд. М.: Гос. изд-во художественной литературы, 1941.

Кривошеев 1965 — Кривошеев В. Экономика туризма // Вопросы экономики. 1965. № 4. С. 136–141.

Крым. Путеводитель — Крым. Путеводитель. Симферополь: Крымское гос. изд-во, б. г.

Курорты Абхазии 1925 — Курорты Абхазии. Путеводитель с приложением краткого очерка осенне-зимних курортов СССР (Сухум-Гагры) / Сост. Л. Б. Корец. М.: Главное курортное управление, 1925.

Курорты Крыма 1924 — Курорты Крыма. Справочник / Сост. Н. И. Тезяков, Л. Г. Гольдфайль. М.: Госиздат, 1924.

Курорты СССР 1923 — Курорты СССР. Справочник. М.: Главное курортное управление, 1923.

Курорты СССР 1936 — Курорты СССР. Справочник / Сост. М. И. Ганштак. М.: Гос. изд. биологической и медицинской литературы, 1936.

Курорты СССР 1951 — Курорты СССР / Сост. С. В. Курашов, Н. Е. Хрисанфов, Л. Г. Гольдфайль. М.: Гос. изд. медицинской литературы (Медгиз), 1951.

Курорты. Энциклопедический словарь 1983 — Курорты. Энциклопедический словарь. М.: Советская энциклопедия, 1983.

Лазарев 2005 — Лазарев Л. Записки пожилого человека. М.: Время, 2005.

Лифшиц 1923 — Лифшиц С. Медико-санитарное обслуживание домов отдыха // Дома отдыха. Сборник статей и материалов (1920–1923 гг.). М.: Госиздат, 1923.

Лиходеев 1968 — Лиходеев Л. Моральный облик отдыхающего // Литературная газета. 1968. 21 августа.

Лупандин, Пеунов 1978 — Лупандин С., Пеунов В. Туристские путешествия по СССР. М.: Профиздат, 1978.

Львов, Львова 1964 — Львов С., Львова Л. Пятеро в машине, не считая «Спидолы» // Литературная газета. 1964. 2 сентября.

Маркс 1955 — Маркс К. Немецкая идеология // К. Маркс и Ф. Энгельс. Сочинения. Издание второе. М.: Гос. изд-во политической литературы, 1955.

Маршруты производственных экскурсий 1930 — Маршруты производственных экскурсий по СССР на 1930 год. Справочник. М.: Советский турист, 1930.

Маршруты экскурсий 1929 — Маршруты экскурсий по СССР на 1929 год. М.: Советский турист, 1929.

Маршруты экскурсий лето 1930 — Маршруты экскурсий по СССР на лето 1930 года. М.: Советский турист, 1930.

Медунов 1967 — Медунов С. Город, который принадлежит всем // Огонек. 1967. № 6. Февраль.

Михелес 1939 — Михелес Д. Шум на курортах и борьба с ним // Вопросы курортологии. 1939. № 4. С. 41–43.

Мусовский 1937 — Мусовский И. Спутник туриста. М.: Физкультура и туризм, 1937.

Народное хозяйство СССР в 1956 году — Народное хозяйство СССР в 1956 году. Статистический ежегодник. М.: Гос. статистическое изд-во, 1957.

Народное хозяйство СССР в 1973 году — Народное хозяйство СССР в 1973 году. Статистический ежегодник. М.: Гос. статистическое изд-во, 1974.

Народное хозяйство СССР в 1974 году — Народное хозяйство СССР в 1974 году. М.: Гос. статистическое изд-во, 1975.

Народное хозяйство СССР в 1975 году — Народное хозяйство СССР в 1975 году. М.: Гос. статистическое изд-во, 1976.

Народное хозяйство СССР за 70 лет 1987 — Народное хозяйство СССР за 70 лет. Юбилейный статистический ежегодник. М.: Финансы и статистика, 1987.

Новиков 1997 — Новиков В. Белый лист киевской авторской песни // Граффити. 1997. № 2 (8), № 3 (9).

О дальнейшем развитии 1981 — О дальнейшем развитии и совершенствовании туристско-экскурсионного дела в стране // Турист. 1981. № 2.

Орлов 1967 — Орлов М. Мекка русского туризма // Литературная газета. 1967. 22 февраля.

Орлов 1968 — Орлов М. Не памятники и «нарпит», а познание и отдых! // Литературная газета. 1968. 1 мая.

Павлов 1969 — Павлов Л. Отдых в «разрезе» // Литературная газета. 1969. 3 декабря.

Пахомова 1958 — Пахомова Т. Московский городской клуб туристов // Туристские тропы. Альманах. Т. 1. М.: Физкультура и спорт, 1958.

Пачула 1966 — Пачула В. Муза странствий // Литературная газета. 1966. 10 сентября.

Первый всесоюзный съезд ОПТЭ 1933 — Первый всесоюзный съезд ОПТЭ в вопросах и ответах. М.: Физкультура и туризм, 1932.

Петров 1933 — Петров Н. Роль соцстраха в организации развития рабочего отдыха // Здравоохранение и рабочий отдых во второй пятилетке. Труды I всесоюзной конференции по планированию здравоохранения и рабочего отдыха. Т. 4. М.: Совет Труда и Обороны. Государственная Общеплановая комиссия Госплан СССР, 1933.

Поволжье 1930 — Поволжье: Справочник-путеводитель 1930 г. М.: Изд. управления волжским гос. речным флотом, 1930.

Правила приобретения путевок 1938 — Правила приобретения путевок на всесоюзные маршруты и в учебные альпинистские лагери ТЭУ ВЦСПС на 1938 год. М.: ТЭУ ВЦСПС, 1938.

Прилуцкий 1974 — Прилуцкий Л. Слагаемые отдыха // Турист. 1974. № 9.

Программа коммунистической партии 1962 — Программа коммунистической партии Советского Союза, принятая XXII съездом КПСС. М.: Гос. изд-во политической литературы, 1962.

Пролетарский туризм 1929 — Пролетарский туризм (Из опыта работы Бауманского отделения общества пролетарского туризма). Материалы к X Бауманской райконференции ВЛКСМ. М.: Бауманский дом ВЛКСМ, 1929.

Путеводитель по Ленинграду 1929 — Путеводитель по Ленинграду. Ленинград: Орготдел Ленинградского совета, 1929.

Путешествия по СССР 1938 — Путешествия по СССР. Туристские маршруты / Сост. О. Архангельская, Н. Турютина. М.: Физкультура и туризм, 1938.

Рабинович 1996 — Рабинович М. Воспоминания долгой жизни. СПб.: Европейский дом, 1996.

Рудаков 1937 — Рудаков М. Сочи-Мацеста к 20-летию Октября // Вопросы курортологии. 1937. № 5. С. 37–43.

Рудомино 2005 — Рудомино М. Книги моей судьбы: Воспоминания ровесницы XX в. М.: Прогресс-Плеяда, 2005.

Русаков 1937 — Русаков М. Вопросы третьего пятилетнего плана. К вопросу о реконструкции курортов СССР в третьей пятилетке // Вопросы курортологии. 1937. № 4.

Рыкова 1923 — Рыкова Н. Опыт организации домов отдыха // Дома отдыха. Сборник статей и материалов (1920–1923 гг.). М.: Госиздат, 1923.

Семашко 1923 — Семашко Н. Труд и отдых // Дома отдыха. Сборник статей и материалов (1920–1923 гг.). М.: Госиздат, 1923.

Советский турист 1929 — Советский турист. Маршруты экскурсий на лето 1929 года. М.: Советский турист, 1929.

Советский турист 1930 — Советский турист. Маршруты экскурсий по СССР на лето 1930 года. Справочник. М.: Советский турист, 1930.

Советское Черноморье 1955 — Советское Черноморье / Сост. А. Иванов, П. Михайлов. 2-е изд. М.: Морской транспорт, 1955.

Сочеванов 1930 — Сочеванов В. Роль туризма в рациональном отдыхе. М.: Физкультура и туризм, 1930.

Сочи 1959 — Сочи. М.: Искусство, 1959.

Справочник по внутренним водным путям 1932 — Справочник-путеводитель по внутренним водным путям СССР. М.: Наркомвод, 1932.

Справочник-путеводитель по пансионатам 1955 — Справочник-путеводитель по пансионатам и курортторгам / Сост. А. Л. Буров. М.: Торговая литература, 1955.

Справочник-путеводитель по пансионатам 1959 — Справочник-путеводитель по пансионатам курортторгов. М.: Госторгиздат. 1959.

Справочник Совторгфлота 1928 — Справочник Совторгфлота для пассажиров по всем морям с приложением путеводителя по курортам и портам Черного и Азовского морей. М.: Акционерное общество Советский торговый флот, 1928.

Спутник туриста 1959 — Спутник туриста. М.: Физкультура и спорт, 1959.

Спутник экскурсанта 1928 — Спутник экскурсанта-просвещенца по Москве. М.: Работник просвещения, 1928.

Тарский 1929 — Тарский С. Рабочие и крестьянские экскурсии и туризм // Всемирный турист. 1929. № 1.

Толстой 1970 — Толстой Л. Анна Каренина. М.: Наука, 1970.

Травин 1975 — Травин Г. Без скидки на время // Вокруг света. 1975. № 11.

Троцкий 1991 — Троцкий Л. Моя жизнь. Т. I–II. М.: Панорама, 1991.

Труд в СССР 1936 — Труд в СССР: статистический справочник. М.: ЦУНХУ Госплана СССР, 1936.

Туристские маршруты на 1967 год — Туристские маршруты на 1967 год / Сост. П. Рахманов. М.: Профиздат, 1967.

Туристские маршруты на 1968 год — Туристские маршруты на 1968 год / Сост. П. Рахманов. М.: Профиздат, 1968.

Туристские маршруты по СССР 1950 — Туристские маршруты по СССР / Сост. О. А. Архангельская. М.: Профиздат, 1950.

Туристские маршруты по СССР 1956 — Туристские маршруты по СССР. М.: Профиздат, 1956.

Туристские маршруты по СССР 1958 — Туристские маршруты по СССР / Сост. О. А. Архангельская. М.: Профиздат, 1958.

Туристские тропы 1958 — Туристские тропы. Альманах. Т. 1. М.: Физкультура и спорт, 1958.

Туристские тропы 1959 — Туристские тропы. Альманах. Т. 2. М.: Физкультура и спорт, 1959.

Туристские тропы 1960 — Туристские тропы. Альманах. Т. 3. М.: Физкультура и спорт, 1960.

Усагин 1930 — Усагин А. Внимание местному туризму // На суше и на море. 1930. № 1.

Феденко 1930 — Феденко И. Волга — Кама. Карта-путеводитель. М.: Молодая гвардия, 1930.

Феденко 1932 — Феденко И. Водный туризм // Справочник-путеводитель по внутренним водным путям СССР. М.: Наркомвод, 1932. С. 158–203.

Фединская 1923 — Фединская Л. Культурная и политико-просветительная работа в домах отдыха // Дома отдыха. Сборник статей и материалов (1920–1923). М.: Госиздат, 1923. С. 65–112.

Фролов 1969 — Фролов Н. Дубна — город романтиков // Турист. 1969. № 6.

Хрисандров 1938 — Хрисандров Н. Пловучие дома отдыха и санатории // Вопросы курортологии. 1938. № 1–2. С. 82–85.

Черноморское побережье 2001 — Черноморское побережье Кавказа от Туапсе до Адлера. Путеводитель. М.: Симон-Пресс, 2001.

Шеломов 1966 — Шеломов Н. Индустрия отдыха // Комсомольская правда. 1966. 27 сентября.

Шимшелевич 1937 — Шимшелевич Б. О режиме больных в Кисловодске в связи с применением физкультуры // Вопросы курортологии. 1937. № 3. С. 112–115.

Шукшин 1988 — Шукшин В. Киноповести. М.: Искусство, 1988.

Экскурсии в Москву 1930 — Экскурсии в Москву. М.: Советский турист, 1930.

Gorokhova 2009 — Gorokhova E. A Mountain of Crumbs: A Memoir. New York: Simon and Schuster, 2009.

Kolmogorov 2000 — Kolmogorov A. Memories of P. S. Aleksandrov // Kolmogorov in Perspective / Transl. by H. McFaden. Providence, R.I.: American Mathematical Society, 2000. P. 145–162.

Leder 2001 — Leder M. My Life in Stalinist Russia / Ed. by L. Bernstein. Bloomington: Indiana University Press, 2001.

Markov 1983 — Markov G. The Truth That Killed / Transl. by L. Brisby. Introduction by A. Markov. London: Weidenfeld and Nicolson, 1983.

Miller 1961 — Miller W. Russians as People. New York: Dutton, 1961.

Recreational Geography 1982 — Recreational Geography of the USSR / Ed. by V. Preobrazhensky, V. Krivosheyev. Moscow: Progress, 1982.

Russia's Sputnik Generation 2006 — Russia's Sputnik Generation: Soviet Baby Boomers Talk about Their Lives / Ed. and transl. by D. Raleigh. Bloomington: Indiana University Press, 2006.

Shalimoff, Shaw 2002 — Shalimoff G., Shaw G. B. Catalogue of Propaganda-Advertising Postal Cards of the USSR, 1927–1934 / Ed. by J. R. Walton. Norfolk: United Postal Stationery Society, 2002.

Stern 1979 — Stern M., Stern A. La Vie sexuelle en U.R.S.S. / Transl. by W. Berelowitch. Paris: Albin Michel, 1979.

Tolstoi 1968 — Tolstoi S. Greater Sochi. Moscow: Novosti, 1968.

Библиография

Бодрийяр 2019 — Бодрийяр Ж. Общество потребления. М.: АСТ, 2019.

Бурджалов 1967 — Бурджалов Э. Вторая русская революция: Восстание в Петрограде. М.: Наука, 1967.

Вайль, Генис 1998 — Вайль П., Генис А. 60-е: Мир советского человека. 2-е изд. М.: Новое литературное обозрение, 1998.

Веблен 1984 — Веблен Т. Теория праздного класса. М.: Прогресс, 1984.

Гордон, Клопов 1972 — Гордон Л., Клопов Э. Человек после работы: Социальные проблемы быта и внерабочего времени: По материалам изучения бюджетов времени рабочих в крупных городах европейской части СССР. М.: Наука, 1972.

Грушин 1967 — Грушин Б. Свободное время. Актуальные проблемы. М.: Мысль, 1967.

Грушин 2003 — Грушин Б. Четыре жизни России в зеркале опросов общественного мнения. Эпоха Брежнева (Ч. 1). М.: Прогресс-Традиция, 2003.

Дворниченко 1985 — Дворниченко В. Развитие туризма в СССР (1917–1983 гг.). М.: Турист, 1985.

Добровольные общества 1989 — Добровольные общества в Петрограде-Ленинграде в 1917–1937 гг. / Под ред. А. Купайгородской. Л.: Наука, 1989.

Долженко 1988 — Долженко Г. История туризма в дореволюционной России и СССР. Ростов-на-Дону: Изд-во Ростовского ун-та, 1988.

Журавлев, Мухин 2004 — Журавлев С., Мухин М. «Крепость социализма»: Повседневность и мотивация труда на советском предприятии, 1928–1938 гг. М.: РОССПЭН, 2004.

Квартальнов, Федорченко 1987 — Квартальнов Б., Федорченко Б. Орбиты «Спутника»: Из истории молодежного туризма. Киев: Молодь, 1987.

Козлов 2009 — Козлов В. Массовые беспорядки в СССР при Хрущеве и Брежневе (1953 — начало 1980-х гг.). М.: РОССПЭН, 2009.

Кон 2010 — Кон И. С. Клубничка на березке: Сексуальная культура в России. М.: Время, 2010.

Лебина, Чистиков 2003 — Лебина Н., Чистиков А. Обыватель и реформы: Картины повседневной жизни горожан. СПб.: Дмитрий Буланин, 2003.

Маркевич, Соколов 2005 — Маркевич А., Соколов А. «Магнитка близ Садового кольца»: Стимулы к работе на Московском заводе «Серп и Молот», 1883–2001 гг. М.: РОССПЭН, 2005.

Осокина 1998 — Осокина Е. За фасадом «сталинского изобилия»: Распределение и рынок в снабжении населения в годы индустриализации, 1927–1941. М.: РОССПЭН, 2008.

Попов 2008 — Попов А. Советские туристы за рубежом: Идеология, коммуникация, эмоции (по отчетам руководителей туристских групп) // Зб. наук. статей. Чернівці, 2008. С. 49–56.

Попов 2009 — Попов А. Теневые стороны зарубежного (выездного) туризма в Советском Союзе (1960–1980 гг.) // Культура народов Причерноморья. № 152. Симферополь, 2009. С. 151–155.

Поповский 1985 — Поповский М. Третий лишний: Он, она и советский режим. Лондон: Overseas Publications Interchange, 1985.

Сандомирская 1996 — Сандомирская И. Новая жизнь на марше. Сталинский туризм как «практика пути» // Общественные науки и современность. 1996. № 4. С. 163–172.

Усыскин 2000 — Усыскин Г. Очерки истории российского туризма. М.: Герда, 2000.

Фицпатрик 2001 — Фицпатрик Ш. Повседневный сталинизм. Социальная история Советской России в 30-е годы. Город. М.: РОССПЭН, 2001.

Харитановский 1960 — Харитановский А. Человек с железным оленем: Повесть о забытом подвиге. Петропавловск-Камчатский: Камчатская правда, 1960.

Харитановский 1965 — Харитановский А. Человек с железным оленем: Повесть о забытом подвиге. М.: Мысль, 1965.

Шимшелевич 1937 — Шимшелевич Б. О режиме больных в Кисловодске в связи с применением физкультуры // Вопросы курортологии. 1937. № 3. С. 112–115.

Applebaum 2013 — Applebaum R. A Test of Friendship: Soviet-Czechoslovak Tourism and the Prague Spring // The Socialist Sixties: Crossing Borders in the Second World / Ed. by A. Gorsuch, D. Koenker. Bloomington: Indiana University Press, 2013. P. 213–232.

Aron 1999 — Aron C. Working at Play: A History of Vacations in the United States. Oxford: Oxford University Press, 1999.

Baranowski 2004 — Baranowski S. Strength through Joy: Consumerism and Mass Tourism in the Third Reich. Cambridge: Cambridge University Press, 2004.

Baron 1962 — Baron S. Bloody Saturday in the Soviet Union: Novocherkassk, 1962. Stanford: Stanford University Press, 2001.

Beckerson 2002 — Beckerson J. Marketing British Tourism: Government Approaches to the Stimulation of a Service Sector // The Making of Modern Tourism: The Cultural History of the British Experience, 1600–2000 / Ed. by H. Berghoff, B. Korte, R. Schneider, C. Harvie. London: Palgrave, 2002. P. 133–157.

Beer 2008 — Beer D. Renovating Russia: The Human Sciences and the Fate of Liberal Modernity, 1880–1930. Ithaca: Cornell University Press, 2008.

Being Elsewhere 2001 — Being Elsewhere: Tourism, Consumer Culture and Identity in Modern Europe and North America / Ed. by S. Baranowski, E. Furlough. Ann Arbor: University of Michigan Press, 2001.

Berkowitz 2001 — Berkowitz M. A "New Deal" for Leisure: Making Mass Tourism during the Great Depression // Being Elsewhere: Tourism, Consumer Culture and Identity in Modern Europe and North America / Ed. by S. Baranowski, E. Furlough. Ann Arbor: University of Michigan Press, 2001.

Bernstein 2007 — Bernstein F. L. The Dictatorship of Sex: Lifestyle Advice for the Soviet Masses. DeKalb: Northern Illinois University Press, 2007.

Bishop 1998 — Bishop P. The Myth of Shangri-La: Tibet, Travel Writing and the Western Creation of Sacred Landscape. Berkeley: University of California Press, 1998.

Bittner 2008 — Bittner S. The Many Lives of Khrushchev's Thaw: Experience and Memory in Moscow's Arbat. Ithaca: Cornell University Press, 2008.

Boorstin 1992 — Boorstin D. From Traveler to Tourist: The Lost Art of Travel // Boorstin D. The Image: A Guide to Pseudo-Events in America. New York: Vintage Books, 1992.

Bradley 2009 — Bradley J. Voluntary Associations in Tsarist Russia: Science, Patriotism, and Civil Society. Cambridge, MA: Harvard University Press, 2009.

Brooks 2000 — Brooks J. Thank You, Comrade Stalin! Soviet Public Culture from Revolution to Cold War. Princeton: Princeton University Press, 2000.

Brown 1995 — Brown D. Inventing New England: Regional Tourism in the Nineteenth Century. Washington, DC: Smithsonian Institution Press, 1995.

Brown 1953 — Brown E. J. The Proletarian Episode in Soviet Literature, 1928–1932. New York: Columbia University Press, 1953.

Bruno 2011 — Bruno A. Making Nature Modern: Economic Transformation and the Environment in the Soviet North. PhD diss., University of Illinois, 2011.

Bushnell 1980 — Bushnell J. The "New Soviet Man" Turns Pessimist // The Soviet Union since Stalin / Ed. by S. Cohen, A. Rabinowitch, R. Sharlet. Bloomington: Indiana University Press, 1980.

Buzard 1988 — Buzard J. The Beaten Track: European Tourism, Literature, and the Ways to Culture, 1800–1918. New York: Oxford University Press, 1988.

Chapman 1963 — Chapman J. Real Wages in Soviet Russia since 1928. Cambridge, MA: Harvard University Press, 1963.

Clark 1995 — Clark K. Petersburg: Crucible of Cultural Revolution. Cambridge, MA, 1995.

Clark 2000 — Clark Ch. E. Uprooting Otherness: The Literacy Campaign in NEP-Era Russia. Cranbury: Susquehanna University Press, 2000.

Coons, Varias 2003 — Coons L., Varias A. Tourist Third Cabin: Steamship Travel in the Interwar Years. New York: Palgrave Macmillan, 2003.

Cox 2003 — Cox R. All This Can Be Yours! Soviet Commercial Advertising and the Social Construction of Space, 1928–1956 // The Landscape of Stalinism: The Art and Ideology of Soviet Space / Ed. by E. Dobrenko, E. Naiman. Seattle: University of Washington Press, 2003. P. 125–162.

Cross 1989 — Cross G. Vacations for All: The Leisure Question in the Era of the Popular Front // Journal of Contemporary History. 1989. Vol. 24. № 4. P. 599–621.

Cultural Revolution in Russia — Cultural Revolution in Russia, 1928–1931 / Ed. by Sh. Fitzpatrick. Bloomington: Indiana University Press, 1978.

David-Fox 2002 — David-Fox M. From Illusory "Society" to Intellectual "Public": VOKS, International Travel and Party-Intelligentsia Relations in the Interwar Period // Contemporary European History. 2002. Vol. 11. № 1. P. 14–28.

De Grazia 1981 — De Grazia V. The Culture of Consent: Mass Organization of Leisure in Fascist Italy. Cambridge: Cambridge University Press, 1981.

De Grazia 1998 — De Grazia V. Changing Consumer Regimes in Europe, 1930–1970: Comparative Perspectives on the Distribution Problem // Getting and Spending: European and American Consumer Societies in the Twentieth Century / Ed. by S. Strasser, C. McGovern, M. Judt. Cambridge: Cambridge University Press, 1998. P. 59–83.

De Grazia 2005 — De Grazia V. Irresistible Empire: America's Advance through 20th-Century Europe. Cambridge, MA: Harvard University Press, 2005.

De Vries 2008 — De Vries J. The Industrious Revolution: Consumer Behavior and the Household Economy, 1650 to the Present. Cambridge: Cambridge University Press, 2008.

Dobrenko 2003 — Dobrenko E. The Art of Social Navigation: The Cultural Topography of the Stalin Era // The Landscape of Stalinism: The Art and Ideology of Soviet Space / Ed. by E. Dobrenko, E. Naiman. Seattle: University of Washington Press, 2003. P. 163–200.

Dobson 2009 — Dobson M. Khrushchev's Cold Summer: Gulag Returnees, Crime, and the Fate of Reform after Stalin. Ithaca: Cornell University Press, 2009.

Douglas, Isherwood 1979 — Douglas M., Isherwood B. The World of Goods: Towards an Anthropology of Consumption. New York: Basic Books, 1979.

Duda 2010 — Duda I. Workers into Tourists: Entitlements, Desires, and the Realities of Social Tourism under Yugoslav Socialism // Yugoslavia's Sunny Side: A History of Tourism in Socialism (1950s–1980s) / Ed. by H. Grandits, K. Taylor. Budapest: Central European University Press, 2010. P. 33–68.

Edele 2008 — Edele M. Soviet Veterans of the Second World War: A Popular Movement in an Authoritarian Society 1941–1991. Oxford, 2008.

Lyons 1935 — Lyons E. Moscow Carrousel. New York, 1935.

Endy 2004 — Endy C. Cold War Holidays: American Tourism in France. Chapel Hill: University of North Carolina Press, 2004.

Engelstein 1993 — Engelstein L. The Keys to Happiness: Sex and the Search for Modernity in Fin-de-Siecle Russia. Ithaca: Cornell University Press, 1993.

Ewing 1990 — Ewing S. The Science and Politics of Soviet Insurance // Health and Society in Revolutionary Russia / Ed. by S. Solomon, J. Hutchinson. Bloomington: Indiana University Press, 1990. P. 69–96.

Field 2007 — Field D. Private Life and Communist Morality in Khrushchev's Russia. New York: Peter Lang, 2007.

Filtzer 2002 — Filtzer D. Soviet Workers and Late Stalinism: Labour and the Restoration of the Stalinist System after World War II. Cambridge: Cambridge University Press, 2002.

Filtzer 2010 — Filtzer D. The Hazards of Urban Life in Late Stalinist Russia: Health, Hygiene, and Living Standards, 1943–1953. Cambridge: Cambridge University Press, 2010.

Fitzpatrick 1979 — Fitzpatrick S. Education and Social Mobility in the Soviet Union, 1921–1934. Cambridge, NY: Cambridge University Press, 1979.

Furlough 1993 — Furlough E. Packaging Pleasures: Club Méditerranée and French Consumer Culture, 1950–1968 // French Historical Studies. 1993. Vol. 18. № 1. P. 65–81.

Furlough 1998 — Furlough E Making Mass Vacations: Tourism and Consumer Culture in France, 1930s 1970s // Comparative Studies in Society and History. 1998. Vol. 40. № 2.

Furlough, Wakeman 2001 — Furlough E., Wakeman R. La Grande Motte: Regional Development, Tourism, and the State // Being Elsewhere: Tourism, Consumer Culture and Identity in Modern Europe and North America / Ed. by S. Baranowski, E. Furlough. Ann Arbor: University of Michigan Press, 2001.

Fürst 2010 — Fürst J. Stalin's Last Generation: Soviet Postwar Youth and the Emergence of Mature Socialism. Oxford: Oxford University Press, 2010.

Gerchuk 2000 — Gerchuk I. The Aesthetics of Everyday Life in the Khrushchev Thaw in the USSR (1954–64) // Style and Socialism: Modernity and Material Culture in Post-War Eastern Europe / Ed. by S. Reid, D. Crowley. Oxford: Berg, 2000. P. 101–132.

German Travel Cultures 2000 — German Travel Cultures. Oxford: Berg, 2000.

Gorham 2003 — Gorham M. Speaking in Soviet Tongues: Language Culture and the Politics of Voice in Revolutionary Russia. DeKalb: Northern Illinois University Press, 2003.

Gorsuch 2000 — Gorsuch A. Youth in Revolutionary Russia: Enthusiasts, Bohemians, Delinquents. Bloomington: Indiana University Press, 2000.

Gorsuch 2003 — Gorsuch A. "There's No Place Like Home": Soviet Tourism in Late Stalinism // Slavic Review. 2003. Vol. 62. № 4. P. 760–785.

Gorsuch 2006 — Gorsuch A. Time Travelers: Soviet Tourists to Eastern Europe // Turizm: The Russian and East European Tourist under Capitalism and Socialism / Ed. by A. Gorsuch, D. Koenker. Ithaca: Cornell University Press, 2006. P. 205–226.

Gorsuch 2011 — Gorsuch A. All This Is Your World: Soviet Tourism at Home and Abroad after Stalin. Oxford: Oxford University Press, 2011.

Graham 1974 — Graham L. Science and Philosophy in the Soviet Union. New York: Vintage Books, 1974.

Gregory 2003 — Gregory P. The Political Economy of Stalinism: Evidence from the Soviet. Secret Archives. New York: Cambridge University Press, 2003.

Gronow 2003 — Gronow J. Caviar with Champagne: Common Luxury and the Ideals of the Good Life in Stalin's Russia. Oxford: Berg, 2003.

Halfin 2003 — Halfin I. Terror in My Soul: Communist Autobiographies on Trial. Cambridge, MA: Harvard University Press, 2003.

Hanson 2003 — Hanson P. The Rise and Fall of the Soviet Economy. Edinburgh: Longman, 2003.

Health and Society in Revolutionary Russia 1990 — Health and Society in Revolutionary Russia / Ed. by S. Solomon, J. Hutchinson. Bloomington: Indiana University Press, 1990.

Heeke 2003 — Heeke M. Reisen zu den Sowjets: Der auslandische Tourismus in Russland 1921–1941. Münster: Lit, 2003.

Heer 1971 — Heer N. Politics and History in the Soviet Union. Cambridge, MA: Harvard University Press, 1971.

Hellbeck 2006 — Hellbeck J. Revolution on My Mind: Writing a Diary under Stalin. Cambridge, MA: Harvard University Press, 2006.

Hellebust 2003 — Hellebust R. Flesh to Metal: Soviet Literature and the Alchemy of Revolution. Ithaca; London: Cornell University Press, 2003.

Hessler 1998 — Hessler J. A Postwar Perestroika? Toward a History of Private Enterprise in the USSR // Slavic Review. 1998. Vol. 57. № 3. P. 516–542.

Hessler 2004 — Hessler J. A Social History of Soviet Trade: Trade Policy, Retail Practices, and Consumption, 1917–1953. Princeton: Princeton University Press, 2004.

Hewett 1988 — Hewett E. Reforming the Soviet Economy: Equality versus Efficiency. Washington, DC: Brookings Institution, 1988.

Hilton 2009 — Hilton M. The Customer Is Always Wrong: Consumer Complaint in Late-NEP Russia // Russian Review. 2009. Vol. 68. № 1. P. 1–25.

Hilton 2011 — Hilton M. Selling to the Masses: Retailing in Russia, 1880–1930. Pittsburgh: University of Pittsburgh Press, 2011.

Histories of Leisure 2002 — Histories of Leisure / Ed. by R. Koshar. Oxford: Berg, 2002.

Hoffmann 2003 — Hoffmann D. Stalinist Values: The Cultural Norms of Soviet Modernity, 1917–194. Ithaca: Cornell University Press, 2003.

Hutchinson 1990 — Hutchinson J. Politics and Public Health in Revolutionary Russia, 1890–1918. Baltimore: Johns Hopkins University Press, 1990.

Judson 2002 — Judson P. "Every German Visitor Has a Voelkisch Obligation He Must Fulfill": Nationalist Tourism in the Austrian Empire, 1880–1918 // In Histories of Leisure / Ed. by R. Koshar. Oxford: Berg, 2002. P. 147–168.

Kaiserfeld 2010 — Kaiserfeld T. From Sightseeing to Sunbathing: Changing Traditions in Swedish Package Tours; from Edification by Bus to Relaxation by Airplane in the 1950s and 1960s // Journal of Tourism History. 2010. Vol. 2. № 3. P. 149–163.

Kelly 2007 — Kelly C. Children's World: Growing Up in Russia, 1890–1991. New Haven, London: Yale University Press, 2007.

Kharkhordin 1999 — Kharkhordin O. The Collective and the Individual in Russia: A Study of Practices. Berkeley: University of California Press, 1999.

Koenker 2005 — Koenker D. Republic of Labor: Russian Printers and Soviet Socialism, 1918–1930. Ithaca: Cornell University Press, 2005.

Koenker 2006 — Koenker D. The Proletarian Tourist in the 1930s: Between Mass Excursion and Mass Escape // Turizm: The Russian and East European Tourist under Capitalism and Socialism / Ed. by A. Gorsuch, D. Koenker. Ithaca: Cornell University Press, 2006. P. 119–140.

Koenker 2009a — Koenker D. Soviet Worker Leisure Travel in the 1930s // A Dream Deferred: New Studies in Russian and Soviet Labour History / Ed. by D. Filtzer, W. Goldman, G. Kessler, S. Pirani. Bern: Peter Lang, 2009. P. 265–289.

Koenker 2009б — Koenker D. Whose Right to Rest? Contesting the Family Vacation in the Postwar Soviet Union // Comparative Studies in Society and History. 2009. Vol. 51. № 2. P. 401–425.

Koenker 2012 — Koenker D. Pleasure Travel in the Passport State // Russia on the Move: Essays on the Politics, Society and Culture of Human Mobility, 1850–Present / Ed. by J. Randolph, E. Avrutin. Urbana: University of Illinois Press, 2012. P. 235–252.

Kopper 2009 — Kopper C. The Breakthrough of the Package Tour in Germany after 1945 // Journal of Tourism History. 2009. Vol. 1. № 1. P. 67–92.

Koshar 2000 — Koshar R. German Travel Cultures. Oxford: Berg, 2000.

Krylova 2000 — Krylova A. The Tenacious Liberal Subject in Soviet Studies // Kritika. 2000. Vol. 1. № 1. P. 119–146.

Ledeneva 1998 — Ledeneva A. Russia's Economy of Favours: Blat, Networking and Informal Exchange. Cambridge: Cambridge University Press, 1998.

Lefort 1986 — Lefort C. The Political Forms of Modern Society: Bureaucracy, Democracy, Totalitarianism. Cambridge, MA: The MIT Press, 1986.

Levenstein 2004 — Levenstein H. We'll Always Have Paris: American Tourists in France since 1930. Chicago: University of Chicago Press, 2004.

Lewin 1974 — Lewin M. Political Undercurrents in Soviet Economic Debates: From Bukharin to the Modern Reformers. Princeton: Princeton University Press, 1974.

Löfgren 1999 — Löfgren O. On Holiday: A History of Vacationing. Berkeley: University of California Press, 1999.

Lundberg 1985 — Lundberg D., Lundberg C. International Travel and Tourism. New York: John Wiley & Sons, 1985.

MacCannell 1999 — MacCannell D. The Tourist: A New Theory of the Leisure Class. Berkeley: University of California Press, 1999.

Mackaman 1998 — Mackaman D. P. Leisure Settings: Bourgeois Culture, Medicine, and the Spa in Modern France. Chicago: University of Chicago Press, 1998.

Markwick 2001 — Markwick R. Rewriting History in Soviet Russia: The Politics of Revisionist Historiography, 1956–1974. New York: Palgrave, 2001.

Matthews 1978 — Matthews M. Privilege in the Soviet Union: A Study of Elite Life-Styles under Communism. London: Allen and Unwin, 1978.

Maurer 2006 — Maurer E. Al'pinizm as Mass Sport and Elite Recreation: Soviet Mountaineering Camps under Stalin // Turizm: The Russian and East European Tourist under Capitalism and Socialism / Ed. by A. Gorsuch, D. Koenker. Ithaca: Cornell University Press, 2006. P. 141–162.

Maurer 2010 — Maurer E. Wege zum Pik Stalin: Sowjetische Alpinisten, 1928–1953. Zurich: Chronos, 2010.

McCannon 1998 — McCannon J. Red Arctic: Polar Exploration and the Myth of the North in the Soviet Union, 1932–1939. Oxford: Oxford University Press, 1998.

McReynolds 2003 — McReynolds L. Russia at Play: Leisure Activities at the End of the Tsarist Era. Ithaca: Cornell University Press, 2003.

Millar 1981 — Millar J. The ABCs of Soviet Socialism. Urbana: University of Illinois Press, 1981.

Millar 1985 — Millar J. The Little Deal: Brezhnev's Contribution to Acquisitive Socialism // Slavic Review. 1985. Vol. 44. № 4. P. 694–706.

Morrissey 2010 — Morrissey S. The Economy of Nerves: Health, Commercial Culture, and the Self in Late Imperial Russia // Slavic Review. 2010. Vol. 69. № 3. P. 645–675.

Nelson 2004 — Nelson A. Music for the Revolution: Musicians and Power in Early Soviet Russia. University Park: The Pennsylvania State University Press, 2004.

Noack 2006 — Noack C. Coping with the Tourist: Planned and "Wild" Mass Tourism on the Soviet Black Sea Coast // Turizm: The Russian and East European Tourist under Capitalism and Socialism / Ed. by A. Gorsuch, D. Koenker. Ithaca: Cornell University Press, 2006. P. 281–304.

Noack 2013 — Noack C. Songs from the Wood, Love from the Fields: The Soviet Tourist Song Movement // The Socialist Sixties: Crossing Borders in the Second World / Ed. by A. Gorsuch, D. Koenker. Bloomington: Indiana University Press, 2013. P. 167–192.

Nove 1972 — Nove A. An Economic History of the U.S.S.R. Harmondsworth: Penguin Books, 1972.

Odom 1973 — Odom W. The Soviet Volunteers: Modernization and Bureaucracy in a Public Mass Organization. Princeton: Princeton University Press, 1973.

Palmowski 2002 — Palmowski J. Travels with Baedeker: The Guidebook and the Middle Classes in Victorian and Edwardian England // Histories of Leisure / Ed. by R. Koshar. Oxford: Berg, 2002. P. 105–130.

Parthé 1992 — Parthé K. Russian Village Prose: The Radiant Past. Princeton: Princeton University Press, 1992.

Peris 1998 — Peris D. Storming the Heavens: The Soviet League of the Militant Godless. Ithaca: Cornell University Press, 1998.

Pleasure and Power in Nazi Germany 2011 — Pleasure and Power in Nazi Germany / Ed. by P. Swett, C. Ross, F. d'Almeida. New York: Palgrave Macmillan, 2011.

Pleasures in Socialism 2010 — Pleasures in Socialism: Leisure and Luxury in the Eastern Bloc / Ed. by D. Crowley, S. Reid. Evanston: Northwestern University Press, 2010.

Purs 2006 — Purs A. "One Breath for Every Two Strides": The State's Attempt to Construct Tourism and Identity in Interwar Latvia // Turizm: The Russian and East European Tourist under Capitalism and Socialism / Ed. by A. Gorsuch, D. Koenker. Ithaca: Cornell University Press, 2006. P. 97–115.

Rajagopalan 2008 — Rajagopalan S. Indian Films in Soviet Cinema: The Culture of Movie-Going after Stalin. Bloomington: Indiana University Press, 2008.

Randall 2008 — Randall A. The Soviet Dream World of Retail Trade and Consumption in the 1930s. Houndmills, UK: Palgrave Macmillan, 2008.

Reid 2005 — Reid S. The Khrushchev Kitchen: Domesticating the Scientific-Technological Revolution // Journal of Contemporary History. 2005. Vol. 40. № 2. P. 289–316.

Reid 2006 — Reid S. Khrushchev Modern: Agency and Modernization in the Soviet Home // Cahiers du Monde russe. 2006. Vol. 47. № 2–3. P. 227–268.

Reid 2013 — Reid S. This is Tomorrow! Becoming a Consumer in the Soviet Sixties // The Socialist Sixties: Crossing Borders in the Second World / Ed. by A. Gorsuch, D. Koenker. Bloomington: Indiana University Press, 2013. P. 25–65.

Roth-Ey 2011 — Roth-Ey K. Moscow Prime Time: How the Soviet Union Built the Media Empire That Lost the Cultural Cold War. Ithaca: Cornell University Press, 2011.

Rotkirch 2004 — Rotkirch A. "What Kind of Sex Can You Talk About?" Acquiring Sexual Knowledge in Three Soviet Generations // On Living through Soviet Russia / Ed. by D. Bertaux, P. Thompson, A. Rotkirch. London: Routledge, 2004. P. 93–119.

Salmon 2008 — Salmon S. C. To the Land of the Future: A History of Intourist and Travel to the Soviet Union, 1929–1991. PhD diss., University of California, Berkeley, 2008.

Schönle 2001 — Schönle A. Garden of the Empire: Catherine's Appropriation of the Crimea // Slavic Review. 2001. Vol. 60. № 1. P. 1–23.

Scott Moranda 2000 — Scott Moranda. Markers and Bodies: Hikers Constructing the Nation in German Forests. 2000. URL: // www.nationalism-project.org/pdf/moranda.pdf (в настоящее время недоступна).

Sears 1989 — Sears J. Sacred Places: American Tourist Attractions in the Nineteenth Century. Amherst: University of Massachusetts Press, 1989.

Semmens 2005 — Semmens K. Seeing Hitler's Germany: Tourism in the Third Reich. Houndmills, UK: Palgrave, 2005.

Shaffer 2001 — Shaffer M. See America First: Tourism and National Identity, 1880–1940. Washington, DC: Smithsonian Institution Press, 2001.

Shkaratan 1986 — Shkaratan O. Changes in the Social Profile of Urban Residents // The Social Structure of the USSR: Recent Soviet Studies / Ed. by M. Yanowitch. Armonk: M. E. Sharpe, 1986. P. 104–119.

Shlapentokh 1989 — Shlapentokh V. Public and Private Life of the Soviet People: Changing Values in Post-Stalin Russia. Oxford: Oxford University Press, 1989.

Siegelbaum 1988 — Siegelbaum L. Stakhanovism and the Politics of Productivity in the USSR, 1935–1941. Cambridge: Cambridge University Press, 1988.

Siegelbaum 2008 — Siegelbaum L. Cars for Comrades: The Life of the Soviet Automobile. Ithaca: Cornell University Press, 2008.

Smith 2010 — Smith M. Property of Communists: The Urban Housing Program from Stalin to Khrushchev. DeKalb, IL: University of Northern Illinois Press, 2010.

Solomon 1990 — Solomon S. Social Hygiene and Soviet Public Health, 1921–1930 // Health and Society in Revolutionary Russia / Ed. by S. Solomon, J. Hutchinson. Bloomington: Indiana University Press, 1990. P. 175–199.

Steward 2001 — Steward J. Tourism in Late Imperial Austria: The Development of Tourist Cultures and Their Associated Images of Place // Being

Elsewhere: Tourism, Consumer Culture, and Identity in Modern Europe and North America, edited by Shelley Baranowski and Ellen Furlough. Ann Arbor: University of Michigan Press, 2001. P. 108–134.

Stites 1988 — Stites R. Revolutionary Dreams: Utopian Vision and Experimental Life in the Russian Revolution. Oxford: Oxford University Press, 1988.

The Dilemmas of De-Stalinization 2006 — The Dilemmas of De-Stalinization: Negotiating Cultural and Social Change in the Khrushchev Era / Ed. by P. Jones. London: Routledge, 2006.

The Landscape of Stalinism 2003 — The Landscape of Stalinism: The Art and Ideology of Soviet Space / Ed. by E. Dobrenko, E. Naiman. Seattle: University of Washington Press, 2003.

The Social Structure of the US 1986 — The Social Structure of the USSR: Recent Soviet Studies / Ed. by M. Yanowitch. Armonk: M.E. Sharpe, 1986.

Titma 1986 — Titma M. On the Question of Social Differentiation in Developed Socialist Society // The Social Structure of the USSR: Recent Soviet Studies / Ed. by M. Yanowitch. Armonk: M.E. Sharpe, 1986. P. 65–80.

Tumarkin 1994 — Tumarkin N. The Living and the Dead: The Rise and Fall of the Cult of World War II in the USSR. New York: BasicBooks, 1994.

Turizm 2006 — Turizm: The Russian and East European Tourist under Capitalism and Socialism / Ed. by A. Gorsuch, D. Koenker. Ithaca: Cornell University Press, 2006.

Urbain 1991 — Urbain J.-D. L'Idiot du Voyage: Histoires de Touristes. Paris: Payot, 1991.

Urbain 1994 — Urbain J.-D. Sur la plage: Moeurs et coutumes balnéaires (XIXe–XXe siècles). Paris: Payot, 1994.

Urry 1990 — Urry J. The Tourist Gaze: Leisure and Travel in Contemporary Societies. London: Sage, 1990.

Urry 1995 — Urry J. Consuming Places. London: Routledge, 1995.

Van Slyck 2006 — Van Slyck A. Manufactured Wilderness: Summer Camps and the Shaping of American Youth, 1890–1960. Minneapolis: University of Minnesota Press, 2006.

Verdery 1996 — Verdery K. What Was Socialism, and What Comes Next? Princeton: Princeton University Press, 1996.

Ward, Hardy 1986 — Ward C., Hardy D. Goodnight Campers! The History of the British Holiday Camp. London: Mansell, 1986.

Weissman 1990 — Weissman N. Origins of Soviet Health Administration: Narkomzdrav 1918–1928 // Health and Society in Revolutionary Russia / Ed. by S. Solomon, J. Hutchinson. Bloomington: Indiana University Press, 1990.

Werth 1971 — Werth A. Russia: The Post-war Years. New York: Taplinger, 1971.

Widdis 2003 — Widdis E. Visions of a New Land: Soviet Film from the Revolution to the Second World War. New Haven: Yale University Press, 2003.

Williams 2007 — Williams J. Turning to Nature in Germany: Hiking, Nudism, and Conservation, 1900–1940. Stanford: Stanford University Press, 2007.

Yanowitch 1977 — Yanowitch M. Social and Economic Inequality in the Soviet Union: Six Studies. White Plains: International Arts and Sciences Press, 1977.

Yeomans 2010 — Yeomans R. From Comrades to Consumers: Holidays, Leisure Time, and Ideology in Communist Yugoslavia // Yugoslavia's Sunny Side: A History of Tourism in Socialism (1950s–1980s) / Ed. by H. Grandits, K. Taylor. Budapest: Central European University Press, 2010. P. 69–105.

Young 2002 — Young P. La Vieille France as Object of Bourgeois Desire: The Touring Club de France and the French Regions, 1890–1918 // Histories of Leisure / Ed. by R. Koshar. Oxford: Berg, 2002. P. 169–189.

Yugoslavia's Sunny Side 2010 — Yugoslavia's Sunny Side: A History of Tourism in Socialism (1950s–1980s) / Ed. by H. Grandits, K. Taylor. Budapest: Central European University Press, 2010.

Yurchak 2006 — Yurchak A. Everything Was Forever, Until It Was No More: The Last Soviet Generation. Princeton: Princeton University Press, 2006.

Zubkova 1998 — Zubkova E. Russia after the War: Hopes, Illusions, and Disappointments, 1945–1957 / Transl. by H. Ragsdale. Armonk: M.E. Sharpe, 1998.

Zubok 2009 — Zubok V. Zhivago's Children: The Last Russian Intelligentsia. Cambridge, MA, 2009.

Предметно-именной указатель

Абхазия, теплоход 170–172, 174, 179, 192, 344, 355, 367
Абуков Алексей Хуршудович 312, 326, 369, 371, 383, 384, 388, 390, 393, 402, 407
Абхазский совет по туризму 390
Австрия 386
автостоп 347, 348, 369
Аганбегян Абел Гезевич 9, 24
Аделунг Николай Николаевич 209
Аксенов Василий Павлович 295
Александров Павел Сергеевич 143, 144, 188
Алтай 334, 358
альпинизм 108, 110, 111, 113, 120, 138, 369, 380
ампелотерапия 43
Анапа (Краснодарский край) 62, 80, 239, 272, 283, 302, 303, 400
Англия 171, 172
Арктика 162, 163, 184, 185, 189, 345
Ашхабад 163
Байкал, озеро 334
Балатон, озеро (Венгрия) 397
бальнеологическая терапия 43, 45
Барановски Шелли 15

Бархаш Лев Львович 88, 89, 110, 142
Бахчисарай (Крым) 44, 159, 231
Беломорско-Балтийский канал 162, 165
Белоруссия 150, 192, 335
Бельгия 386
Бергман Г. 26, 83, 85, 88–91, 115, 134, 142, 143, 152, 160
Берн (Швейцария) 88
Бир Дэниел 27
Бишоп Питер 248
Бобрик-гора, дом отдыха (Московская область) 206
Болгария 330, 352, 356, 362, 363, 366, 397, 399
Большевик, спортивное общество 212
Бородино 218, 327
Брежнев Леонид Ильич 251, 257, 264, 389
Бродский Иосиф Александрович 325
бродяжничество 135, 151–153, 404
Будьте моим мужем (фильм) 284
Бурстин Дэниэл 155
Бушнел Джон 353
Вайль Петр 307, 314, 325, 369
Варна (Болгария) 398

Венгрия 261, 358, 359, 363, 365, 368
Верт Александр 239
вечера самодеятельности 72, 73, 76
Вечерняя Москва, газета 41, 97, 124, 125, 130, 151, 152, 155, 157, 160–164, 167, 169, 171, 172, 175, 176, 178, 179
взгляд туриста 141, 142, 146
Вишневский Всеволод Витальевич 204
Военно-Грузинская дорога 93, 99, 103, 155, 211, 324, 369
Военно-Осетинская дорога 157, 158, 215
Военно-Сухумская дорога 48, 94
Волга-Волга (фильм) 165
Волькенштейн С. С. 345
Восточная Европа 23, 351, 353, 354, 366, 368, 370, 373, 374
Всероссийское общество охраны природы 404
Всесоюзная научно-исследовательская лаборатория туризма и экскурсий 390
Всесоюзная сельскохозяйственная выставка (Москва) 160
Всесоюзный комитет по делам физической культуры и спорта 110–112, 145, 209, 210
Всесоюзный смотр работников домов отдыха и санаториев, 1950 205
Всесоюзный центральный совет профессиональных союзов (ВЦСПС) 21, 51, 52, 104, 107–109, 112, 114, 181, 197, 198, 203, 207–209, 218, 237, 241, 254, 261, 274, 277, 281, 286, 299–301, 309–312, 329, 348, 350, 376, 378, 383, 390, 393
Великая Отечественная война 22, 264, 266
Выставка достижений народного хозяйства (ВДНХ) (Москва) 332
Вьетнам 350
Гагарин Юрий Алексеевич 364, 366
Гайдай Леонид Иович 248
Гана 350
Геленджикский дом отдыха (Краснодарский край) 259
Генис Александр Александрович 307, 314, 325, 369
Германия 15, 19, 105, 125, 143, 169, 172, 192, 197, 345, 352
Германия (Западная) 375, 386
Германская Демократическая Республика (ГДР) 363, 367
Гинзбург Евгения Соломоновна 260, 414
Гленн Джон 188
Говорков Виктор Иванович 328
Горбачев Михаил Сергеевич 251
Горизонт, турбаза (Алушта, Крым) 394
Горсач Энн 8, 23, 336, 351, 353–355, 374
Горький (Нижний Новгород) 41, 165
Государственный дарвиновский музей (Москва) 180
Государственный комитет цен 279
Греция 350, 366
групповые туры 18, 23, 94, 102, 103, 112–114, 127–130, 135, 136, 153–155, 158, 160, 165, 168, 173, 176–178, 181, 191, 209, 236, 311, 322, 326, 329, 334, 336, 338, 340,

342, 344, 346, 348, 353, 373–375, 392, 393, 408
Грушин Борис Андреевич 10, 278, 279, 299, 306, 391
Дальний Восток 86, 184, 187, 263, 272, 335, 350, 352
Дарасун, дом отдыха (Читинская область) 75
Де Грация Виктория 249
Девушка спешит на свидание (фильм) 61, 62, 79
Делоне Борис Николаевич 110, 318, 320
десталинизация 195, 253
Динамо, завод (Москва) 107, 332
Днепр (река) 99, 338
добровольные организации 98
Долженко Геннадий Петрович 85, 87, 319, 352, 353
Дом отдыха железнодорожников, Хотьково (Московская область) 223
Дом отдыха имени Карла Маркса (Крым) 33
Дом туриста (Москва) 108, 161, 208
дома отдыха 13, *passim*
дома творчества Союза писателей 291
Дубна 316
Душкин Алексей Николаевич 246
Евпатория (Крым) 43, 50, 284
Европа 15, 32, 105, 166, 170–172, 249, 350, 352, 355, 357, 368, 385, 386, 410
Египет 350
Егоров И. 89, 93–95
Енисейская турбаза (Красноярский край) 324

Еременко Г. С. 254, 287
Ерофеев Виктор Владимирович 418
Ессентуки (Кавказские Минеральные Воды) 31, 32, 45, 302
Жданов Андрей Александрович 243
Железноводск (Кавказские Минеральные Воды) 45
закон Лагранжа (Франция) 410
закон о рабочей неделе, 1968 270, 312
Запасной игрок (фильм) 342
заповедники 43, 163, 164, 334
Звенигород (Московская область) 166, 211, 264
Землячка Розалия Самойловна 33
значок «Турист СССР» 212, 213, 318, 347, 349
Золотое кольцо (Центральная Россия) 403
Золотые пески, курорт (Болгария) 398
Зубкова Елена Юрьевна 237
Йеллоустонский национальный парк 164, 325
Из жизни отдыхающих (фильм) 275, 305
Ильф Илья Арнольдович 94, 132
Индия 350
Индонезия 350
индустриальный туризм 357
Институт общественного мнения «Комсомольской правды» 279, 391
интеллигенция 21, 85, 86, 147, 195, 196, 212, 217, 219, 220, 243, 244, 250, 258, 264, 271, 287, 288,

290, 291, 293, 303, 305, 307, 330, 336, 369–372, 382, 392
Интурист 93, 125, 172, 350, 352–255, 365, 380
Ирак 350
исследование общественного мнения 299, 306
Иссык-Куль, озеро (Киргизская Республика) 163, 334
Италия 15, 171, 305, 366
Июльский дождь (фильм) 321
К Черному морю (фильм) 262, 346
Кавказская Ривьера, курорт (Сочи) 31, 46
Кавказские горы 94, 132. 192, 315
Казакова Римма Федоровна 9
Казахстан 48, 67, 163, 189, 292, 334
Кама, река 41, 145, 165
Камчатка 184, 187, 221
Карелия 99, 213, 316, 325, 379, 407
Каренин Алексей (персонаж Льва Толстого) 28, 58
Карловы Вары (Карлсбад) (Чешская Республика) 32, 397
Карпаты, горы 192, 338
карточная игра 65
Каспийское море 407
Келли Катриона 400
Киев 120, 333, 338
Киргизия 292, 335
Кисловодск (Кавказские Минеральные Воды) 13, 31, 45, 54, 59, 60, 73, 74, 94, 201, 258, 280, 291, 292, 315
Китай 169, 221, 350
климатотерапия 43, 68
Князев Александр 169, 183
Козлов Иван Иванович 269, 281, 282, 285, 288, 301, 312

Колмогоров Андрей Николаевич 143, 148, 188
Кольский полуостров 162
комитеты физической культуры 108, 110–112, 315
Коммунистическая партия Советского Союза (КПСС) 245, 257, 261, 263, 264, 274, 307, 309, 311, 312, 332, 378, 381, 384, 402, 417
комплексы для семейного отдыха (Франция) 410, 411
комсомол 83, 85, 86, 88, 92, 95, 98, 104, 128, 134, 160, 266, 311
Кон Игорь Семенович 296–298
Конституция Российской Федерации, 1993 407
Конституция СССР, 1936 16, 26, 56, 108, 418
Корея 350
костры 149, 212, 215, 226, 264, 316, 318–321, 325, 326, 365
Кошар Руди 18
Красная площадь (Москва) 222, 332
Красная Поляна (Сочи) 46, 149, 173, 213, 221
Краснодарский краевой совет по туризму 400
Крит 408
Кроули Дэвид 16
круизы по Волге 158, 174, 178, 235, 327, 329, 358, 369; см. речные круизы
круизы по Черному морю 165, 330, 343, 395 см. океанские круизы
Крыленко Николай Васильевич 110

Крым 14, 30, 32, 33, 42–44, 50, 54, 61, 65, 74, 84, 87, 95, 99, 103, 115, 116, 120, 154, 159, 160, 174, 184, 193, 197, 200, 201, 205, 207, 209, 221, 231, 234, 239, 262, 272, 284, 326, 335, 343, 378, 379, 393, 394, 397

Крымская война 44

культурная революция (1928–1932) 92, 97, 152

культурные мероприятия 16, 39, 73, 74, 76, 89, 177, 228, 231, 235, 263, 264, 297, 343

культурные работники 74; см. также массовики

кумысотерапия 54, 67

курортные бюро 49, 282, 283

Латвия 23, 272, 280, 335

Левенстайн Харви 374

Ленин Владимир Ильич 33, 123, 192, 265, 266, 332, 341, 366, 379

Ленинград 37, 47, 70, 74, 95, 100, 103, 115, 157, 160, 162, 166, 170, 172, 174, 176, 183, 184, 197, 208, 209, 213, 221, 266, 272, 292, 296, 327, 333, 334, 340, 342, 347, 379, 391: см. также Петроград

Ленинградская область 333, 347

Лермонтов Михаил Юрьевич 31, 44, 107

Лёфгрен Орвар 18, 137, 359

Литва 23, 272, 292, 335

Литературно-мемориальный музей Н. А. Островского (Сочи) 226

лодочный лагерь на Оке 166

лотерея с розыгрышем поездок за рубеж 171, 172

Любовь и голуби (фильм) 289, 295

Мавзолей В. И. Ленина — И. В. Сталина 332, 333

Маккеннел Дин 20, 155, 156, 190, 359, 364, 415

Мальбинский дом отдыха (Иркутская область) 38

Марианске-Лазне 397

маркетинг туризма 123, 124, 328, 391

Марков Георгий 365, 398

маршруты 23, 87, 89, 90, 93, 94, 98, 102, 103, 108, 110, 112–115, 118, 124, 125, 137–142, 145, 147, 148, 153, 154. 156–160, 162–168, 174, 179, 180, 189, 196, 197, 207–209, 211–215, 220, 226, 231, 241, 309, 314, 317, 318, 322, 324–331, 333–336, 340–344, 353, 357, 358, 360, 361, 370, 378, 379, 390, 391, 396, 399, 402, 403, 419

массовики 75, 76, 208, 224, 227, 229, 243, 304

Мацестинский курорт (Сочи) 46, 47, 245, 257

Медведев Дмитрий Анатольевич 45

медицина 29, 44, 57, 77, 80, 222, 243, 254, 256, 258, 261, 415

Международная организация труда 410

Мексика 169, 350

Меньшов Владимир Валентинович 248, 289, 295, 373

Миллар Джеймс 417

Миллер Райт 372

Министерство здравоохранения 205, 234, 241, 254, 261, 274, 416

Министерство торговли 208, 241

Михалков Сергей Владимирович 373

Молдавия 292, 314, 335
Монголия 299, 350
Москва 7, 31, 33, 36, 37, 61, 74, 84, 86, 87, 95, 100, 103, 109, 115, 118, 119, 123, 144, 148, 155, 157, 158, 160, 162, 165, 166, 169, 173, 174, 176–180, 183, 184, 187, 197, 207–209, 221, 225, 226, 246, 262–264, 266, 272, 280, 289, 310, 311, 316, 321, 327, 329–334, 336, 340, 344, 346, 347, 352, 366, 369, 379, 403, 409
Москва слезам не верит (фильм) 248, 321, 373
Московская область 7, 66, 75, 130, 134, 205, 206, 211, 218–221, 223, 225, 266, 289–291, 336
Московский институт народного хозяйства имени Г. В. Плеханова 279, 391
Московский клуб туристов 212
Московское метро 138
Мурманская турбаза 120
Мытищинский вагоностроительный завод 99
Мэтьюз Мервин 290
На суше и на море, журнал 87–89, 91, 92, 99–108, 111–121, 123–125, 127, 129–132, 135, 137–141, 144–161, 163–172, 177, 179, 181, 182, 192, 210, 213, 335, 391, 392
Народный комиссариат здравоохранения 21, 33, 84; см. Министерство здравоохранения
Народный комиссариат просвещения (Наркомпрос), позднее Министерство просвещения 84, 85, 92, 95–97, 128, 311, 312

Народный комиссариат путей сообщения 95, 96, 120
национальные парки 164, 325
Нестерова-Берзина Мария Александровна 199
Нидерланды 386
Ноак Кристиан 8
Новоафонская турбаза (Абхазия) 401
новый советский человек 14, 17, 134, 225, 306, 308
нудизм 143
Общество пролетарского туризма (1927–1930) (ОПТ) 20–22, 86, 87, 91–97, 102, 110, 113, 116, 121, 123, 130, 134, 138
Общество пролетарского туризма и экскурсий (1930–1936) (ОПТЭ) 98, 100, 107, 178, 184, 241, 308, 416
Объединенная Арабская Республика 350
Одесса 121, 165, 166, 200, 272, 342, 343
Однажды летом (фильм) 132, 155
океанские круизы 341, 343, 344, 395
Оружейная палата 332
Освенцим (Аушвиц) 360
Осоавиахим 101, 171, 172
Отдых, кооперативное общество 389
Оттепель 251
охотничьи избы 348, 411
Охрамчук 172
Павлов Иван Петрович 230, 293, 302
Пакистан 350
Памир, горы 110
парадокс Лефора 19, 191, 418
парусный туризм 388

Первая образцовая типография (Москва) 58
Петров Евгений Петрович 94, 132
Петроград 36, 84, 85; см. также Ленинград
Петрозаводск 162, 166
Печки-лавочки (фильм) 263, 289, 300
пижамники 168, 214, 392
Пилсудский Юзеф 364
пионерские лагеря 60, 297
питание 17, 29, 33, 35, 37–41, 48, 69–71, 78, 114–116, 118, 119, 155, 161, 175–177, 190, 198, 200–203, 230, 231, 233, 235, 243, 254, 268, 269, 275. 276, 281, 282, 284, 285, 290, 297, 303, 304, 312, 314, 346, 351, 355, 393, 394, 415
Пластинина 222, 230
Пловец (фильм) 229
плохое путешествие 173–178
Политехнический музей (Москва) 180
Польша 169, 347, 352, 359, 362–364
Попов Алексей 354, 355, 366, 385
Поповский Марк Александрович 296, 342
потребительская культура 11, 367, 368
потребление 10–12, 16, 17, 20, 21, 26, 53, 57, 58, 80, 82, 114, 122, 197, 233, 243, 245, 248–254, 265, 267–269. 274, 275, 277, 283, 286–288, 290, 299, 302–305, 307, 312, 354, 382, 392, 400
Преображенская Мария Павловна 110

Прибалтийские республики 333, 347
пролетарский туризм 20–21, 82, *passim*
Путин Владимир Владимирович 45, 46
Пятигорск (Кавказские Минеральные Воды) 31, 44, 45, 54, 74, 280, 291, 292
пятилетка 35, 36, 39, 44, 77, 87, 93, 94, 145, 180, 208, 261, 301, 356, 407
реклама 32, 103, 124, 125, 127, 128, 151, 205, 207, 233, 328, 329, 334 см. маркетинг туризма
рекордсменство 153
рестораны 23, 65, 71, 78, 161, 176, 239, 280, 284, 285, 338, 346, 351, 356, 362, 385, 388, 403, 419
речные круизы 41, 158, 162, 164, 165, 174–178, 235, 298, 327, 329, 330, 341, 342, 344, 358, 369, 372, 405
Ривьера, парк (Сочи) 46, 225, 246
Рид Сьюзен 12, 16, 250, 251
Рица 149, 337, 338
Роговский Н. М. 207
Романов Николай Николаевич 376
Российское общество туристов 84, 86, 87, 162, 169
Рот-Эй Кристин 229
Рудомино Маргарита Ивановна 276
Румыния 330, 357, 358, 363, 397
рыбацкие избы 348, 411
Самара 139, 140, 164, 175,
Самарканд (Узбекистан) 163
самодеятельные туристы 102, 103, 112, 113, 115, 118, 129, 136, 141, 142, 145, 147, 149, 152–154, 158,

182, 183, 188, 190, 210–212, 316, 317, 321, 353, 369, 374, 380, 405
самодеятельный туризм 96, 97, 102, 108–113, 128, 134, 135, 139, 141–143, 145, 153–155, 185, 191, 211, 310, 314–322, 325, 326, 369, 380, 392
Санаторий имени Серго Орджоникидзе (Сочи) 231
Санаторий Министерства тяжелого машиностроения, Ялта 260
Санаторий текстильщиков (Сочи) 200, 221
Сахалин, остров 221, 292, 335
светотерапия 68
Севастополь 44, 343
Северный Кавказ 30, 46, 86, 176, 197, 209, 245, 334, 366
секс 62, 295–298, 356, 357, 374
Селигер, озеро 216, 272, 377, 404
сельскохозяйственные рабочие 178, 371, 411
сельскохозяйственные туры 157, 159, 160
Семашко Николай Александрович 25, 26
семейный отдых 23, 63, 238, 279, 283, 297–302, 328, 349, 399, 400, 405, 410–412, 416
семилетний план 252, 268
Серебровский 203
Серебряный бор (Москва) 321
Серп и Молот, завод (Москва) 40, 56, 73, 76, 78, 332, 397
Сестрорецк 47
Сибирь 160, 163, 169, 184, 263, 272, 300, 324, 330, 332, 334, 335, 378, 379

Скороход, фабрика (Ленинград) 276, 333, 349
Смецкой Николай Николаевич 31
Смирнов В. И. 407
Смит Адам 11
Смит Марк 243
снабжение продуктами 119, 120, 176, 203, 208
Советский турист (акционерное общество, 1927–1930) 93–100, 102, 103, 106, 109, 113, 115, 116, 124, 128, 130, 156–158, 160, 162, 164, 169, 190
советы по туризму 113, 311–313, 315, 320, 321, 326–330, 332, 333, 335, 336, 340, 342, 354. 380, 383, 384, 385, 388–392, 394, 397, 399, 400, 404
Совторгфлот 124–126, 166
Соединенные Штаты Америки 7, 14, 105, 164, 170, 172, 189, 249, 252, 262, 324, 325, 350, 380
Сомали 350
социальный туризм 410, 411
Сочи, см. также Мацеста 31, 45–47, 54, 58, 74, 80, 116, 173, 200, 203, 204, 214, 217, 219, 225, 228, 231, 235, 239, 240, 245–248, 257, 258, 261, 262, 265, 269, 273, 276, 279, 280, 283, 284, 291, 292, 294, 297, 298, 301, 304, 305, 328, 330, 343, 394–397, 400, 414, 415
спортивные общества 111, 113, 210–212, 311, 319, 377, 388
Спутник (Бюро международного молодежного туризма) 353
Средняя Азия 185, 272, 334, 335, 340, 355, 378

Сталин Иосиф Виссарионович 12, 45, 47, 97, 98, 243, 245, 250, 252, 286, 290, 315, 332, 333, 413, 417
Старые стены (фильм)
стахановцы 56, 67, 182, 250
стратификация 287, 292, 372, 413
сувениры 308, 385, 388, 390, 391
Суздаль 403
Сухуми (Абхазия) 94, 173, 255, 337, 342, 343
Таджикистан 335
танцы 17, 26, 65, 72, 75, 76, 78, 164, 225–229, 241, 263, 267, 296, 323, 338, 342, 362, 365, 414
Ташкент 163, 335, 341
Теберда (Кавказ) 48, 80, 94
терапия посредством питания 68
Тифлисская турбаза 118
Травин Глеб Леонтьевич 183–190, 404, 405
Траскович Ф.К. 139
Третьяковская галерея (Москва) 180, 222, 332
Трехгорная мануфактура (Москва) 40, 61, 333
Троцкий Лев Давидович 33, 138
Труд, газета 74, 107, 108, 111, 112, 114, 117, 118, 120, 121, 125, 150, 157–159, 163, 164, 166, 168, 181, 182, 192, 193, 196–198, 200, 203–207, 209–212, 217, 218, 222, 224, 228, 233, 237, 238, 245, 246, 256–258, 260, 263, 267–269, 273–276, 279, 282, 283, 288–290, 292, 293, 299, 301, 302, 304, 310, 313, 314, 316–320, 323, 325, 328, 329, 341, 343, 346, 347, 350, 379, 380, 386, 388, 389, 390, 391, 393, 397, 400, 402–404

Трудовой кодекс (1922) 25
трудотерапия 68
туберкулез 29, 31, 48, 50
турбаза Днепростроя 119
Зеленый мыс, турбаза (Грузия) 176, 325
Турист, журнал 304, 308, 312–314, 318, 320, 322, 324, 335, 345, 352, 353, 359, 379, 387, 391, 392, 393, 395, 398, 400, 404, 407
Турист-активист, журнал 86, 87, 97, 99–101, 105, 106, 111, 114, 117, 118, 123, 134, 135, 137–139, 142, 145, 148, 150, 153, 168, 171, 177, 181
туристические оздоровительные лагеря 348, 349, 368, 369
туристические слеты 132, 161, 212, 242, 319, 320, 369
туристическое снаряжение 95, 101, 106, 109, 111, 147, 148, 150, 208, 211, 308, 310, 316, 318, 319, 322
туристские клубы 129, 130, 154, 161, 210, 212, 311, 317, 319, 322, 329, 347, 388, 392
Туристско-экскурсионное управление (ТЭУ) ВЦСПС (1936–1941, 1945)
Туристы (сериал) 408
Туркмения 335
Турция 350, 408
«Украина», теплоход 171, 179
Ужгород 338
Узбекистан 335, 380
Украина 104, 160, 192, 209, 221, 285, 335, 339, 399
употребление алкоголя 65
Уральские горы 181

Урбен Жан-Дидье 13, 137, 331
Урри Джон 17, 141, 142, 359
фабрика туристического снаряжения 198, 208
Феоктистов Константин Петрович 307
Филд Дебора 298
Финляндия 352
Фокин И. 171, 172
фонды социального страхования 62, 113, 215, 277, 310, 326, 370, 381
фордизм 249, 303
Франция 15, 64, 172, 349, 358, 374, 386, 387, 410
Фрейдберг Илья 169, 183
Фюрст Юлиане 227
Харитановский Александр Александрович 183, 184, 187–190, 405
Хоста (микрорайон Сочи) 212, 214
Хрущев Никита Сергеевич 198, 251, 252, 265, 268, 288, 312, 350, 354, 357, 398
XX съезд КПСС (1956) 261, 263, 307, 309, 332, 381, 402
XXII съезд КПСС (1961) 263, 264, 307
Цейлон 350
Центральный санаторий НКВД, Цихисдзири (Грузия) 193
черноморское побережье 31, 33, 42, 46, 48, 61, 128, 159, 164, 165, 181, 192, 197, 212, 239, 285, 302, 327, 334, 336, 343, 395–397
Чехословакия 251, 325, 352, 358, 361, 363–365, 367
Шалаев Степан Алексеевич 261

Шаффер Маргерит 14
Швеция 172
Шевченко А. И. 254, 299
Шишкин Е. К. 327
Шукшин Василий Макарович 263, 289, 300
экономические реформы 12, 24, 234, 252, 275, 277, 278, 281, 311, 329, 334
экономическое планирование 12, 57, 104, 121, 133, 234, 271, 279, 282, 353, 388
Электрозавод (Москва) 39, 40, 57, 62
Электротерапия 67, 258
Эльбрус 45, 120, 159
Энди Кристофер 15
Эфиопия 350
Югославия 234, 410, 411
Юрчак Алексей Владимирович 19, 191
Якутия 163, 221
Ялта, см. также Крым 13, 30, 43, 44, 74, 79, 159, 200, 224, 225, 260, 276, 343, 344, 399
Янович Мюррей 287
Япония 169, 350
Ясная Поляна 120, 166

Club Méditerranée (Club Med) 256
David-Fox M. (Дэвид-Фокс Майкл) 170
Dopolavoro (Италия) 15
Dunham Vera (Данхем Вера) 16
Kraft durch Freude, KdF (Германия) 15
Spufford Francis Спаффорд Фрэнсис 271
Verdery (Вердери Катрин) 250

Содержание

Слова благодарности 7

Введение. Отпуск, туризм и парадоксы советской
    культуры 9
Глава первая. Починка человеческого мотора 25
Глава вторая. Пролетарский туризм 82
Глава третья. «Пролетарский» туризм в 1930-е годы 133
Глава четвертая. Восстановительный отдых после войны ... 192
Глава пятая. От лечения к отпуску 245
Глава шестая. Постпролетарский туризм 306
Глава седьмая. Модернизация советского туризма 383
Заключение. Советский отдых и современный мир 410

Источники 420
Библиография 432
Предметно-именной указатель 445

Научное издание

Дайан Коенкер
SPАСИБО ПАРТИИ
Отдых, путешествия и советская мечта

Директор издательства *И. В. Немировский*
Заведующая редакцией *М. Вальдеррама*

Ответственный редактор *И. Знаешева*
Дизайн *И. Граве*
Редактор *М. Маркушина*
Корректоры *А. Филимонова, А. Нотик*
Верстка *Е. Падалки*

Подписано в печать 16.12.2021.
Формат издания 60 × 90 $^1/_{16}$. Усл. печ. л. 28,5.
Тираж 500 экз.

Academic Studies Press
1577 Beacon Street, Brookline, MA 02446 USA
https://www.academicstudiespress.com

ООО «Библиороссика».
190005, Санкт-Петербург, 7-я Красноармейская ул., д. 25а

Эксклюзивные дистрибьюторы:
ООО «Караван»
ООО «КНИЖНЫЙ КЛУБ 36.6»
http://www.club366.ru
Тел./факс: 8(495)9264544
e-mail: club366@club366.ru

Книги издательства можно купить
в интернет-магазине: www.bibliorossicapress.com
e-mail: sales@bibliorossicapress.ru

12+

Знак информационной продукции согласно
Федеральному закону от 29.12.2010 № 436-ФЗ

Lightning Source UK Ltd.
Milton Keynes UK
UKHW011418110322
399884UK00004B/198